KB206924

하늘의 길, 고인돌에 새기다

하늘의 길, 고인돌에 새기다

2025년 4월 21일 초판 1쇄 발행

지은이   이병렬
펴낸이   권이지
편 집   권이지·이정아

인 쇄   성광인쇄
펴낸곳   홀리데이북스
등 록   2014년 11월 20일 제2014-000092호
주 소   서울시 금천구 가산디지털1로 16 가산2차 SKV1AP타워 1415호

전 화   02-6223-2302
팩 스   02-6223-2303
E-mail   editor@holidaybooks.co.kr

ISBN   979-11-91381-17-7 (03910)

협의에 따라 인지를 붙이지 않습니다.
책값은 뒷표지에 있습니다.
잘못된 책은 바꾸어 드립니다.

하늘의 길, 고인돌에 새기다

이병렬

HOLIDAYBOOKS

이 종 관

성균관대학교 명예교수

     내가 그토록 기다려왔던 연구가 드디어 한 권의 책으로 세상에 나왔다. 그리고 그 책의 추천사를 내가 쓰게 되었다. 이병렬 박사의 역작에 대한 추천사를 쓰게 된 것은 어쩌면 운명이었을지도 모른다. 본격적으로 책의 내용을 언급하기 전에, 한 가지 다소 긴 에피소드를 독자들과 나누고자 한다.

     2024년 1월 30일, 내가 처음으로 고인돌과 이병렬 박사를 만난 순간이었다. 그 한 달 전, 나는 고창에서 강연 초청을 받았다. 솔직히 나는 고창이라는 도시가 어떤 곳인지도 잘 몰랐다. 그래서 나는 최근 늘 강연 주제로 삼았던 인공지능이나 포스트휴먼 같은 주제로 강의를 준비하려 했었다. 그런데 문득 신문에서 본 "고창은 고인돌의 도시"라는 기사가 기억을 스쳤다. 고인돌이라니! 내가 언젠가 본격적으로 연구하고 싶었던 주제가 아니었던가.

     2010년경 나는 『공간의 현상학, 풍경, 그리고 건축』이라는 저서를 출간한 적이 있다. 그 책에서 나는 선사시대 거석문화를 공간의 현상학적 관점에서 어느 정도 다루었다. 그 이후로 나는 고대 거석문화에 관심을 가져왔고, 대학원생들과 스코틀랜드 지역의 거석문화에 대해 수업을 하기도 했다. 언젠가는 우리나라의 거석문화를 현상학적으로 탐구하려는 계획도 세웠었다. 그러나 포스트휴먼과 인공지

능이라는 다른 연구에 매진하느라 고인돌 연구는 뒷전으로 밀려 있었다. 하지만 내 마음속 깊은 곳에는 항상 고인돌과 거석문화 연구에 대한 열망이 사라지지 않았다. 미래의 인간과 문명을 연구하면 할수록, 현대 학문, 특히 진화론, 생명공학, 뇌과학 등에 의존한 연구는 인간 자체를 온전히 이해하지 못한다는 사실을 깨달았기 때문이다. 인간을 제대로 이해하려면, 인간이 인간으로서 삶의 터전을 닦아왔던 기원부터 다시 연구해야 한다. 그리고 이러한 연구를 통해서만 미래 인간이 맞이할 문명에 대해 보다 선명하게 전망할 수 있을 것이다.

이때 내 연구의 등불이 되어주었던 한 문장이 떠올랐다. 내가 독일 뷔르츠부르크 대학 유학 시절, 롬바하라는 철학자가 수업에서 나의 뇌리에 새겨놓은 말이다. 그는 토스카나 잘이라는 화려한 로코코 양식의 강의실에서 내 문명에 대한 시각을 송두리째 바꿔놓는 한마디를 했다.

"인간은 미개한 적이 없다."

그 후로 나는 이 말을 한 번도 잊어본 적이 없다. 미래를 연구하면서도 내 마음 한구석에는 늘 다음과 같은 질문이 자리 잡고 있었다. '미개하지 않았던 선사시대 인간은 왜 거석 건축물을 지었을까?' 그런데 수천 년 전 고인돌이 세워졌던 바로 그 고창에서 나를 초청한 것이다. 나는 이 초청이 고인돌과 관련된 강연이어야만 한다는 어떤 사명감에 사로잡혔다. 그래서 강연 제목을 **"고창 고인돌에서 밝아오는 우주와 인간의 진리"**로 정했다.

2024년 1월 30일, 나는 고창이라는 소도시의 한 강연장에 들어섰다. 시원적 분위기가 가득한 그곳에서 나는 준비한 강연을 시작했다. 물론 나는 고고학적 현장 연구자가 아니기에, 강의는 주로 고고학적 탐구의 원리를 비판적으로 고찰하는 내용에 집중했다. 강연의 핵심은 고인돌에 숨겨진 진리를 제대로 드러내기 위해 현대 고고학에 강하게 침투해 있는 물리주의적, 진화론적 편견을 어떻게 극복해야 하는지, 그리고 공간을 어떻게 이해해야 하는지였다.

이때 나의 길잡이가 된 철학자들은 하이데거와 그의 공간 철학을 건축과 풍경의 탐구에 응용한 크리스티안 노르베르그 슐츠, 그리고 21세기 초 영국에서 활발히 발전하고 있는 현상학적 고고학이었다. 특히 슐츠의 "인간은 풍경에 대해 시적인 태도를 가질 때, 풍경이 말하는 것을 들을 수 있을 때 비로소 거주한다"는 말은 선사시대 문명의 진리를 밝히는 또 다른 등불이 되었다. 나는 이러한 입장에서 스코틀랜드 지역 거석문화를 새롭게 연구한 결과도 소개했다.

그런데 그 강연장에서 유독 눈에 띄는 한 청중이 있었다. 그는 나를 응원하는 듯한 강렬한 에너지를 발산하고 있었다. 강연 후 그는 나를 찾아와 자신을 소개했다. 이병렬 박사였다. 그는 원래 지리학 박사였지만, 오랫동안 한국의 고인돌에 깊은 관심을 가지고 연구해온 학자였다. 그의 연구 내용을 들으며 나는 놀라움과 희열을 느꼈다. 나의 철학적 관점에서 접근했던 연구가 이병렬 박사의 연구를 통해 생생한 사례로 입증되고 있었기 때문이다. 우리는 마치 오래전 헤어진 친구가 우연히 재회한 것처럼 서로를 반겼다. 그 후로 나는 관련 강의 때마다 그의 연구를 소개하며 그의 저서가 출간되기를 기다렸다. 그리고 마침내 그의 책이 세상에 모습을 드러냈다.

이제 이병렬 박사의 저서를 읽어보자.

가장 놀라운 점은 그가 하이데거나 크리스티안 노르베르그 슐츠의 영향을 받지 않았음에도 불구하고, 그들의 공간철학과 거의 일치하는 독자적인 관점을 확립했다는 것이다. 그는 고인돌이 자리 잡은 땅과 하늘, 그리고 그 방향성에 대해 어떠한 학문적 선입견이나 편견 없이 접근함으로써, 고인돌이 담고 있는 우주적 의미와 인간 삶의 진리를 밝히는 데 성공했다. 그리고 이 진리는 마치 보석처럼 응결되어 책의 제목이 되었다.

『하늘의 길, 고인돌에 새기다』

하이데거나 크리스티안 노르베르그 슐츠에 따르면, 돌은 단순히 단단한 물질이 아니다. 돌은 가장 초월적인 하늘과 가장 근원적인 땅이 만나 탄생하여 항구성을 구현하는 탁월한 사물이다. 다른 말로 하면, 고인돌은 천문과 지문이 만나 이루어 낸 경이로운 작품이다. 선사시대의 고인돌을 창조한 인간들은 오늘날 현대인에게 보이지 않는 이 진리를 그들의 작품으로 남긴 것이다. 이는 현대인들 중 이러한 진리에 민감한 예술가로 평가받는 이우환 작가의 작품이 떠오르게 한다. 다만 이우환 작가의 작품에서는 천문적 요소가 두드러지지 않는다. 이점에서 고인돌이 더욱 우주적인 작품이라 해야 하지 않을까?

뿐만 아니라, 『하늘의 길, 고인돌에 새기다』는 우리 땅의 불행한 현대사와 한반도 고인돌 문화에 새로운 각성을 불러일으키는 저서다. 이병렬 박사는 이 책에서 식민지적 시각으로 은폐된 고인돌의 비극을 폭로한다. 그의 저서는 일본 제국주의 고고학이 한반도 문명의 가치를 은폐한 과정을 철저한 현장 연구를 통해 생생하게 밝혀낸다. 과거 '지석묘'라는 이름으로 왜곡된 한반도 거석문화의 진리가 이제 그 빛을 드러내기 시작한 것이다.

이병렬 박사는 일본 제국주의 고고학의 왜곡과 잔재를 극복하기 위해 노력했다. 일본 학자 도리이 류조는 고인돌을 한국의 열등한 과거로 규정하며 일본 제국주의의 정당성을 뒷받침하는 도구로 활용했다. 이들의 연구는 고인돌을 일본 문화의 기원과 연결시키려는 의도를 담고 있었고, 이는 고인돌을 한반도 고유의 문화적 정체성을 약화시키는 도구로 전락시켰다.

그러나 독자들은 이 책을 통해 전혀 다른 진실을 접하게 된다.

고인돌은 전 세계적으로 분포하지만, 한반도는 약 35,000~40,000여 기의 고인돌이 발견된 세계 최대의 밀집 지역으로 평가받는다. 이는 한반도가 거석문화의 중심지임을 분명히 보여준다.

고인돌은 단순한 무덤이 아니다. 하지와 동지 같은 천문학적 사건과 정렬되어 초기 관측소로 사용되었을 가능성이 크다. 이는 선사시대 사람들이 천체의 움직임을 이해하고 이를 통해 농업과 의례를 계획했음을 보여준다. 매장 공간이 없는 고인돌은 신에게 제물을 바치는 제단으로 기능했을 가능성이 높다. 이러한 제단은 공동체의 중심지로, 영적 의례가 이루어진 장소로 활용되었다.

고인돌은 인간과 자연, 그리고 우주의 관계를 상징적으로 표현했다. 거대한 크기는 공동체의 협력을 상징하며, 그 건설 과정에서 당시 사회의 계층 구조와 경제적 안정성이 드러난다. 수백 톤에 달하는 돌을 이동시키고 배치하는 작업은 당대의 정교한 기술과 공동체의 조직력을 증명한다. 고인돌은 태양과 계절의 움직임과 밀접한 관련이 있으며, 이는 고대인들이 천문학적 지식을 활용하여 계절 변화와 농사를 계획했음을 보여준다.

『하늘의 길, 고인돌에 새기다』는 고인돌이 인간의 본질과 문명을 이해하는 데 중요한 열쇠임을 일깨운다. 그것은 인간이 하늘의 별을 바라보며, 삶의 길을 찾고 삶의 터를 개척해온 과정을 드러내는 기록이다. 그리고 독자는 고인돌은 과거와 현재, 그리고 미래를 연결하는 문화적 다리로서, 인간의 삶과 우주의 진리에 대한 깊은 통찰을 얻는다.

결국 이 책을 차분히 정독하는 독자는 다음과 같은 사실을 깨닫게 될 것이다. 고인돌은 단순히 돌로 된 유물이 아니다. 그것은 인간의 창의력과 지혜를 담은 보물이라는 것을. 그것은 우주 속에 존재하는 인간이 그 우주를 어떻게 이해하고 삶의 터전을 개척해 왔는지를 보여주는 숭고한 유산이다. 이러한 고인돌의 진리를 밝혀낸 이 책 역시 현대가 미래에 전하는 유산으로 남을 것이다.

김두규

우석대 교수, 전 문화재청 문화재위원, ICOMOS정회원

"별이 빛나는 창공을 보고, 갈 수가 있고 또 가야만 하는 길의 지도를 읽을 수 있던 시대는 얼마나 행복했던가? 그리고 별빛이 길을 훤히 밝혀 주던 시대는 얼마나 행복했던가?"(게오르크 루카치, 『소설이론』)

하늘의 별들은 땅에 내려와 산이 되고, 바위가 되었다. 그리하여 당나라 명풍수 양균송은 이를 보고 "산의 형상은 땅에 있으나 그 원형은 하늘의 별이다"고 하였다(『감룡경』).

평야, 구릉, 강변, 그리고 바닷가에서는 별들이 땅속으로 숨어, 별들의 흔적을 찾을 수 없었다. 그래서 사람들은 거대한 바위들을 가져다 하늘의 별자리를 새겼다. 고인돌은 하늘의 별이었다. 그것은 터의 무늬[地紋], 즉 터무니가 되었다. 그래서 문자와 통신수단이 없던 그 시절 사람들은 터무니를 보고 삶의 달력으로 삼았다. 한반도 전역, 특히 고창과 그 인근 일대에 지금까지 남아 있는 수천 개 고인돌의 존재 이유였다. 문자도 구전도 없는 현장에서 터의 무늬가 유일한 '메시지'이자 '문자'였다.

1970년대 중학생 시절, '고인돌은 족장이나 세력가의 무덤으로 남방식과 북방식이 있다'고 교과서에서 배웠다. 어린 시절 익힌 것은 더욱더 생생하게 머릿속에 박

혀 잊히지 않는 법이다. 이병렬 박사를 만나기 전까지, 고인돌을 족장의 무덤으로만 알고 있었다. 불과 몇 년 전 일이다. 풍수학자로서 '고인돌 무덤'에 대한 관심은 당연한 것이었다. 그러나 고인돌 입지는 고려·조선의 무덤 입지와는 너무 달랐다. 고려 이전 삼국시대 무덤 입지와 고려·조선의 무덤 입지와도 다르다. 게다가 삼국시대 무덤 입지와 고인돌 입지와도 다르다. 단절의 연속이다. 필자 역시 고인돌 풍수를 이해하고자 수 없이 현장을 찾았으나 해결할 수 없는 수수께끼였다.

이병렬 박사와의 만남은 전북과 고창 문화에 조예가 깊은 유기상 박사(고창군수 역임)를 통해서였다. 고창의 고인돌을 유기상·이병렬 두 분 박사님과 답사할 기회가 있었다. 이병렬 박사는 관광지리학으로 박사학위를 취득한 뒤, 공주대 등에서 강의하다가 고창으로 귀향한 학자다. 귀향 후 고인돌 연구에 헌신한다. 고창뿐만 아니라 전국의 고인돌을 반복하여 답사하고, 그것도 부족하여 드론까지 동원하여 하늘에서 바라보이는 고인돌 입지를 살폈다. 그의 오랜 답사와 연구는 기존의 연구와 전혀 다른 새로운 결과를 도출하였다. 고인돌을 단순한 무덤으로 보는 기존의 학설을 뛰어넘는 새로운 학설이 되기에 충분한 결과물이다. 풍수지리만으로 해석할 수 없는 천문·지리의 총체적 연구결과물이다.

이병렬 박사 고인돌 연구의 큰 특징은 고인돌 유형화이다.

첫째, 절기별 일출과 일몰에 따라 고인돌 입지를 분류하였다. 춘분·추분·하지·동지의 일출과 일몰에 기준을 맞춘 고인돌들을 분류하였다. 절기별 일출과 일몰에 고인돌의 방향을 일치시켰던 것은 인간의 삶에 태양만큼 중요한 별들이 없었기 때문일 것이다.

둘째, 고인돌과 고인돌 간, 그리고 고인돌군(群)과 고인돌군 사이에 일정한 천문 지리 관계가 있음을 밝혔다.

셋째, 절기별 일출과 일몰에 맞추어 세워진 고인돌 말고도 밤하늘의 수많은 주요 별들---북극성·남두육성·북두칠성·은하수---에 맞추어 세워진 고인돌들을 찾아냈다. 그리하여 이병렬 박사는 결론 짓는다.

"선사시대 사람들에게 고인돌은 단순한 무덤이 아니라, 하늘과 땅, 그리고 인간을 연결하는 신성한 장소이자 길이었다. 이곳에서의 활동은 선사인의 시간과 공간에 대한 질서를 확인하고, 우주적 원리를 표현하는 행위였다. 고인돌이 위치한 공간은 그 자체로 고유한 정체성과 상징성을 지닌 경관으로 자리 잡았으며, 이는 이후 한반도의 풍수지리와 건축 문화에 큰 영향을 미쳤다."

전적으로 동의하며 필자의 풍수연구에 많은 가르침을 주었다. 이병렬 박사의 값진 연구결과는 선사시대 한반도의 천문, 지리, 풍수, 도시설계, 건축 연구에 크게 기여할 것이다. 이병렬 박사는 고인돌들이 "별이 빛나는 창공을 보고, 갈 수가 있고 또 가야만 하는 길의 지도"임을 밝혔다.

박 창 범
고등과학원

우리나라에서 거석문화가 번영했던 시대인 고인돌 시대는 석기에서 청동기를 지나 초기 철기시대에 걸친 긴 시대였다. 이 시대는 고조선과 삼한, 삼국시대 초기에까지 이어진다. 여전히 우리 역사의 여백으로 남아 있는 이 시대를 규명해 가는 길에는 고인돌을 밟아 가지 않을 수 없다. 이병렬 박사는 오랜 기간 고창 지방을 기반으로 고인돌에 대한 방대한 조사와 연구를 해 온 학자이다.

이 책은 고인돌에 대한 치열한 실측 조사에 기반하여 이 박사가 얻은 종합적 해석을 내놓은 것이다. 고인돌을 세운 우리 선조가 부여한 여러 상징 중에 이 박사가 크게 주목한 부분은 천문 상징이다. 고인돌의 위치와 방향 및 배열, 성혈, 주변 지형과의 관계 등에서 그는 수많은 천문 관측적 기능성과 상징성을 보고한다. 이 박사가 내놓은 이 책이 우리의 고대사와 그 기원으로 향해 가는 또 하나의 새로운 징검다리가 되기를 기원한다.

　　　　　　고인돌과의 인연은 오래전부터 시작되었지만, 한때는 그저 일상생활의 배경일 뿐이었다. 필자가 초중고 시절을 보낸 고창은 고인돌 2천여 기를 품은 '고인돌의 왕국'으로 불릴 만한 곳이다. 하지만 어린 시절의 필자에게 고인돌은 커다란 돌에 불과했다. 늘 곁에 있었기에 그 가치와 의미를 깊이 생각해 본 적도 별로 없었다. 고인돌의 형식을 아는 것만으로도 충분히 많이 알고 있다고 여길 정도였으니, 고인돌이 내 삶 속에 존재했을지언정 생각 속에 자리하지 않았던 것은 어쩌면 당연했는지도 모른다.

　고인돌에 대한 관심은 대학에서 지리학을 전공하며 시작되었다. 풍수지리를 공부하던 중, 풍수지리의 원류를 고인돌의 입지에서 찾고 싶다는 생각이 들었다. 하지만 그때의 관심은 막연하고 불확실했다. 대학원에서 문화역사지리를 공부하면서 본격적으로 고인돌에 대해 탐구하기 시작한 계기는 지도교수이셨던 조기호 선생님의 제안이었다. 선생님은 고창의 고인돌이 풍수지리와 어떤 관계가 있는지 살펴보자고 하셨다. 이를 통해 2003년, 첫 공동논문인 「고창 고인돌 입지특성 분석」 연구에 참여하게 되었고, 이 작업이 연구의 출발점이 되었다.

　박사학위 취득 후 몇 년의 서울 생활을 접고 2009년 어린 시절 살았던 고창으로 돌아왔다. 이후 ⒮고창문화연구회의 사무국장으로서 15년간 고창지역학 정립에 몰두했다. 그 결실로 『고창의 마을』 총 14권과 면지, 그리고 고창의 성씨 등의 연구 활동을 활발하게 하였으나, 무력감과 방황이 찾아왔다. 그러던 중 고창군 고수면 부곡리 마을에서 뜻밖의 발견을 하게 되었다. 항공사진을 통해 고인돌 군들이 북두칠성 형태로 배치된 사실을 확인한 순간, 말로 형언할 수 없는 놀라움에 사로잡혔다.

그 발견은 이후 필자의 연구를 새로운 차원으로 이끌었다. 고창 증산을 중심으로 한 북두칠성 배치를 밝혀내고, 2021년 이를 「고창 부곡리고인돌의 분포 특성과 북두칠성」이라는 논문으로 발표했다. 이후 이 연구는 KBS 전주방송과 문화재청의 미스토리 프로그램을 통해 대중에게도 널리 소개되며 큰 반향을 일으켰다.

고인돌 연구에 더 깊이 매진하면서 새로운 가능성이 보이기 시작했다. 특히, 전 고창군수였던 유기상 박사님과 함께 고창을 비롯한 여러 지역의 고인돌을 답사하며 얻은 경험은 내 연구에 큰 전환점이 되었다. 처음에는 고인돌의 굄돌 통로와 덮개돌 장축에서 동지, 춘분, 하지, 추분인 2지2분의 방향성 패턴을 찾았고, 조사를 거듭할수록 고인돌의 배치가 규칙적으로 별자리와 연관되어 있음을 발견했다. 고인돌 덮개돌에 새겨진 바위구멍(성혈)들도 이상할 정도로 일정한 패턴의 방향성을 띠고 있음을 확인했다. 현재 고인돌과 천문학과의 연계 연구는 국내 학계에서 여전히 초기 단계였고, 필자 역시 북두칠성 외의 별자리에 대한 이해가 전무하여 해석이 막막했다. 그러나 고대 천문학서인 『천상열차분야지도』와 『천문유초』 등 다양한 문헌을 통해 성혈 문양의 의미를 조금씩 파악하기 시작했다. 이러한 과정에서 고인돌의 바위구멍이 북두칠성과 북극성, 남두육성, 은하수, 동방청룡 등등의 별자리를 반영하고 있음을 확신했고, 고창의 고인돌 바위구멍을 통해 어느 정도 방향성의 패턴을 확인하였다.

이러한 연구 결과가 축적되면서 지난 2024년 2월, 건국대 지식컨텐츠연구소의 의뢰로 고창군의 모든 고인돌을 조사하여 『고창군의 고인돌』10권을 펴낼 수 있었다. 이 연구는 유기상 박사님의 적극적인 현장 참여와 조사의 도움으로 가능했다. 특히 절기에 맞춰 고인돌의 위치를 관찰하고, 2지2분 방향에 따라 설계된 받침돌과 일출·일몰의 경관을 사진으로 기록함으로써 본 연구자의 이론을 더욱 명확히 증명할 수 있었다. 또한, 본 연구자의 이론을 신뢰하며 강화 부근리 고인돌에서 하지 일출과 동지 일몰의 천문 현상을 사진으로 담아 증명해 준 이는 일본인 사가 쇼우꼬 씨였다.

기존 학계에서는 고인돌을 단순히 무덤의 일종으로 해석했으며, 천문 지리 배치 원리에 대한 논의 자체가 전혀 이루어진 바가 없었다. 고인돌이 단순히 묘지가 아닐 수도 있다는 점은 일부 인정되었지만, 그것이 하늘과 땅을 연결하는 신성한 제단으로서 기능했다는 기존 학계의 주장은 여전히 일부 학자들만 받아들이고 있다. 하지만 본 연구자는 고인돌의 배치가 태양의 2지2분 절기와 별자리를 기준으로 이루어졌음을 밝혀내고자 노력했다. 이 배치는 선사시대의 사람들이 공통적으로 활용한 천문학과 지리학의 지식과 밀접한 연관이 있었음을 밝히는 접근 방식이었다.

개별 고인돌 연구를 넘어, 고인돌 군 및 고인돌 군 간의 관계에서도 특정 천문학적 의미를 발견하게 되었다. 또한 고인돌과 주변 지형지물 간에도 밀접한 연결성이 있음을 밝혀내면서, 고인돌이 단순한 묘지 유물이 아니라 선사인의 세계관과 자연관을 반영한 융복합적 구조물임을 입증할 수 있었다. 이러한 연구 방향성과 성과를 유기상 박사님은 과분하게도 '이병렬의 고인돌론'으로 명명해 주셨다.

'이병렬의 고인돌론'은 고인돌의 기능과 배치에 대한 체계를 설명한 논리이다. 이 학설은 고인돌의 방향성, 고인돌 군 내부의 상호 배치, 그리고 고인돌 군들 간의 배치가 천문학 관점에서 중요한 의미를 지녔다. 또한, 고인돌이 주변의 봉우리와 고개 같은 지형 기준에 맞춰 배치되었음을 보여줌으로써, 고인돌이 단순한 무덤을 넘어 천문학 관측과 제사 의식을 위한 중요한 장소였음을 밝혔다. 당시 사람들이 자연과 우주를 이해하고 이를 삶과 제례 활동에 반영하려는 노력의 산물임을 입증하였다.

이러한 고인돌의 천문 지리 배치 원리는 후대의 다양한 문화현상으로 나타났다. 특히 고대의 새로운 수도 설계에 이러한 원리가 반영되었으며, 이는 당시 사람들이 공간을 구성하는 방식에 중요한 영향을 미쳤음을 보여주었다. 이와 같은 관점은 현상학에서 논의되는 '풍경' 개념과도 맞닿아 있었다. 선사시대 사람들에게 고인돌은 단순한 무덤이 아니라, 하늘과 땅, 그리고 인간을 연결하는 신성한 장소였으며, 이곳에서의 활동은 선사인의 시간과 공간에 대한 질서를 확인하고 우주적 원리를 표현하는 행위였다. 고인돌이 위치한 공간은 그 자체로 고유한 정체성과 상징성을 지닌 경관으로 자리 잡았고, 이는 후에 한반도의 풍수지리와 도시설계까지 영향을 미쳤다.

고인돌은 단순한 무덤 이상의 의미를 지닌 복합적 구조물로, 선사인의 우주적 세계관과 자연에 대한 지식을 반영하는 중요한 문화적 유산이었다. 이는 남미의 마야와 잉카 문명에서 발견되는 유산과도 맥을 같이하는 것으로 보아, 고인돌의 천문 지리 원리는 인류의 보편적인 지혜를 탐구하는 중요한 연구 방법론이 될 것이다. 이 책은 고인돌의 패러다임을 새로운 시각으로 바라보는 시작에 불과하며, 연구는 아직 초기 단계에 있음을 밝힌다. 아울러 각계 전문가의 지도 편달을 바라마지 않는다. 이 연구의 여정을 통해 고인돌이 단순한 거석이 아니라, 선사시대 사람들의 우주적 세계관과 자연에 대한 깊은 이해를 담은 구조물이었음 밝히고자 하였다. 이는 고창 고인돌뿐만 아니라 한반도 거석문화에 대한 새로운 시각을 제시하는 중요한 출발점이라 생각하게 되었다. 이 책은 고인돌의 숨겨진 의미를 밝히는 여정의 작은 시작일 뿐이며, 앞으로도 선사시대 거석문화의 미지 세계를 탐구하고, 고인돌이 지닌 인류 보편적인 지식과 지혜를 밝혀내는 데 기여할 것이다.

이 책이 세상에 나오기까지 처음부터 끝까지 함께하며 발로 뛰고, 끊임없는 관심과 따뜻한 격려로 도와주신 유기상 박사님께 깊이 감사드린다. 넓고 열린 시각으로 연구의 방향을 제시해 주신 공주대학교 조기호 교수님, 고인돌의 방향성을 천문학적으로 해석하는 것이 올바른 접근임을 강조하며 귀중한 조언을 아끼지 않으신 한양대학교 도미이 마사노리 교수님, 고인돌의 천문학적 해석 가능성을 인정해 주신 고등과학원 박창범 교수님, 고인돌과 천문학의 연관성을 처음으로 검증해 주신 전남대학교 이강래 교수님과 서금석 박사님, 그리고 고인돌을 이해하는 새로운 영감을 주신 성균관대학교 이종관 교수님께 진심으로 감사드린다.

아울러, 오랜 시간 (사)고창문화연구회 회장으로서 든든한 버팀목이 되어 주셨던 고 백원철 박사님과, 이 책이 세상에 나올 수 있도록 마치 자신의 일처럼 앞장서 주신 대한민국 최고의 풍수지리학자 우석대학교 김두규 교수님께도 깊은 감사를 드린다. 또한, 어려운 상황 속에서도 변함없는 사랑과 따뜻한 격려로 힘이 되어준 아내 나까무라 에미꼬와 문정·한기·승기 등 가족에게도 머리 숙여 감사를 전한다.

끝으로, 어려운 여건 속에서도 이 책의 출간을 흔쾌히 허락해 주신 학연문화사 권혁재 대표님께 깊이 감사드리며, 기획과 제작을 맡아주신 자회사 홀리데이북스와 편집부 여러분께도 진심으로 감사의 뜻을 전한다.

2025년 4월

이 병 렬

목차

제1장 새로운 시각으로 읽는 고인돌

제2장 고인돌은 천문대다 (태양의 길을 담은 고인돌)

제3장 고인돌은 첨성대다 (별들의 길을 담은 고인돌)

제4장 고인돌의 천문 지리 원리를 반영한 고대의 고도(古都) 설계

제5장 요약 및 결론

제 **1** 장

새로운 시각으로 읽는
고인돌

1.
일제 강점기
'지석묘 설'의 문제

"

'지석묘설'의
등장

고인돌은 한국과 일본 학계에서 선사시대의 묘제 중 하나인 지석묘로 정의되며, 시기적으로 고조선시대와 관련이 있다고 한다. 학계에서는 지석묘(支石墓)와 고인돌을 모두 거석문화에 속하는 청동기 시대의 대표적인 무덤 구조로 보고, 대형 석판(돌)을 세워 만든 무덤이라고 주장한다. 한국에서는 '고인돌'이라는 명칭이 대중적으로 더 많이 사용되지만, 학술적으로는 묘를 의미하는 '지석묘'가 널리 쓰인다. '지석(支石)'은 굄돌을, '묘(墓)'는 무덤을 뜻하므로, 지석묘는 거대한 돌을 이용해 만든 무덤을 의미하는 용어이다. 일반적으로 상석(덮개돌)을 지탱하는 여러 개의 버팀돌을 세운 구조로 이루어져 있다.

그러나 고인돌은 거대한 돌(돌판)을 굄돌 위에 올린 구조를 의미하지만, 대부분의 고인돌에서는 굄돌이나 무덤방이 발견되지 않는 경우가 많다. 이는 고인돌이 단순한 무덤인 지석묘를 의미하는 것이 아니다. 지석묘는 굄돌이 없는 사례가 많아 '지석'이라는 명칭과는 다소 부합하지 않는 면이 있다. 한국 학계에서는 지석묘와 고인돌을 혼용하여 사용하고 있으나, 고인돌이 다양한 용도로 쓰였다는 점에서 지석묘는 특정 용도인 무덤에 한정된 개념으로, 고인돌의 하위 개념으로 볼 수 있다.

고인돌은 아시아를 포함한 전 세계에 약 6만 기가 분포하고 있으며, 특히 한반도 전역에서 약 35,000~40,000여 기 이상이 발견된다. 한반도의 고인돌은 주로 전라도 서남해안 지역과 대동강 유역에 집중적으로 분포하며, 고창, 강화, 화순 지역은 대표적인 고인돌 군락지로 유네스코 세계문화유산에 등재되었다. 중국 동북부의 랴오닝성과 지린성에서도 한반도의 고인돌과 유사한 구조가 다수 확인되며, 일부 일본 규슈와 시코쿠 지역에서도 고인돌이 발견되지만, 그 수는 매우 적은 편이다.

고인돌에 관한 가장 오래된 기록 중 하나는『한서(漢書)』에서 찾아볼 수 있다. 반고(班固)가 기원전 1세기경에 집필한 이 역사서는 동이족을 비롯한 여러 민족에 대한 기록을 포함하고 있다. 다만,『한서』에서 고인돌이 명시적으로 언급된 부분은 없다. 그러나『한서』오행지칠(五行志七)에는 다음과 같은 기록이 등장한다.

> "원봉(元鳳) 3년 1월, 태산의 래무산(來蕪山) 남쪽에서 수천 명이 '웅웅'하는 소리를 들었다. 사람들이 이를 살펴보니, 큰 돌이 스스로 세워져 있었다. 높이는 1장 5척, 크기는 48발, 깊이는 8척이었으며, 그 밑에는 세 개의 돌이 받치고 있었다. 이 큰 돌 주변에는 수천 마리의 백조가 모여 있었다."[1]

이는 고인돌과 유사한 구조물에 대한 가장 이른 기록으로 보인다. 고인돌과 관련된 기록은『삼국지(三國志)』에서도 등장한다. 특히『삼국지』위서(魏書) 동이전(東夷傳)에서는 요녕 지방을 비롯한 동북아시아 여러 민족의 풍속을 기록하면서, 거석문화와 관련된 언급이 확인된다. 그러나 이 기록에서도 고인돌을 무덤으로 해석하는 내용은 포함되지 않았다.

"초평 원년(190년), 공손도는 중국이 혼란스럽다는 것을 알고, 가까운 친구 류의와 양의와 이야기를 나누었다. 그들이 말하기를 '한나라의 임금이 곧 끊어지려하자, 대신들이 부처의 귀에 대해 논의하던 중, 양평 연리사에서 큰 돌이 나타났다. 이 돌은 길이가 1장 남짓하며, 그 아래에는 세 개의 작은 돌이 받치고 있었다.' 한 사람이 공손도에게 말하기를 '이는 한선제(漢宣帝)의 면류관을 닮은 돌로, 길한 징조이다. 마을 이름이 여러 선군(善君)과 같고, 땅의 주인으로서 광명이 땅위에 있어야 하니, 세 사람이 이를 보필하는 것이 마땅하다.'"[2]

이러한 기록들은 고대 사회에서 거석을 신성한 존재나 길흉을 점치는 대상으로 인식했음을 보여준다. 오늘날 고고학에서 사용하는 '支石(지석)'이라는 용어는 고려시대 이규보가 『동국이상국집(東國李相國集)』에서 처음 사용한 것으로 보인다. 『동국이상국집』 권23, 「남행월일기(南行月日記)」에는 다음과 같은 기록이 남아 있다.

"다음날 金馬郡(지금의 익산 금마)으로 향하는 길에 이른바 '支石'을 구경하였다. 지석이란 것은 세속에서 옛 성인이 고여 놓은 것이라 전해지는데, 실로 기이하고 이상한 현상이라 하겠다."[3]

이처럼 고대에는 고인돌이 묘라는 개념이 확립되지 않았다. 고인돌을 본격적으로 '지석묘'로 분류한 것은 일제강점기 일본 학자들의 연구 이후부터였다. 즉, 불과 100여 년 전까지만 해도 고인돌이 무덤이라는 개념은 정립되지 않았다.

고인돌의 연구는 1930년대 일본인 후지타 료사쿠(藤田亮策)를 중심으로 활발히 진행되었다.[4] 후지타 이전의 일본 연구자들은 고인돌을 '돌멘(dolmen, ドルメン)', '지석(支石)', '탱석(撑石)' 등으로 불렀다. 후지타는 1934년과 1937년 그의 논문에서 고인돌을 '돌멘'이라 칭했으며, 1935년에는 '지석묘'라는 용어를 처음 사용하였다. 이후

1938년 조사 보고서에서 기존의 북방식·남방식 구분 대신 '탁자식(卓子式)'과 '기반식(基盤式)'이라는 새로운 분류 방식을 도입하였다.[5]

이러한 일본 학자들의 연구는 한국 학계에 큰 영향을 미쳤으며, 고고학적 용어, 개념, 연구 방식, 해석 틀 등이 자연스럽게 받아들여지고 내면화되었다. 예를 들어, 한국 학계에서 고인돌을 '지석묘'라 부르고, 세부 명칭으로 '상석(덮개돌)'과 '지석(굄돌, 받침돌)'을 사용하는 것은 후지타가 제시한 분류 방식을 적극적으로 활용한 결과로 볼 수 있다.

김원룡은 '지석묘'라는 명칭을 사용했으며, 형식 또한 1936년 후지타가 제안한 북방식 지석묘와 남방식 지석묘의 분류를 따랐다. 세부 명칭 역시 받침돌을 '지석(支石)', 위에 덮은 돌을 '상석(上石)' 또는 '개석(蓋石)'이라 명명하였다. 한편, 도리이 류조는 고인돌을 석기시대의 지석묘로 해석하였고, 이마니시 류(今西龍)는 금석병용기의 묘제로 보았다. 후지타는 1925년 고인돌을 석기시대의 지석묘로 단정하였다.

이처럼 일제강점기 일본 학자들은 고인돌을 선사시대의 묘제로 인식하는 데에서 연구를 시작했으며, 이러한 관점과 연구 방식은 이후 한국 학계에도 큰 영향을 미쳤다. 한국 학자들은 일본 연구자들이 사용한 용어와 세부 명칭, 형식의 분류, 편년, 계통 등을 거의 그대로 수용하며 연구를 이어갔다.[6]

미개한 민족
한국과 고인돌

일제강점기 동안 일본 학자들은 아시아의 선사시대와 고대 문화를 연구한다는 명목으로 한반도 전역에서 대규모 고인돌 조사와 발굴을 진행했다. 그러나 이들의 연구는 단순한 학문적 탐구에 그치지 않고, 한반도와 중국 북동부에 대한 식민지 지배를 정당화하려는 제국주의적 의도를 내포하고 있었다. 한반도의 고인돌을 일본 고대사와 연결 지으려 했으며, 이를 일본 역사와 정체성의 일부로 편입시키고자 했다.

특히 도리이 류조는 일제강점기 동안 한반도와 동아시아 지역에서 고고학적 발굴과 연구를 주도하며, 학문적 연구를 통해 일본의 식민지 정책을 정당화하는 데 중요한 역할을 했다. 그는 한반도와 만주 지역의 선사 유적과 고대사를 연구하면서 이를 일본인의 우월성 근거로 꿰어 맞췄다.

그는 함경도 지역의 석기 유물과 한반도 전역에 분포한 고인돌에 주목했는데, 이는 단순한 고고학적 관심을 넘어 이 지역의 원주민을 '열등한 집단'으로 규정하고 일본인의 '위대한 조상'을 찾으려는 제국주의적 목적에 기인한 것이었다. 함경도 석기에 대한 그의 연구는 당시 한국인을 '미개한 토착민'으로 규정하려는 시도로, 일본의 우월성을 강조하려는 의도가 담겨 있었다. 또한, 고인돌 연구를 통해 일본인의 기원을 동아시아 대륙에서 찾고, 이를 바탕으로 일본의 한반도 지배를 역사적으로 정당화하려 했다.

이러한 연구는 일본 제국주의의 역사관을 정당화하고, 한반도를 일본 문화권에 포함시키려는 식민지 논리로 귀결되었다.

특히 도리이는 한반도의 고인돌과 같은 선사시대 거석 유적의 분포와 형태를 일본 열도의 고대 거석문화와 연결하려는 시도를 했다. 그는 한반도와 일본의 고대 문화가 긴밀히 연결되어 있다는 점을 강조하며, 두 지역 간의 문화적 교류와 정치적 영향력을 주장했다. 그의 연구는 임나일본부설과 같은 이론을 뒷받침하는 데 악용되었으며, 이는 고대 일본이 한반도 남부를 지배했다는 주장을 내세워 일본이 한반도에 대한 역사적 권리를 주장하는 근거로 활용되었다.[7]

일제는 조선 점령 기간 동안 광범위한 고고학 발굴을 진행했으나, 이는 한국의 '후진성'을 부각시키고 일본의 지배를 정당화하는 도구로 활용되었다.

물론 이 시기의 발굴과 기록이 중요한 유물과 역사적 유적지의 발견 및 보존으로 이어졌던 것은 사실이다. 그러나 이러한 발견과 보존조차 일본의 식민지 지배 이념을 뒷받침하기 위한 수단에 불과했다. 일본 고고학자들은 한국의 선사 문화를 '미개한 사람들의 산물'로 묘사했고, 이는 고고학이 제국주의와 식민지 이념을 정당화하는 데 어떻게 악용될 수 있는지를 보여주는 대표적인 사례라고 할 수 있다.

지석묘를 넘어
고인돌로

광복 이후 한국 고고학계는 일본 학자들의 연구 방법과 논리에서 완전히 벗어나지 못했다. 한국 학자들은 고인돌을 한국 청동기시대의 독자적인 문화유산으로 재평가하며, 일본의 영향력과 무관한 한반도의 고유한 문화임을 강조했다. 그러나 연구 방법론은 여전히 일제강점기 일본 학자들의 틀을 크게 벗어나지 못했다. 특히, 고인돌을 축조한 선사인들이 천문학이나 지리학을 이해할 정도로 지적 수준이 높지 않았다고 평가하였고, 연구 역시 고인돌의 형식, 무덤 양식, 출토 유물 등을 분석하는 기초적인 접근에 그치는 경향이 있었다.

그러나 20세기 초 일부 학자들은 고인돌이 반드시 무덤이라고 단정할 수 없다는 주장을 제기했다. 미국인 선교사 호레이스 언더우드는 고인돌이 무덤과는 관계없으며, 땅의 신에 대한 제사용으로 만들어졌다고 추정했다. 또한, 민속학자 손진태는 한국의 전설에 등장하는 거인 마고 할머니가 살던 집이 고인돌이라는 민담을 소개하며, 이를 제단으로 해석했다.[8] 즉, 고인돌의 용도가 무덤에 한정되지 않을 가능성이 있으며, 다양한 해석이 가능하다는 견해를 제시하였다.

그러나 이러한 주장은 극히 일부에 불과하며, 한국의 주류 학계는 여전히 "고인돌은 무덤이다", "선사인들은 미개하다"는 일제강점기 일본 학자들의 연구 가정을 그대로 받아들이고 있는 것이 사실이다. 고인돌은 주로 고고학의 연구 대상이 되었기 때문에 다른 학계에서의 연구는 거의 이루어지지 않고 있다.

지리학은 고인돌의 입지나 분포 특성, 화분 분석을 통한 당시 기후 환경 연구 등 고고학을 보조하는 역할에 그치고 있으며, 천문학은 고인돌 덮개돌 위의 성혈을 통해 별자리와의 관련성을 연구하는 수준에 머물러 있다. 이처럼 연구의 범위가 제한되면서, 석기시대부터 철기시대까지 수천 년에 걸쳐 축조되었을 것으로 추정되는 고인돌의 의미와 상징성은 여전히 풀리지 않은 수수께끼로 남아 있다.

　고인돌 배치 원리가 미궁에 빠진 이유는 당시 사람들의 세계관과 상식을 제대로 이해하지 못했기 때문이다. 일제강점기 이후 형성된 지석묘 개념은 선사인들의 천문학적·지리적 이해를 바탕으로 한 종교와 삶을 해석하는 데 가장 큰 걸림돌이 되었다. 지석묘라는 일제강점기의 유산을 벗어나야만 고인돌의 진정한 의미를 발견할 수 있다.

　고창 선운사의 암자인 석상암(石床庵)에는 천제단으로 사용된 고인돌이 존재하는데, '석상'이라는 명칭 자체가 천제단 고인돌을 의미한다. 이 고인돌은 하지 일출과

석상암의 유래가 된 고인돌
이 고인돌은 700㎝, 단축 330㎝, 두께 160㎝의 거대한 크기를 자랑하며, 장축은 하지 일출과 동지 일몰 방향이다.

동지 일몰을 고려한 천문학적 배치 구조를 지니고 있어 단순한 무덤이 아니라 하늘에 제사를 올리는 공간이었을 가능성을 보여준다.

한편, 고인돌이라는 용어를 논문에서 처음 사용한 학자는 한흥수이다. 그는 일제강점기 유럽에서 고고학을 전공한 한국 1세대 고고학자로, 광복 후 월북하여 북한의 고고학계를 이끌었다. 1935년 발표한 조선의 거석문화 연구에서 한국의 거석문화를 선돌, 고인돌, 칠성바위, 독무덤으로 나누어 분석하였으며, 이는 한국 거석문화 연구의 기초가 되었다. 한국 학계는 한동안 일본의 영향을 받아 지석묘라는 명칭을 사용했으나, 현재는 북한 학계에서 정착된 '고인돌'이라는 용어가 일반적으로 사용되고 있다.[9]

한국 고고학계의 고인돌 연구는 주로 무덤 기능에 중점을 두고 진행되어 왔다. 그러나 최근에는 고인돌이 단순한 무덤이 아니라 다양한 기능을 지닌 구조물일 가능성에 대한 논의가 활발해지고 있다. 고인돌이 제사 또는 천문 관측과 관련된 시설일 수 있다는 연구가 점차 주목받고 있다.

고인돌이 무덤 이외의 기능을 가졌을 가능성을 탐구하기 위해서는 보다 학제적인 접근이 필요하다. 지리학적 분석을 통해 고인돌의 배치 원리를 연구하거나, 천문학적 방법을 활용하여 고인돌과 천체 운동 간의 관계를 밝히는 연구가 이루어질 수 있다. 또한, 민속학과 인류학적 시각에서 고인돌이 가진 상징성과 의례적 기능을 탐색하는 것도 중요한 연구 방향이 될 수 있다.

결국, 고인돌 연구는 기존의 '지석묘=무덤'이라는 틀을 넘어, 선사인들의 생활방식과 정신세계를 보다 입체적으로 이해하는 방향으로 나아가야 한다. 이러한 시각 전환이 이루어진다면, 고인돌은 단순한 무덤이 아니라 다양한 의미를 지닌 복합적인 문화유산으로 재조명될 수 있을 것이다.

용오름 구름과 고인돌
신화에서 용오름은 자연의 힘을 다스리는 존재로 묘사된 용과 연결된다. 용은 불과 물을 다루는 능력으로, 용오름은 용의 분노나 자연의 에너지를 나타내는 현상으로 해석된다. 용이 하늘로 올라가는 모습이 용오름과 비슷하게 보이며, 이는 천상과의 연결이나 우주적 순환을 상징하는 신화적 의미를 지닌다.

2.
널브러진 산야의
거석 읽기

"

널브러진
산야의 거석

한반도 서남부 지역에는 관리되지 않은 고인돌이 수없이 많으며, 지역마다 축조 시기도 다양하다. 세계적으로 고인돌과 같은 거석문화는 기원전 5,000년까지 거슬러 올라가며, 최근 유럽에서는 방사성 탄소연대 측정을 통해 기원전 4,800년까지의 고인돌이 확인되었다. 동북아시아의 고인돌도 과학적 연대 측정을 통해 축조 연대가 계속 밝혀지고 있다.

한반도의 고인돌은 중석기 말기에 축조되기 시작했으며, 청동기시대에 집중적으로 축조된 것으로 추정된다. 그러나 축조 연대에 대해서는 여전히 논란이 있으며, 대체로 기원전 20세기에서 10세기 사이에 시작된 것으로 본다. 고창 지역의 고인돌은 기원전 10세기 전후에 축조된 것으로 보는 것이 일반적이지만, 당시 기후환경을 고려할 때 축조 시기의 상한선은 더 올라갈 가능성이 크다.

고인돌의 전파와 관련해서는 두 가지 주요 이론이 존재한다. 하나는 동북아 고인돌 문화권 내에서 자생적으로 발전하여 규모가 커졌다는 자생설이며, 다른 하나는 외부에서 전파된 문화라는 외래 유입설이다. 또한 한반도 북부에서 먼저 축조된 후 남쪽으로 확산되었다는 설과, 반대로 남부에서 시작되어 북부로 확산되었다는 설도 있다. 그러나 현재까지 확정된 이론은 없다.

고인돌은 그 크기와 공사 규모에서 당시 사회의 역량과 조직력을 반영한다고 볼 수 있다. 거석문화의 일환으로서 고인돌은 거대한 돌을 다루어야 했기 때문에, 인간 혼자서 옮길 수 없는 대규모의 집단적 노동력이 필요했다.

고인돌의 크기는 최소 수 톤에서 최대 수백 톤에 이르며, 이를 축조하는 과정은 부족의 청장년들이 함께 힘을 합쳐 진행하는 위험하고도 어려운 고단한 작업이었다. 고인돌이 단순한 무덤이 아니라는 점은, 일부 고인돌이 무덤방을 포함하지 않거나, 시신을 매장하기에 적합하지 않은 크기와 구조를 갖는 경우에서 분명히 드러난다.

고인돌을 축조한 사회는 대형 돌을 채석하고 이동시키며 건축하는 기술이 발달했으며, 석기, 청동기, 무문토기, 옥 등의 부장품 가공 기술도 높은 수준에 이르렀다. 이는 전문 기술을 보유한 장인들이 존재했으며, 기술 전수가 이루어졌을 것이다.

고인돌의 정의와 그 진위 여부를 구분하는 일은 시간이 흐를수록 더욱 모호해졌다. '세계문화유산 도시인 고창'조차도 널브러져 있는 많은 바위가 고인돌인지 아닌지 구별하기 어려운 경우가 비일비재하다. 지역 곳곳에 놓인 바위들이 고인돌인지 아닌지 전문가들도 혼란스러워하는데, 일반인들이야 말할 것도 없다. 이는 "고인돌은 선사시대의 무덤"이라는 개념과 "덮개돌과 굄돌이 있어야 한다."는 학계의 전통적인 정의에서 비롯된다.

이러한 고정된 정의는 고인돌을 올바르게 이해하는 데 장애가 된다. 전라도 서남부 지역에는 언제 쓰러질지 모를 정도로 아슬아슬하게 놓인 바위들이 많이 있다. 이 바위가 선사시대의 고인돌인지 아닌지를 확인하려면, 단순히 덮개돌과 굄돌의 유무만으로 판단해서는 안 된다. "선사인은 미개인이 아니다."는 개념에서 출발해야 한다. 선사인들은 이미 천문학을 이해하고 있었으며, 그들의 의식과 믿음을 반영하여 고인돌을 축조했다. 고인돌은 하늘의 움직임을 땅 위에 표현하려는 결과물이었으며, 배치는 주변 지형과 조화를 이루도록 계획되었다.

길가에 놓인 바위가 고인돌인지 아닌지 여부를 떠나, 그 바위가 오랜 세월 동안 인간의 삶의 흔적을 남긴 문화유산임을 인정하는 것이 더 중요하다. 고인돌이 무덤으로만 인식되면, 무덤방이 없거나 굄돌이 없는 바위는 고인돌이 아니라고 판단할 수 있다.

고인돌의 기능과 용도를 정의하는 문제는, 시간이 흐름에 따라 변화한 거석문화의 산물을 어떻게 바라볼 것인가에 대한 질문과 연결된다. 수천 기의 고인돌을 조사해온 경험을 바탕으로, 주변의 큰 바위가 고인돌인지 아닌지를 판단할 때, 기존의 고정된 정의를 넘어서 천문과 지리의 시각에서 그 의미를 되짚어보는 것이 필요하다.

따라서 우리 마을 주변의 커다란 바위가 고인돌인지 판단하는 방법은 전통적인 해석을 넘어, 그 바위의 형성 과정과 위치, 고대인들의 삶과 신앙, 천문·지리적 지식과의 연관성을 깊이 탐구하며 새로운 시각에서 정의해야 한다.

선사유적으로서의
거석 읽기

고인돌을 구별하는 과정에서 중요한 요소는 단순히 바위의 크기와 위치뿐만 아니라, 그 바위의 형성과 이동 과정, 주변 환경과의 관계를 분석하는 것이다. 이는 기반암과의 관련성, 지형적 입지, 고인돌의 방향성, 그리고 고인돌을 바라보는 관점 등을 종합적으로 고려하는 것을 포함한다.

첫째, 거석이 놓인 지형학적 기준을 바탕으로 고인돌을 구별하는 방법은 다음과 같이 정리할 수 있다.

우선, 기반암과의 연관성을 확인하는 것이 중요하다. 고인돌이 위치한 바위가 해당 지역의 기반암과 동일한 암석일 경우, 자연적으로 형성되었을 가능성이 크다. 반면, 단단한 기반암이 없는 곳에 거대한 바위가 놓여 있다면, 이는 선사시대에 인위적으로 이동된 것으로 추정할 수 있다. 특히, 이러한 이동이 현대의 중장비가 아닌 선사인들의 물리적 방식으로 이루어졌다는 점을 고려해야 한다.

다음으로, 토르(Tor)와 같은 자연 지형과의 구분이 필요하다. 화강암이 널리 분포한 한반도에서는 풍화작용과 절리 발달로 인해 자연적으로 블록 형태의 바위들이 쌓여 토르 지형을 형성한다. 설악산의 흔들바위가 대표적인 사례다. 그러나 고인돌은 이러한 자연적 현상과 명확히 구별되어야 하며, 특히 그 위치와 배치가 고대

신평고인돌(고창 신림)
이 고인돌은 자연적으로 형성된 바위인 토르(Tor)처럼 보일 수 있으나, 덮개석 아래의 기반암 위에서 굄돌이 확인되는 기반식 고인돌이다. 무덤이라기보다는 기우제와 같은 천제를 지내는 장소로 사용되었을 가능성이 크다.

인의 의도적 구조물로 해석될 수 있는지 신중히 검토해야 한다.

또한, 주변 바위의 특성과 풍화 상태를 조사하는 것도 중요하다. 고인돌을 정확히 정의하기 위해서는 주변의 작은 바위들까지 면밀히 살펴볼 필요가 있다. 주변 바위들이 선사시대 사람들이 의도적으로 배치한 것이라면, 그 형태와 풍화 상태가 중요한 단서가 될 수 있다. 특히, 풍화가 심하거나 이끼가 낀 바위들은 오랜 기간 방치된 흔적을 보여주므로, 선돌이나 고인돌과 연관될 가능성이 크다. 특히 한국 서해안 지역의 화강암과 황토 지대에서는 이러한 바위들이 고인돌의 일부일 가능성이 있으므로, 단정적으로 배제하지 않고 철저히 기록하는 것이 필요하다.

마지막으로, 인위적 이동의 증거를 확인하는 과정이 필수적이다. 고인돌은 일반적으로 거대한 바위를 인위적으로 이동시켜 배치한 구조물이므로, 바위가 놓인 위치와 주변 환경을 정밀하게 조사해야 한다. 이를 통해 바위가 자연적인 요인에 의해 이동된 것인지, 아니면 선사시대 사람들이 의도적으로 옮긴 것인지를 판별할 수 있다. 이러한 지형적 기준과 이동 특성을 종합적으로 분석함으로써, 주변에 흩어진 바위가 단순한 자연석인지, 고인돌로 사용된 것인지 명확히 정의할 수 있다.

둘째, 고인돌이 놓인 지형을 분석한 이후에는, 고인돌의 배치와 지형적 입지를 고려한 천문학적 접근과 해석이 필요하다. 이를 구체적으로 살펴볼 때, 다음과 같은 요소들을 고려할 수 있다.

우선, 지형적 안정성은 고인돌 축조에 있어 필수적인 조건이었다. 고인돌이 세워진 장소는 반드시 단단한 지반 위여야 했으며, 이는 자연재해나 붕괴 위험을 피하기 위한 것이었다. 강변이나 산간의 충적지처럼 지반이 약한 곳은 고인돌을 세우기에 적합하지 않았다. 따라서 고인돌은 지형적으로 안정적이며, 주변 환경과 조화를 이루는 곳에 위치해야 했다. 설령 하천변의 충적지에 놓였더라도 반드시 기반암 위에 축조되어야 오랜 시간 본래의 형태를 유지할 수 있었다.

또한, 고인돌이 단순한 무덤을 넘어 천제단과 같은 신성한 의례적 장소로 사용되었을 가능성을 중요하게 고려해야 한다. 특정 장소에 인위적으로 이동되어 배치된 고인돌이라면, 단순한 무덤을 넘어 마을 공동체의 중요한 의례 공간으로 활용되었을 가능성이 크다. 이러한 신성한 공간은 선사인들의 거주지 근처 구릉지나, 동쪽과 남쪽이 탁 트인 지역처럼 천문·지리적 요소를 반영할 수 있는 장소에 조성되었을 것이다.

특히, 고인돌 주변의 천문 관측과 배치 특성을 조사하는 것도 중요한 연구 과제이다. 고인돌은 천문 관측을 위한 장소로 사용되었으며, 하늘과의 연결을 중시했을 것으로 추정된다. 선사인들은 고인돌을 배치할 때 동쪽이나 동남쪽이 열린 곳을 선호했는데, 이는 태양이 떠오르는 방향과 관련이 있다. 태양의 일출과 노을이 지는 모습, 밤하늘의 별들이 떠오르는 자연 현상은 고대인들에게 중요한 의미를

옥제리고인돌(고창 성내)
주변이 야산인 구릉지의 이 지역은 하천이 없어 늘 물이 부족하였다. 이러한 자연환경 속에서 놓인 이 고인돌의 장축은 하지 일출 방향으로 놓여 있으며, 덮개돌 위에는 별자리인 많은 성혈이 새겨져 있다. 이를 통해 보았을 때, 이 고인돌은 하지 전후에 기우제와 같은 천제를 드리기 위한 의례적인 장소로 사용되었을 가능성이 크다.

지녔으며, 이러한 배치는 그들의 천문학적 이해를 반영한 결과물로 볼 수 있다.

옥제리고인돌은 황토 구릉의 정상에 위치하며, 해의 움직임과 일치하는 중요한 천문학적 특성을 반영하고 있다. 또한, 덮개돌에는 별자리를 기록한 성혈이 새겨져 있으며, 장축이 하지 일출과 동지 일몰 방향과 정렬되어 있다.

이러한 고인돌들은 대개 부족민들의 거주지 인근이거나, 천문 관측이 용이한 구릉지대와 연결되어 있어, 선사인들이 이를 천문학적 관측과 의례의 공간으로 활용했을 가능성이 크다.

셋째, 고인돌의 굄돌 통로나 장축의 방위각을 세밀히 조사해야 한다. 고인돌의 배치와 방향성은 단순한 구조적 요소를 넘어, 고대인들의 의식, 천문학적 이해, 그리고 사회적·종교적 의도를 반영하는 중요한 단서가 된다. 따라서 이러한 측면을 고려한 세밀한 해석이 필요하다.

우선, 고인돌 덮개돌의 전면과 후면을 구분하는 것이 중요하다. 덮개돌의 형태를 면밀히 살펴보면 전면과 후면이 구분될 수 있는데, 이를 통해 고인돌이 지향하는 방향을 확인할 수 있다. 일반적으로 덮개돌의 전면은 평평하거나 부드럽게 다듬어진 반면, 후면은 상대적으로 거칠고 불규칙한 경우가 많다. 이러한 특징은 고인돌이 특정 방향을 의도적으로 향하도록 배치되었음을 보여준다.

또한, 고인돌의 장축과 굄돌 사이의 방위각을 측정하는 과정이 필요하다. 방위각을 정확히 측정하기 위해서는 나침반과 항공사진 등을 활용해야 한다. 하지만 나침반을 사용할 때는 거리와 위치에 따라 오차가 발생할 수 있으므로, 가까운 거리보다는 일정 거리 이상 떨어진 곳에서 측정하는 것이 보다 정확한 결과를 얻는 방법이다. 또한, 덮개돌과 굄돌의 배치 특성을 면밀히 파악한 후 방위각을 측정해야, 고인돌이 어떤 방향을 지향하는지 보다 정밀하게 해석할 수 있다.

이와 함께, 큰 고인돌과 주변 작은 입석(선돌)과의 관계성도 반드시 조사해야 한다. 연구자들이 종종 큰 거석에만 집중하는 경향이 있지만, 고인돌 주변의 작은 입

춘분 추분 일출 방향

춘분 추분 일몰 방향

초내리고인돌 군의 입석과 고인돌들(고창 고수)
대부분의 학자들은 고인돌 주변의 작은 바위나 입석을 연구의 대상으로 삼지 않지만, 이러한 작은 돌들도 거석과 연결지으면 새로운 해석이 도출될 수 있다. 고인돌과 그 주변의 다양한 돌들이 상호 연관을 맺고 있을 가능성이 있다.
위 세 개의 고인돌은 춘분과 추분의 일출 일몰을 따라 일렬로 배열되어 있다.

석들도 그 배치와 방향성을 이해하는 데 중요한 단서가 될 수 있다. 작은 입석들은 고인돌과 일정한 관계 속에서 배치되었을 가능성이 있으며, 이를 분석함으로써 고인돌을 축조한 선사인들의 의도와 공간 개념을 보다 명확히 파악할 수 있다.

　　마지막으로, 파괴된 고인돌과 원형이 상실된 고인돌에 대한 연구도 중요한 과제이다. 시간이 흐르면서 많은 고인돌이 개발로 인해 파괴되거나 훼손되었지만, 이러한 고인돌들도 후속 연구에서 중요한 자료로 활용될 수 있다. 일부 형태가 변형되거나 사라졌더라도, 그 흔적을 추적하고 분석하는 과정은 고대인의 사고방식과 의도를 해석하는 데 중요한 기초 자료가 된다.

선운산 도천리고인돌(고창 아산)
이 고인돌은 기반암 위에 작은 굄돌을 올려 조성된 것으로, 무덤이 아닌 다른 용도로 사용되었음을 시사한다.

넷째, 고인돌은 단순한 무덤을 넘어 선사시대의 중요한 거석문화로 이해하는 것이다. 우선, 굄돌의 존재와 고인돌의 의미를 살펴볼 필요가 있다. 바위 아래에 굄돌이 존재하면 고인돌일 가능성이 높지만, 이것이 반드시 무덤을 의미하는 것은 아니다.

또한, 고인돌과 인근 마을과의 관계도 주목할 만하다. 일반적으로 무덤은 마을과 구분된 장소에 두는 것이 사회적으로 더 적합하지만, 고인돌이 마을 가까이에 위치한 경우 단순한 무덤이 아닐 가능성이 있다. 만약 고인돌이 천제단과 같은 숭배의 공간으로 사용되었다면, 사람들이 거주하는 지역 가까이에 배치되었을 가능성이 크다.

고인돌의 성격을 명확히 구별하려면 발굴 조사를 통한 해석이 필요하다. 그러나 모든 고인돌을 발굴할 수 없는 현실을 감안하면, 일부 발굴 사례만으로 고인돌을 무덤으로 단정 짓는 것은 어렵다. 결국, 고인돌에 대한 새로운 이해가 필요하다. 고인돌은 단순한 무덤이 아니라, 선사시대 사람들의 믿음과 세계관을 반영하는 중요한 문화유산이었다. 마을의 당산처럼 숭배의 대상으로 남아 있는 많은 바위들은 무덤 이상의 의미를 지녔음을 시사한다. 따라서 고인돌을 연구하는 것은 단순한 고고학적 탐구를 넘어, 고대인들과 소통하는 의미 있는 과정이라 할 수 있다.

거석 읽기의
실제

고창 성내 관동마을 입구에 위치한 바위가 고인돌인지 여부를 판별하기 위해, 이를 뒷받침할 주요 논점들을 종합적으로 분석할 필요가 있다. 먼저, 주변 지형을 살펴보면, 이 바위는 중생대 쥐라기시대에 형성된 대보 화강암이 풍화되어 만들어진 황토 지역에 위치하고 있으며, 이는 바위가 자연적으로 그곳에 형성된 것이 아니라 인위적으로 이동되었을 가능성을 시사하는 중요한 단서가 된다. 특히, 이 지역에서 고인돌로 사용될 수 있는 바위는 자연적인 지형의 일부라기보다는 인간이 채석하여 이동시킨 것으로 해석할 수 있으며, 이는 고인돌 축조의 중요한 특징과 일치한다.

또한, 이 바위의 장축 방향이 60°와 240°로 배치되어 있다는 점에서 천문학적으로 중요한 의미를 지닌다고 볼 수 있는데, 이는 동북쪽에서 일출하는 하짓날 태양

비산비야의 고창
고창의 산하는 산도 아니고 들도 아닌, 비산비야의 대지로 알려진 풍요로운 지역이다. 이 지역은 자연적인 특성 덕분에 농업적으로 매우 비옥하고 풍요로운 환경을 제공하며, 그 자체로 특별한 의미를 지닌 곳이다. 또한, 고인돌의 분포와 밀집도가 세계 최고로 알려져 있다.

과 관련이 있으며, 고인돌에서 자주 나타나는 배치 패턴과도 일치한다. 이러한 점은 단순한 자연적인 배치가 아니라, 고대인들이 천문학적 원리를 고려하여 바위를 배치했음을 강하게 시사하며, 이를 통해 이 바위가 인위적인 목적을 가진 구조물일 가능성이 더욱 높아진다.

더불어, 이 바위 아래에서 굄돌이 발견되었다는 사실도 중요한 증거가 되는데, 일반적으로 고인돌은 덮개돌 아래 굄돌을 사용하여 구조적으로 지탱하는 특징을 가지므로, 굄돌의 존재는 이 바위가 단순한 자연석이 아니라 인위적인 구조물일 가능성을 더욱 뒷받침해 준다. 또한, 고인돌은 종종 주변의 산세나 고개, 봉우리와 일정한 연관성을 가진 채 배치되지만, 현재 이 바위 주변에는 나무들이 우거져 있어 정확한 지형적 관계를 확인하는 데 어려움이 있다. 그럼에도 불구하고, 바위의

성내 관동 고인돌(고창 성내)
황토가 발달한 전라도 지역의 널부러진 바위들은 고대의 고인돌과 같은 거석문화와 깊은 연관이 있을 가능성이 높다. 이 바위들은 고대 사람들이 신앙과 의례를 위해 사용했을 수 있으며, 그 지역의 역사와 문화적 가치를 이해하는 데 중요한 단서이다. 특히 이 고인돌의 장축은 60°와 240°로 이는 하지 일출과 동지 일몰 방향과 일치한 배치다.

배치 방향성만으로도 고인돌일 가능성을 유추할 수 있으며, 이는 추가적인 조사를 통해 더욱 명확하게 밝혀질 필요가 있다.

결론적으로, 이러한 여러 가지 분석 결과를 종합해 볼 때, 이 바위는 고인돌일 가능성이 매우 높다고 판단할 수 있으며, 이는 단순한 무덤을 넘어 천문학적, 사회적, 종교적 의미를 반영한 중요한 문화유산으로서 연구될 가치가 크다. 추가적인 발굴과 정밀한 조사가 이루어진다면, 그 문화적 의미와 역할을 더욱 명확하게 밝힐 수 있을 것이다.

3.
천문과 지리의 길,
고인돌에 담다

66
천문 지리로
배치된 고인돌

고인돌에 새겨진 천문학적 의미는 고인돌의 장축과 통로 방향, 그리고 고인돌 간의 관계를 통해 알 수 있다. 따라서 고인돌의 장축이나 통로 방향을 결정하는 것이 선행되어야 한다. 고인돌의 장축 방향을 선정하는 방법은 덮개돌을 기준으로 측정하거나, 고인돌의 무덤방인 석곽을 기준으로 할 수 있다. 무덤방이 있는 경우, 그 고인돌은 대부분 지석묘로 인정된 무덤으로 사용된 것이다. 무덤용 고인돌의 장축 방향을 결정하는 기준에는 세 가지 설이 있다. 첫 번째는 청동기시대 자북이나 진북과 같은 특정 방위에 맞추었다는 설, 두 번째는 하천이나 산·구릉 등의 거시적인 지형과 연관이 있다는 설, 세 번째는 유적 내의 미세지형에 따라 결정되었다는 설이 있다.[10] 그러나 이러한 학계의 견해들 역시 고인돌 장축 방향의 다양성 때문에 절대적인 지지를 받는 설은 없다.

고인돌 장축 방향이 다양한 이유는 여러 가지가 있다. 첫 번째는 10기 이상의 고인돌 군에서는 특정한 방향성을 확인하는 것이 쉽지 않지만, 소수의 군집에서는 장축 방향성이 명확히 드러난다. 두 번째는 주변의 지형지세에 따라 장축의 방향이 조금씩 다르다는 것이다. 특히 태양의 일출 방향에 따라 산의 높낮이가 다르기 때문에, 고인돌 덮개돌의 장축이나 단축 방향도 특정의 절기의 일출 방향이 약간은 달라진다. 세 번째는 고인돌이 태양, 달, 별, 행성과 같은 다양한 천체의 움직임을 반영한 방향성을 가지고 있다는 점이다. 하늘의 움직임인 천문 현상에 따라 고인돌 장축이나 굄돌의 통로 방향이 달라진다. 네 번째는 장축 방향성에 대한 개념의 차이이다. 무덤방이나 굄돌이 있는 고인돌의 경우 방향성을 명확하게 구분할 수 있지만, 무덤방이나 굄돌이 없는 개석식 고인돌은 장축이나 중심축을 결정하는 데 어려움이 따른다. 덮개돌의 모양이 제각각이고, 어디를 장축이나 중심축으로 결정해야 할지 판단하기가 쉽지 않다.

가장 긴 방향을 장축으로 할 것인지, 아니면 덮개돌의 중심축을 장축 방향으로 결정할 것인지에 대한 문제가 있다. 이를 해결하려면 고인돌을 축조했던 선사인들이 지향하고자 했던 바를 정확하게 파악하는 것이 중요하다. 또한 많은 조사를 통해 경험을 축적해야만 더 높은 정확도를 얻을 수 있다. 한편, 개석식 고인돌이나 규모가 작은 거석들이 수천 년의 세월을 지나면서 훼손되거나 이동되어 본래의 방향성을 상실한 경우도 많다는 점을 염두에 두어야 한다.

보통 고인돌의 장축의 길이를 측정할 때 가장 긴 부분을 기준으로 한다. 그러나 길이의 장축과 방향성은 때때로 의미가 다를 수 있다. 고인돌 장축의 방향이 다양한 이유는 그만큼 고인돌의 형태와 용도가 다양하고, 천문 지리를 고려한 배치이기 때문이다. 고인돌 배치에서 선사시대의 천문학적 지식과 함께 지리적 요소가 함께 적용되었음을 고려해야 고인돌 장축 방향의 선정 원리를 이해할 수 있다. 사실 '고인돌의 방향성이 가지는 천문 지리 분석'이 더 타당한 접근법이나, 이에 대한 연구가 부족한 이유는 고인돌 방향성에 대한 기본 원리를 제대로 이해하지 못했기 때문이다.

"고인돌의 장축이나 통로 등 방향 선정 기준은 천문 지리와 관련이 있다"는 명제를 바탕으로 연구를 시작하면, 측정한 방위각을 통해 그 방향이 가지는 의미를 해석할 수 있다. 이 과정만 거치면 고인돌 배치가 가지는 방향성에 대한 해석은 훨씬 단순해진다.

고인돌 배치는 태양의 움직임을 반영한 경우가 많아, 특정 절기의 일출과 일몰 방향을 이해하면 누구나 쉽게 해석할 수 있다. 매일 자전하는 태양은 하지 때 동북쪽에서, 동지 때는 동남쪽에서 떠오른다. 해가 지고 어둠이 오면, 동남쪽의 밤하늘에서 반짝이는 별들을 관측할 수 있다. 특히, 소규모 고인돌 군에서는 이러한 방향성이 크게 벗어나지 않는다.

하늘의 길을
담아낸 고인돌

고인돌의 통로와 장축, 그리고 고인돌 간의 관계는 '길'로 비유할 수 있다. 길은 흐름을 의미하며, 삶을 위한 가장 근본적인 통로이자 인간 존재의 필수적인 요소였다. 고인돌이 위치한 장소에서 발견된 '길'은 하늘(천체)의 움직임을 담아낸 창조물이었다. 하늘의 해, 달, 별, 행성들이 매일 천구를 따라 움직이며, 인간은 그 움직임에 민감하게 반응했다. 오랜 세월 동안 축적된 지식과 지혜를 통해, 인간은 하늘의 길을 이해하고 그것을 후세에 전하고자 했다.

시간이 지나도 무너지지 않고 영속되는 하늘의 길을 관찰하고 이를 땅에 구현하고자 했던 인간의 염원은 고인돌을 만들게 했다. 그러나 고인돌은 하늘의 모든 길을 담을 수는 없었다. 고인돌에 담고자 했던 것은 바로 삶과 죽음과 관련된 천체의 움직임이었다. 고인돌 간의 관계는 천체의 길을 의미하며, 이는 삶과 죽음을 동시에 품은 천문 지리를 담은 문화였다.

만약 인간이 고인돌과 같은 천체의 길을 담은 건축물을 만들지 않았다면 어떻게 되었을까? 구전으로 전하던 천체의 움직임은 점차 정확도를 잃었을 것이고, 그 지식을 소유한 지혜로운 사람들만 전할 수 있었다면, 결국 그 지식은 사라졌을 가능성이 크다. 영속적으로 지식을 후대에 전한 부족들은 꾸준히 발전했을 것이고, 그

영산기맥의 일출
영산강을 감싸고 도는 산줄기는 영산기맥이라 불리며, 전라도 서남부의 고인돌들은 이 산줄기에서 떠오르는 일출을 성스럽게 여겼다. 이 지역의 고인돌은 자연의 중요한 변화와 천체의 움직임을 경외하며 맞이하는 신성한 의미를 지녔다.

렇지 못한 부족들은 점점 강력해지는 다른 부족들에 의해 지배당했을 것이다.

고인돌을 처음 만든 부족은 점차 정확한 시간을 알게 되었고, 이를 통해 더 많은 곡물을 수확할 수 있었다. 고인돌은 선조들의 지식과 지혜를 담은 그릇이자 보고였다. 이를 통해 고대인들은 하늘과 땅, 조상들에 대한 경외와 존경을 표하며, 제물을 올렸다. 고인돌의 길에는 그들이 거주한 자연 환경이 담겨 있었다. 이 환경은 산봉우리, 강줄기, 평야, 해안, 식생, 언덕, 바위 등 다양한 요소들로 이루어져 있었으며, 이러한 자연 환경은 하늘의 해, 달, 별, 행성과 어우러져 본질적인 삶의 질서가 되었다.

고인돌을 중심으로 형성된 질서는 종교 문화로 발전했고, 이는 점차 정치적 권력으로까지 이어졌다. 고인돌이 담고 있는 하늘의 길을 중심으로 인간의 삶과 죽음을 담아내는 과정에서, 고인돌은 단순한 묘제를 넘어 정치적, 경제적, 종교적 체계를 나타내는 중요한 상징적 공간이 되었다. 고인돌이 놓인 위치는 수직적인 하늘과 수평적인 땅이 만나는 신성한 접점으로 인식되었으며, 고인돌은 단순히 물리적인 장소를 넘어 하늘의 신들과 인간을 잇는 중요한 매개체로서 역할을 했다. 고인돌은 하늘과 지구, 인간과 신을 연결하는 중요한 구조물이었다.

　　고인돌이 위치한 구릉이나 봉우리와 같은 곳은 주변을 한눈에 바라볼 수 있는 특성을 지니고 있다. 이는 고인돌을 세운 사람들이 하늘과 가장 가깝고 강렬하게 태양신과 태음신을 받아들이려 했음을 시사한다. 특히 넓은 농토가 있는 충적지에 위치한 고인돌도 마찬가지로, 하늘의 신들과의 연결을 중시했던 선사인들의 농경문화와 신앙이 관련 있다. 고인돌이 놓인 위치는 신들이 내려오는 곳이거나 맞이하는 공간이자 하늘과 땅이 교차하는 신성한 영역임을 암시한다.

4.
농경문화와
고인돌

66

농경문화가
가져온 고인돌

고인돌 사회의 집단 크기는 축조된 고인돌의 규모와 무게를 바탕으로, 고인돌 건설에 동원된 인력을 추산하여 추정할 수 있다. 일반적으로 규모가 큰 고인돌은 계급과 직업 분화가 진행된 시기에 건설된 것으로 여겨진다. 즉, 고인돌시대는 수렵채집의 소규모 이동 집단을 넘어서 정착 농업으로 잉여 생산물의 비축이 가능해지고, 인구 부양력이 갖추어져 인위적인 인구 증가가 이루어진 신석기 농업 경제 혁명 이후의 농업 사회로 발전한 시기로 볼 수 있다. 또한, 후빙기 이후 기후가 현재와 비슷하거나 높은 수준으로 온난화된 시기였다. 고창 지역은 고인돌 축조 당시 현재보다 온난했을 것으로 추정된다. 농업 경제로 접어들면서 농토의 소유권과 관리 영역에 대한 조정과 분쟁이 발생했을 것이다.

청동기시대에 고인돌이 축조된 사회는 이미 수렵과 채집 경제를 넘어 농경 중심의 경제사회로 전환된 시기였다. 특히 신석기시대의 수렵, 채집 및 화전 경작에서 수전 경작으로의 대전환기에 고인돌이 세워졌다. 선사인들은 강변이나 산간의 충적지를 개간하여 수전 경작을 통해 부를 축적할 수 있었다. 고인돌이 가장 많이 군집을 이루고 있는 곳은 하천변의 충적평야지대로, 이는 고인돌의 입지와 농경지 선호와의 연관성을 보여준다. 충적지는 논농사에 적합한 환경을 제공하기 때문이다. 이러한 학계의 고인돌 연구는 농경사회의 발달과 농업 생산성의 관계에 주목하며, 이를 '농경사회기념물설'로 통칭하기도 한다.[11] 이와 같이 농경과 고인돌의 관계를 분석하고 해석하는 것이 고인돌에 대한 정확한 이해의 기준이 된다.

과거와 현재를 막론하고, 하늘에 대한 이해와 노력은 인간 삶에서 중요한 역할을 해왔다. 수렵과 채집 경제에서는 기후나 기상의 변화가 농경에 비해 상대적으로 덜 중요했지만, 농경 사회에서는 상황이 달랐다. 초기 농경 지식이 부족했던 시기에는 구릉이나 산에 불을 지르고 씨앗을 뿌리는 원시적인 화전 경작법이 주된 농법이었다. 화전 경작에서는 씨앗이 자연적으로 발아했지만, 초식동물이 이를 먹거나 멧돼지, 곰 등 야생동물이 농작물을 훼손하는 일이 빈번했다. 또한, 강우량 부족이나 가뭄이 지속되면 수확이 어려워지는 문제도 있었다. 당시 화전 경작의 주요 농작물로는 기장, 조, 피, 수수, 옥수수, 밭벼 등이 있었다.

몇 년 동안 같은 땅에서 농사를 짓다 보면 지력이 떨어졌고, 이를 인지한 선사인들은 새로운 지역으로 이주했다. 그러나 이주를 하지 않은 사람들은 지력 저하와 함께 매년 춘궁기를 겪으며 수확량 감소에 직면해야 했다.

기장은 인류 농경 역사와 오랜 시간을 함께해 온 대표적인 농작물로, 기원전부터 재배된 식물이다. 약 7,000년 전부터 곡물로 재배되었으며, 한반도의 신석기 시대 유적에서 탄화된 기장과 조가 발굴되고 있어, 삼국시대 이전부터 재배된 것으로 확인된다. 기장은 중요한 곡물 중 하나로, 천제나 조상에게 바치는 제사에서 가장 먼저 올려 진 곡물이기도 했다.

조선시대에는 토지의 신(社)과 곡식의 신(稷)에게 제사를 지내는 사직단이 있었는데, 이는 국가의 안녕과 풍요를 기원하는 제사의 중심지로 기능했다. 사직단에서는 기고제, 기우제, 기곡제와 같은 제사가 행해졌으며, 조선 왕조의 근간을 이루는 중요한 장소였다. 특히 곡식의 신인 직(稷)은 '기장'의 직 자에서 유래한 것으로, 기장이 고대부터 재배되었던 농작물이기에 자연스럽게 숭배의 대상이 되었다. 이후 기장은 오곡의 대표로 여겨지며, 곡식을 관장하는 신의 상징으로 자리 잡게 되었을 것이다.[12] 농경문화와 깊이 연결된 사직단의 기원이 바로 고인돌이었다.

청동기시대가 시작되면서 기후가 따뜻해지고 해수면이 상승함에 따라 하천을 중심으로 퇴적이 빠르게 진행되어 충적지가 발달했다. 충적지는 풍부한 물과 비옥한 토양을 제공해 벼와 같은 수전 경작에 적합한 환경을 조성했다. 일부 선사인들은 하천 주변에서 벼를 재배하기 시작했고, 벼 중심의 수전 경작이 점차 확산되었다. 수전 경작은 화전 경작에 비해 생산량이 훨씬 높았으며, 농기구의 발전으로 생산성이 크게 향상되었다. 이에 따라 선사인들은 집단적인 정주 생활을 시작했고, 인구가 급격히 증가하며 취락이 발달하게 되었다. 그러나 생산력의 차이로 빈부 격차가 발생했고, 이는 권력과 계층의 분화를 초래하며 토지를 둘러싼 갈등을 야기했다.

계절풍 지역에
발달한 고인돌

고인돌이 분포하는 지역들은 대개 몬순 기후, 즉 계절풍을 특징으로 하는 지역들이다. 몬순(Monsoon)은 1년 동안 대지와 바다의 온도 차이에 따라 바람의 방향이 바뀌는 기후 현상으로, 여름에는 바다에서 육지로, 겨울에는 육지에서 바다로 바람이 불어온다. 고인돌이 있는 지역들은 온대와 열대 몬순 기후에 속하며, 이 지역들은 계절적으로 많은 비가 내리고, 그 덕분에 물을 많이 사용하는 벼농사가 발달했다. 특히 열대 몬순 기후는 인간 거주에 적합하지 않은 기후로 보일 수 있으나, 벼농사가 발달하면서 인간이 살기에 적합한 환경이 되었다.

한반도의 서남부 지역은 대표적으로 논농사가 중심인 농경지대이며, 석기시대부터 농경이 발달해왔다. 이 지역은 간빙기가 도래한 후기 구석기부터 해수면이 상승하면서 해안가와 강가를 중심으로 넓은 충적지가 발달했다. 염분이 많은 지역은 농경에 적합하지 않았기 때문에 초기에는 내륙의 골짜기와 강변의 충적지를 개간하며, 밭벼와 논벼를 적절히 재배하는 방식으로 농업이 발달했다.

신석기 혁명 이전, 인간들은 주로 채집과 수렵을 통해 식량을 확보했다. 남자들은 사냥을 통해 단백질을 공급했고, 여성들은 거주지 주변에서 식량이나 열매를 채집하는 분업 사회가 형성되었다. 사냥과 어로 활동은 힘이 많이 들고 위험하기 때문에 부족민들이 충분히 먹고 살기에는 어려운 활동이었다. 반면 농업은 사냥보다 훨씬 손쉬운 경제활동이었다. 농사를 지으며 곡물을 재배하는 것이 사냥보다 더 어려운 일은 아니었지만, 기후와 시간을 이해해야만 한 해를 견딜 수 있는 식량을 생산할 수 있었다. 여름에는 농사로 식량을 생산하고, 겨울철 농한기에는 산이나 들로 다니며 수렵과 채집을 통해 식량을 해결했다. 현대의 풍족한 사회에서는 고인돌을 축조한 사람들의 절박함을 쉽게 이해하기 어렵지만, 당시 사람들에게는 생존의 문제였다. 고인돌이 분포하는 지역들은 몬순 기후의 농경지대였고, 주로 물을 많이 사용하는 수전 경작이 중심이었다. 선사시대에는 오늘날의 논벼보다는 밭벼가 주를 이뤘지만, 밭벼 역시 물을 필요로 했다. 고인돌이 이러한 몬순 지역에 널리 분포한다는 사실은 농경문화와 깊은 관련이 있음을 시사한다. 농업은 천문학적 이해 없이는 이루어질 수 없는 산업이기 때문에, 몬순 지역의 농경지와 고인돌에 대한 새로운 접근이 필요하다.

고인돌을 세운 사람들의 의도는 그 지역의 자연환경과 삶에 대한 이해를 바탕으로 해석해야 한다. 고인돌을 단순히 무덤을 만들기 위해 거대한 거석을 옮겨 세운 것이라고만 보기에는 그들의 의도가 명확하지 않다. 당시 사람들에게 먹고사는 문제는 최우선의 과제였다. 이들은 세상을 주관하는 태양신과 태음신에게 풍년과 풍요를 기원하며, 부족민들이 배불리 살고 편안하게 살아가기를 바랐을 것이다. 그래서 그들은 견고하고 영원할 것이라 믿었던 거대한 바위로 고인돌을 축조했다.

고인돌 연구는 선사인의 간절한 마음을 느끼고, 그들의 삶을 깊이 이해하려는 노력이다. 인간은 언제나 더 나은 삶을 추구하며, 고인돌을 만든 선사인들도 당시의 고통과 어려움에서 벗어나기를 바랐다. 고인돌은 생존에 대한 갈망과 오늘날 인간이 겪고 있는 탐욕에서의 해방을 향한 염원이 담긴 중요한 문화유산이다.

농경의 근본은
기후와 기상

고인돌이 축조되던 시기의 사회는 농경이 중심이었으며, 농경 문화는 하늘과 땅에 의존한 경제 활동으로 인간 삶의 본질적인 부분과 깊이 연결되어 있었다. 자연에 의존하며 살아간 사람들은 씨앗을 뿌리고 수확하기까지 모든 과정을 하늘에 의지했다. 이에 따라 선사 시대의 부족장은 밤하늘의 별자리와 행성의 움직임을 관찰하며 기후와 기상, 그리고 부족의 길흉화복을 예측해야 했다. 현대인들은 그들의 예측이 과학적으로 얼마나 정확했는지 의문을 제기할 수 있지만, 수천 년 전 그들이 축적한 지식이 오늘날 우리가 사용하는 정보의 기초가 되었다는 사실은 간과해서는 안 된다. 그들이 밤낮으로 천체를 관찰하고 계산한 결과는 오늘날의 절기, 계절, 시간, 속담 등의 형태로 남아 우리의 삶에 여전히 영향을 미치고 있다.

화전 경작이든 수전 경작이든, 농경에서 가장 중요한 것은 기후와 기상에 대한 정보였다. 기후와 기상은 모두 대기 현상을 설명하지만, 그 범위와 시간적 개념이 다르다. 기후는 30년 이상의 장기적인 대기 상태를 의미하며, 기상은 시시각각 변하는 단기적인 대기 상태를 나타낸다. 즉, 농경 준비와 파종 시기를 결정하기 위해서는 기후를 알아야 했고, 농작물의 발아와 성장 과정은 기상의 영향을 받았다.

농사의 시작과 끝을 결정하는 데 있어 기후는 가장 중요한 정보였다. 예를 들어, 2월에서 4월 사이 봄이 시작되는 시점, 시베리아 기단이 후퇴하고 기온이 상승했다고 해서 농부들이 바로 씨를 뿌릴 수는 없었다. 기온 상승과 파종의 적기는 별

개의 문제였기 때문이다. 특히 한반도 봄철에 자주 나타나는 이상 기후 현상인 꽃샘추위는 때로 5월 말까지 지속되었고, 이에 대한 대책이 없었던 선사시대에는 큰 어려움을 초래했다. 꽃샘추위로 인해 갑작스레 싹을 틔운 농작물이 동파 피해를 입어 고사하거나 개화 시기가 늦어지는 일이 발생했고, 이는 곧 수확량 감소로 이어졌다.

꽃샘추위는 한반도에서 주로 나타나는 기후 현상으로, 이를 이해하지 못했던 당시에는 농사 실패로 이어질 가능성이 매우 컸다. 이러한 이유로 곡우와 소만 사이에 위치한 입하는 선사인들에게 중요한 절기였다. 입하는 여름이 시작되지만 봄의 기운이 남아 있는 시기로, 꽃샘추위가 거의 끝나 씨를 뿌리기에 적합한 시점이었다. 이때는 농작물이 자라기 시작하는 5월 5일 전후로, 개구리 울음소리가 들리며 파종의 적기를 알리는 신호이기도 했다.

결국, 선사인들에게 기후와 기상에 대한 이해는 생존에 필수적인 지식이었다. 기상은 매일 변화하는 단기 정보를 통해 확인할 수 있었지만, 기후는 축적된 기상 데이터와 매년 반복된 경험에서 비롯된 장기적 통찰로, 농사의 성공을 좌우하는 가장 중요한 요소였다.

기후를 이해하는 것은 세분화된 절기를 아는 것과 연결되며, 이를 이해하려면 태양과 별의 움직임, 즉 천문학에 대한 지식이 필요했다. 24절기는 태양년을 24개 구간으로 나누는 전통적인 동아시아의 달력 체계이자 농사력으로, 각 구간은 황도를 따라 태양의 위치를 반영한다. 이 체계는 고대 동북아시아에서 농업 활동에 맞춰 계절의 변화를 표시하기 위해 개발되었으며, 각 절기는 약 15일간 지속되며, 황도를 따라 15°씩 간격을 두고 태양의 위치를 나타낸다. 절기는 날씨와 농업 주기의 자연스러운 변화와 일치하며, 씨앗을 뿌리거나 모종을 심고, 수확하는 등의 농업 활동과 밀접하게 연관된다. 또한 동아시아의 많은 축제와 절기는 자연과학과 인간 활동의 패턴을 반영하는 중요한 문화 생태학의 일부였다. 이러한 문화 생태학은 선사인들이 각고의 노력으로 만들어낸 고인돌의 배치 특성, 특히 방향성에 그대로 반영되었다.

　현대인들은 자연의 변화에 대한 감각이 둔해졌다. 대개 고층 건물 속에서 살며 해가 뜨고 지는 것조차 신경 쓰지 않으며, 여름의 더위나 겨울의 추위도 옛 이야기처럼 느껴진다. 선사인들은 현대인들이 계절의 변화를 모르고 살아가는 모습을 신기하게 여길지도 모른다. 현대인들 또한 선사인들이 왜 그렇게 힘들게 거대한 고인돌을 만들었는지 궁금할 것이다. 부족민들이 온 힘을 다해 큰 돌을 떼어 옮겨 만든 고인돌은 현대인들에게는 이해하기 어려운 일이다.

　고인돌의 방향성에서 2지2분(동지와 하지, 춘분과 추분) 다음으로 자주 나타나는 절기 패턴이 '입하(立夏)'이다. 예나 지금이나 농부는 풍부한 정보를 바탕으로 농사를 통해 부를 축적한다. 그렇지 않은 농부는 하늘의 변화를 피할 방법이 없다고 생각하며 농사를 짓는다. 선사인들도 마찬가지로 정확한 기후 정보를 통해 씨를 뿌리거나 모종을 심는 시기를 결정했을 것이다. 이들이 정보를 얻는 주요 방법 중 하나는 마을 앞 동쪽에서 떠오르는 태양의 위치 변화를 관찰하는 것이었다. 매일 달라지는 일출 방향을 통해 때와 기후를 알 수 있었다. 선사인들의 부족장이나 제사장은 이러한 축적된 정보를 통해 권위와 지위를 유지할 수 있었으며, 이들이 가진 정보력은 한 해 농사의 시작과 끝을 결정짓는 중요한 역할을 했다. 선사인들이 기후 정보를 알 수 있었던 방법은 달과 태양, 별, 행성 등의 천문학을 바탕으로 한 것이었다.

태양과 별의
움직임은 시간

　　　　선사인들은 기후와 기상을 이해하기 위해 행성이나 항성의 움직임을 주의 깊게 관찰했으며, 특히 태양의 움직임에 큰 관심을 두었다. 태양의 움직임은 인간의 삶과 농경의 근본적인 요소였다. 신석기시대에 수렵채집에서 농업 경제로의 전환은 '사회적 진화'를 의미하는 중요한 변화였다. 이 전환을

'신석기 혁명'이라고 부를 수 있는 이유는 그것이 폭발적으로 늘어나는 인구를 부양하기 위한 가장 효과적인 방법이었기 때문이다. 신석기인들은 정착 생활을 하며 가축을 기르고 농경을 시작했으나, 해안에 살던 사람들은 여전히 어로와 채집이 주요 단백질 공급원이었다. 내륙에 사는 사람들은 수렵과 채집, 그리고 점차 농경을 통해 탄수화물을 생산하기 시작했다. 농경의 생산물은 점차 그들의 주요 식량원으로 자리 잡았다.

청동기시대에는 수전 경작이 화전 경작보다 훨씬 많은 수확을 가져오는 경제적 이점을 인정하게 되었다. 그러나 이러한 변화는 수렵채집 사회보다 기후와 기상의 변화에 대한 깊은 이해를 필요로 했다. 논에 물을 대고 씨를 뿌리는 일은 해마다 한 번뿐인 중요한 기회였고, 태양의 움직임을 정확하게 파악하는 것이 매우 중요했다. 씨를 너무 일찍 뿌리면 추위에 의해 싹이 자라지 못하고, 너무 늦게 뿌리면 수확량이 감소했다.

오늘날처럼 세분화된 시간 개념이 정립되지 않았던 선사인들에게 태양의 일출과 일몰 방향, 그리고 별자리는 삶과 농경의 중요한 기준이었다. 그들은 태양의 움직임에 따른 계절 변화를 고인돌 배치에 반영하여 농경의 시기를 놓치지 않으려 했고, 밤에는 별을 보며 기상 변화나 농사의 풍흉을 예측했다. 고인돌에서 발생한 홍수나 가뭄 같은 기상 현상에 대비해 기우제나 풍년제를 지내기도 했다. 이때, 천제단은 마을에서 하늘과 가장 가깝고 좋은 구릉 위에 세워졌으며, 고인돌이 수천 년이 지나도 그대로 남아 있는 이유는 바로 이러한 좋은 장소에 자리 잡았기 때문이다.

한반도의 많은 고인돌은 태양과 행성의 움직임을 기록한 시간이자, 농사력의 표현이었다. 선사인들은 2지2분에 큰 관심을 두었는데, 이는 태양의 고도 변화에 따라 구분된 네 가지 중요한 시점을 의미한다. 이 시점들은 동지(冬至), 하지(夏至), 춘분(春分), 추분(秋分)으로, 각 시기는 낮과 밤의 길이 변화와 계절 변화를 나타낸다.

2지(二至)는 동지와 하지, 즉 각각 겨울철의 밤이 가장 길고 낮이 가장 짧은 시기, 그리고 여름철의 낮이 가장 길고 밤이 짧은 시기다. 2분(二分)은 춘분과 추분으로,

낮과 밤의 길이가 같은 시기다. 춘분은 봄의 시작을 알리고, 추분은 가을의 시작을 알린다. 이 네 가지 시점은 전통 농경사회에서 계절 변화를 예측하는 중요한 기준으로, 농사시기를 결정하는 데 큰 역할을 했다. 동지는 한 해의 시작을 알리는 시점으로 여겨졌고, 춘분과 추분은 계절의 균형을 상징했다.

3,000~4,000년 전 한반도에 거주하던 선사인들은 현재와 같은 시·분·초 단위로 시간을 쪼개어 이해하지는 않았지만, 달과 태양의 공전 주기를 정확히 파악하고 있었다. 우리가 아는 서양의 부활절이나 유월절과 같은 축제는 달과 춘분·추분을 기념하기 위한 것이었다. 이러한 축제의 기원은 기원전 24세기 바빌로니아의 아키투 축제로 거슬러 올라가며, 이는 이라크 남부 메소포타미아 우르에서 시작되었다. 이후 기원전 6세기 바빌론 유수 기간에 고대 히브리인들은 춘분과 추분을 한 해의 전환점으로 인식하게 되었다.[13]

이 시대의 발달한 천문학은 메소포타미아 신화의 창조 서사시인 『에누마 엘리시』에 잘 나타난다. 이들은 황도 12궁을 정하고 일 년을 12개월로 나누며, 각 달에 세 개의 별자리를 배분했다. 별자리를 통해 한 해의 날짜를 정하고, 춘분과 추분을 시간의 기준으로 삼았다.[14]

시간의 표준, 2지2분을 담은 고인돌

서아시아에서 이미 2지2분 절기 개념이 정립되어 있었다면, 한반도의 선사시대 고인돌 축조 시기에도 유사한 문화현상이 존재했을 것이다. 고인돌은 선사인들의 다양한 일상과 문화가 담긴 상징적인 유물이다. 현재 한반도 서남부 지역에서 동지는 지표면의 125~130° 방향에서 일출하고 240° 방향으로 일몰한다. 춘분과 추분은 95~100°에서 일출하고 270° 방향으로 일몰한다. 하지는 지표면의 55~60° 방향에서 일출하고 300° 방향으로 일몰한다.

선사인들의 1년은 해가 동지에서 춘분을 지나 하지에 이르고, 다시 추분을 지나 동지에 이르는 주기를 따랐다. 오늘날과는 달리, 선사시대에서는 동지가 새해의 시작으로 여겨졌다. 이러한 이해는 단순한 현대적 시각에서 벗어나, 선사인들이 천체를 통한 시간의 기반으로 고인돌을 축조했다는 점을 깊이 인식해야 한다.

고인돌은 태양과 달과 별자리를 관측하는 것, 무덤이나 경계를 표시하는 것, 절기나 중요한 순간에 제사를 올리는 제단 등 다양한 용도로 사용되었다. 많은 고인돌에 선사인들이 남긴 천체의 흔적이 담겨 있다. 고인돌은 계절이나 절기를 알리는 시간의 기록일 뿐만 아니라, 농경의 방법과 의례 등을 나타내는 텍스트였다. 따라서 고인돌은 단순히 경외와 찬탄의 대상이 아니라, 적극적으로 분석하고 해석해야 할 역사적 유물이다.

풍년이나 흉년은 선사인들도 알 수 없었다. 현대인들 역시 기상청의 예보에 의존하지만, 풍년을 항상 기대할 수는 없다. 고대인들은 농사의 풍년과 흉년을 하늘

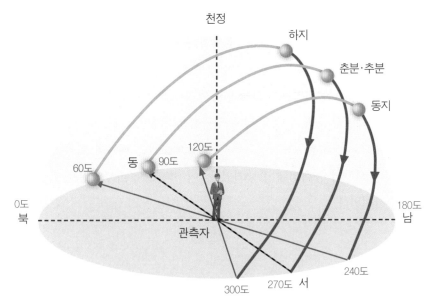

수평선에서의 2지2분 방향

에 의존할 수밖에 없었기에, 하늘에 제사를 올리기 위한 고인돌을 정성스럽게 축조했다.

> "저 봉우리 부근에서 해가 떠오르기 시작하네! 며칠 후면 태양이 오른쪽으로 이
> 동하고, 저 봉우리 위로 정확히 해가 걸치면 우리 부족은 농사를 준비해야 한다
> 네. 어서 저녁을 먹고, 어두워지면 동남쪽 산에서 떠오르는 별들이 무엇인지 확
> 인해 보게. 기다란 별들이 보이기 시작하면 농사를 준비해야 한다네! 그때가 되
> 면 더 이상 추위는 오지 않지. 올해는 별들이 맑고 깨끗하게 빛나는 걸 보니, 농
> 사가 풍년이 들 것 같구나!"

기나긴 겨울의 어둠을 지나, 음의 기운이 물러가고 양의 기운이 솟아나는 동짓날은 태양이 부활하는 새해를 의미했다. 그리고 춘분은 추위가 지나가고 농사를 준비하는 중요한 시점이었다. 하지는 씨앗이 잘 자라도록 충분히 물을 공급해야 하는 바쁜 시기로, 여름 동안 잘 자란 농작물을 처음 수확하는 추분은 오랜만에 맛보는 풍요의 시간이기도 했다. 물론 이 시기는 기나긴 겨울의 음의 기운을 몰아내고, 추위와 삶의 고난을 대비하는 시기이기도 했다.

이처럼 삶의 중요한 시점들은 하늘과 자연의 변화에 따라 결정되었으며, 선사인들은 이러한 자연의 흐름에 대한 깊은 경외심을 가졌다. 그들의 관심은 해돋이와 해넘이가 시작되는 지점, 즉 지평선에서 붉게 떠오르는 태양과 지평선을 붉게 물들이며 지는 태양의 움직임에 집중되었다. 이 시점들이 바로 2지2분을 나타내는 중요한 순간이었다.

5.
'이병렬의
고인돌론'

❝

천문 지리로
읽는 고인돌

선사시대 사람들도 천문학적인 2지2분으로 계절을 나누었을 가능성이 있지만, 우리가 일반적으로 생각하는 선사시대는 원시사회로서 천문학을 이해하지 못했을 것이라고 보는 경향이 있다. 그러나 신석기시대에 만들어진 스페인의 멩가 고인돌을 보면 현대인의 생각이 얼마나 오만한지 알 수 있다. 이 유적은 6,000년 전에 이미 건설된 구조물로, 거대한 돌 32개로 구성되어 있다. 지붕, 벽, 기둥을 포함한 전체 무게는 약 1,140t에 달한다. 이 구조물은 기본적인 과학적 지식 없이는 지을 수 없는 것이다. 당시 건축가들은 구조물이 비, 바람, 지진 등 외부의 압력을 견디며 오랜 세월 그대로 유지될 수 있도록 하는 건축 방법을 알고 있었다는 점에서, 그들의 기술과 지식은 매우 고도화된 것이었다.

한편, 고창을 비롯한 한반도의 서남해 지역은 우리나라에서 가장 많은 고인돌 군집이 분포된 지역으로, 수 톤에서 수백 톤에 이르는 다양한 크기와 형식이 존재한다. 탁자식, 바둑판식, 지상석곽형, 개석식 등 다양한 형태의 고인돌이 분포하고 있으며, 특히 고창은 고인돌의 밀도와 분포에서 다른 지역과 비교할 수 없는 특성

강화 부근리고인돌의 동지 일몰경(사가 쇼우코 제공)
강화 부근리고인돌은 하지 일출과 동지 일몰 방향인 굄돌을 세운 전형적인 천문대이자 천제단이다.

을 보인다. 이 많은 한반도의 고인돌들이 비과학적이거나 원리 없이 배치되었을 리는 없다. 서양의 고인돌은 천문학적, 건축학적 원리로 지어진 것이라는데 이견 이 없다. 그런데 왜 한반도의 고인돌은 힘세고 무지한 사람들이 어떤 배치 원리도 없이 무덤으로만 만들었다고 주장하는 것일까?

최근 고창의 고인돌을 천문 지리적 관점에서 접근하는 연구를 진행하고 있다. 이런 연구에 대한 반응은 대부분 긍정적이며 기대와 응원의 메시지가 많다. 하지 만 일부는 너무 지나친 해석이 아닌가 하는 우려의 시선을 보내기도 한다. 기존 학 계에서는 고인돌을 천문 지리적으로 접근하는 것이 근거 없는 '이병렬의 사설(私 說)'에 불과하다고 혹평하기도 한다. 그러나 일부 연구자들은 고인돌이 어떻게 천 문 지리 요소를 반영하고 있는지에 대해 깊은 관심을 가지고 있다. 즉, 고인돌의 배치가 태양과 별자리의 움직임과 어떤 연관이 있는지, 그 근거는 무엇인지를 밝 혀내고자 하는 것이다. 고인돌에 대한 천문 지리적 연구와 접근 방법이 아직 초보 적이고 생소하긴 하지만, 그 가능성에 대한 관심은 높다.

고인돌의 천문학적 해석은 1980년대부터 북한 학계를 중심으로 연구되어 왔으 며, 최근 한국 학계에서도 점차 활발하게 고인돌에 새겨진 성혈에 대한 천문학적 연구가 이루어지고 있다.[15] 그러나 고인돌의 통로나 장축 방향, 고인돌과 고인돌 간의 관계성, 고인돌 군집의 배치 등을 천문 지리적 관점에서 해석하는 '이병렬의 고인돌론'은 지금까지 한국의 연구자들 중 누구도 시도하지 않은 새로운 접근법이 다. 삼천여 기의 고인돌을 조사하면서 나타난 방향성의 패턴은 아직 지리학자인 '이병렬의 설'에 불과하지만, 지금까지 고인돌을 조사하여 축적된 결과는 놀랍게 도 어느 정도 일정한 패턴을 보였다. 이는 한반도의 고인돌뿐만 아니라 후대의 사 비도성과 한양도성, 경주 첨성대와 같은 도시 계획이나 천문대에도 반영되어 있 었다. 또한, 이와 비슷한 원리가 마야 문명의 피라미드나 일본의 고대 거석문화에 서도 나타나고 있었으며, 이는 인류사에서 공통적으로 나타나는 천문 지리 원리이자 문화로 확인되었다.

어느 시대를 막론하고 인류의 주요 관심사는 시간이었고, 시간은 태양의 움직임을 반영한 자연과학이자 삶의 중요한 부분이었다. 시간이 지나면서 시간에 대한 개념은 점차 세분화되어 오늘날 우리가 알고 있는 역법인 '시간'이라는 개념으로 정립되었다.

시간은 인간이 자연과 사회, 그리고 스스로를 이해하는 데 중요한 요소로 작용했다. 이를 어떻게 받아들이고 기록해왔는지는 각 문화의 철학, 종교, 과학, 기술 등 여러 요소와 밀접하게 연관되어 있다. 선사시대 고인돌 사회는 자연과학에 기반한 시간의 개념을 가지고 있었고, 선사인들은 태양, 달, 별, 행성의 주기를 따라 시간을 측정했다. 낮과 밤, 계절의 변화를 통해 시간의 흐름을 이해했으며, 이는 농업과 종교 의례의 계획에 중요한 역할을 한 농사력이었다. 고인돌을 축조하던 동시대의 이집트나 후대의 마야 문명도 태양과 달을 기준으로 한 달력 시스템을 발전시켰으며, 이는 현대 그레고리력의 기초가 되었다. 중국과 이슬람권에서는 달의 주기를 기준으로 한 음력을 사용했으며, 이는 여전히 중국의 설날이나 이슬람의 라마단과 같은 전통적인 축제에 활용되고 있다.

우리 민족은 청동기시대이전, 모계사회인 상고시대에 태음력인 마고력을 사용했다. 마고력은 1년을 12달이 아니라 13달로 나누며, 매달은 28일로 계산되었다. 1년의 정중앙은 하지이며, 1월 1일은 동지였다. 28일씩 13개월을 계산하면 364일이 되며, 365일이 되려면 마지막 달에 하루를 더해 29일로 만들어야 했다.[16] 농경이 발달하면서 점차 태양력에 의존하게 되었고, 이 태양력은 자연의 흐름에 맞춰 시간을 기록하는 중요한 방법이었다.

고대 메소포타미아에서는 점토판을 통해 최초의 달력 기록이 나타났으며, 이집트는 나일강의 범람 주기를 기준으로 시간을 기록했다. 이집트의 태양력은 365일을 기준으로 했으며, 태양신 라와 관련된 신성한 시간 개념도 있었다. 동아시아에서는 시간의 흐름을 자연의 변화와 인간의 조화로 이해하는 방식이 중요했으며,

이는 농업 사회에서 계절의 변화와 깊은 연관이 있었다.

고인돌에 나타난 2지2분과 관련된 천문학적 요소는 고대 인류의 시간과 자연에 대한 깊은 이해를 엿볼 수 있는 중요한 지표이다. 고대 사회에서 하늘의 움직임을 관찰하고 이를 바탕으로 의식과 기념물을 세우는 관습이 있었기 때문에, 고인돌과 같은 거석 유적에서도 2지2분에 해당하는 천문학적 의미를 찾을 수 있다. 고대 농업 사회에서는 태양의 위치에 따라 농사와 사냥의 시기를 정했기 때문에, 이러한 천문학적 사건들이 생존과 직결된 중요한 역할을 했다.

고인돌 중 동북~동남 방향을 기준으로 세워진 것들은 태양의 일주운동과 관련이 깊다. 태양은 동쪽에서 떠서 서쪽으로 지기 때문에, 고인돌이 위치한 방향과 그 배열은 태양의 움직임과 일치한다. 거대한 돌들이 배치된 방식이나 방향이 특정 별자리나 태양의 위치와 맞물려 있는 사례도 있다. 고대 유럽의 스톤헨지와 같은 거석 유적들도 이러한 천문학적 목적으로 사용되었는데, 고인돌도 단순한 무덤 이상의 역할을 했다는 점에서 유사하다. 이처럼 고인돌은 고대 사회에서 권력과 종교적 의식을 상징하는 중요한 기념물이었으며, 2지2분과 같은 천문학적 시점에 맞춰 행해지는 의례는 그 사회에서 가장 중요한 행사였을 것이다.

고대 사회에서 시간은 순환적 개념으로 이해되었으며, 죽음과 재생, 계절의 변화는 서로 연결되어 있었다. 고인돌은 동지와 하지, 춘분과 추분과 같은 2지2분의 중요한 시기에 맞춰 거행되었던 의식과 깊은 연관이 있었다. 이러한 의식들은 시간의 흐름과 계절의 변화를 중시했던 고대인들의 세계관을 반영한다.

천체 관측에 유리한
지형에 세운 고인돌

고인돌의 배치나 형태는 지역과 지형에 따라 조금씩 차이가 있지만, 선사인들은 그들만의 논리와 철학에 맞춰 고인돌을 축조했다. 고인돌은 일반적으로 선사인의 거주지 근처 사방이 열린 곳이나 구릉에 세워졌는데, 이는 태양과 별, 달의 움직임을 관찰하기 좋은 조건을 제공했다. 구릉은 주변이 넓게 트여 있어, 사방이 열린 공간에서 하늘의 변화를 쉽게 살필 수 있었다. 이러한 입지 조건에 따라 고인돌을 세운 위치는 천문적 관찰과 연결되는 중요한 상징성을 지닌다.

고인돌을 축조한 선사인들은 태양이 어디에서 떠오르는지, 밤하늘의 별들이 어떻게 움직이는지를 확인하고 정리하는 것이 매우 중요한 문제였다. 2지2분에서 태양은 부족민의 거주지에서 매년 일정한 곳에서 뜨고 지기 때문에 큰 문제가 되지 않았다. 다만 태양의 일출과 일몰이 정확히 어디서 어디로 일어나는지는 거주지마다 조금씩 차이가 있었지만, 농경사회에서 현명한 농부라면 누구나 알고 있는 상식이었다.

이러한 선사인들의 2지2분과 별들의 움직임은 고인돌 주변의 지형과 밀접하게 연관되어 있다. 고인돌을 축조하는 데 있어 지형적 특성은 매우 중요한 요소였으며, 이 지형들은 고개나 산봉우리와 같은 위치 기점을 기반으로 하였다. 위치 기점은 지리적 위치를 정하고 측정하는 데 사용되는 기준점으로, 지도 제작, GPS 기술, 지리 정보 시스템 등에서 필수적인 요소이다. 이는 특정 지역의 지형적 특성을 반영하는 기준점으로, 오늘날 국가나 지역에서 설정하여 측량, 지도 제작, 건설 등에서 정확한 데이터를 수집하고 있다.

이 위치 기점은 문화유산이나 역사적 의미를 지닌 장소로서도 중요한 가치를 지닌다. 선사시대부터 현대에 이르기까지 다양한 분야에서 효율적인 의사결정과 계획 수립을 위한 중요한 역할을 해왔다. 선사시대의 위치 기점은 우뚝 솟은 산봉우리나 깊은 고개와 같은 지형적 특성을 지니고 있었다. 고인돌의 천문과 지리 관계는 철학적 현상학의 '풍경' 개념과도 일치한다.

즉, 하늘과 땅, 인간, 신성함이 서로를 비추며 일어나는 생기현상이 풍경이고, 그 풍경의 주체가 되는 곳이 바로 '터'이다. 고인돌을 중심으로 펼쳐지는 터는 궁극적으로 하늘과 땅이라는 시원적 방향성에 뿌리를 두고 있다는 점이다. 고인돌과 같은 사물을 중심으로 대개 하늘과 땅의 모습을 선명하게 투영하여 나타낸다. 이처럼 선사인들의 대표적인 건축물인 고인돌은 천문과 지형인 산과 고개와 깊은 연관이 있다. 태양은 삶의 절대자인 태양신으로, 산은 땅에 속하면서 하늘로 솟아올라, 삶과 죽음의 양면을 탁월하게 구현한 신성시되고 경배되는 장소로 여겨졌다.

물론 산에 대한 신앙은 창조 신화에서도 잘 드러난다. 산은 지상에서 하늘에 가장 가까운 장소로 여겨지며, 중요한 신화적 소재로 꼽힌다. 고대 그리스인들이 천국의 문턱이라 불리던 올림포스산을 신의 장소로 선택한 이유도 이러한 신앙에서 비롯되었을 것이다.[17]

부족의 제사장이나 부족장은 우리 집 마당처럼 편한 곳에서 일출이나 별들을 관측하지 않았다. 그들은 부족민들에게 신비스럽고 황홀한 모습으로 특별한 날의 태양신을 맞이하는 의례가 필요했으며, 이를 위한 제단을 설치했다. 제단은 사방을 둘러볼 수 있는 부족의 배후 구릉에 세웠다. 선사시대 부족민의 거주지 주변에는 맹수들이 서성이며 먹잇감을 노리고 있었기 때문에, 제단은 부족민들이 거주하는 거주지와 가까운 곳에 세워야 했다. 제단을 세우는 위치는 천문 관측이 용이하고, 일출과 일몰의 황홀한 자연 현상을 담을 수 있는 장소였다.

선사인들은 부족의 거주지 앞의 멋진 봉우리나 고개를 기준으로 태양과 달, 별, 행성들의 움직임을 관찰했다. 그들은 태양이 일 년 동안 동북쪽에서 동남쪽까지 오가며 일출한다는 사실을 오래 전부터 알고 있었다. 하지만 고인돌을 축조하기 전, 동지부터 하지까지 동남쪽과 동북쪽의 어느 봉우리 중심으로 위치 기점을 잡아야 했다. 가장 이상적인 위치는 고인돌에서 2지2분의 일출과 교차하는 봉우리나 고개가 어울리는 곳이었다. 그렇게 하면 부족민들이 쉽게 때를 알 수 있었기 때문이다. 그러나 이러한 조건을 만족시킬 수 있는 입지 선정은 쉽지 않았다. 부족의 지도자들은 부족민들의 풍요와 안녕을 기원하는 제단의 위치 선정에 많은 신경을 쓸 수밖에 없었다. 제단은 태양신이 노하지 않도록 해야 하며, 또한 경외감을 느끼게 하는 장소여야 했다.

보통 2지2분 중 시간의 중심추인 춘분과 추분의 일출 일몰을 중심축으로 먼저 잡는 것을 선호했다. 그렇게 해야 태양이 매일 어느 지점으로 얼마나 이동했는지를 확인할 수 있었기 때문이었고, 북극성의 방향인 진북을 명확하게 잡을 수 있다. 그래서 부족장은 고인돌을 세울 때 먼저 부족민 거주지 인근의 구릉에 올라 동쪽의 춘분과 추분의 일출 지점의 지형을 결정했다. 춘분과 추분의 일출 선에서 고인돌을 놓을 위치를 이리저리 옮기면서, 하지와 동지 일출의 위치 기점에 맞출 봉우리나 고개를 찾으려고 애썼다. 그러나 하지 일출에 맞춰 봉우리를 결정하면 동지가 맞지 않고, 동지에 맞추면 하지 일출이 맞지 않는 경우가 허다하였다.

결국 부족장은 동지나 하지 중 하나를 포기하고, 특정 봉우리와 맞추기로 결정을 내렸다. 이 부족장은 고인돌을 중심으로 춘분과 추분의 일출 일몰 선을 기준으로 잡고, 이를 이동시켜 인근의 봉우리나 고개를 하지 또는 동지 일출 위치로 맞추었다. 그러나 2지2분의 모든 절기를 담을 수 없었던 부족들은 인근의 가장 눈에 띄는 산봉우리에서 2지2분 중 한두 절기만 일출하는 지점을 결정하거나, 경우에 따라 남북 축만 맞추는 방식으로 위치를 정하기도 했다.

새로운 형태의 천문대 고인돌

선사시대 고창 두평 마을의 부족장은 다른 부족들과 달리 한 기의 고인돌에 2지2분의 절기를 모두 담아내었다. 인근 채석장에서 이웃 부족들은 고인돌을 만들기 위해 사각형 모양의 잘생긴 바위만 골라 사용하고, 나머지 삼각형에 가까운 괴석은 쓸모없는 바위라고 버렸다. 그런데 부족장은 부족의 건장한 청장년들과 함께 그 거대한 삼각형의 바위를 마을로 가져왔다. 부족의 지도자들은 이 삼각형 괴석을 어떻게 세울지 고민하다가 한 가지 묘수를 생각해냈다. 삼각형의 꼭짓점을 중심으로 양 끝 변을 동지와 하지 방향으로 맞추니, 거의 정확하게 맞았다. 이렇게 맞추자 자연스럽게 가운데는 동지와 하지의 중심인 춘분과 추분의 일출 지점이 되었다.

두평의 부족장은 마을의 배후 봉우리를 춘분과 추분의 일출 위치 기점으로 삼고, 춘분과 추분의 일출 일몰 선을 따라 앞뒤로 이동하면서 동지와 하지의 일출 위치 기점을 잡았다. 이렇게 삼각형의 괴석 중심과 마을의 주산 봉우리를 춘분과 추분의 일출 일몰 선으로 일치시킨 것은 매우 혁신적인 아이디어였다. 뒷면은 약간 틀어졌지만, 남북 방향으로 맞추고 인근의 멋진 봉우리를 남쪽의 기준으로 삼았다. 그 후, 부족의 제사장이 제안한 대로, 남쪽의 봉우리와 삼각형 괴석 사이의 남북 축을 확실히 표현하고, 풍년을 기원하기 위해 추가로 한 기의 고인돌을 놓기로 했다. 이렇게 해서 남쪽의 거대한 고인돌 한 기에 2지2분을 모두 담은 사례가 되었다. 이를 보기 위해 인근 부족장들이 모여들었고, 다른 마을에서도 두평 고인돌처럼 삼각형 형태의 천제단을 만들고자 했지만, 그와 같은 괴석을 구하기는 어려웠다.

청동기시대 한반도 서남해안의 선사인들은 부족민이 거주하는 인근에 천제단을 만드는 붐이 일었다. 천제단을 만든 마을에서는 부족민들이 화합하여 농경을 했고, 그렇지 않은 마을과는 경제적 격차가 컸기 때문이다. 처음에는 그저 하늘에 제를 올리는 정도로만 생각했던 선사인들이, 고인돌을 통해 다양한 하늘의 정보를 얻고 이를 공유함으로써 농업 생산력을 크게 향상시킬 수 있다는 사실을 깨닫게 되었다. 특히 2지2분의 때에 부족민들이 모두 모여 한 해의 풍년을 기원하며 천제를 드리고, 농사에 대한 이야기를 나누면서 서로의 생산량을 높일 수 있었다. 고인돌이 단순한 천문 지리 배치에 그친 것이 아니라, 부족민들이 천체의 움직임에 대한 정보를 공유하고, 자신들의 경험을 바탕으로 우수한 농경법을 논의하는 공론장이 되었다는 점에서 큰 의미가 있었다.

선사인들의 천문 관측은 2지2분과 같은 특정 절기뿐만 아니라 밤하늘의 별자리까지 점점 세분화된 농사력에 따라 확장되기 시작했다. 과거에는 단순히 2지2분의 고인돌 배치를 통해 천문 현상을 관측했지만, 이제는 한 곳에서 태양과 별, 달, 행성을 모두 관측할 수 있는 천문대이자 점후대가 필요하게 되었다. 한때 천제단 고인돌을 2지2분과 같은 특정 절기를 따로 축조하는 것이 가장 쉬운 방법이었으나, 이제는 더 혁신적인 고인돌 배치가 필요해졌다.

그러한 고인돌 배치를 통해 천문 지리를 보다 일목요연하게 정리하려는 선사인들이 등장하기 시작했다. 고창 송암마을의 부족장이 바로 그런 사람이었다. 송암마을 부족장은 고인돌 군을 하나의 천문 지리 체계가 모두 담긴 천제단으로 만들고자 했다. 고인돌뿐만 아니라, 고인돌과 고인돌을 연결하여 2지2분이나 별자리 등 모든 천체의 움직임을 관측할 수 있는 획기적인 천문대인 천제단을 고안하였다. 부족민들이 필요로 하는 천문 관측 방향성을 세밀하게 조사한 후, 설치할 장소를 물색한 부족장은 마을 동쪽의 나지막한 구릉을 염두에 두었다. 그 이유는 동쪽 전면으로 지형이 크게 열려 있고, 이 지역에서 가장 높은 방장산이 우뚝 솟아 있으며, 또한 마을 배후인 북서쪽에서 불어오는 북서 계절풍을 차단해주는 주산이 있었기 때문이다.

그는 오래전부터 이 두 봉우리를 춘분과 추분의 일출 일몰 선으로 일치시킨 고인돌을 배치하고 싶었다. 송암마을의 부족 지도자들은 모여 현장을 확인한 뒤, 춘분과 추분의 일출 일몰 방향이 맞는지 검증했다. 다행히 두 봉우리를 연결하면 춘분과 추분의 일출 일몰 선이 정확히 일치했고, 그 앞으로 고창에서 가장 높은 방장산이 있었다. 그들은 이제 이 선을 따라 동서 방향을 오가며 하지와 동지의 일출 지점을 찾으려고 했으나, 동지 일출에 맞출만한 뾰족한 봉우리는 발견되지 않았다. 하지 일출 지점으로는 동북쪽의 갯당산을 맞추려고 했으나, 일출 시각이 너무 늦어지는 문제가 있었다. 결국 북동쪽의 갯당산 사면을 하지 일출 지점으로 결정하고, 동지 일출 지점은 저 멀리 문수산의 봉우리로 정했다.

부족 지도자들은 미리 설치할 위치와 방향을 정하고, 그곳에 나무 등을 꽂아 표시해 두었다. 그 결과 표시된 곳이 부채꼴 모양처럼 보이게 되었다. 이후 부족민들을 동원하여 인근 산에서 고인돌로 쓸 바위를 떼어와 설치할 구릉으로 옮기기 시작했다. 채석장에서 가져온 바위들은 표시된 위치에 하나둘 옮겨 놓았다. 특히 가장 중요한 중심선은 춘추분의 일출 일몰 선이었다.

이 후 동북 방향의 하지 일출 지점을 향한 갯당산 사면을 연결하는 선을 따라 부채꼴의 끝부분에 고인돌을 하나 더 놓았다. 이는 춘추분의 서쪽 끝 고인돌에서 동북쪽으로 연결되는 고인돌이었다. 다음으로 동지 일출 방향에 고인돌을 놓아야 했다. 동지 일출의 기점은 멀리 떨어져 있는 고창 문수산이었다. 이 방향을 따라 춘추분의 서쪽 끝 고인돌에서 남동쪽으로, 동지 일출 지점인 문수산 방향에 고인돌을 하나 더 놓았다. 즉, 춘추분의 일출 일몰 방향으로 고인돌을 세우고, 서쪽 끝의 고인돌을 중심으로 동북쪽의 하지와 동남쪽의 동지에 각각 고인돌을 설치했다.

이제는 별자리 관측을 위한 고인돌 배치였다. 부족장은 춘추분의 일출 일몰 선인 동서축을 가로지르는 남북축으로 고인돌을 배치하기로 했다. 그 이유는 남북축을 통해 북극성을 향하게 하기 위함이었다. 하지와 동지 라인 사이의 고인돌을 남북축으로 맞추는 것이 편리했겠지만, 부족 지도자들은 그렇게 하지 않았다. 그들은 남쪽에 고인돌 장축을 남북 방향으로 하나 놓고, 북쪽에는 호암산 정상의 위치를 기점으로 삼았다. 그리고 호암산과 남쪽 끝 고인돌 사이에 동지 일몰과 하지 일출 방향의 고인돌을 하나 더 설치해 북극성을 향한 남북축을 만들었다. 즉 호암산 정상에 북극성을 올려놓은 것같은 배치가 되었다. 남북 방향으로 놓인 고인돌 옆에는 동남쪽으로 떠오르는 별자리를 관측하기 위해 160° 방향의 고인돌을 하나 더 놓았다.

이렇게 하여 고인돌군은 태양과 별들의 천체 현상을 관측할 수 있는 천제단으로 완성되었다. 모든 부족민들은 동지 전날 이 고인돌 군에 모여 해넘이와 해돋이 축제를 함께 열었다. 고인돌 간에는 남북축이지만 고인돌 자체는 하지 일출과 동지 일몰 방향의 고인돌에서 해넘이 축제가 이루어졌으며, 고인돌 위에는 한 해의 풍년을 기원하는 의미로 성혈을 새겨 넣었다. 이렇게 부채꼴 모양의 새로운 천문대이자 점성대인 '송암리형 천문대 고인돌군'이 완성되었다.

고개를 향한
고인돌 배치 의미

고대 선사인들에게 하늘의 별들은 단순한 빛이 아니었다. 그것은 내일의 날씨를 예측하고, 농사의 풍흉을 점치는 중요한 도구이자 삶의 방향을 제시하는 길잡이였다. 그들의 시선은 동남쪽으로 향했다. 매일 조금씩 달라지는 해 지는 방향과 시간 속에서, 별을 관측하기 위한 최적의 위치는 자연스럽게 동남쪽 160° 전후의 고개나 봉우리로 정해졌다. 이곳은 밤하늘의 신비를 가장 뚜렷하게 볼 수 있는 특별한 지점이었다.

태양이 서서히 지고 어두움이 깔리기 시작하면, 서쪽에서 별을 관측하는 것은 어려웠다. 또한 동쪽 하늘은 태양의 일출 방향과 겹쳐 별자리 관측 고인돌과 겹칠 가능성이 있어, 관측 설치 조건이 좋지 않았다. 하지만 동남쪽은 달랐다. 해가 서쪽에서 완전히 저물고 어둠이 자리 잡은 후, 동남쪽 하늘은 별들이 하나둘 떠오르며 그 빛을 드러내기 시작했다. 밤이 깊어지면 동남쪽에서 서서히 떠오르는 별들은 자정 무렵 남쪽 하늘에서 가장 높은 위치에 도달했다. 이 순간은 별들이 가장 밝게 빛나는 시간이었고, 은하수까지 더해져 선사인들에게는 마치 하늘의 지도를 펼쳐 든 듯한 장관이 펼쳐졌을 것이다. 고대 선사인들에게 별들은 생존을 위한 중요한 메시지를 전달하는 매개체였다. 별의 움직임과 밤하늘의 은하수는 그들에게 내일의 날씨를 예측하게 하고, 계절의 변화와 농사의 시기를 알려주는 자연의 신호였다. 별들은 하늘에서 땅으로 이어지는 자연의 질서를 상징하는 존재였다.

따라서 고인돌을 동남쪽 160° 전후의 방향으로 배치한 것은 단순히 천문학적 관찰을 넘어선 깊은 상징성을 지닌다. 해가 지고 어두워지기 시작하면, 이 방향에서 떠오르는 별들은 지도자들에게 내일의 생존과 풍요를 위한 지침을 제공했다.

암치고개와 암치제(고창 성송)
고인돌이 있는 장소에서 주변의 높은 산봉우리 사이의 고개는 위치 기점으로서 중요한 의미를 가진다. 이 고개는 고대 사람들이 천체 관측이나 의례를 위해 특정한 방향과 연관 지어 사용했을 가능성이 크며, 고인돌과 함께 자연 환경과 문화적 연결을 나타내는 중요한 지리적 특징이다.

동남쪽 160°는 그들에게 단순한 관측 지점이 아니라, 하늘과 땅, 그리고 인간의 삶을 연결하는 신성한 축이었다. 고인돌들이 이 방향을 기준으로 세워진 것은 그들이 별을 통해 하늘의 질서를 이해하고, 그것을 바탕으로 삶의 모든 영역을 계획했음을 보여준다.

고창의 암치고개는 단순히 지리적 특성으로만 설명될 수 없는 특별한 의미를 품고 있다. 이곳은 고대 선사인들이 하늘과 땅, 그리고 인간의 삶을 하나로 잇고자 했던 숭고한 노력의 흔적을 담고 있으며, 고인돌 배치에 중요한 영향을 미친 신성한 지형으로 여겨진다. 성송면, 대산면, 무장면 일대에 위치한 수많은 고인돌들은 마치 약속이라도 한 듯 155~170°의 동일한 방향을 바라보고 있는데, 이 모든 시선이 암치고개를 향해 수렴하고 있다.

암치고개는 영산강을 감싸고 도는 영산기맥에 있는 전북특별자치도 고창군과 전남 장성군을 오가는 고개이다. 이곳은 북쪽으로 구황산, 남쪽으로 고산 같은 해발 500m 이상의 웅장한 봉우리들 사이에 위치해 있지만, 암치고개 자체는 해발 약 200m로 상대적으로 낮고 평탄하다. 이처럼 주변의 높은 산들과 대비되는 낮고 탁 트인 지형은 고대인들에게 특별한 의미를 가졌을 것이다. 암치고개에서 바라본 밤하늘은 어떠했을까? 별빛은 암치고개의 어둡고 낮은 능선을 배경으로 더욱 뚜렷이 빛났을 것이고, 고대인들은 이곳에서 하늘을 올려다보며 별들의 움직임을 관찰했을 것이다. 어둠 속에서 떠오르는 별들은 인간의 삶과 운명을 비추는 신성한 메시지처럼 느껴졌을 것이며, 이곳은 자연스럽게 별자리 관측의 중심지로 자리 잡았을 것이다.

하지만 고인돌의 배치와 암치고개의 선택은 단순히 천문학적 이유만으로 설명되지 않는다. 동남쪽 암치고개를 바라보도록 고인돌을 배치한 것은 하늘과 땅, 그리고 인간 사이의 연결을 시각적으로 구현하려는 의도였을 것이다. 그들은 태양과 별과 산이라는 자연의 절대적 존재를 숭배하며, 이를 통해 인간의 삶과 죽음이 하늘의 섭리에 따라 이루어진다고 믿었다.[18]

암치고개의 낮은 고도와 남북으로 높게 막힌 지형은 밤하늘에 떠오르는 별자리를 관측하기에 이상적일 조건일 뿐만 아니라, 자연과 인간이 만들어낸 신성한 풍경의 중심이었다.

암치고개와 같은 지형은 고대인들에게 삶과 죽음을 넘어 영원히 이어지는 우주의 순환을 상징하는 장소였을 것이다. 고창의 고인돌들이 이러한 신성한 의미를 품고 동남쪽을 바라보며 배치한 풍경은, 단순한 길의 논리를 넘어 고대인들의 하늘을 향한 경외와 삶의 철학을 고스란히 전해준다.

6.
고인돌 축조의
현장

최고의 천문 지리
지식과 지혜,
고인돌

부족민의 우두머리이자 권력자는 그들이 일반적인 선사인들보다 더 많은 정보와 지혜를 가지고 있다는 것을 부족민들에게 보여주어야 했다. 또한 하늘에 부족민들의 마음을 담은 실체적인 무언가가 필요했다. 특히 우주에서 태양의 기운이 크게 변하는 시점인 2지2분(실제로는 밤낮의 길이가 달라지는 황도대의 지점)은 선사인들이 가장 중요한 의식과 함께 부족민들이 공유해야 할 정보였다. 이 선사인들의 지식과 정보는 태양신과 태음신의 가호와 권능의 결정체였다. 태양신과 태음신을 모시는 거룩한 제단을 세운 선사인들은 그들의 간절한 마음을 담아 의식을 거행했다.

이 의식을 위한 제단의 설치는 부족의 우두머리나 제사장이 결정했다. 그들은 제단인 고인돌을 설치할 장소를 물색했으며, 가장 좋은 장소는 태양이 떠오르는 모습을 확실하게 볼 수 있는 곳이어야 했다. 따라서 동쪽에 높은 봉우리가 있는 장소는 피해야 했다. 동쪽에 봉우리가 높으면 일출 시간이 늦어지고, 사방이 밝아진

후에야 관측할 수 있었기 때문에 강렬한 빛을 발산하는 일출을 볼 수 없었다. 그래서 일정한 거리의 봉우리들과 적당한 간격을 두고 사방을 조망할 수 있는 구릉지를 제1의 설치 장소로 선택했다. 이 구릉지의 주변 지형도 면밀히 살폈다. 부족에서 신성시하는 봉우리나 고개가 2지2분의 절기나 우주의 중심인 북극성과 일치하는지를 다시 한 번 확인했다. 처음 결정한 장소는 2지2분의 시점과 조금 어긋나 있었다. 그래서 부족의 지도자는 고인돌을 설치할 위치를 약간 이동하기로 했다.

이렇게 고인돌을 축조할 장소가 결정되었고, 부족의 우두머리는 마을에서 가장 지혜로운 자와 함께 태양신을 맞이할 고인돌의 방향을 의논했다. 부족민들의 삶

고수천변의 강촌고인돌(고창 고수)
넓은 고수천변에서 유일하게 암석이 노출된 지형은, 선사인들이 이 특이한 지형을 이용해 탁자식 고인돌을 세운 신성한 공간으로 여겨진다. 이 고인돌 주변의 기반암 위에는 수많은 성혈들이 새겨져 있는 것으로 보아 선사시대부터 별자리를 관측하여 기후와 기상을 예측하고, 풍년을 기원했던 것으로 보인다.

에서 가장 먼저 해결해야 할 과제는 무엇인지 논의했으며, 그들은 농경을 시작할 최적의 시간에 맞춰 태양신에게 고해야 했다.

거룩하고 웅장한 건축물을 만들기 위해 부족민들은 함께 고인돌을 만들기로 합의했다. 바위로 만들어지는 건축물은 후대에도 영원히 존재할 수 있었기 때문에, 크고 웅장하며 영원무궁한 돌의 구조물로 태양신을 맞이하는 제단을 만들기로 했다. 고인돌의 방향이나 굄돌의 유무는 부족장과 원로들이 모여 협의하여 결정했다. 그들은 부족민들에게 고인돌을 축조할 의미와 방법, 사용법 등을 공유했다. 이번에는 농경을 준비하는 춘분과 첫 수확을 하는 추분에 맞춰 태양신을 맞이할 고인돌을 축조하기로 했다. 부족민들은 이들의 의견에 큰 이견 없이 동의하고 채석장에서 어떻게 바위를 옮길지 논의했다.

선진적인 지식과 많은 정보를 가진 이 부족은 많은 부족민을 동원해 거대한 바위를 떼어와 태양신이 거하시는 신전과 같은 고인돌을 만들기로 했다. 필요한 바위는 마을 인근의 산이나 강가에서 채석했다. 가을철 수확이 끝난 후, 부족민들은 커다란 바위 위에 올라 매일 돌도끼로 쪼아 틈과 구멍을 만들고, 그 구멍과 돌 틈에 나무를 박아 넣었다. 그리고 매일 나무를 박아 넣은 깨진 바위틈에 물을 부었다. 바위의 절리 사이로 물이 나무를 타고 스며들었고, 사방으로 물이 흘러나왔다. 추운 겨울이 찾아오고, 절리 사이로 부은 물은 얼어붙어 나무를 팽창시켰고, 바위틈이 점차 벌어졌다. 봄이 되어 겨울 동안 얼었던 얼음이 녹고, 사방이 따뜻해지자 바위틈에 있던 물은 흘러내렸고, 바위의 절리는 더 크게 벌어졌다. 이들은 큰 힘을 들이지 않고도 고인돌 축조에 쓸 큰 바위를 채석할 수 있었다. 물이 바위로 박아 놓은 나무를 따라 깊이 스며들어 풍화가 빨리 진행되었기 때문이다.

이제 얼마 후면 춘분이 다가온다. 춘분이 되면 농사를 준비해야 했기에 부족장은 마음이 바빠졌고, 부족민들을 독려하여 채석한 바위를 옮기기 시작했다. 마을 주변에는 화전경작과 땔감, 가옥 건축 등을 위해 사용된 굵고 큰 나무들이 거의 사라졌다. 그래서 인근 깊은 산에서 부족의 청장년들이 나무를 잘라 채석장으로 가져왔다. 바위는 굵고 단단한 밧줄로 묶고, 그 아래에는 나무를 깔았다. 나무는 3중으로 철도 레일처럼 깔아, 거대한 바위를 옮길 때 땅에 깊이 박히지 않도록 했다. 나무 레일 위에 바위를 올리고, 앞에서는 밧줄을 당기고 뒤에서는 지렛대로 밀며 천천히 바위를 옮기기 시작했다. 며칠간의 노동 끝에 드디어 고인돌을 축조할 장소인 부족민의 거주지 뒤의 구릉으로 거대한 바위를 이동시킬 수 있었다.

이번 고인돌은 춘분과 추분의 일출을 맞이할 두 개의 굄돌을 세우기로 했다. 굄돌의 방향은 춘분과 추분의 일출을 중심으로 정해졌으며, 고인돌의 전면은 부족민들이 가장 신성시하는 동쪽의 높은 봉우리를 기준으로 삼았다. 물론, 굄돌의 크기와 모양은 덮개돌의 크기와 넓이 등을 고려해 결정되었고, 다행히 덮개돌이 긴 사각형 모양이라 굄돌의 방향을 춘분과 추분의 방향에 맞춰 설치하기만 하면 되었다. 춘분과 추분에 떠오르는 태양의 방향은 이미 부족의 고로들과 제사장들에 의해 오랫동안 동쪽의 봉우리와 일치한다고 알려져 있었다.

땅을 조금 파자 기반암이 나왔고, 그곳에 두 개의 굄돌을 세웠다. 두 개의 굄돌은 춘분과 추분의 일출 일몰 방향, 그리고 북극성이 있는 진북 방향에 맞춰 균형을 잡았다. 굄돌 주변으로 큰 돌을 기댄 후 흙으로 굄돌을 메워 빈틈없이 채웠다. 굄돌이 튼튼하게 고정되자, 부족민들은 둥근 나무를 깐 후 그 위에 고인돌의 덮개돌을 올렸다. 그런 다음 앞에서는 밧줄로 당기고 뒤에서는 지렛대로 밀며 덮개돌을 굄돌 위로 올렸다. 가까스로 덮개돌을 굄돌 위로 올린 후, 부족장은 덮개돌의 균형이 잘 맞는지 확인했다. 균형이 완벽하게 맞춰지자, 굄돌 주변의 흙과 바위들을 깨끗하게 치웠다. 이렇게 해서 거대한 탁자식 고인돌이 춘분 전에 완성될 수 있었다.

춘분이 되자, 저 멀리 동쪽 산 정상에서 태양이 떠오르기 시작했고, 얼마 후 강렬한 햇살이 두 굄돌 사이로 비쳤다. 모든 부족민들은 크게 환호하며 한 해의 농사를 시작하는 천제를 드릴 수 있게 되었다.

풍년을
기원하기 위한
천제단

　　　　　고창 고수 강촌 마을의 선사인들은 고수천의 넓은 충적지를 개간하여 넓은 농지를 소유하고 있었다. 고수천의 물을 끌어다 농사를 짓는 것은 당시의 토목기술로는 쉽지 않은 일이었다. 일부 농경지를 제외하고는 안정적인 물을 공급받을 수 없었기에, 하지 이후 남쪽 지평선 위로 떠오르는 남두육성에 비를 기원하는 천제를 드리곤 했다. 당시 부족장은 인근 부족들이 고인돌을 축조

고인돌 채석장(고창 고수)
고인돌의 재료인 바위를 떼어온 채석장은 반드시 산에만 있는 것이 아니었다. 대부분의 고인돌 재료는 고인돌 주변의 침식된 강변이나 경사지에서도 채석되었을 것이다.

한 후 풍년이 들었다는 사실을 알게 되었고, 이 풍년이 남두육성의 별자리에 기원한 것임을 알게 되었다. 그래서 강촌 부족의 선사인들은 고수천변에 물을 관장하고 풍년을 기원하는 여름철 별자리인 남두육성을 위한 천제단을 만들기를 원했다.

그러나 고수천 주변 대부분은 하천의 퇴적층인 충적지라 천제단을 설치할 만한 적당한 장소가 없었다. 다행히 인근의 충적지에는 넓고 높은 암반이 있어, 그 주변의 흙과 잡석을 치우고 천제단을 설치할 공간을 만들 수 있었다. 천제단 고인돌에서 기도할 대상은 풍년을 기원하는 여름철 별자리인 남두육성이었다. 남두육성은 하지 때 떠오르고 가을이 되면 서쪽으로 사라지는 별이기 때문에, 부족의 지도자들은 고인돌을 어떻게 설치할지 회의를 거듭했다. 천제단(天祭壇)은 하늘에 제사를 지내기 위해 세운 제단을 의미한다. 이 제단은 주로 하늘의 신이나 자연의 신들에게 제물을 바치거나 기도하는 의식을 거행하는 장소로 사용된다. 고대 한국을 포함한 여러 문화에서 하늘은 중요한 신성한 존재로 여겨졌기 때문에, 하늘의 신에게 풍년이나 비, 안전, 건강 등을 기원하는 제사를 드리기 위한 특별한 장소가 필요했다.

남두육성은 자정 전후에 남쪽 하늘에서 반짝이기 때문에, 고인돌의 방향은 남쪽으로 정해졌다. 선사시대에는 나침반이 없었기에, 진북인 북극성을 기준으로 반대 방향으로 고인돌을 축조하기로 했다. 그러나 이 방향으로는 남두육성이 하늘 높이 떠 있지 않는 문제가 있었다. 남두육성은 자시(밤 11시부터 오전 1시)경이 되어야 겨우 남남서쪽 하늘에서 반짝였다.

처음 설계한 진남 방향에서 약간 트는 방향으로 뾰족한 붓처럼 생긴 봉우리인 추산봉이 나타났다. 부족의 부족장과 원로들은 협의하여 추산봉과 고인돌의 방향을 일치시키기로 했다. 이렇게 고인돌의 방향과 추산봉을 맞추니 남두육성을 관측하기 훨씬 용이해졌고, 보기에도 훌륭했다. 제사장은 고인돌을 축조한 위치에서 땅 신에게 제단을 만들겠다고 고하고 제사를 드렸다. 그 주변의 기반암에서 암석을 떼어 굄돌과 덮개돌을 만들기로 했다. 이후 부족민들을 동원하여 돌을 떼어 옮기고, 추산봉의 봉우리와 일치하도록 굄돌을 세웠다. 그리고 덮개돌을 올리기 위해 굄돌 사이와 밖을 모두 메워 흙을 채웠다. 흙이 쌓이고 굄돌이 움직이지 않게 고정되자, 그 위에 무거운 덮개돌을 서서히 밀어 올렸다.

덮개돌의 전면은 타원형으로 떼어냈고, 후면은 절리를 따라 떼어낸 부분이 있어 직각을 이루었다. 덮개돌이 균형 있게 잘 올려지자, 부족장은 고인돌 주변을 정리하도록 했다. 그리고 덮개돌 위에 남두육성과 그 주변의 별자리를 새기기 시작했다. 특히 제사장은 별자리의 밝기에 맞춰 성혈의 크기를 조절해 그렸고, 손재주가 뛰어난 석공이 정성스럽게 별자리를 파고 난 후, 다시 부드럽게 돌로 갈아 마무리했다. 주변의 바위 위에도 별자리를 새기고, 돌로 갈아 별들을 새겨 넣었다. 몇 시간이 지나고 나서야 고인돌 덮개돌과 주변 바위에 별자리와 성혈이 다듬어졌다. 부족장은 흡족하게 고인돌 축조의 모든 과정을 마무리할 수 있었다. 이후 제물을 준비하여 남두육성의 별자리에 기우제를 드리고, 풍년을 기원하는 천제를 올렸다. 그 후 이곳 고인돌에서 매년 하지 전후로 기우제와 풍년 기원 천제가 거행되었다.

7.
고인돌의
의미 변화와 전설들

**인류 공통의 정서인
풍요와 안녕을
담은 고인돌**

　　　　　　　　　고인돌을 축조한 사람들의 의도는 기록으로 남아 있지
않아 정확하게 알 수 없다. 그러나 선사인들도 현대인들과 크게 다르지 않았기에,
고인돌과 같이 정성을 다해 만든 제단을 통해 하늘에 무엇인가를 바라는 간절한
마음을 담았을 것이라고 추측할 수 있다. 아침이면 해가 떠오르고, 밤이면 해가 지
는 것을 매일 반복해서 관찰하면서, 태양의 위치에 따라 기후가 달라진다는 사실
을 알게 되었다. 또한, 태양의 일출과 일몰은 매일 조금씩 달라지지만 일정 시간이
지나면 반복된다는 사실도 깨달았다. 달 역시 때로는 아무것도 보이지 않다가 어
느 때는 완전히 둥근 보름달을 보였으며, 달의 변화는 28일 주기로 반복된다는 사
실을 이해했다.

　그러나 선사인들에게 숫자나 문자로 기록된 역법이 없었기 때문에 달을 농경에
활용하기는 어려운 일이었다. 농경에 필요한 시기를 확인하는 데 있어서 해와 별
은 달에 비해 더 유용했다. 특히 매일 떠오르고 지는 해는 부족의 거주지에서 동북

쪽에서 동남쪽까지 보이는 산봉우리와 고개 등의 지형을 통해 쉽게 확인할 수 있었다. 태양은 농경에 있어서 매우 중요한 역할을 했으며, 농작물의 성장과 결실도 태양에 의해 결정된다는 사실을 깨달았다. 해가 길어지면 기온이 올라가고, 해가 짧아지면 기온이 떨어지면서 기후와 기상이 변했다. 이러한 태양의 움직임을 이해한 선사인들은 씨를 뿌리는 시기가 농작물에 따라 다르다는 사실을 알았다.

이 모든 농경의 주관자가 바로 태양이라는 사실을 확신했다. 태양은 매일매일 움직이며 살아 있는 신처럼 여겨졌고, 이들은 이를 태양신이라 불렀다. 그러나 태양신은 변덕이 심했다. 대부분의 날은 따스한 햇살을 주지만, 때로는 비를 몰고 와

고창 은사리 별바위(고창 고수)
일명 별바위라 불리는 이 바위는 가반암 위에 많은 별자리를 새겨 넣었으며, 인근 주민들은 이를 통해 일년 농사의 풍흉을 예측하고, 풍년 농사와 기우제와 같은 천제를 드렸다고 전해진다.

홍수를 일으키거나 아예 비를 내리지 않아 가뭄으로 산천초목이 말라비틀어지게 하여 인간들의 삶을 고단하게 만들었다. 이런 시련을 넘기면 가을에는 곡식이 풍성하게 익어가지만, 겨울이 오면 다시 차가운 바람과 눈으로 추위를 몰고 오곤 했다. 태양은 사계절 동안 다양한 모습으로 인간에게 고통을 주기도 했지만, 때로는 온화한 햇살로 토닥여 주기도 했다.

자연환경에 따라 나약해질 수밖에 없었던 선사인들은, 모든 것을 주관하는 태양신에게 간절한 마음과 정성이 담긴 무언가가 필요하다고 느꼈다. 특히 태양신이 변하는 특정한 날이 중요했다. 그 날은 낮과 밤의 길이, 기온 등이 변하는 변환점이었다.

태양신의 성격이 변하는 때마다 낮과 밤의 길이와 기온이 전환되었고, 선사인들은 이를 기념하여 태양신을 달래거나 위로하기 위한 제단을 만들 필요성을 느꼈다. 제단을 만들기 위한 재료가 필요했는데, 나무 제단은 시간이 지나면 빨리 썩어 없어지고, 정성이 부족해 보였다. 그러나 커다란 바위는 언제나 같은 자리에 견고하게 변함없이 자리를 잡고 있었다. 자연환경에 절대적으로 의존하며 살아갔던 선사인에게는, 변화 없이 꿋꿋하게 자리를 지키는 거석을 제단의 재료로 선택하는 것이 자연스러운 일이었다.

제단을 만드는 방식은 하늘을 대하는 마음과 바위를 구할 수 있는 장소에 따라 차이가 있을 수밖에 없었다. 이러한 차이가 고인돌의 형식과 형태에 영향을 미쳤다. 그러나 근본적으로 선사인들이 천체인 태양, 별, 달 등을 대하는 마음은 풍요로움과 안녕을 간절히 바라는 마음이었으며, 이는 고대 인류 공통의 거석문화에 담긴 정서였다.

거석에 담긴
정서와 신화

고인돌에 대한 정서는 전설로 다양한 문화와 지역에서

전해지며, 각기 다른 신화와 이야기가 담겨 있다. 고인돌은 그 자체로 고대의 미스터리와 신비를 상징하며, 그 거대한 크기와 원시적 기술로 어떻게 건설되었는지에 대한 경이로움에서 비롯된 전설들이 많다. 이 전설들에는 주로 초인적인 힘을 가진 인물, 신성한 존재, 혹은 영웅적인 행위가 등장하며, 지역마다 다양한 해석이 있다. 고인돌과 관련된 가장 흔한 전설 중 하나는 거인이 이 거대한 돌들을 옮겼다는 이야기이다. 고대 인류가 사용할 수 있었던 기술로는 고인돌처럼 거대한 바위를 들어 올리고 옮기는 것이 불가능하다고 생각했던 사람들은, 이를 초인적인 존재인 거인이 만들었다고 상상했다. 한국의 고인돌과 관련된 전설 중 일부는, 힘이 장사인 인물이 이 거대한 돌들을 직접 옮겨 고인돌을 세웠다는 이야기가 전해진다. 이 장사는 인간의 범위를 초월한 힘을 가진 인물로 묘사되며, 종종 지역의 보호자나 영웅으로 여겨졌다.

유럽에서도 고인돌과 같은 거석 유적들이 거인에 의해 세워졌다는 전설이 전해진다. 예를 들어, 프랑스 브르타뉴 지역의 고인돌들과 관련된 전설은 거인족이 이 바위들을 들어 올렸다는 이야기를 담고 있다. 또한 고인돌과 관련된 전설 중에는 신적인 존재가 고인돌을 세우는 데 개입했다는 이야기도 있다. 인간의 능력으로는 도저히 세울 수 없는 이 거대한 구조물들을 설명하기 위해, 신이나 신령의 힘을 빌렸다고 여겨졌던 것이다.

한국의 전설 중에는 고인돌을 신성한 제사나 제의를 위한 공간으로 여겼으며, 제사를 주관한 무속인이나 사제들이 신의 도움을 받아 고인돌을 세웠다는 이야기도 있다. 이러한 전설에서는 고인돌이 단순한 무덤을 넘어 신들과 소통하는 장소로 여겨졌다. 고대 부족의 영웅이나 마고할멈이 고인돌을 세운 이야기 역시 전해진다. 고조선시대와 관련된 전설 중 일부는 단군과 관련된 이야기도 있다. 단군의 후손들이 그들의 권력을 상징하기 위해 고인돌을 세웠다는 전설은, 고대 사회에서 고인돌이 왕족이나 부족장의 무덤으로 사용되었다는 사실에 기반을 두고 발전했을 가능성이 있다.

아일랜드와 같은 켈트 문화권에서 고인돌은 요정들의 땅으로 여겨졌다. 켈트 신화에서는 고대 거석 유적들이 종종 마법적인 존재들이 사는 장소로 등장하며, 그곳에서 요정들이 마법을 부리거나 사라진 영웅들이 잠든 곳이라는 이야기가 많다. 프랑스 브르타뉴 지방에서는 고인돌과 선돌이 요정들의 보금자리로 여겨지기도 했다. 브르타뉴 사람들은 이 돌들 아래에 숨겨진 보물이 있다고 믿거나, 특정한 밤에 요정들이 나타나 고인돌 주위를 춤춘다는 전설을 전해왔다. 고인돌이 하늘과 연결되어 있다는 이야기도 존재한다. 고대 사회에서는 고인돌이 단순한 무덤이나 기념물 이상으로, 하늘과 소통하는 통로이자 천문학적 지식을 담은 구조물이라는 해석이 있었다.

여하튼 시간이 흐르면서 인간들은 고인돌이 지니던 의미를 점점 잃어버렸고, 그 누구도 고인돌의 참된 의미를 전해주지 않았다. 한때 일반적인 상식이었을 고인돌의 의미는 기록되지 않아 알 수 없는 불가사의가 되어버렸다. 후대의 한국인들은 고인돌이 땅에 묻혀 있다는 이유로 이를 독배기, 바우배기, 독바우 등으로 불렀고, 굄돌이 있는 기반식 고인돌은 괸바우, 굄바위, 암탉바우, 석상, 석붕 등으로 불리기도 했다. 덮개돌의 형상에 따라 고인돌은 주암(舟岩, 배바위), 구암(龜岩, 거북바위), 두꺼비바우, 개구리바우, 달바우 등 고인돌의 본래 의미와는 관련이 없는 명칭으로 불리기도 했다. 한편, 고인돌이 과거 천제단으로서 신성시되었다는 사실을 영적 기운으로 느끼는 일부 사람들은 고인돌의 배치 특성이나 개수 및 바위구멍을 보고 칠성바우, 칠성암, 칠암(七岩, 칠성바위), 별바위 등 다양한 명칭으로 부르며 경외심을 표하기도 했다.

이 밖에도 다양한 이야기들이 덧붙여지며, 마을마다 독특한 이야기로 변형되어 전해지고 있다. 특히, 고인돌이 일곱 개 이상 군집을 이루는 곳에서는 북극성이나 칠성신앙과 연계되어 칠성, 칠암, 두암, 칠성재 등으로 불리기도 한다. 이런 지명이 있는 마을 주변에 북두칠성이나 남두육성에 맞춰 고인돌이 배치된 곳이 있다. 이는 옛사람들이 이미 고인돌과 고인돌을 하나하나의 별로 인식하고 있었다는 것을 보여주는 사례이다. 또한, 고인돌은 한국사의 중요한 사상이나 사건과도 밀접한 관련을 맺고 그 중심에 있다는 사실이다. 대표적으로 강화도 부근리 고인돌과 화순의 핑매바우의 마고할멈 전설, 고창의 도산리고인돌에 얽힌 망북단 이야기가 있다.

강화도 부근리 고인돌에는 마고(마귀) 전설이 전해 내려온다. 전설에 따르면, 강화도 고려산 오련지(五蓮池)의 금붕어가 중국을 향해 꼬리를 흔들면 천자의 머리가 아프다고 하여, 천자가 사신을 보내 금붕어를 잡아 죽이도록 명령했다고 한다. 강

화순 핑매바위(화순 도곡)
핑매바위는 마고신화의 이야기가 담긴 전남 최대의 고인돌로 알려져 있다. 마고신화는 창세 신화로, 자연과 인간, 신들의 관계를 묘사하며, 핑매바위는 그 신화를 물리적으로 상징하는 중요한 유적이다.(사진 제공 김덕일)

화도 오련지에 도착한 중국 사신은 금붕어를 쇳물에 끓여 죽였으나 분이 풀리지 않았고, 연못에 말뚝을 박는 등 여러 행동으로 기를 끊으려 했다. 그러나 여전히 화가 풀리지 않자 마귀할멈에게 고려산맥의 기를 끊으라 명하며 산마다 돌을 놓게 했다. 마귀할멈은 머리, 양손, 사타구니에 돌을 끼고 나르던 중 돌을 떨어뜨렸는데, 이 돌들이 바로 '강화 고인돌'이 되었다고 한다.

화순 고인돌 유적지 중 가장 무거운 고인돌은 '핑매바위'라 불린다. 이 고인돌의 덮개돌은 길이 7m, 두께 4m, 무게는 약 280톤에 달한다. 이렇게 거대한 핑매바위에는 마고할미와 운주사 천불천탑에 관련된 전설이 깃들어 있다.

옛날, 마고할미는 운주골에서 천불천탑을 세운다는 이야기를 듣고 치마폭에 돌을 싸 들고 달려갔다고 한다. 그런데 일하기 싫었던 동자승이 닭 울음소리를 흉내 내는 바람에 마지막 100번째 불상을 세우지 못하게 되었다. 이에 마고할미는 실망과 분노로 치마폭에 싸 들고 가던 돌을 발로 차버렸고, 그 바위 위에 오줌을 누었다. 이후 그곳에 사람 머리만 한 구멍이 생겼다고 한다. 전설에 따르면, 마고할미가 남긴 이 구멍에 왼손으로 돌을 던져 넣으면 아들을 낳는다고 전해진다. 지금도 핑매바위 위에는 사람들이 던진 돌들이 수북이 쌓여 있다.

이와 더불어 손진태의 저서 『똘멘고(考)』에는 민간에서 고인돌을 마고(麻姑)할머니의 집으로 여겼다는 기록이 나온다. 전승에 따르면, 고인돌은 다음과 같은 다양한 의미를 지녔다고 한다.

마고할머니를 위해 장수들이 만들어 준 집, 마고할미 자신이 장사여서 큰돌을 운반해 지은 집, 자비로운 마고가 가난한 사람들에게 옷을 모두 벗어 주고 나체로 다닐 수 없어 부끄러워 지석(支石)에서 칩거한 집, 마고할미가 판석을 머리에 이고, 양쪽의 괴목을 겨드랑이에 하나씩 끼고, 하나는 잔등에 지고 와서 스스로 지은 집 등 여러 가지 해설이 있다.[19]

한편, 고창의 고인돌 중에서 가장 아름다운 고인돌을 꼽으라면 아마도 도산리 고인돌일 것이다. 이 고인돌은 두 개의 거대한 굄돌을 65㎝ 간격으로 나란히 세운

망북통배의 도산리고인돌(고창 도산)
보통 북방식 또는 탁자식으로 불리는 세계문화유산 고창 도산리 고인돌이다. 이 고인돌은 춘분과 추분의
일출·일몰에 맞춰 조성된 천제단 고인돌로, 동쪽의 대나무 숲 때문에 춘분과 추분의 일출이 가려져 있다.
다만, 춘분과 추분의 일몰은 확인할 수 있다.

후, 그 위에 평평한 덮개돌을 얹었다. 덮개돌의 길이는 3.5m, 최대 너비는 3.1m,
두께는 30~38㎝에 달한다. 남쪽 벽은 전체 길이 3.2m, 밑변 길이 2.8m, 윗변 길이
2.24m, 높이 1.8m로 사다리꼴을 이루고 있다. 주민들은 도산리고인돌을 '망북단
(望北壇)', '망북대(望北臺)', 또는 '망곡단(望谷壇)'이라고 부른다. 이는 병자호란 당시 이
지역 출신 의병장인 송기상(宋基想)과 관련이 있다. 송기상은 고창 지동에서 태어나
병자호란이 일어나자 의병을 일으켜 북상했으나, 청나라와 굴욕적인 화의가 이루
어졌다는 소식을 듣고 되돌아와 평생 '망북통배(望北痛拜)'를 했다는 전설이 전해진
다. 그래서 주민들은 고인돌이 있는 집터를 '송 대장 집터'라 부르기도 한다. 그러
나 본질적으로 도산리고인돌은 하늘에 제사를 올리는 천제단으로 해석하는 것이

타당하다.

　이러한 고인돌과 관련된 전설들은 각 지역의 문화적, 역사적 배경에 따라 다양하게 전해지지만, 고대인들이 자연과 우주, 그리고 초자연적인 힘을 이해하며 시간이 흐름에 따라 그들의 지역 문화와 소통하려 했던 방식의 일환으로 해석될 수 있다.

8.
'曆' 자에서 읽는
고인돌 문화

66

시간의
측정과 날짜를
계산하는 역법

'역법(曆法)'은 시간을 측정하고 날짜를 계산하는 체계로, 일 년을 어떻게 나누고 표기할지 규정하는 시스템이다. 이러한 체계는 사람들이 날짜와 계절을 보다 체계적으로 이해하고 활용할 수 있도록 돕는 중요한 도구로 기능해왔다. 역법은 고대부터 천문학적 관찰을 기반으로 발전했으며, 각 문명과 문화의 특성에 따라 다양하게 형성되었다. 인류는 자연 현상과 하늘의 움직임을 관찰하며 시간의 흐름을 이해하고, 이를 토대로 독창적인 시간 체계를 만들어냈다. 그중에서도 대표적인 역법으로는 태양력, 태음력, 그리고 태음태양력이라는 세 가지가 있다.

먼저, 태양력은 흔히 양력이라 불리며, 지구가 태양을 한 바퀴 도는 주기, 즉 약 365.24일을 기준으로 한 역법이다. 태양의 움직임과 계절 변화를 바탕으로 한 이 체계는 오늘날 전 세계에서 가장 널리 사용되는 달력 시스템이며, 그 대표적인 예가 바로 그레고리력이다. 태양력은 계절의 순환을 정확히 반영하기 때문에 농업

언덕 위의 고인돌(고창 공음)
구릉지가 발달한 지형의 고인돌은 대개 사방을 조망할 수 있는 구릉 위에 설치되었으며, 이는 태양이나 행성 등을 관측하기에 유리한 지형이다. 이 고인돌의 장축은 남북 방향으로 북극성을 향해 배치한 것으로 보인다.

을 포함한 다양한 인간 활동에서 필수적인 도구가 되었다. 반면, 태음력은 달이 지구 주위를 도는 주기, 즉 약 29.53일을 기준으로 한 역법이다. 태음력은 달의 변화에 초점을 맞추어 시간의 흐름을 기록하지만, 태양의 주기를 고려하지 않기 때문에 계절 변화와 일치하지 않는다는 한계가 있다. 이러한 한계를 보완한 것이 바로 태음태양력이다. 태음태양력은 달의 주기와 태양의 주기를 모두 반영하여, 달의 변화를 중심으로 하면서도 계절과의 조화를 이루는 복합적인 체계이다. 동아시아

얼굴이 새겨진 군유리고인돌(고창 공음)
어느 시점에 고인돌에 사람의 모습을 새겼는지는 알 수 없지만, 이 고인돌에는 포근한 인상의 얼굴이 새겨져 있다. 그 얼굴은 고대 사람들이 표현한 감정이나 신앙적 의미를 담고 있을 가능성이 있다.

의 전통 농업 달력인 농력(農曆)은 바로 이러한 태음태양력을 대표하는 예라 할 수 있다.

농력은 달의 주기를 기반으로 하면서도 태양의 공전 주기를 반영하여 계절 변화와의 균형을 맞춘 독창적인 달력 체계이다. 이는 농사와 관련된 중요한 정보를 제공했기 때문에 농사력이라는 뜻을 담아 '농력'이라 불리게 되었다. 농력은 한 달을 보통 29일 또는 30일로 구성하였으며, 태양 주기와 일치하지 않는 태음력의 한계를 보완하기 위해 2~3년에 한 번 윤달을 추가하여 계절과 조화를 이루도록 설계되었다. 이 농력의 특징 중 하나는 24절기의 존재이다. 24절기는 태양의 위치를 기준으로 하여 계절의 흐름과 농업에 있어 중요한 시점을 표시하는 데 사용되었다. 씨 뿌리는 시기, 김매기, 그리고 수확과 같은 농업 활동은 물론, 전통 명절과 제사역시 농력을 기반으로 이루어졌다. 농력은 단순한 달력을 넘어 자연과 인간이 상호작용하며 발전시켜 온 지혜의 산물이었다.

'역'자에 담긴
고인돌 문화

　　　　　　　　인간의 삶과 밀접하게 연결된 '역(曆)'은 단순히 시간을 기록하는 수단이 아니라, 인류 문명의 발전을 상징하는 중요한 요소였다. 한자로 '曆'이라 쓰이는 이 글자는 단순한 표기가 아니라, 인류의 농경문화를 압축적으로 담아낸 상징적인 한자라고 할 수 있다. '曆' 자는 언덕을 나타내는 '厂(한)', 곡물을 뜻하는 '禾(화)', 그리고 태양을 의미하는 '日(일)'이라는 세 요소로 이루어져 있다. 이 글자는 농경사회에서 하늘과 땅, 인간의 상호작용을 상징하며, 곡물의 풍요와 태양의 축복을 기원했던 고대인들의 간절한 염원을 담고 있다.

　특히 언덕을 뜻하는 '厂'은 고대인들이 신성한 장소로 여겼던 고인돌을 연상시킨다. 한반도의 고인돌은 단순히 무덤으로만 기능했던 것이 아니라, 하늘에 제사를 올리는 천제단의 역할을 했던 것으로 보인다. 당시 사람들은 태양의 위치와 계절의 흐름을 기준으로 농사를 계획하며, 하늘에 대한 감사와 풍요를 기원하기 위해 거대한 거석을 세웠던 것이다.

　청동기시대는 농경문화가 본격적으로 자리 잡으며 조, 피, 수수, 기장, 벼와 같은 곡물 재배가 활성화된 시기였다. 이 시기의 농업은 단순히 날씨가 따뜻해졌다고 씨를 뿌리는 것이 아니라, 태양의 움직임과 계절의 흐름을 기준으로 계획되었다. 이는 단순히 기후 변화에 대응하는 것을 넘어, 갑작스러운 기온 상승이 다시 한파로 이어질 수 있다는 것을 인지하고, 보다 정교한 농업 전략을 수립해야 했던 고대인들의 지혜를 보여준다. 이러한 맥락에서 태양이 떠오르는 위치와 그 주기는 농경의 성패를 결정짓는 핵심 요소가 되었다.

　'曆' 자의 구성 요소 중 하나인 '日'은 바로 이러한 태양의 중요성을 상징한다. 태양의 위치와 계절 변화에 따라 농사를 계획했던 고대인들의 지혜가 이 한자 속에 고스란히 담겨 있다. 하지만 역법의 발전은 고인돌 문화의 쇠퇴와도 밀접한 연관이 있었다. 선사시대의 사람들은 거대한 고인돌을 세워 하늘을 관찰하고 제사를 지냈지만, 점차 더 세밀하고 정확한 역법 체계가 도입되면서 고인돌의 기능은 축소되었을 가능성이 높다. 또한, 철기의 보급과 외부 문명의 유입으로 인해, 더 효율적이고 정교한 역법 체계가 등장하면서 제작이 어려운 고인돌은 점차 역사의 무대에서 사라졌을 것이다. 농경문화를 기반으로 발전한 역법과 고인돌은 오늘날에도 여전히 우리의 삶과 문화를 깊이 이해하는 데 중요한 가치를 지닌다.

운주사 산정 와불(화순 도암)
인근 산기슭에 놓인 북두칠성 원반석이 운주사의 산정 와불을 가리키고, 그 방향성은 북극성인 북쪽 방향에 의도적으로 설계되었다.

9.
고인돌 방향 측정의
원리와 나침반

66

　고인돌의 방위각을 측정하는 것은 단순한 수치적 작업을 넘어서, 고대 사람들이 하늘과 땅을 어떻게 연결했는지, 그들의 깊은 우주적 사유를 풀어내는 중요한 열쇠를 제공하는 작업이다. 고인돌의 방위각을 측정함으로써, 우리는 고대인의 천문학적 지식과 지리적 감각이 어떻게 문화적 의도를 담아낸 결과물인지를 살펴볼 수 있다.

　고인돌의 방위각을 측정하는 방식은 여러 가지가 있다. 첫째로는 개체 고인돌의 방위각을 측정하는 방법이 있으며, 둘째로 고인돌 간의 관계에서 나타나는 방위각을 살펴보는 방식, 셋째로 고인돌 군의 방위각을 조사하는 방법, 넷째로 고인돌의 위치에서 주변 산봉우리나 고개 등의 방위각을 측정하는 방법이 있다. 이러한 다양한 접근 방식을 통해 고인돌이 세운 방향성과 주변 지형과의 상호작용을 분석할 수 있으며, 이는 고대 사람들이 하늘과 지구를 어떻게 연결했는지에 대한 중요한 단서를 제공한다.

　방위각을 정확하게 측정하려면 무엇보다도 고인돌의 정확한 위치와 방향을 파악하는 것이 중요하다. 나침반을 손에 쥐고 방위각을 측정할 때, 작은 틀어짐만으로도 오차가 크게 발생할 수 있다. 그러므로 고인돌의 덮개돌과 굄돌을 세밀하게 살펴보

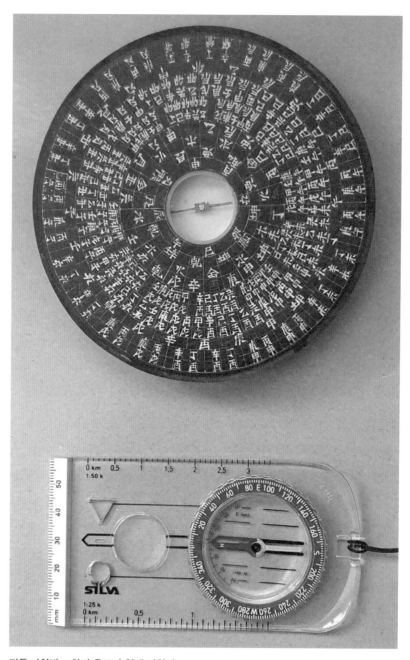

전통 나침반 고창의 윤도와 현대 나침반

는 것이 필수적이다. 특히, 고인돌은 앞과 뒤가 명확히 구분되며, 굄돌이 있는 고인돌은 그 구조와 방향에 특별한 의도가 깃들어 있음을 시사한다. 이처럼 고인돌의 방위각을 측정하는 작업은 단순한 측정 이상의 의미를 지닌다. 고인돌을 통해 우리는 고대인들이 세운 방향성을 해석하고, 그들이 하늘과 땅의 연결 고리를 어떻게 형성했는지 이해할 수 있다.

덮개돌의 형태 또한 방위각 측정에 중요한 요소이다. 고인돌의 덮개돌은 보통 장축과 단축을 가지고 있으며, 일반적으로 장축의 방위각을 측정한다. 그러나 보다 정확한 측정을 위해서는 고인돌의 전체적인 형태를 보고 중심축을 결정하고, 그 중심축의 방향을 파악하는 것이 중요하다. 또한, 고인돌마다 고유한 특징이 있으므로 일관된 측정 방식은 없으며, 각 고인돌의 설계와 배치 원리를 이해한 후 측정을 해야 한다.

고인돌의 방위각 측정에서는 기본적으로 동지와 하지, 춘분과 추분의 일출 방향도 고려해야 한다. 이는 지역에 따라 차이가 있으며, 고인돌이 축조된 당시의 지형적 특성과 주변 환경에 따라 약간의 오차가 발생할 수 있다. 나무가 자라면서 태양의 일출 지점에 차이가 생긴 것도 그 이유 중 하나이다.

방위각 측정에 사용되는 도구로는 아날로그 나침반이 적합하다. 아날로그 나침반은 디지털 나침반보다 덜 민감하며, 고대 구조물인 고인돌의 방향성을 보다 안정적으로 측정할 수 있다. 고인돌의 방위각을 정확히 측정하려면 나침반의 신뢰성을 높이고, 주변 환경에서 발생할 수 있는 자력의 영향을 최소화해야 한다. 또한, 고인돌의 방위각을 측정할 때 진북과 자북의 차이를 반드시 고려해야 하며, 이 차이를 인식하는 것이 정확한 방위각을 측정하는 데 매우 중요하다.

고인돌의 방위각 측정은 고대인들이 천문학적 지식과 지리적 이해를 바탕으로 고인돌을 어떻게 배치하고 방향을 설정했는지를 해석하는 중요한 과정이다.

제2장

고인돌은 천문대다
(태양의 길을 담은 고인돌)

1.
태양의 길을 담은
고인돌의 방향성과 지형

66

"고인돌에서 어떻게 태양의 움직임을 읽을 수 있을까?"라는 질문은 현대인의 시각에서 고인돌의 천문적 배치를 탐구하는 방식이라면, "어떠한 방법으로 고인돌 속에 태양의 움직임을 담았을까?"라는 질문은 선사인들의 천문·지리적 원리를 이해하고 그들의 지혜를 존중하는 태도에서 비롯된 것이다. 한반도의 고인돌에 숨겨진 천문적 배치 원리 중 태양의 움직임을 해석하는 일은 어렵지 않다. 북반구의 위도에서 태양이 어느 곳에서 일출하고 일몰하는지를 이해하면 된다.

태양은 태양계의 중심에 있는 항성으로, 지구에서 가장 가까운 별이며, 인류는 태양의 움직임을 통해 시간과 계절을 감지해 왔다. 지구는 태양을 중심으로 일정한 궤도를 공전하며, 태양은 매년 황도라는 경로를 따라 움직이는 것처럼 보인다. 이를 '연주 운동'이라 한다. 선사인들은 이 황도상의 태양 위치를 사등분해 나누었으며, 후대에는 이를 춘분, 하지, 추분, 동지로 명명하여 시간과 농사의 중요한 기준으로 삼았다.

선사시대 사람들이 2지2분의 개념을 언제부터 인식했는지는 고고학적 증거를 통해 확인할 수 있다. 기원전 8,000년경 메소포타미아에서 출토된 토기 항아리에 그려진 황소 그림이 그 예이다. 그림 속 황소의 두 뿔 중 오른쪽 뿔이 왼쪽보다 길게 표현되었으며, 그 옆에는 태양을 상징하는 검은 점이 있다. 이는 태양이 하지로 향하고 있음을 나타내는 장면으로, 선사인들이 태양의 움직임을 직관적으로 이해하고 활용했음을 보여준다.

이 유물은 신석기시대에도 태양의 움직임은 정밀하게 관찰되었으며, 이를 농업이나 제례에 활용한 증거다. 지구는 24시간 동안 서쪽에서 동쪽으로 자전하며, 이에 따라 태양은 동쪽에서 떠올라 서쪽으로 진다. 북반구에서는 겨울철에 태양이 남쪽 하늘을 낮게 지나가고, 여름철에는 높은 고도로 운행한다. 이는 지구의 자전축이 약 23.5° 기울어진 상태로 태양을 중심으로 공전하기 때문이다. 만약 자전축이 기울어지지 않았다면, 계절 변화는 존재하지 않았을 것이다.

한반도처럼 북반구 중위도 지역에서는 동지 때 태양의 고도가 가장 낮고, 하지 때 가장 높다. 하지의 낮 길이는 약 14시간 30분, 동지의 낮 길이는 약 9시간 40분에 불과하다. 이는 동지에 태양의 고도가 1년 중 가장 낮아 햇빛이 비치는 시간이 짧기 때문이다. 춘분과 추분에는 밤과 낮의 길이가 같아지는 현상이 나타난다.

한반도는 천문학적으로 뚜렷한 사계절을 경험하는 지역이다. 한반도는 기상학적으로 봄은 3월부터 5월까지, 여름은 6월부터 8월까지, 가을은 9월부터 11월까지, 겨울은 12월부터 2월까지 구분된다. 하지만 천문학적으로 계절의 시작은 조금 다른 기준을 따른다. 태양이 하늘에서 가장 남쪽에 도달하는 동지점, 가장 북쪽에 도달하는 하지점, 태양이 적도를 통과하는 춘분점과 추분점에서 각각 계절이 시작된다. 즉, 춘분점에서 하지점까지의 기간은 봄, 하지점에서 추분점까지는 여름, 추분점에서 동지점까지는 가을, 동지점에서 이듬해 춘분점까지는 겨울로 구분된다.

방위각의 기준으로 보면, 하지 때 태양은 동북쪽인 55~60° 방향에서 떠오르며, 춘분과 추분은 동쪽인 95~100° 방향에서, 동지는 동남쪽인 125~130° 방향에서 일출한다. 이는 현재 자신이 서 있는 자리에서 나침반이 가리키는 방위각을 기준으로 한 값이다. 이 방위각만 알면 한반도의 어느 곳에서든지 2지2분의 절기 일출과 일몰 지점을 확인할 수 있다. 즉, 고인돌에서 2지2분의 절기 일출 방향을 측정할 수 있다는 의미다. 고인돌은 보통 특정 절기의 일출에 맞춰 설치되는 경향이 있다. 이는 특정 방향, 즉 해가 뜨는 방향에 대한 선호가 공통적으로 나타났음을 시사한다. 영국의 스톤헨지는 하지 일출과 정렬되도록 설계되었으며, 이날 태양이 힐스톤(Heel Stone) 위에 떠오르고, 스톤헨지 중심의 돌 사이로 빛이 지나간다.

한 기의 고인돌이 설치되면, 그 반대 방향은 180°를 더한 방향에 해당한다. 태양의 2지2분 절기를 담은 고인돌은 일출 방향이 매우 정확하지만, 일몰 방향에서는 약간의 오차가 발생할 수 있다. 이 오차는 주로 산이나 봉우리 등 지형적인 요소가 일출의 기준점을 설정할 때 발생하며, 일출 시각이 조금 늦어지기 때문이다.

하지 일출 방향으로 만들어진 고인돌의 반대 방향은 동지 일몰 방향이며, 동지

여름의 일출 경

일출 방향으로 만들어진 고인돌의 반대 방향은 하지 일몰 방향이다. 그러나 춘분과 추분의 일출 방향으로 만들어진 고인돌의 반대 방향은 일몰 방향이 동일하게 나타난다. 이러한 배치는 고인돌이 태양의 움직임과 밀접하게 연관되어 있음을 보여준다.

　오랜 기간 고인돌과 천문학의 관계성을 연구한 박창범 교수는『한국의 전통 천문학』에서 남동향의 방향성을 더욱 세분화하며, 해와 별이 뜨는 구체적인 방향에 대한 연구가 필요하다고 주장했다. 특히 선사인들이 남동향을 선호한 이유로 동짓날 해가 뜨는 방향과의 연관성을 제시했다.[1] 이 연구 접근과 해설은 한국의 고인돌 연구에서 획기적인 방법론으로 평가될 수 있다. 다만 고인돌과 태양과의 관계를 연구할 때, 측정하는 방위각의 차이를 어느 정도 인정하고 넓게 해석해야만 패턴으로 정립할 수 있을 것이다.

상금리고인돌군에서 맞이한 동지의 일몰

스톤헨지(English Heritage, 영국 사우스웨스트 잉글랜드 주 솔즈베리 평원)
스톤헨지는 하지(6월 21일경) 일출과 정렬되도록 설치된 거석기념물로, 고대인들이 태양을 숭배하고 농사
의 풍요를 기원하는 제의 장소였다. 현재도 하지에는 수천명이 모여 해돋이를 감상하며 축제를 연다.

2.
고인돌 주변의 봉우리와 고개, 그리고 산악신앙

"

　덮개돌의 장축이나 굄돌의 통로 방향이 결정되면, 다음으로 중요한 요소는 주변 산세와 지형이다. 고인돌이 놓일 위치를 결정하기 위해서는 적절한 기준점이 필요하다. 일반적으로 고인돌 주변 지형에서 가장 두드러지는 봉우리나 고개가 선호되었으며, 이는 별자리 관측을 위한 기준점으로 선택되었을 가능성이 크다. 선사인들이 고인돌 배치 시 산봉우리나 고개와의 조화를 고려한 이유는, 산봉우리가 하늘과 가장 가까운 지점이 되어 방향을 설정하는 기준이 될 수 있었기 때문이다.

　고인돌에서 장축의 방향은 분명한 천문학적 의미를 지닌다. 선사인들의 의도는 장축의 방향을 통해 엿볼 수 있으며, 이를 분석하면 고인돌이 놓인 방향의 의미를 해석할 수 있다. 장축의 천문학적 해석이 끝난 후에는 고인돌 주변의 산봉우리나 고개의 방향을 측정한다. 이러한 지형 요소는 고인돌과 직접적인 연관이 없어 보일 수도 있지만, 방위각을 측정하고 그 방향성을 분석하면 해석이 가능해진다. 이는 자의적인 해석이 아니라, 선사시대부터 현재까지 이어져 온 고인돌과 지형의 방향성이 변함없이 일정한 의미를 지니고 있음을 보여준다.

　고인돌은 주변 지형과 밀접한 관계를 맺고 있다. 높은 곳에 위치한 고인돌은 단순한 매장지가 아니라 의례적인 목적을 지닌 기념물로 이해되어야 한다. 세계 여러 지역에서도 고인돌의 위치와 주변 지형이 고대 문화의 사회적, 종교적, 환경적 요소를 반영하여 배치되었음을 확인할 수 있다. 한반도의 소규모 고인돌은 대개 높은 구릉지나 산비탈에 위치하는데, 이는 가시성, 상징성, 영적 중요성 등 다양한 이유로 선택되었을 가능성이 크다. 고대 문화에서 높은 곳은 신성한 장소로 간주되었으며, 하늘에 더 가까운 장소로 여겨져 신성한 의식을 행하기에 적합한 공간으로 인식되었다. 또한, 높은 지대에 위치한 고인돌은 단순한 천문 관측소의 역할을 넘어 특정 부족이나 공동체의 존재와 권위를 상징하는 랜드마크나 영토의 표지로 기능했을 것이다.

덮개돌과 굄돌만의 방향성이 중요한 요소로 여겨졌던 것처럼 보일 수 있지만, 고인돌과 주변 지형 간의 관계 또한 중요한 의미를 지닌다.

고인돌의 앞면은 장축의 두 끝 중 상대적으로 더 좁고 뾰족하거나 돌출된 형태를 띠는 경우가 많다. 반면, 뒷면은 상대적으로 평평하고 넓은 특징을 지닌다. 이러한 구조적 특성으로 인해 고인돌은 자연스럽게 앞면이 낮은 곳을 향하도록 축조되는 경향이 있다. 대부분의 고인돌 뒤에는 산이 있고, 앞에는 하천이 있어, 이는 배산임수(背山臨水)의 이상적인 지형 조건을 갖춘다. 이러한 배치는 인간의 거주지나 건축지에서 선호되는 지형 조건과도 일치한다.

선사시대 고인돌과 봉우리 간의 관계는 점차 산악신앙으로 발전했다. 산악신앙은 산을 신성시하며, 그곳에 신령이나 영혼이 깃들어 있다고 믿는 전통적 신앙 체계로, 특히 한국을 비롯한 동아시아 지역에서 널리 퍼져 있었다. 산은 신성한 공간으로 여겨졌으며, 인간이 함부로 범접해서는 안 되는 장소로 인식되었다. 이러한 신앙은 자연 숭배의 일환으로, 농경 생활을 기반으로 한 공동체들이 자연과의 조화를 중시하는 문화 속에서 자리 잡았다.

한국의 산악신앙은 무교 신앙과도 밀접한 연관이 있다. 백두산, 금강산, 지리산과 같은 주요 산들은 각각 수호신인 산신(山神)이 깃든 신성한 공간으로 여겨졌다. 산신은 종종 호랑이와 함께 묘사되며, 이를 숭배하는 제례를 통해 풍년, 건강, 재난 방지 등을 기원했다.

특히 한국의 삼악신앙(三岳信仰)은 전통 민속 신앙에서 중요한 위치를 차지한다. 삼악신앙은 한반도의 대표적인 명산인 백두산, 금강산, 지리산을 신성시하고 숭배하는 신앙으로, 자연 숭배와 산악신앙의 일종이다. 이는 한민족의 기원, 민족 정체성, 그리고 삶의 터전과 깊은 연관이 있다. 한국에서 산은 단순한 자연 요소가 아니라 신성한 공간으로 여겨졌으며, 산신이 깃든 곳으로서 신앙심을 갖고 존중하는 문화가 형성되었다.

삼악신앙과 관련된 대표적인 의례 중 하나가 산신제이다. 각 산의 산신에게 제사를 지내며, 지역 주민들은 풍년과 건강, 화합을 기원하는 마음으로 모였다. 산신제에서는 산신에게 음식을 바치고, 고유한 예법을 갖추어 산을 존중하는 의미에서 의식을 진행했다. 삼악신앙에서는 산을 단순한 자원이 아니라 신성한 존재가 깃든 공간으로 보았기 때문에, 이를 훼손하지 않으려는 태도와도 연결된다. 이러한 신앙은 자연 보호 정신과 밀접하게 맞닿아 있으며, 산을 신성한 존재로 숭배하는 마음은 현대 사회에서도 한민족의 자연 사랑과 정체성을 상징하는 중요한 가치로 이어지고 있다. 또한 삼악신앙은 지역별로 숭배하는 산이 다르기도 했는데, 전북의 삼신산인 고창의 방장산, 부안의 변산, 정읍의 두승산 등이 그 대상이었다.

산악신앙은 점차 고을의 진산 개념으로 발전했다. 진산(鎭山)은 특정 지역이나 고을을 지키고 보호하는 신성한 산을 의미하는 한국 전통 신앙 개념으로, 고을이나 지역 공동체의 수호자로 여겨졌다. 진산은 단순한 자연의 일부가 아니라 영적인 보호와 안정감을 주는 신성한 장소로 인식되었으며, 마을을 지키는 수호신의 역할을 했다. 주민들은 진산이 마을을 외부의 재난이나 불운으로부터 보호한다고 믿었으며, 이는 마을 공동체의 정체성과 결속을 상징하는 중요한 요소가 되었다.

진산제는 마을 사람들이 공동의 안녕을 기원하며 연례 행사나 제사를 통해 마을의 번영과 평화를 기원하는 의식이었다. 이 제사는 농사철이나 특정 시기에 열리며, 고을의 안전과 풍년을 기원하는 의미를 담고 있다. 진산제에서는 음식을 바치

고창의 진산 방장산
고창의 진산인 방장산의 모습이다. 진산은 고을을 대표하는 산으로, 예로부터 신성하게 여겨져 왔다. 고창의 고인돌들은 대개 방장산의 봉우리와 천문적, 지리적 관련이 있다.

고, 주민들이 함께 참여하여 지역의 단합과 평안을 기원하며, 공동체의 결속을 다지는 중요한 행사로 자리 잡았다. 그러나 현대 사회에서는 많은 전통적인 의례가 사라지거나 약화되고 있는 아쉬운 현실이 있다. 그럼에도 불구하고 진산은 여전히 지역 공동체의 정체성과 자연과의 조화를 상징하는 중요한 요소로 남아 있다.

  산악신앙은 선사시대부터 이어져 온 자연 숭배의 중요한 부분으로, 이후 풍수지리에도 큰 영향을 미쳤다. 풍수지리는 지형과 자연환경이 인간의 삶에 미치는 영향을 분석하여, 긍정적인 에너지를 제공하는 최적의 장소를 찾고 활용하는 철학적 개념이다. 풍수지리는 음양과 오행 이론을 바탕으로 자연의 기운이 인간의 운명과 조화를 이루는 데 중점을 둔다.

풍수지리에서 중요한 원칙 중 하나는 고인돌 배치에서도 나타나는 배산임수(背山臨水) 개념이다. 이는 "뒤에는 산이 있고, 앞에는 물이 있는 형태"로, 안정감과 풍요를 가져다주는 이상적인 지형으로 여겨진다. 이러한 지형은 사람들에게 긍정적인 에너지를 제공하며, 마을이나 집터를 선택할 때 선호되는 형태이다. 또한 풍수지리에서는 청룡(青龍)과 백호(白虎)의 배치를 중요하게 여긴다. 청룡은 왼쪽, 백호는 오른쪽에 배치되며, 각각 산맥이나 언덕과 하천, 평지를 대표한다. 이들이 조화를 이루면 안정적이고 번영하는 기운이 흐른다고 믿었다.

풍수지리는 단순한 물리적 환경을 넘어, 인간과 자연이 어떻게 조화롭게 상호작용할 수 있는지에 대한 깊은 철학적 고민을 담고 있다. 이를 통해 사람들은 자연의 기운과 조화를 이루는 방법을 찾아내고, 더 나은 삶을 살아가고자 했다. 산악신앙과 풍수지리는 선사시대부터 이어져 온 인간과 자연의 깊은 관계를 반영하는 철학적 체계이다. 고대 사회에서 산은 보호와 안정감을 주는 신성한 존재로 여겨졌으며, 이러한 개념은 고인돌의 배치에도 반영되었다. 선사인들은 고인돌을 설치할 때 자연과 인간의 관계를 신중하게 고려했으며, 특히 산과 물의 기운을 중시했다. 산은 고인돌 배치에서 중요한 기준이 되었고, 물은 생명력과 번영을 상징하는 요소로 자리 잡았다.

풍수지리는 이러한 산악신앙의 영향을 받아 발전하였으며, 사람들의 삶에 중요한 역할을 해왔다. 풍수지리에서 산은 보호와 안정을 제공하는 존재로 여겨졌으며, 집터나 마을의 배치를 결정할 때 반드시 고려해야 할 요소였다. 또한 물은 생명과 번영의 상징으로, 물이 흐르는 방향과 기운이 마을이나 집의 운명을 좌우한다고 믿어졌다. 풍수지리는 단순한 미신이 아니라, 인간과 자연의 조화로운 관계를 찾고자 하는 전통적 지혜로 해석된다.

현대 사회에서도 풍수지리는 여전히 중요한 영향을 미치고 있으며, 주거지나 건축, 도시 계획 등에서 자연 환경과의 조화를 고려한 설계가 중요한 요소로 작용하고 있다. 많은 사람들이 집을 짓거나 묘를 쓸 때 풍수지리적 원리를 적용하여 심리적 안정감과 긍정적인 에너지를 추구한다. 이처럼 풍수지리는 자연과의 관계를 중시하는 철학이 현대에도 지속적으로 영향을 미치고 있는 중요한 문화적 유산이다.

고인돌과 산악신앙, 풍수지리는 인간과 자연이 어떻게 연결되고 상호작용할 수 있는지에 대한 깊은 고민의 결과물이다. 이러한 전통적 사고방식은 단순한 과거의 유물이 아니라, 오늘날까지도 사람들의 삶에 영향을 미치며, 자연과 인간이 조화롭게 공존하는 방법을 모색하는 중요한 지침이 되고 있다.

3.
절기를 담은
고인돌

❝

　단독형 고인돌은 비교적 해석이 쉬운 편이시만, 그 주변에는 삭은 고인돌이나 선돌(立石)이 함께 배치되었을 가능성이 크다. 수천 년의 시간이 흐르는 동안 이러한 구조물들은 대부분 사라졌을 수 있지만, 그 흔적들은 여전히 우리의 상상 속에 남아 있다. 고인돌은 크기와 신성함을 지닌 존재였기에 쉽게 옮기거나 훼손할 수 없었으며, 사람들은 이를 함부로 다루지 않았다. 고인돌의 파괴나 손상이 불행을 가져온다고 믿었기 때문에, 일부 고인돌은 오늘날까지 원형을 유지하며 남아 있다.

　반면, 작은 바위나 돌들은 시간이 흐르면서 점차 그 중요성이 퇴색하였고, 후세 사람들은 이러한 돌들을 묘비나 건축 자재로 활용하기도 했다. 또한 농토 개발 등의 이유로 많은 고인돌이 사라졌지만, 일부 고인돌은 여전히 그 자리를 지키며 우리에게 선사시대의 흔적을 전해 주고 있다.

　고인돌의 형태와 기능은 수천 년에 걸친 인간의 삶과 세계관이 고스란히 반영된 결과물이며, 이를 해석하는 작업은 결코 쉽지 않다. 다행히 한반도의 경제활동이 오랫동안 농업 중심이었고, 특히 전라도 서남해안 지역의 미개발 상태가 고인돌을 보존하는 데 기여했다. 이제 우리는 남아 있는 고인돌을 통해 그 의미를 되새기고, 그 속에 담긴 이야기를 해석할 수 있다.

고인돌의 의미를 보다 정확히 이해하기 위해서는 방위각을 측정하는 과정이 중요하다. 이는 고인돌의 형태뿐만 아니라 배치된 지역의 지형과 환경까지 고려해야 하는 복합적인 과정이다. 단독형 고인돌의 방위각을 측정하는 방법은 굄돌(받침돌)의 유무에 따라 달라진다. 탁자식 고인돌의 경우, 굄돌의 방향뿐만 아니라 덮개돌의 상태도 중요한 요소로 작용한다. 굄돌이 없는 고인돌은 덮개돌 장축의 중심축을 기준으로 방위각을 측정한다. 때때로 현장에서 예상치 못한 방법의 방위각이 측정될 수도 있다.

이 절에서는 태양의 움직임과 고인돌의 방향성을 확인하는 방법을 다룬다. 특히, 태양의 주기적 변화인 2지2분과 고인돌의 방향성이 어떻게 연결되는지에 대해 사례 중심의 해석이다. 고인돌의 방향성은 고대 사람들이 태양에 대해 가지고 있던 지식과 깊은 연관이 있으며, 이를 통해 고인돌의 기능과 의미를 보다 명확하게 이해할 수 있다.

각 유형의 고인돌은 그 배치와 방향성에 따라 특정한 천문 현상과 관계가 있으며, 이를 통해 고대 사회에서 시간 개념과 의례적 중요성을 엿볼 수 있다.

1) 고인돌의 형식에
따른 방향성 읽기

굄돌이 두 개인 단독형 천제단 고인돌에서는 두 굄돌 사이의 통로 방향이 방위각 측정의 핵심이 된다. 탁자식이나 바둑판식 고인돌처럼 굄돌이 명확하게 구분되는 경우에는 방위각을 비교적 쉽게 측정할 수 있지만, 두 개의 굄돌이 있는 경우 통로의 정확한 중심을 판단하여 측정해야 오차를 줄일 수 있다.

이럴 때는 20~30m 정도 떨어져서 통로의 방위각을 측정하면 오차를 줄일 수 있다. 방위각의 오차가 적을수록 고인돌이 특정한 시기에 맞춰 조성되었는지를 더욱 정확히 알 수 있기 때문이다.

고인돌이 천문적 의미를 담고 있다면, 적절한 시기에 맞춰 촬영하는 것이 중요하다. 일출이나 일몰이 통로 사이로 자연스럽게 담겨야 하며, 덮개돌의 장축과 단축을 위에서 관찰하는 것도 중요한 포인트다. 선사인들은 덮개돌의 앞면과 뒷면을 구분했을 가능성이 크므로, 덮개돌의 세심한 관찰이 필요하다. 대표적인 두 굄돌을 가진 고인돌로는 고창 도산리 고인돌, 죽림리 회동모텡이 고인돌, 강화 부근리 고인돌 등이 있다.

예를 들어, 고창 도산리고인돌의 경우, 굄돌 사이의 통로 방위각이 전면 97°, 후면 277°로 확인되며, 이는 춘분과 추분의 일출과 일몰을 볼 수 있는 방향을 나타낸다. 하지만 도산리고인돌 군에는 다른 고인돌도 존재하지만, 이미 파괴되어 원형이 훼손되어 고인돌 간의 연계성 분석은 의미가 없어졌다. 한편, 강화도 부근리고인돌은 60°와 240° 방향으로 놓여 있으며, 이는 하지 일출과 동지 일몰과 관련된 배치를 나타낸다.

이처럼 두 개의 굄돌을 가진 고인돌은 방위각 측정이 비교적 간단하며, 특정 시기의 자연 현상을 반영한다. 또한, 두 개의 높고 긴 굄돌을 가진 고인돌은 종종 새의 형상으로 해석되며, 이는 한국의 능·원·묘·궁전·관아·향교·서원 등의 정면에 세운 홍살문이나 일본 신사의 도리이와도 연결지어 해석될 수 있다.

굄돌이 세 개인 탁자식이나 바둑판식 고인돌에서 방위각을 정확히 측정하려면, 먼저 덮개돌의 빗변 길이를 측정한 후 장축을 결정하는 과정이 필요하다. 일반적으로 이러한 고인돌의 덮개돌은 삼각형 형태를 이루며, 방위각을 측정하기 위해서는 빗변의 길이를 먼저 확인한 뒤, 가장 짧은 빗변의 중심에서 가장 긴 꼭짓점으로 연결하여 중심축을 구해야 한다. 그러나 방위각을 측정했다고 해서 고인돌의 천문·지리적 의미를 완전히 해석할 수 있는 것은 아니다. 가능하다면 고인돌 덮개돌 위에서 형태와 장축 방향을 직접 확인하는 작업도 병행해야 한다.

고창 초내리 고인돌 군의 한 고인돌은 삼각형의 덮개돌과 굄돌이 세 개인 구조를 가지고 있어 방위각 측정을 위해 다양한 요소를 고려해야 한다. 굄돌 간의 거리와 크기, 배치뿐만 아니라 덮개돌의 세 면 길이를 면밀히 측정해야 하며, 삼각형 형태의 덮개돌에서는 장축이나 중심축의 꼭짓점이 향하는 방향과 그 반대쪽을 파악하는 것이 중요하다.

방위각을 측정하려면 먼저 덮개돌의 형태를 세밀하게 분석한 후 빗변 길이를 측정해야 한다. 일반적인 고인돌과 달리 삼각형 덮개돌은 장축이나 중심축을 기준으로 방위각을 측정하는 것이 원칙이다. 중심축은 가장 짧은 빗변의 중심에서 가장 긴 꼭짓점으로 이어지는 방향을 의미하며, 이를 통해 고인돌의 방향성을 보다 정확하게 해석할 수 있다. 또한, 측면을 따라 방위각을 측정하는 것도 중요한 과정

초내리 삼각형 고인돌(고창 고수)
굄돌이 세 개 있는 특이한 형태의 고인돌이다. 고인돌 덮개돌의 장축은 춘분과 추분의 일출·일몰 방향에 맞춰져 있으며, 그 앞으로 한 기의 고인돌이 칠암 마을 배후의 능선과 정렬되어 있다.

이다. 삼각형 형태가 뚜렷한 경우, 세 개의 측면에서 각각 방위각을 측정할 수 있으며, 앞뒤로 총 여섯 개의 측정값이 도출된다. 여기에 중심축의 방위각을 추가하면 총 여덟 개의 방위각 값을 얻을 수 있다.

괸돌이 세 개인 삼각형 고인돌은 방위각을 측정하기 어려운 유형에 속하지만, 중심축이 중요한 방위각을 제공하며 다른 고인돌과의 관계성을 분석하는 핵심적인 단서를 제공한다.

괸돌이 네 개인 천제단 고인돌에서는 방위각을 측정하는 방법으로 좌우 두 괸돌의 측면을 연결하거나, 중심 통로를 멀리서 측정하는 방법이 있다. 가장 정확한 측정법은 각 괸돌을 줄자로 연결하여 방향을 정밀하게 파악하는 것이다. 만약 괸돌의 높이가 낮아 방향을 충분히 분석하기 어렵다면, 덮개돌의 형태와 징축 방향을 통해 고인돌이 의도한 방향을 확인할 수 있다. 네 개의 괸돌이 있는 고인돌은 탁자식이든 바둑판식이든 방향을 상대적으로 쉽게 특정할 수 있으며, 선사인이 고인돌의 방향을 설정한 의도를 비교적 명확하게 해석할 수 있다.

이러한 유형의 고인돌에서는 네 개의 괸돌을 기준으로 각각의 면에 대한 방위각을 모두 측정하는 것이 중요하다. 그러나 모든 고인돌이 동일한 방식으로 측정되는 것은 아니므로, 덮개돌 아래 세워진 괸돌의 형태를 세심하게 관찰해야 한다. 예를 들어, 고창 지역에서 발견된 네 개의 괸돌을 가진 고인돌들은 대체로 높이가 50~100㎝ 정도로, 이 정도 높이라면 네 면의 방위각을 비교적 정확하게 측정할 수 있다.

괸돌이 두 개 또는 네 개인 고인돌에서는 장축이나 중심축의 앞뒤 방향이 결정되면, 측면의 방위각도 자연스럽게 계산할 수 있다. 네 개의 괸돌이 있는 고인돌의 경우, 정사각형 형태로 세워졌다면 동서남북 방향 또는 특정 절기에 맞춘 방향성을 확인할 수 있다. 예를 들어, 고인돌의 장축이 동서 방향으로 놓여 있다면, 이는 춘분과 추분의 일출 및 일몰 방향과 일치할 가능성이 높다. 이 고인돌의 직각은 남

받침돌 네 개의 판정리고인돌(고창 성송)
굄돌이 네 개 있는 이 고인돌의 전체적인 모습을 보면 전후 방향을 알 수 있다. 또한, 각 굄돌이 가지는 방향성은 서로 다르게 나타났다.

북 방향이고, 북극성을 향한 배치로 해석할 수 있다.

특히, 별자리 관측과 관련된 패턴을 반영하는 고인돌의 경우, 장축이 150°-330° 방향에 놓여 있다면, 단축의 방위각은 60°-240°가 되어 하지 일출과 동지 일몰과도 관련된다.

죽림리 고인돌 2202호는 이러한 특징을 대표하는 예로, 하지 일출과 동지 일몰을 기준으로 배치되어 있다. 하지에는 동북쪽에서 떠오르는 태양빛이 네 굄돌 사이로 들어오고, 동지에는 남서쪽으로 지는 태양빛이 같은 방식으로 고인돌 내부로 스며든다. 이는 선사인들이 계절의 변화와 천문 현상을 관찰하고, 이를 바탕으로 고인돌을 배치했음을 보여주는 사례라 할 수 있다.

굄돌이 네 개인 고인돌 중에는 특별한 의미를 부여하지 않은 경우도 있다. 일반적으로 덮개돌이 크거나 특이한 형태를 가진 고인돌에서, 굄돌은 덮개돌의 무게 중심을 잡기 위해 놓였을 가능성이 크다. 이러한 경우, 덮개돌의 크기와 모양을 분석함으로써 고인돌을 축조한 사람들의 의도를 파악할 수 있다. 보통 덮개돌의 장축이 중요한 의미를 지니지만, 항상 그런 것은 아니다. 벽송리 고인돌의 경우, 굄돌을 기준으로 방위각을 측정하기 어렵고, 덮개돌의 방향성도 장축이 아닌 단축에서 확인된다. 덮개돌의 형태를 정확히 분석하려면 위에서 내려다보는 것이 가장 효과적이며, 드론과 같은 장비를 활용하면 더욱 정밀한 연구가 가능하다.

굄돌이 다섯 개인 고인돌도 예상보다 많이 발견된다. 일반적으로 덮개돌이 크거나 길 경우, 균형을 맞추기 위해 굄돌을 다섯 개로 배치한다. 이러한 고인돌에서는 앞면과 뒷면을 구분하는 것이 비교적 쉽다. 덮개돌이 솟구쳐 있는 부분과 굄돌이 하나만 있는 부분이 앞면일 가능성이 크다. 굄돌이 다섯 개인 고인돌의 방위각은

산수리고인돌(고창 성송)
굄돌이 다섯 개인 탁자식 고인돌로, 장축이 춘분과 추분의 일출·일몰 방향에 맞춰 설치된 천제단이다.

회동모텡이 바둑판식 고인돌(고창 죽림)
이 고인돌은 굄돌이 5개가 있으며, 굄돌의 중심축은 인근 탁자식 고인돌인 도산리 고인돌과 세계 최대의
운곡리 고인돌을 일직선으로 정렬시킨 신비스러운 배치이다.

덮개돌의 장축 중심을 기준으로 측정하는 것이 일반적이다. 덮개돌이 길면 장축이 뚜렷이 구별되며 방향성이 명확하지만, 고인돌의 규모가 클수록 중심축을 확인하기 어려울 수 있다. 이런 경우, 항공사진을 활용하면 보다 정확한 분석이 된다.

대표적인 사례로 고창의 산수리 고인돌을 들 수 있다. 이 고인돌은 지상에서 관찰하는 것과 드론이나 항공사진을 이용해 방위각을 측정하는 방법 간에 큰 차이를 보인다. 항공사진이나 드론을 활용하면 고인돌의 전체적인 구조와 방위각을 보다 명확하게 파악할 수 있으며, 특히 대형 고인돌의 중심축을 정확히 측정하는 데 유용하다.

굄돌이 여섯 개 이상인 고인돌은 덮개돌의 모양을 통해 방위각을 측정할 수 있지만, 방향성을 정확히 파악하기 어려운 경우가 많다. 이는 고인돌의 규모가 크고, 덮개돌의 장축과 단축의 구분이 뚜렷하지 않기 때문이다. 여섯 개 이상의 굄돌을 가진 고인돌은 단독으로 존재하기보다는 여러 개의 고인돌이 함께 모여 있는 군집 형태로 발견되는 경우가 많아, 이러한 고인돌들의 방향성을 확인하려면 주변 고인돌들과의 관계를 분석해야 한다.

　부안 하서 구암리 고인돌 군에 있는 가장 큰 고인돌은 굄돌이 8개인 특이한 바둑판식 고인돌로, 덮개돌의 형태를 조사해도 정확한 방향성을 파악하기 어려웠다. 그러나 드론을 활용한 조사 결과, 이 고인돌의 덮개돌은 장축과 단축의 차이가 큰 타원형 육각형 구조를 이루고 있었으며, 장축이 남북 방향으로 배치되어 있었다. 또한, 고인돌의 정면이 인근 봉우리를 향하고 있음을 확인할 수 있었다. 이를 통해, 선사인들이 고인돌을 축조할 때 봉우리와의 지리적 연계를 고려했을 가능

부안 구암리고인돌(부안 하서)
받침돌이 8개가 있고, 고인돌의 덮개돌 장축은 남북 방향으로 배치되었다. 남북 방향으로 산봉우리들이 있음을 확인할 수 있다.

성을 추정할 수 있었다.

다만, 이 고인돌의 천문·지리적 해석은 주변의 다른 고인돌들과의 관계를 함께 분석해야 더욱 정확해진다. 굄돌이 많은 고인돌은 군집 내에서 중심적인 역할을 했을 가능성이 높으며, 이를 중심으로 주변 고인돌들과의 연계를 연구하는 것이 중요하다. 구암리 고인돌 군의 경우, 고인돌들이 북극성을 중심으로 배열된 북두칠성의 형상을 따른 것으로 추정되며, 이는 선사인들이 별자리를 기반으로 고인돌을 배치했을 가능성을 시사한다.

측정하려는 방향성이 고인돌의 장축이 아니거나 굄돌의 통로가 불명확한 경우에는, 고인돌의 형태와 주변 지형을 종합적으로 고려해야 한다. 일반적으로 고인돌의 장축과 단축은 명확하게 구분되지만, 때로는 장축을 중심축으로 간주해서는

벽송리고인돌 드론사진(고창 신림)
이 고인돌은 동지 일출과 하지 일몰 방향으로 배치되었다. 보통 고인돌의 방향성은 장축이 중심이나, 이 고인돌은 단축 방향에 있다.

안 되는 사례도 존재한다.

고창 벽송리 고인돌이 대표적인 예다. 이 고인돌은 직사각형 형태의 대형 고인돌로, 덮개돌이 계단처럼 배열되어 있다. 덮개돌의 동남쪽 끝은 두껍고 하늘을 향해 있으며, 반면 북서쪽 뒷면은 얇은 계단식 형태를 띤다. 덮개돌의 장축 측면을 보면 계단처럼 보이기 때문에, 이를 중심축으로 보기 어려운 구조적 특징을 지닌다.

또한, 고인돌의 북서쪽에는 호암산의 높은 봉우리가 있어, 이를 기준으로 고인돌의 앞뒤를 명확히 구분할 수 있다. 고인돌은 동남쪽의 낮은 갯당산을 향하고 있어, 결과적으로 단축이 중심축이 되고 있음을 알 수 있다. 이 고인돌은 네 개의 굄돌을 가지고 있지만, 크기가 일정하지 않아 굄돌만을 기준으로 방향을 결정하기는 어렵다.

이런 경우, 단순히 덮개돌의 장축을 기준으로 방향성을 측정하기보다, 덮개돌의 형태와 배치된 모습을 다양한 관점에서 분석하는 것이 중요하다. 바둑판식이나 탁자식 고인돌이라 할지라도, 먼저 굄돌의 방향과 통로의 유무를 확인하고, 장축과 중심축을 고려한 뒤 덮개돌의 형태를 분석해야 한다. 이를 통해 단축이 중심축이 될 가능성도 염두에 두어야 한다.

개석식 또는 기타 형식의 고인돌에서는 대부분 덮개돌만을 이용해 방위각을 측정해야 한다. 개석식 고인돌은 굄돌이 보이지 않거나 아예 존재하지 않기 때문에, 일반적으로 덮개돌의 장축을 기준으로 방향을 측정한다. 그러나 덮개돌의 장축이 반드시 가장 긴 부분을 의미하는 것은 아니며, 중심축이 어디인지 정확히 판별하는 것이 중요하다. 또한, 덮개돌의 대각선, 측면 등 다양한 방향에서 고인돌의 방향성을 조사해야 보다 정확한 해석이 가능하다.

직사각형 덮개돌의 경우 가장 긴 축이 대각선일 수 있지만, 이를 장축으로 간주하여 방향을 측정하는 것은 바람직하지 않다. 대신, 덮개돌을 면밀히 분석하여 선사인이 의도한 방향을 파악하는 것이 중요하다. 이때 기준이 되는 방향은 단순한

동지 방향인 원촌리고인돌 측면(고창 무장)

장축이 아니라 중심축이다. 즉, 덮개돌의 특정한 기준선을 따라 방위각을 측정해야 하며, 특히 직사각형 덮개돌에서 이러한 오류가 자주 발생할 수 있다.

마름모꼴 덮개돌의 경우, 장축과 단축이 불분명하더라도 꼭짓점을 연결한 방향이 명확해 비교적 측정이 쉽다. 반면, 사다리꼴이나 평행사변형 형태의 덮개돌은 다르게 접근해야 한다. 형태가 일정한 사다리꼴이나 평행사변형 고인돌은 중심축을 결정하는 데 큰 어려움이 없지만, 자연석 형태의 불규칙한 사다리꼴이나 평행사변형 덮개돌은 중심축을 찾는 것이 어렵다.

고인돌의 장축과 단축, 또는 앞면과 뒷면을 결정할 때, 단순히 가장 긴 부분을 기준으로 판단하는 것은 오류가 클 수 있다. 고인돌의 방향성을 정확히 측정하기 위해서는, 덮개돌의 중심축을 먼저 찾고 이를 기준으로 방위각을 측정하는 것이 가장 중요한 과정이다.

개석식 고인돌 중 마름모형 덮개돌의 경우, 장축과 단축의 방향성을 모두 조사하는 것이 중요하다. 이는 장축 방향에 특정한 천문적 의미가 담겨 있을 수 있으며, 이에 따라 단축에도 의미가 부여되는 경우가 많기 때문이다. 마름모형 고인돌에서는 장축과 단축이 보통 90°를 이루는 경우가 많다. 예를 들어, 장축이 춘분 추분의 일출 일몰 방향의 동서축에 놓여 있을 때, 단축은 90° 틀어진 방향이 되어 남북 방향을 가리킨다.

일반적으로 춘분과 추분의 일출 방위각은 약 95°이고, 일몰 방위각은 약 275° 방향이다. 이때, 단축 방향은 장축에서 90° 틀어진 방향으로 5°(진북)와 185°(진남)가 될 수 있으며, 이러한 방향은 북극성의 방향과 일치하는 경우가 많다. 하지만 때로

남원 등골 연꽃 천문대 고인돌과 하지 일출 방향의 봉우리(남원 수지)
이곳에는 이 고인돌 한 기만 남아 있으나, 주변의 봉우리들과 2지 2분과 같은 특정 방향성과 일치한다.

는 장축보다는 단축에 의미를 부여한 경우도 있으므로, 덮개돌을 면밀히 살펴보는 것이 중요하다.

또한, 비율이 명확하지 않은 괴형 고인돌의 덮개돌은 방향을 정확히 파악하기 어려운 경우가 많다. 괴형 덮개돌은 장축의 방향이 명확하지 않아 방위각 측정이 힘들지만, 이때는 고인돌이 위치한 주변 지형을 면밀히 조사하면 방향을 추적하는 데 도움이 될 수 있다. 특히, 규모가 큰 괴형 고인돌은 종종 북극성을 상징적으로 묘사한 경우가 많으며, 이를 중심으로 사방의 고개나 봉우리를 연결해 진북이나 진남을 기준으로 삼는 사례가 다수 발견된다.

또한, 주변에 작은 선돌이나 다른 고인돌이 있을 경우, 이들과의 관계를 분석하면 예상치 못한 천문학적 패턴이 도출될 수 있다. 장축과 단축의 비율이 명확하지 않더라도, 고인돌이 위치한 지역 근처의 특정 봉우리나 고개를 연결하여 방향을 측정하면 다양한 천문학적 해석이 가능하다.

2) 춘추분의 일출과
일몰형 고인돌

춘분(春分)은 북반구에서 봄의 시작을 알리는 날로, 보통 3월 20일 또는 21일에 해당한다. 이 시기에는 태양이 천구 적도를 통과하며, 지구 전체에서 밤과 낮의 길이가 거의 같아진다. 춘분은 지구의 축이 태양을 향하거나 멀어지지 않는 두 번의 시기 중 하나로, 태양이 적도 바로 위에 위치하는 것이 특징이다.

농업적으로 춘분은 중요한 의미를 가지며, 날씨가 점차 따뜻해지면서 봄 농사를 준비하는 시점이 된다. 역사적으로도 많은 문화에서 춘분을 새해나 농사의 시작으로 간주했다.

서양에서 춘분(Vernal Equinox)은 자연과 인간의 재생, 부활, 새로운 시작을 상징하

추분의 고인돌 일몰 경(고창 대산)

는 중요한 날이다. 고대 메소포타미아에서는 춘분이 새해와 농사의 시작을 의미했으며, 이는 씨앗을 뿌리고 겨울의 끝을 알리는 중요한 날이었다. 또한, 춘분은 기독교의 부활절(Easter)과도 밀접한 관련이 있다. 부활절은 춘분 이후 첫 보름달이 뜬 후 첫 번째 일요일에 정해지며, 이는 빛이 어둠을 이기는 상징적 의미를 담고 있다.[2]

추분(秋分)은 가을의 시작을 알리는 날로, 보통 9월 22일 또는 23일에 해당한다. 이 시기에는 태양이 적도를 지나 남쪽으로 이동하며, 밤과 낮의 길이가 거의 같아진다. 추분 이후 북반구에서는 낮이 점점 짧아지고 밤이 길어지면서 본격적인 가을로 접어든다. 춘분이 생명과 성장을 상징한다면, 추분은 수확과 감사의 의미를 담고 있다.

추분은 세계 여러 문화에서 중요한 행사와 의식이 열리는 시기다. 한국에서는 추석(中秋節)을 전후로 조상을 기리고 풍년을 기원하는 성묘와 차례 의례가 이루어진다. 중국의 중추절(中秋節)도 추분과 관련이 있으며, 가족들이 월병을 나누어 먹으며 달을 감상하고 한 해의 수확을 감사하는 풍습이 있다.

서양에서도 추분은 전통적으로 풍요와 수확을 기념하는 중요한 날이다. 고대 그리스에서는 추분을 다산과 풍년을 축하하는 축제가 열렸으며, 이는 후에 기독교 문화에서 추수 감사절(Thanksgiving)의 기원으로 이어졌다.

춘분과 추분은 단순히 계절의 변화뿐만 아니라, 천문학적으로도 중요한 의미를 가진다. 특히, 금성이 지구와 가장 가깝게 나타나는 시점이기도 하다. 이는 금성이 태양을 중심으로 지구의 안쪽 궤도를 공전하면서, 춘분과 추분 즈음에 지구와 교차하기 때문이다.

고대에는 이러한 천문 현상이 종교적·상징적 의미로 해석되었다. 금성이 지구와 1년에 두 번 가까워지는 현상을 기준으로 한 금성력(Venus Calendar)에서는, 춘분점을 영혼이 하늘에서 내려오는 시점으로 보았다. 또한, 제비가 춘분에 도래하고 추분에 떠나는 자연 현상도 금성이 춘분과 추분 무렵 지구와 가까워졌다가 멀어지는 것과 유사하다고 여겨졌다.

특히, 고대 수메르인들은 금성이 지구의 사계절과 농사를 관장한다고 믿었다. 수메르의 유적에서는 이러한 금성 숭배와 관련된 기록들이 발견되었으며, 금성의 움직임이 곡물 파종과 수확 시기를 결정하는 중요한 기준으로 활용되었다. 이는 금성이 단순한 행성이 아니라, 선사 시대부터 인간의 삶과 밀접하게 연관된 존재였음을 보여준다.[3]

세계문화유산 도산리 천문대 고인돌

도산리고인돌은 세계문화유산으로 지정된 고창의 대표적인 고인돌 군이다. 특히 굄돌이 두 개나 있는 도산리고인돌 군의 중심 고인돌은 전형적인 탁자식 고인돌로, 수려하고 균형 감각이 매우 뛰어난 선사시대의 대표적인 천제단이다. 이 고인돌을 축조하기 위해서는 서산산성에서 도산리까지 약 2㎞를 이동해야 했으며, 고창천과 습지를 지나야 하는 어려운 조건에도 불구하고 이곳에 고인돌이 세워졌다. 이 고인돌을 20여 년 전부터 천제단으로 주장하며 한국의 최고 고인돌 전문가와 논쟁을 벌인 기억이 있다. 그 전문가는 이 고인돌을 해설하면서 끝까지 무덤이라고 주장했으나, 본 연구자는 이 고인돌이 무덤이 될 수 없다고 주장했다. 무덤이 아닌 이유는, 시신을 매장할 부분이 너무 좁고, 위로 너무 높아 보관상의 안정성이 떨어지며, 이 고인돌만 유독 죽림리고인돌 군과 멀리 떨어져 부족민의 거주지에 설치되었기 때문이다. 예나 지금이나 사람의 시신을 마을 옆에 두거나 무덤을 세우는 일은 없다. 또한 주변의 죽림리나 상갑리의 개석식 또는 바둑판식 고인돌과는 전혀 다른 특이한 탁자식 구조를 가지고 있으며, 굄돌 사이를 무덤이라고 보기에는 무리가 있다. 무엇보다 이 탁자식 고인돌은 특정 절기와 관련된 방향성을 보이고 있다.

도산리고인돌 군의 중심에 위치한 탁자식 고인돌의 두 개 굄돌 앞면은 일자형으로 되어 있지만, 뒷면은 삼각형과 같은 모양, 즉 새 꼬리 모양으로 만들어졌다. 고인돌을 세운 사람들도 삼각형 모양의 굄돌을 나란히 세운 것에는 특별한 의도가 있었을 것이다. 또한, 고인돌 덮개돌의 전면은 앞으로 툭 튀어나왔으며, 후면은 두 굄돌의 끝부분에 맞춰져 있다. 즉, 도산리고인돌은 덮개돌이 앞쪽으로 튀어나온 구조이며, 뒷부분은 삼각형 모양의 굄돌로 전면과 후면을 명확하게 구분하였다. 풍수지리나 건축학에서도 전면은 보통 낮은 곳을 향하는 것이 일반적이지, 높은 뒤나 산줄기가 내려오는 곳을 바라보는 것은 일반적인 논리와 맞지 않는다.

　도산리고인돌의 전면은 두 굄돌이 평탄한 쪽이며, 후면은 삼각형 모양으로 만들어진 구조라는 것을 알 수 있다. 도산리고인돌이 왜 이렇게 앞뒤의 형태를 달리하

도산리 고인돌 굄돌 방향과 양고살재(고창 도산)
이 고인돌의 두 굄돌 방향은 고창의 진산 방장산의 양고살재로 향하고 있고, 춘분과 추분의 일출이 양고살재에서 일어난다. 가는 선을 따라 보이는 방장산 남쪽의 고개가 양고살재이다.

고 산줄기의 흐름도 다르게 두 굄돌을 세운 것인지, 굄돌 사이 통로의 방향을 측정하여 그 이유를 분석했다. 고인돌의 방향은 두 굄돌과 덮개돌의 장축선을 기준으로 하였으며, 도산리고인돌이 바라보는 두 굄돌 사이의 방위각은 약 97°로, 산줄기의 방향과는 차이가 있다. 현재 기준으로 동쪽 97°는 일 년 중 3월 말과 9월 말의 일출과 일몰 시각에 해당하는 방위각이다.

즉, 농경을 시작하기 전과 가을 추수기에 제물을 도산리고인돌에 올려놓고, 태양이 영산기맥의 방장산 남쪽의 양고살재로 떠오르면 사람들은 엎드려 태양신께 감사의 의식을 행했을 것이다. 도산리고인돌에서 춘분과 추분의 일출 광경을 사진으로 담고 싶으나 전면에 대나무 숲이 있어 촬영이 불가능하다. 다만 반대 방향인 춘분과 추분의 일몰경은 사진이나 영상으로 담을 수 있다. 한편, 도산리고인돌에서 하지 일출 방향은 동북쪽의 갯당산이고, 동지 일출 방향은 문수산이다.

특이한 점은 도산리고인돌의 굄돌 통로, 즉 춘분과 추분의 일출과 일몰 방향인 97°-277°에 따라 10㎞에 걸쳐 네 곳의 고인돌 군이 일렬로 배열되어 있다는 점이다. 이는 고창읍과 아산면 일대의 고인돌 군이 의도적으로 배치되었음을 시사한다. 또한 북쪽 방향으로 고창천을 건너 1.5㎞ 거리에 위치한 죽림리고인돌 군 1코스인 회동모텡에서 바둑판식 고인돌이 놓여 있으며, 이곳에서 북쪽으로 2.18㎞ 거리에 세계에서 가장 큰 운곡리고인돌이 있고, 세 곳의 고인돌 군이 일렬로 배열되어 있다. 즉, 도산리고인돌은 단순히 도산마을의 고인돌이 아니라 동서남북으로 다른 고인돌과 연결되는 중심지에 위치한다.

이처럼 인위적인 계획적 설계가 없다면 이러한 방향성이 맞아 떨어지기 어렵다. 춘분과 추분은 밤과 낮의 길이가 같아 농경과 밀접한 관련이 있고, 남북축은 밤하늘의 별자리와 인간의 죽음과 관련이 있다. 북쪽은 북극성과 연결되며, 자북은 진북과 다르지만, 운곡리고인돌을 북극성으로 상정하고 이러한 배치 설계를 했을 가능성이 있다.

이를 통해 도산리고인돌을 중심으로 한 동서축과 남북축이 만나는 선사인의 '十

도산리고인돌의 춘분 일몰(고창 도산)
이 고인돌의 두 받침돌 사이로 춘분과 추분의 일출 일몰이 이루어 진다. 이 사진은
춘분의 일몰경이다.

도산리고인돌의 추분 일몰(고창 도산)
춘분과 추분의 일몰 시간에 고인돌의 굄돌 사이로 정확하게 들어오는 장면을 사진으로 담을 수 있다. 그러나 일출은 동쪽에 대나무 숲이 있어 사진 촬영이 어렵다.

자 우주관'을 읽을 수 있다. 十자의 중요성은 그 네 방향이 북극성을 중심으로 한 남북축과, 지구의 동쪽에서 서쪽 끝으로 옮겨가는 태양의 궤도로 공간을 분할하는 데 있다. 十자는 네 방향을 가리키며, 두 축이 만나는 교차점은 하늘과 땅의 교차점이자, 생명과 죽음의 교차점으로, 이는 샤머니즘의 주제를 상징하는 코드이다. 十자의 의미는 한국의 솟대와도 일맥상통하며, 솟대는 나무 기둥을 세우고 하늘에 제사를 올리는 의미를 담고 있다.[4]

따라서 도산리고인돌의 춘분과 추분의 태양 길인 동서축과 북극성을 향한 남북축은 하늘에 제사를 드리는 천제의 의미를 담고 있음을 알 수 있다. 또한 선사인들은 고창천과 운곡천을 은하수로 상징했으며, 고창천을 넘어 500여 기의 고인돌은 은하수 주변의 별을 상징화했을 가능성이 있다. 세계에서 가장 큰 운곡리고인돌은 도산리고인돌의 북쪽에 위치해 있으며, 하늘의 중심인 북극성으로 설계된 상징적인 존재로 볼 수 있다. 선사시대 당시, 우리 민족뿐만 아니라 전 세계적으로 태양은 최고의 신인 천신(天神)으로 여겨졌고, 북극성은 우주의 중심축으로 천상의 지존이자 모든 창조의 근원으로 인식되었다.[5]

이러한 믿음은 오늘날까지도 우리의 문화에 남아 있으며, 마니산의 참성단, 태백산의 천제단, 고창 도산리 등에서 하늘에 제사를 지내며 국태민안을 기원하는 의례가 이어지고 있다. 이 제천 의식은 고인돌시대 이전부터 우리 민족이 하늘에 대한 숭배 정신을 담아왔다는 것을 보여준다. 도산리고인돌은 지금까지도 우리 민족 정서에 깊이 뿌리내린 천신 숭배의 시작점이며, 이는 현대의 다양한 축제와 민족 공동체의 생활 문화로 오늘날까지 계승되고 있다.

향산리 천문대 고인돌

한반도의 많은 고인돌들이 춘분을 중심으로 설계되었으며, 이 고인돌들을 중심으로 하늘과 땅, 사람이 하나가 되는 상징적 의미가 담겨 있다. 선사인들은 중요한 분기점을 맞이하는 시간을 정확히 계산하여 고인돌을 세웠다. 그들은 영산기맥에서 떠오르는 태양의 움직임을 절기마다 조사하여, 그 지식을 고인돌 축조에 반영했다. 동지에서 시작해 춘분을 지나 하지에 이르고, 다시 추분을 지나 동지로 돌아오면 한 해가 지났다. 제사장이나 권력자들은 이러한 시간의 정보를 부족민들과 공유하며 자신들의 지식과 지혜를 바탕으로 권력을 확립했다.

매일 해나 별들의 움직임을 관찰하며, 천체를 관측하기 좋은 최적의 장소를 선정해 고인돌을 세웠다. 이들은 고인돌 설치에 있어, 행성의 움직임과 주변 지형을 적절히 이용하여 천체의 움직임을 반영할 수 있는 곳을 고른 것이다. 특히, 동지점, 춘분점, 하지점, 추분점의 일출 지점과 별자리 관측을 고려하여, 태양의 일출 지점이나 별이 뜨는 방향을 맞추는 것이 중요했다. 이들이 세운 고인돌은 신성한 봉우리나 산에서 태양이 떠오르는 장면을 연출하고, 사방을 조망할 수 있는 곳에

향산리고인돌의 춘분 일출(고창 성송)
굄돌이 네 개 있는 이 고인돌의 주통로는 춘분과 추분의 일출 및 일몰 방향을 따르며, 반대편은 진북 방향
으로 배치되어 북극성을 관측할 수 있도록 설계된 전형적인 천문대 고인돌이다.

서 천제단을 설치하기 위한 최적지였다.

　부족민들이 산에서 바위를 떼어 옮겨 고인돌을 세웠다. 권력자와 제사장은 춘
분의 일출 지점을 미리 선정한 후, 굄돌을 세우고 이를 큰 돌로 받쳐 흙으로 메워
고정했다. 커다란 덮개돌은 앞면을 춘분 일출 지점으로 향하도록 정렬하였다. 고
창 영산기맥을 기준으로, 동쪽의 일출은 보통 정동에서 약간 남쪽으로 이동하는
95~100° 방향이다. 네 굄돌 중 한 쪽은 북쪽으로 진북인 5~10°를 향한다.

　향산리고인돌을 만들 때 춘분과 추분의 일출 방향을 기준으로 설계한 것은 확실
하지만, 북극성을 배제하지는 않았다. 북쪽의 5~10° 방향은 북극성과 일치하며,
선사인들은 춘분과 추분을 향한 고인돌을 세운 후, 밤에는 북극성을 향하도록 했
다. 진북 방향으로 변산반도의 봉우리가 있고, 그 봉우리 위에 북극성이 있다. 이

향산리고인돌의 추분 일출(고창 성송)
춘분과 추분 때의 일몰 지점은 괴치마을의 주산 방향으로, 고인돌이 천문과 지리를 중심으로 배치되어 있음을 알 수 있다.

처럼 고인돌은 낮과 밤의 절기를 반영하여 입체적인 형태로 축조되었다.

이렇게 고인돌의 천문과 지리를 모두 담아 배치가 끝나면, 고인돌 주변의 흙과 돌들을 치우고 깨끗하게 정리하여 춘분과 추분, 그리고 북극성에 맞춘 향산리고인돌이 완성된다. 완성된 향산리고인돌 위로 부족민들이 정성스럽게 준비한 음식을 올렸다. 영산기맥에서 서서히 붉은 태양이 떠오르고, 주민들은 엎드려 절을 하며 태양신을 맞이했다. 다행이 날씨가 맑아 눈부시게 밝은 태양이 떠올랐고, 그 태양의 햇살은 네 개의 굄돌 사이로 정확히 들어왔다. 화려한 복장을 한 부족장은 청동거울을 목에 걸고, 손에 종을 들고 태양신을 맞이했다. 하늘에 농사의 시작을 알리고 풍년을 기원하는 고천제를 올린 것이다. 부족장의 간절한 풍년 기원 주문 후, 부족민들은 옹기종기 모여 준비한 음식과 술을 나누며 농사 정보를 주고받았다.

고창 향산리고인돌은 선사인이 하늘과 땅의 춘분 풍경을 제례로 승화시킨 천제단이자 한 해의 풍년을 간절히 염원하는 소망을 하늘에 알리는 신성한 성물이었다.[6] 본래의 생명력을 잃고 그저 한 기의 돌덩이가 되어 버린 고인돌. 누가 그랬던가, 고인돌은 무덤이라고? 하루도 빠짐없이 하늘만 바라본 선사인들이 오묘한 천체의 움직임을 땅과 결합하여 만든 총합 실체가 바로 고인돌이었던 것이다.

향산리고인돌의 일출이 말하는 것은 선사인들이 얼마나 정확하게 하늘을 이해하고 있었는지, 그리고 그 지식이 과거의 유산이자 현재와 미래의 자산이 되었음을 알려주는 것이다. 하루도 빠짐없이 움직이는 태양과 무수한 밤하늘의 별자리를 정리하여 간단명료하게 표현한 것이 바로 고인돌이었다. 아무 생각 없이 세운 것이 아니라, 오랜 세월 동안 축적된 지식과 지혜의 창조물이었음을 알 수 있다. 향산리고인돌 굄돌 사이로 떠오르는 춘분의 일출은 선사인들이 무엇을 말하고자 했는지를 알려주는 소리 없는 아우성이다.

3) 동지 일출과
하지 일몰형 고인돌

매년 12월 22일 즈음이면 스물두 번째 절기인 동지(冬至)이다. 동지는 한 해의 끝자락에서 가장 깊은 어둠을 품은 날이다. 북반구에서는 이날, 낮은 한없이 짧아지고 밤은 그 어느 때보다 길어진다. 그러나 아이러니하게도 동지는 어둠의 절정이자 빛의 시작을 알리는 시간이다. 가장 긴 밤이 지나면 태양은 다시금 길고 찬란하게 빛을 드리우기 시작하며, 자연은 새롭게 깨어난다. 동아시아에서는 이 특별한 절기를 단순한 계절의 변화로 여기지 않았다. 동지는 음(陰)의 기운이 극에 달하고, 양(陽)의 기운이 비로소 싹트는 순간이다. 이 변화의 순간은 마치 긴 겨울 끝에 새로운 봄을 기다리는 마음과도 닮아 있다.

한국에서는 동지팥죽을 쑤어 먹으며 한 해를 시작한다. 커다란 가마솥에서 끓는 팥죽의 붉은색은 잡귀와 액운을 몰아내는 힘을 가졌다. 끓어오르는 팥죽 위에

둥둥 떠오른 새알심은 마치 새해의 희망을 품은 달처럼 보인다. 선조들은 동지를 '작은 설'이라 부르며, 이를 '아세(亞歲)'라 칭했다. 동지팥죽 한 그릇은 단순한 겨울철 음식이 아니라 새로운 해를 맞이하는 의식과 같았다. "동지팥죽 한 그릇을 먹어야 한 살 더 먹는다"는 속담에는 세월의 흐름을 음식과 함께 받아들이는 지혜가 담겨 있다. 뜨거운 팥죽을 나눠 먹으며 가족들은 새해의 건강과 안녕을 빌었다.

중국에서도 동지는 중요한 명절 중 하나다. 가족들은 한 자리에 모여 따뜻한 만두를 나누어 먹으며 풍요와 건강을 기원한다. 만두는 복을 상징하는데, 둥글고 풍성하게 빚어진 만두 속에는 새해의 소망과 기대가 가득 차 있다. 일본에서는 유자탕이 동지의 상징이다. 유자를 띄운 따뜻한 탕에 몸을 담그며 겨울철 질병을 예방하고, 새로운 기운을 받아들인다. 유자의 상큼한 향이 방 안을 가득 채우면, 마치 몸과 마음이 정화되는 것만 같다. 유자는 장수와 건강을 의미하며, 유자 탕을 통해 한 해의 피로를 씻어내고 새로운 기운을 맞이하는 것이다.

서양에서도 동지는 중요한 의미를 지닌다. 고대 로마에서는 동지를 맞아 '솔 인빅투스(Sol Invictus, 무적의 태양신)' 축제를 열었다. 이날은 태양이 다시 힘을 되찾는 날로 여겨졌으며, 이는 후에 크리스마스의 기원이 되었다. 북유럽에서는 율(Yule) 축제가 열렸다. 율 축제는 고대 게르만족과 바이킹들이 추운 겨울을 견디며 새해를 축하하는 의식이었다. 긴 겨울밤, 부족 사람들은 모닥불을 피워 어둠을 밝히고, 고기를 구워 나누어 먹으며 생명의 순환을 축복했다. 불타오르는 장작은 겨울의 어둠을 물리치는 상징이었고, 축제의 열기는 공동체의 결속을 더욱 단단하게 만들었다. 이 고대 축제는 시간이 흐르며 크리스마스로 발전했고, 오늘날에도 여전히 세계 곳곳에서 희망과 기쁨을 나누는 축제의 일부로 남아 있다.

동지는 단순한 절기가 아니라, 인간이 자연의 변화 속에서 희망을 찾는 본능적인 의식을 잘 보여준다. 음양오행 사상에서 동지는 음(陰)의 기운이 극에 달한 시점이자, 양(陽)의 기운이 태동하는 순간이다. 즉, 동지는 절망 속에서도 새로운 시작이 가능하다는 자연의 법칙을 상징한다. 이러한 믿음은 농경사회에서 더욱 중요

동지 일출 방향의 계당리고인돌(고창 성송)

했다. 겨울이 아무리 길고 혹독하더라도 결국 따뜻한 봄이 찾아온다는 확신은 사람들에게 살아갈 희망을 주었다.

동지의 기원은 정확히 알 수 없지만, 선사시대의 유적이 그 존재를 증명하고 있다. 청동기시대의 사람들은 별과 하늘을 읽으며 계절의 변화를 파악했고, 그 지식은 생존과 직결되었다. 동지는 농경 사회에서 중요한 이정표였다. 태양이 뜨고 지는 방향을 따라 농사를 짓던 선사인들에게 동지는 결코 간과할 수 없는 절기였다. 고창 지역의 일부 고인돌은 동짓날의 태양을 향해 있다. 고창의 고인돌 중 동남쪽인 125~130° 방향으로 놓여 있는 것은 동짓날 일출의 방향과 일치한다.

고창의 동쪽에는 영산기맥의 봉우리가 솟아 있어, 다른 지역에 비해 태양이 늦게 떠오른다. 해가 뜨기 위해서는 봉우리를 넘어야 했기에, 동짓날 아침의 태양은 더욱 신성하게 여겨졌을 것이다. 선사시대의 사람들은 매년 이 시기에 고인돌 앞에 모여 동짓날의 해돋이를 기다렸을 것이다. 동짓날, 붉게 타오르는 태양을 마주하며 그들은 한 해를 되돌아보고 새로운 시작을 맞이하는 의식을 치렀을 것이다.

고인돌은 태양을 향한 믿음이자, 자연의 순환을 향한 찬가였다. 오늘날 우리는 고인돌 앞에 서서 수천 년 전의 사람들이 바라보던 동지의 태양을 함께 마주하고 있다. 그리고 그들이 느꼈을 희망과 감사를 지금도 똑같이 느끼며 살아간다.

단축 방향으로 맞는 동지 일출과 벽송리고인돌

벽송리고인돌은 고창군 신림면 벽송리 587-1번지, 선인뜰 농장이 자리한 곳에 위치하고 있다. 이 고인돌은 서해안고속도로를 지나면 만날 수 있는 고인돌휴게소 인근에 자리 잡고 있으며, 수천 년 전부터 지금까지 우리의 역사를 품고 있는 중요한 문화유산 중 하나이다.

벽송리고인돌은 바둑판식 구조로 네 개의 굄돌 위에 덮개돌이 얹혀 있는 형태를 취하고 있다. 이 덮개돌은 반듯한 방형을 이루고 있는데, 윗면은 앞쪽이 두껍고 뒷면이 점차 얇아지는 계단식 평면 구조를 띠고 있다. 덮개돌의 장축 길이는 무려 430㎝에 이르며, 단축도 400㎝로 거의 비슷한 크기를 자랑한다. 덮개돌의 높이는 100㎝에 달해 보는 이로 하여금 자연스럽게 경외감을 불러일으킨다. 굄돌은 각각 높이 60~70㎝ 정도로 일정한 크기를 유지하고 있으며, 덮개돌을 든든하게 지탱하고 있다. 고인돌의 중심축은 동남향인 130°로 배치되어 있는데, 이는 단순한 우연이 아니라 선사시대 사람들이 동지 일출을 관찰하고 이를 기념하기 위해 의도적으로 설계한 것으로 보인다.

벽송리고인돌의 배치와 구조는 선사인의 지혜와 자연에 대한 세심한 관찰을 엿볼 수 있는 중요한 단서이다. 선사인들은 덮개돌의 형태와 굄돌의 배치뿐 아니라, 주변의 지형까지도 꼼꼼히 고려해 고인돌의 방위를 결정했다. 벽송리고인돌의 덮개돌은 일반적인 고인돌과 달리 직사각형에 가까운 형태를 보이며, 장축 방향은 북동에서 남서로, 단축 방향은 북서에서 동남으로 향해 있다. 대부분의 고인돌이 장축 방향을 기준으로 앞뒤를 결정하는 것과 달리, 이 고인돌은 덮개돌의 계단식 형태로 인해 단축 방향이 더욱 강조되고 있다. 특히 덮개돌의 동남쪽 가장자리는 두껍고 하늘로 솟아 있는 반면, 북서쪽 가장자리는 얇고 낮아 마치 오르막 계단처럼 보인다. 이러한 특성은 덮개돌이 화산 폭발로 형성된 응회암이라는 퇴적암의 특성에서 비롯된 것으로, 자연의 힘과 인간의 손길이 절묘하게 어우러진 결과라 할 수 있다.

고인돌의 북서 방향에는 호암산의 높고 웅장한 봉우리가 위치해 있으며, 이는 고인돌의 앞과 뒤를 명확하게 구분 짓는 중요한 지형적 요소가 된다. 북서쪽으로

벽송리 고인돌의 동지 일출(고창 신림)
굄돌과 장축과 다른 단축 방향으로 동짓날 일출 방향에 맞춰 축조된 고인돌이다. 고인돌의 배치와 방향성을 전체적인 모습을 통해 확인할 수 있다.

는 견고하게 자리 잡은 산세가, 동쪽으로는 갯당산의 부드럽고 아늑한 능선이 펼쳐져 있어, 선사인들이 이 고인돌을 어떤 방향으로 놓아야 할지에 대한 실마리를 제공해준다. 풍수지리적 관점에서 보면, 고인돌의 동쪽에 위치한 갯당산이 안산(案山)이다. 하지만 벽송리고인돌의 덮개돌이 향하고 있는 방향은 동쪽의 갯당산 정상이 아니라, 해발 170m 정도의 낮은 봉우리 측면을 바라보고 있다.

벽송리고인돌의 130° 방향은 동짓날(12월 22일 전후) 일출이 이루어지는 지점으로, 태양이 봉우리의 측면에서 서서히 떠오르는 모습을 목격할 수 있다. 이 날, 선사인들은 태양이 어둠을 몰아내고 부활하는 신성한 순간으로 인식했으며, 이를 기념하기 위해 태양신과 조상에게 제사를 올리는 의례를 치렀다.

벽송리고인돌이 춘분이나 추분을 기준으로 배치되지 않은 것은 주변의 지형적 제약 때문으로 추정된다. 고인돌의 동쪽에는 해발 110~150m 높이의 봉우리들이 연이어 있어, 춘분과 추분의 태양을 관찰하기에는 다소 어려움이 따랐다. 반면 동짓날 태양은 낮은 구릉 너머에서 떠올라 쉽게 관찰할 수 있었기 때문에, 벽송리고인돌은 동지를 기준으로 배치되었다.

만약 하지의 일출 방향을 기준으로 고인돌을 배치했다면, 고인돌은 갈곡천을 따라 불어오는 북서 계절풍을 맞이하게 되며, 이는 고인돌 주변의 생활환경에 나쁜 영향을 미쳤을 가능성이 크다. 따라서 벽송리고인돌은 차가운 바람을 피하고, 선사인들이 계절의 흐름을 쉽게 관찰할 수 있도록 동남향으로 배치된 것으로 보인다.

벽송리고인돌은 선사인들이 자연의 흐름과 조화를 이루며 살아갔던 삶의 흔적이자, 천문학적 지식과 신앙이 결합된 신성한 유산이다.

마채봉에서 솟는 동지 일출과 계당리고인돌

위험천만하게 곧 쓰러질 듯하지만, 위풍당당한 계당리의 탁자식 고인돌은 고창군 성송면사무소 동쪽 신용마을 뒤 언덕에 위치해 있다. 이 고인돌의 방향성이 가지는 천문학적 특성을 풀어보고자 몇 해 전 방문했으나, 당시 태양의 절기에 대한 이해 부족으로 해결하지 못했다. 그 후 이 고인돌을 다시 찾아가야겠다는 마음은 있었으나, 몸이 따르지 않아 기회를 놓쳤다. 그러던 중 유기상 박사님이 동짓날 일출과 관련해 고인돌에서 작은 행사를 하자는 전화를 받고, 문득 다시 가봐야겠다는 생각이 들었다.

　몇 년 전 해결되지 않았던 고인돌의 방향성을 이제는 풀 수 있을 것 같은 느낌이 들었다. 답사를 떠나기 전부터 "계당리고인돌이 동짓날 일출을 맞춰 축조한 것일까?"라는 생각을 하게 되었다. 차를 몰고 계당마을의 좁은 시골길을 달리던 중, 무

계당리고인돌의 동지 일출(고창 성송)
이 고인돌은 굄돌이 많이 틀어져 본래의 방향성을 상실하여 정확한 방향을 파악하기 어렵지만, 동짓날 일출의 장면을 굄돌 사이로 담아내었다.

엇을 발견하지 못한 채 운전하다가 우당탕하는 소리와 함께 내 차 범퍼에 상처가 났다. 겨우 차를 대고, 멀리서도 사방이 훤히 보이는 광산김씨 묘역 위의 계당리고 인돌이 있는 언덕에 올랐다.

이 탁자식 고인돌은 고창군 성송면 계당리 442-1에 위치해 있다. 고인돌이 세워 진 곳은 나지막한 구릉의 능선으로, 사방이 훤히 열려 있어 태양이나 별들의 움직 임을 관찰하기에 매우 좋은 위치다. 또한, 고인돌을 중심으로 태양의 일출 방향인 동북쪽에서 동남쪽까지, 해발 300~500m에 이르는 봉우리들이 옹기종기 발달해 있다. 이렇게 사방이 탁 트인 구릉과 산봉우리들이 발달한 지형은 고인돌을 설치 하기에 매우 적합한 조건을 제공한다. 특히, 산봉우리의 형태가 붓처럼 수직으로 솟아 있는 목형(木型)은 선사인들이 일출이나 일몰 지점을 결정할 때 고려했을 가 능성이 크다. 현재도 풍수지리에서 주산이나 진산, 안산 등을 고를 때 산의 형세가 단아하고 깔끔한 봉우리를 선호하는 것처럼, 선사인들도 이러한 형태의 산봉우리 를 중요시했을 것이다.

계당리고인돌의 덮개돌은 타원형에 가까운 정방형 모양이며, 네 개의 지석으로 받쳐져 있다. 굄돌은 지표에서 약 80㎝ 정도 높이의 주형 지석 형태이다. 덮개돌의 장축은 225㎝, 단축은 215㎝이며, 두께는 129㎝이다. 이 고인돌은 탁자식 형태에 가까운 바둑판식 구조이다. 비슷한 형태의 고인돌은 인근 향산리와 괴치리 경계에 있는 도로변 고인돌에서도 볼 수 있다.

향산리고인돌과 계당리고인돌은 네 개의 굄돌이 정확하게 사각형으로 배치된 점과 굄돌의 높이가 유사하지만, 굄돌 사이의 통로 방향은 다르다. 향산리고인돌 은 춘분과 추분의 일출 일몰 및 진북을 기준으로 동서남북으로 정확하게 배치되 었으나, 비록 받침돌이 오랜 세월 버티면서 기우러진 계당리고인돌은 향산리고 인돌의 통로 방향보다 약 33° 정도 틀어져 있다. 향산리고인돌의 통로 방향은 각 각 7°, 97°, 187°, 277°였으나, 계당리고인돌의 굄돌 통로는 각각 40°, 130°, 220°, 310°로 차이를 보인다. 이러한 방향 차이는 향산리고인돌이 춘분과 추분의 절기 및 북극성을 기준으로 배치된 반면, 계당리고인돌은 동지 일출과 하지 일몰의 방향에 맞추어 배치되었음을 의미한다.

계당리 탁자식 고인돌의 장축은 동지 일출과 하지 일몰 지점으로 향하고 있으며, 반대로 220° 방향은 고창 지역의 여러 고인돌에서 별자리 관측을 위한 방향과 일치한다. 이 방향은 부곡리고인돌(강촌), 하장리고인돌(오룡), 신대리고인돌(대천)과 같으며, 특히 주목할 점은 이 고인돌들 모두에서 남두육성과 여러 별자리로 추정되는 성혈이 새겨져 있다는 것이다.

계당리고인돌은 하짓날 일출을 위한 선돌이나 고인돌이 남아 있지 않아 정확한 위치를 알 수 없지만, 각 고인돌에서 보이는 봉우리를 이용하여 하짓날 일출을 반영했음을 알 수 있다. 이 고인돌에서 동북쪽 60° 방향으로 뾰족하게 우뚝 솟은 추산봉이 보이며, 추산봉 정상에서 하짓날 일출을 정확히 볼 수 있도록 배치된 것으로 해석된다. 또한, 네 개의 굄돌 정면에는 계당 마을 배후의 마채봉이 위치해 있으며, 이곳은 동짓날 일출 방향에 맞춰져 있다. 즉, 계당리고인돌은 동짓날 일출과

일출을 맞이하는 사람들

하짓날 일몰을 모두 관측할 수 있도록 의도적으로 배치된 완벽한 천문대이자 고대의 시계 역할을 했다는 것을 알 수 있다.

2023년의 동짓날. 이 날, 고창의 역사와 문화를 사랑하는 지인들과 함께 고인돌 시대 선사인들의 천문 관측과 의식을 공유하며, 그들의 세계관을 되새기며 사진 한 장을 찍어 본다.

태봉에서 솟는 동지 일출과 중월리고인돌

동지를 언제까지 새해로 삼았는지에 대한 정확한 기록은 없지만, 조선 개국 이후에는 동지를 설날이라 부르지 않았고, 임금이 신하들을 궁궐로 불러 술과 음식을 베푸는 회례연(會禮宴)이라는 큰 잔치를 열었다. 동지가 언제부터 '작은 설'로 불리기 시작했는지는 명확하지 않으나, 동짓날 팥죽을 쑤어 먹는 풍습은 지금까지도 이어지고 있다.

고창 선사인들이 동지를 어떻게 기념했는지는 정확히 알 수 없으나, 동지는 부족에서 가장 큰 축제로, 한 해를 마무리하고 새해를 맞이하는 연례행사였다. 고창 지역에서 이러한 선사시대 의례의 흔적은 고인돌에서 찾아볼 수 있으며, 그중 중월리고인돌은 동지와 밀접한 관련이 있다.

고창군 아산면 중월리 중복 뒤 언덕에 위치한 중월리고인돌은 덮개돌의 동남쪽 끝 길이가 220㎝, 북서쪽 끝이 330㎝이며, 덮개돌 중심부를 가로지르는 장축은 280㎝이다. 고인돌 주위에는 이팝나무가 가득 심겨 있어 봄과 겨울을 제외하고는 관찰이 어렵다. 덮개돌의 남서면에는 '上下洞中(상하동중) 守護嵓(수호암)'이라는 글이 새겨져 있다. '상'은 상복을, '하'는 후동을, '중'은 중복을 뜻하며, '수호암'은 마을을 지키고 보호하는 바위라는 의미로, 마을의 수호신을 상징하는 신앙의 대상이었다.

고인돌과 동지의 관계는 덮개돌이 동지 일출 방향을 향하고 있는지를 통해 확인할 수 있다. 동지 일출은 일반적으로 동남쪽 120°에서 떠오르며, 산이나 구릉이 있는 경우 120~130°에서 관측된다. 따라서 고인돌 덮개돌의 앞면이 동남향(120°~130°)

중월리 고인돌과 동지 일출 방향(고창 아산)

을 바라보고 있다면, 동지와의 관련성을 시사한다. 이는 고인돌이 동짓날 제사를
지내는 제단 역할을 했음을 보여준다.

　중월리고인돌은 앞쪽이 낮고 뒤쪽이 높은 전저후고(前低後高) 형태의 지형에 위치
해 있으며, 덮개돌의 장축과 단축 방향, 굄돌 배열 방향 등이 분석의 중요한 요소
다. 고인돌은 태봉(해발 111.9m) 봉우리 서쪽 끝자락에서 북쪽으로 뻗은 구릉의 중간
지점에 있으며, 멀리서 보면 북동쪽을 향하고 있는 듯 보인다. 이 경우 북동쪽이
고인돌의 앞면이어야 전저후고 지형이 형성되고, 굄돌이 보이는 낮은 쪽이 북쪽
이 된다. 따라서 덮개돌의 방향은 남북을 기준으로 결정된다고 생각되었다.

　그러나 고인돌 주변을 관찰해보면 덮개돌의 북서 면이 남동 면보다 약 110㎝ 길
어 명확한 사다리꼴 형태를 띤다. 중월리고인돌 덮개돌 장축은 남쪽이 높고 북쪽

이 낮은 지형을 무시하고 남동-북서 방향으로 놓였다. 덮개돌 중심에서 측정한 방위각은 장축이 130°-310°(남동-북서), 단축이 30°-210°(북동-남서)이다. 남동향 130°는 덮개돌의 앞면이며, 넓은 북서면(310°)이 뒷면이다. 남동향 130°는 고창 지역의 다른 고인돌에서도 자주 나타나는 방위각이다.

중월리고인돌 덮개돌이 향하는 남동쪽 130° 방위각 앞에는 태봉이 위치해 있다. 이를 통해 동짓날, 중월리 주민들이 떠오르는 태양을 바라보며 한 해를 마무리하고 새해를 맞이했음을 알 수 있다. 선사인들은 태양, 달, 별의 움직임을 통해 절기를 파악하고 이를 신앙의 대상으로 삼아 고인돌과 같은 제단을 축조했던 것으로 추정된다. 중월리고인돌은 약 3,000년 전 동짓날, 선사시대 부족민들이 태양을 숭배하며 제사를 지내던 성스러운 제단이었음을 확인할 수 있다.

석수산의 동지 일출과 원촌리고인돌

2024년 12월 21일은 밤이 가장 길고 낮이 가장 짧은 동짓날이다. 이 날, 고인돌을 만들었던 선사인들은 해가 죽음에서 부활한다고 여겨 태양신에게 제사를 올리고 축제를 열었다. 동짓날 천제를 지내고 축제를 벌였던 흔적을 짐작하게 하는 것이 바로 고인돌이다.

이날 북반구에서는 태양이 가장 남쪽에 위치하며, 태양의 고도가 연중 가장 낮은 날이다. 따라서 동짓날 아침 동남쪽에서 떠오르는 태양은 가장 강렬하게 빛을 발한다. 대설을 지나 혹한의 환경 속에서, 선사인들은 태양의 존재와 햇빛의 중요성을 절감했으며, 동짓날의 일출은 그들에게 광명이세를 상징하는 순간이었다. 이들은 땅에 엎드려 고인돌 굄돌 사이로 들어오는 햇살을 통해 경천애인의 마음을 새겼다. 고인돌과 태양의 일출경은 단군조선의 건국이념을 눈으로 확인할 수 있는 기회이다.

선사인들은 거대한 거석을 채취하여 마을의 성스러운 언덕, 즉 태양의 움직임을 조망할 수 있는 장소에 천제단인 고인돌을 세웠다. 예를 들어, 고창 무장 원촌에 정착했던 선사인들은 해발 43m의 사방이 탁 트인 구릉지에 고인돌을 축조했다.

고인돌이 자리한 곳 주변으로는 남동쪽에 강남천이 흐르고, 북쪽에는 완만한 구릉이 펼쳐져 있었다. 구릉과 구릉 사이에 형성된 작은 골짜기들은 선사인들이 거주하기에 적합한 환경을 제공했다. 인근 강남천의 범람으로 만들어진 비옥한 충적지를 개간하여 농경을 발달시킬 수 있었다. 특히 이 지역은 다른 부족 거주지보다 하천 범람으로 인한 충적지가 더 발달해 있었다. 선사인들은 갈대밭으로 덮인 충적지를 개간하고, 강남천의 물을 활용해 벼농사를 지으며 수확량을 증대시켰다.

청동기시대는 지금보다 기후가 따뜻하고 해수면이 약 5~10m 더 높았으며, 강수량도 많았을 것이다. 이러한 조건은 선사인들이 수전경작 벼농사를 발전시키기에 유리한 환경을 제공했다. 이처럼 수전경작에 유리한 기후와 토양이 갖춰져 있었다고 해도, 문제는 정확한 농사의 시기와 안정적인 물 공급, 그리고 충분한 일조

원촌리고인돌의 동지 일출경(고창 무장)
고인돌의 장축 전면은 동짓날 일출이 떠오르는 석수산의 남쪽 측면에 일치한다.

원촌리고인돌의 받침돌 사이의 동지 일출경(고창 무장)

량이었다. 그러나 태양신은 인간의 의지대로 움직이는 존재가 아니었다. 태양신
은 인간에게 간절함을 요구했고, 이에 선사인들은 화답하기 위해 사방이 탁 트인
구릉지에 태양신의 일출과 일몰, 그리고 별자리를 관측하기 유리한 언덕에 거대
한 고인돌을 세웠다.

원촌리 고인돌이 자리한 언덕은 대부분 구릉과 골짜기로 이루어져 있으며, 그리
높지 않다. 원촌리 고인돌은 부정형의 장타원형으로, 기반식인 바둑판식 고인돌
로 분류되며, 이 지역에서는 드문 형태다. 덮개돌은 응회암으로 만들어졌는데, 일
반적으로 고인돌의 덮개돌이 절리를 따라 가로로 놓이는 것과 달리, 이 고인돌은
응회암을 세로로 세운 독특한 구조를 가지고 있다. 이러한 축조 방식은 매우 독창
적이며 세련미를 자랑한다.

고인돌의 굄돌은 화강암으로 이루어져 있으며, 기둥 형태의 굄돌 4개가 덮개돌을 지지한다. 고인돌의 크기는 장축 270㎝, 단축 155㎝, 두께 140㎝로 비교적 크지는 않지만, 전체적인 조형미와 형태가 아름답다. 특히 장축과 단축이 명확하게 구분되어 있어 방향성이 두드러진다. 장축의 중심축은 125°와 그 반대인 305°를 향하며, 동지 일출과 하지 일몰의 방향과 일치한다. 즉, 동짓날 일출 방향에 맞춰 장축이 놓였으며, 이 장축의 전면은 석수산 봉우리의 남쪽과 정렬된다.

이 고인돌의 방향성이 동짓날 일출에 초점이 맞춰져 있기에, 하지나 춘추분 같은 다른 절기와는 관련이 없어 보일 수 있다. 그러나 선사인들은 우리가 상상하는 것 이상으로 뛰어난 지혜를 가지고 있었다. 비록 고인돌의 중심축은 동지 일출에 맞춰져 있지만, 하지나 춘추분의 일출은 주변 지형을 활용하여 관찰할 수 있도록 설계한 흔적이 보인다. 이곳에서 하지 일출은 망치봉이며, 춘분과 추분의 일출은 방장산 두우봉, 동짓날 일출은 석수산의 남쪽과 정렬된다. 일부 사람들은 이렇게 말할 수도 있다.

"이박사! 선사인들이 지형지물을 이용해 고인돌을 배치했다고 어떻게 장담할 수 있습니까?"

선사인들에게 직접 물을 수는 없으니, 내 주장이 절대적으로 맞는지는 확답할 수는 없다. 하지만 3천여 기에 달하는 고인돌 조사에서 나타나는 지형을 이용한 패턴은 이를 뒷받침하는 강력한 증거가 된다.

4) 하지 일출과
동지 일몰형 고인돌

고인돌은 선사시대의 인류가 자연을 관찰하고 이해한 결과물로, 그들의 천문학적 지식과 인문학적 사고가 결합된 유산이다. 특히, 하지(夏至)를 기준으로 축조된 고인돌은 선사인들이 계절의 변화와 태양의 움직임을 세밀하게 관찰하여 농업 및 생활에 적용했음을 보여주는 중요한 증거이다. 하지란

일 년 중 태양이 가장 높이 떠올라 낮이 가장 길고 밤이 가장 짧은 날로, 동북 방향인 60° 방위각에서 떠오르는 태양은 생명의 근원으로 여겨졌다. 선사인들은 이러한 천문학적 현상을 삶의 중요한 기준으로 삼았으며, 하지의 태양이 떠오르는 방향을 따라 고인돌을 배치하거나 설계함으로써, 농경과 신앙을 결합한 독특한 문화적 유산을 남겼다.

하지의 일출 방향에 맞춰 세워진 고인돌들은 농사력의 기준을 제공했을 뿐만 아니라, 선사인들이 태양을 신성시하며 풍요와 생명을 기원했던 중요한 장소로 기능했다.

이러한 본 연구자의 연구를 누구보다 깊이 이해하고, 그 진위를 하나하나 검증해 주신 분이 바로 유기상 박사이다. 유기상 박사께서는 본 연구자의 연구에 깊이 공감해 주시며, 이를 '이병렬의 고인돌론'이라는 이름으로 명명해 주었다. 한국사를 전공하신 유기상 박사는 학문에 대한 열정이 누구보다 뜨거우시고, 선사시대의 고인돌에 담긴 깊은 천문학적 의미와 상징성에 주목해 주었다. 본 연구자와 함께 강화도를 비롯한 전라도 서남부 지역의 고인돌을 수십 차례나 답사하며, 고인돌 하나하나에 담긴 방향성과 고유의 의미를 연구하는 데 아낌없는 시간과 정성을 쏟았다. 그 결과, 고인돌이 단순한 무덤이 아니라 하늘에 제사를 드리던 신성한 천제단이라는 사실을 널리 알리기 위해 박사께서는 여러 곳의 신문에 기고하고, 강연이나 학술대회를 통해 이를 전파해 주었다.

특히 유기상 박사는 남다른 부지런함과 섬세함으로 특정 절기의 일출과 일몰 현상, 별자리의 움직임까지 직접 관측하시며 밤낮을 가리지 않고 검증 작업과 사진 촬영을 이어나갔다. 때로는 거친 눈보라 속에서도, 때로는 차가운 밤하늘 아래에서 별을 바라보며 고인돌에 담긴 비밀을 풀어내기 위해 노력을 아끼지 않았다. 이 책의 많은 자료들에는 유기상 박사와 함께한 시간의 흔적이 담겨 있다.

또한, 본 연구자의 친구로 동경대 출신 일본인 사가 쇼우꼬 씨는 이러한 고인돌의 천문학적 의미를 직접 체험하고 검증한 인물이다. 그녀는 본 연구자와 함께 고인돌을 답사하며, 천문학과 고인돌의 관계에 대한 설명을 들었다. 하지 이틀 전, 흐린 날씨가 예상된다는 기상 예보에도 불구하고, 그녀는 강화도의 부근리 고인돌을 방문하여 하지 일출 현상을 직접 관찰하고자 했다. 이른 새벽 홀로 강화도로 향했으며, 고인돌 굄돌 사이로 떠오르는 태양을 사진과 영상으로 기록했다. 그녀의 노력 덕분에, 하지에 맞춰 축조된 부근리 고인돌이 선사시대의 천체 관측소이자 제단으로 기능했다는 사실을 증명하게 되었다.

부근리 고인돌의 두 굄돌 사이의 통로는 60° 방향이고, 반대 방향은 240°로 설계되어 있었다. 이 방향은 하지 전후에 일출 지점과 동지 전후 일몰 지점과 일치한

하지 일출과 그 방향의 고인돌들(고창 죽림)
세계문화유산인 죽림리 고인돌군의 고인돌들은 겉보기에는 흩어져 있는 듯하지만, 실제로는 하지 일출 방향을 따라 일렬로 배치되어 있음을 알 수 있다. 이 사진에는 하지에 떠오르는 태양의 모습이 담겨 있다.

다. 쇼우꼬 씨는 고인돌 사이로 떠오르고 지는 태양을 바라보며 깊은 감동을 받았으며, 스마트폰으로 그 장면을 열정적으로 촬영했다. 그녀는 수천 년 만에 선사인들이 하지 일출과 동지 일몰에 맞춰 축조한 강화도 부근리 고인돌의 신비로운 진실을 최초로 촬영한 사람이었다.

이처럼 그녀가 촬영한 부근리 고인돌의 하지 일출과 동지 일몰 장면은 특정 절기에 맞춰 축조된 고인돌의 천문학적 의미를 직접적으로 증명하는 귀중한 자료가 되었다. 본 연구자는 강화도까지 가지 않아도, 친구의 도움으로 자신의 이론을 검증할 수 있었고, 고인돌이 단순한 무덤이 아니라 천문대를 기반으로 한 천제단이라는 가설을 보다 확신하게 되었다.

고인돌을 통해 우리는 선사시대 인류의 지혜와 자연에 대한 깊은 이해를 엿볼수 있으며, 천문학적 관측을 통해 삶을 영위했던 그들의 문화와 문명을 많은 분들의 도움으로 재발견할 수 있었다.

강화 부근리 천문대 고인돌

강화 부근리고인돌은 전북 고창과 전남 화순의 고인돌과 함께 세계문화유산으로 지정된 선사시대의 거석 유적이다. 고인돌은 선사시대의 무덤으로 널리 알려져 있지만, 대부분의 사람들은 그 외의 기능에 대해 잘 이해하지 못한다. 일반 대중은 고인돌이 세계문화유산으로 지정된 것에 관심을 가질 수 있지만, 실제로는 그저 크고 무거운 돌을 힘겹게 만들어 놓은 선사시대의 유물 정도로 여겨지는 경우가 많다.

부근리고인돌과 태양과의 연관성을 확인하기 위해 강화역사박물관의 도움으로 부근리고인돌의 실측도를 확인했다. 이를 통해 부근리고인돌의 굄돌 통로 방위각이 동북의 60°와 서남의 240°로 확인되었으며, 오차는 약 3° 내외였다. 동북 60° 방향으로는 숭뢰저수지까지 낮은 구릉이 발달해 있으며, 서남 240° 방향으로는 넓은 평야가 펼쳐져 있다. 동북 60° 방향은 하짓날 아침 해가 떠오르는 해돋이 지

강화 부근리고인돌 하지 일출
강화 부근리 고인돌은 하지 일출 장면을 담은 것으로, 오전 8시경의 일출하는 모습을 포착했다. 이날 날씨
가 좋지 않아 하짓날 일출 시간에 맞추지 못했으나, 정확하게 고인돌의 정면으로 붉은 기운의 태양 빛이 들
어왔다고 쇼우꼬 씨는 말했다.(사진 사가 쇼우꼬)

점이며, 서남 240° 방향은 밤이 가장 긴 동짓날의 해넘이 지점이다. 하짓날은 낮의
길이가 가장 긴 날로, 장마와 가뭄에 대비해야 하므로 농사와 관련해 중요한 시점
이었고, 조상들은 이 시기에 기우제를 지냈다. 청동기시대 선사인들은 하늘에 비
를 내려 풍년을 기원하는 기우제와 같은 공동 제사를 지냈을 가능성이 크다.

특히, 부근리고인돌에서는 하짓날의 일출 방향에 일직선으로 두 기의 고인돌이
더 놓여 있는 것이 확인되었다. 이는 고인돌의 배치가 하지 일출과 동지 일몰의 천
문적 방향에 맞춰져 있다는 중요한 증거이다. 이처럼 고인돌과 고인돌을 특정 방
향으로 일직선으로 배치하는 것은 고인돌의 천문 지리적 배치에서 중요한 특징

강화 부근리고인돌 동지 일몰(사가 쇼우꼬씨 제공)

중 하나이다.

　강화 부근리 일대는 동서로 넓은 들과 해안을 끼고 있으며, 북쪽으로는 높은 산이 북서 계절풍을 막아주어 인간이 거주하기에 유리한 자연조건을 갖춘 지역이다. 그러나 강화도는 섬이기 때문에 바다 근처의 간석지와 같은 넓은 습지를 점진적으로 개발하여 농토로 만들었다. 이러한 농토는 비가 충분히 내리지 않으면 염분 피해를 입을 수 있으며, 이로 인해 벼가 고사하게 된다. 즉, 바다를 면한 논에서는 무엇보다 물이 중요하며, 모내기할 때 비가 오지 않으면 간석지로 개간한 논은 염분이 지표로 올라와 큰 피해를 입게 된다. 대부분 천수답인 강화도의 논은 하짓날 전후로 비가 내리지 않으면 매년 염분 피해를 입을 확률이 높다. 따라서 부족민들은 비가 오지 않으면 기우제를 지내어 가뭄을 극복하려 했을 것이다. 이러한 배경에서 부근리고인돌은 하짓날 해돋이 지점인 60° 방향으로 배치되었을 가능성이 크며, 규모도 강화도에서 가장 크고 형식도 특이하게 만들어졌을 것이다.

　고인돌의 특정 방향 배치는 지역의 지형이나 기후 환경과 밀접한 관련이 있다. 고창 고인돌을 축조한 선사인들은 고창 동부 산간에 발달한 하천의 충적지를 주거지로 선택했기 때문에 강화도보다 가뭄과 염분 피해가 적었다. 가뭄에 의한 피해가 적었기에 하지보다는 춘분과 추분, 혹은 새해인 동지를 더 중요시했을 가능성이 있다. 이는 고인돌의 축조 방향에도 영향을 미쳤을 것이다. 고창 도산리고인돌 주변은 고수천과 고창천의 범람으로 만들어진 충적지로, 물이 풍부하고 염분 피해를 거의 받지 않는 지역이다. 이 지역에서는 논의 물관리만 잘하면 벼농사가 수월했기 때문에 하짓날 기우제를 지낼 횟수가 상대적으로 적었다. 그렇기 때문에 도산리의 선사인들은 일 년 농사를 준비하는 춘분과 첫 수확물을 하늘에 올리는 추분을 중요시했을 가능성이 크다. 이 자연환경은 도산리고인돌의 축조에 영향을 미쳤으며, 춘분과 추분의 일출과 일몰 지점인 동서 방향으로 통로를 배치했을 것이다.

　부근리고인돌의 굄돌이 가리키는 60°는 양의 기운이 가장 강하게 흐르는 하짓

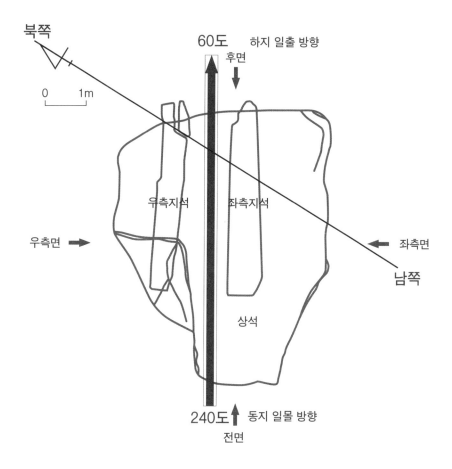

북쪽

0   1m

60도   하지 일출 방향
후면

우측지석   좌측지석

우측면 ➡   ⬅ 좌측면

남쪽

상석

240도 ⬆ 동지 일몰 방향
전면

강화 부근리고인돌의 실측도와 방위각
부근리 고인돌의 굄돌은 수천 년의 세월이 흐르면서 약간 기울어져 본래의 방향성을 일부 잃었다. 그러나
강화역사박물관의 실측도를 통해 이 고인돌의 원래 방향을 확인한 결과, 하지 일출 방향인 60도와 동지 일
몰 방향인 240도에 정렬되어 있음을 알 수 있다.

날 일출 방향이고, 반대인 240°는 음의 기운이 가장 강하게 흐르는 동짓날 일몰 지
점이다. 동짓날의 시작은 동남의 120°에서 떠오르는 태양이지만, 부근리고인돌의
굄돌 통로는 그 반대인 240°로 향하고 있다. 이는 동짓날의 해맞이와는 관련이 적
고, 오히려 동지 전날, 한 해를 마무리하는 해넘이 축제와 깊은 관련이 있다.

또한, 동북아시아의 샤머니즘에서 서남쪽인 240°는 죽음과 연관된 서향으로, 이승과 저승은 그 반대의 개념으로 구분되기도 했다. 따라서 부근리고인돌이 향하는 동짓날 해넘이 지점은 단순히 해가 지는 방향을 넘어서, 저승과 이승의 경계를 연결하는 중요한 의미를 지닌 것으로도 볼 수 있다. 이는 부근리고인돌이 가진 형태와 배치가 하짓날 해돋이와 동지 해넘이의 천제단 성격을 반영하는 것으로 해석될 수 있다.

특히 부근리고인돌의 형태가 마치 새가 나는 모습을 닮았다는 점에서, 새를 신으로 모시는 선사인들의 사상이나 철학을 엿볼 수 있다. 대체로 새는 하늘을 나는 존재로서 신과 인간, 지상과 하늘, 자연과 인간 사이의 중재자 역할을 하는 것으로 여겨졌다. 부근리고인돌은 하짓날 기우제와 풍년을 기원하는 천제단으로서의 역할뿐만 아니라, 신과 인간, 하늘과 땅을 연결하는 중요한 매개체로 기능했다. 동짓날 해넘이 축제의 중심에 위치한 부근리고인돌은, 이승과 저승을 잇는 영적인 공간으로서, 조상신과의 교감을 위한 중요한 장소였을 것이다.

하지 기우제와 가평리고인돌

고창 가평은 고려시대에 갑향(甲鄕)이라 불리다가 가평(加平)으로 이름이 바뀌었고, 조선시대에는 갑향원이 존재했던 곳이다. 인근 원동의 '원(院)' 터는 갑향원과 관계가 있는 지명으로, 주변에는 향교리의 지장 터와 장승백이 등의 지명이 전해지고 있다. 이 지역은 고려사 악지에 나오는 백제가요 중 하나인 방등산가에 등장하는 장일현의 치소(治所)였을 가능성도 있다.

백제시대 이전의 유물로 청동기시대의 고인돌이 가평에 존재한다. 갑평리고인돌은 가평 마을 내 도동사와 마을회관 앞에 위치하고 있다. 과거 가평 마을에는 많은 고인돌이 있었으나, 대부분 파괴되어 그 흔적을 찾을 수 없다. 도동사 내 방호정사 뒤에 있는 고인돌은 기반식으로 굄돌 5개가 모서리를 받치고 있으며, 고인돌의 크기는 장축 350㎝, 단축 290㎝, 두께 90㎝이다. 이 고인돌의 덮개돌의 장축은 지표면에서 60°와 240° 방향을 향하고 있다. 도동사 담장으로 사용된 고인돌도 동일한 방위각을 가진다.

특히 60° 방향은 하지의 일출 지점이고, 그 반대편인 240°는 동지의 일몰 지점이다. 양의 기운이 가장 충만한 하짓날은 농경과 깊은 연관이 있다. 예전 농촌에서는 수리시설이 발달하지 않아 하짓날 전후로 비가 오지 않으면 기우제를 지냈다. 가평 마을 역시 옛날부터 비가 오지 않으면 주민 중 한 명을 제관으로 삼아 살아 있는 돼지를 용추폭포의 물속에 던져 비구름을 불러일으키는 기우제를 지냈다고 한다.

기우제는 주로 가뭄을 해결하고 풍년을 기원하기 위한 전통적인 의식으로, 비가 오지 않아 농작물이 자라지 않을 때 하늘에 비를 내려달라고 기원하는 제사이다. 주로 농업

가평고인돌과 하지 일출 방향(고창 신림)
가평리 고인돌은 장축 전면이 동북 방향의 산봉우리 사이 낮은 능선을 향하고 있으며, 그 능선 위로 떠오르는 하짓날 태양을 맞이한다.

사회에서 중요한 의례였으며, 기우제를 통해 마을 사람들은 자연과의 조화를 기원하고, 하늘의 도움을 받으려 했다. 기우제는 전통적으로 음력 4월에서 7월 사이, 특히 하지 전후로 많이 진행되었다. 하지(양력 6월 21일 전후)는 낮의 길이가 가장 길고, 농업 활동에 중요한 시기로, 이 시기에 비가 오지 않으면 농사에 큰 영향을 미쳤기 때문에, 농민들은 기우제를 통해 비를 청하며 농사의 순조로운 진행을 기원했다.

기우제는 단순히 비를 기원하는 의식만이 아니라, 풍년을 기원하고 마을 공동체의 안녕과 번영을 위한 중요한 행사였다.

이 가평 마을의 기우제는 농경이 활발했던 고인돌시대부터 이어져 온 오랜 풍습 중 하나이다. 기우제의 전통은 고조선의 개국 신화에서도 등장한다. 환웅이 하늘에서 내려올 때 풍백(風伯), 우사(雨師), 운사(雲師)를 거느렸다는 기록이 있다. 이러한 기우제는 우리 민족의 역사 시작부터 음력 4월에서 7월 사이에 지내는 중요한 연중행사였으며, 정월 대보름에 행해진 줄다리기도 농사철의 비구름을 기대하는 의례였다. 줄다리기에서 이긴 편에 강우와 풍년이 들 것이라고 믿었고, 줄은 마을의 수호신인 당산에 감쌌다.

한편, 마을회관 앞의 고인돌은 조금 움직였으나 크게 이동한 흔적은 없는 것으로 보인다. 이 고인돌은 밤과 낮의 길이가 같은 춘추분의 일출과 일몰을 향하고 있으며, 덮개돌 위에는 별자리로 보이는 바위 구멍도 있다. 춘분과 추분의 일출과 일몰은 정동과 정서 방위에 해당하며, 주변에 산이 높으면 일출은 95~100°, 일몰은 270°에서 볼 수 있다. 춘분과 추분을 향한 고인돌 배치는 어느 지역에서나 보이는 일반적인 패턴이다.

가평고인돌 중 굄돌이 있는 도동사 내의 기반식 고인돌과 담장으로 사용된 고인돌이 60°로 맞춰 축조된 것은 가평의 자연환경을 반영한 것이다. 가평은 방장산 아래 넓은 충적지가 발달해 있어 들이 넓고 물이 풍부한 것처럼 보이지만, 실제로는 물이 부족한 지역이다. 특히, 토양이 하천의 상류 지역 계곡 입구에 발달해 있어 사질토가 많고, 돌들이 많아 방장산의 골짜기에서 흘러내려오는 물이 지하로 스며든다. 이로 인해 가평 마을은 사용할 수 있는 물이 많지 않다. 이런 지형은 농사철 물 부족 문제를 야기하는데, 가평에서 하지와 관련된 고인돌이 두 기나 있는 것은 이러한 물 부족 문제를 반영한 것으로 보인다.

하지 일출과 관련된 고인돌 두 기와 다른 한 기에 새겨진 바위 구멍은 농경과 밀접한 관계가 있다. 하짓날 전후로 논에 볍씨를 뿌리고 비가 충분히 내려야 벼가 잘

용추골 거대 고인돌(고창 신림)
이처럼 거대한 규모의 바위는 일반적으로 고인돌로 인정되지 않는 경향이 있다. 그러나 이 바위가 선사시대의 거석인지 여부는 주변 지형과의 관계를 분석하면 해석할 수 있다.

자라는데, 만약 하짓날 전후로 비가 오지 않으면 농사는 망치게 된다. 따라서 선사시대 가평 주민들은 하짓날 떠오르는 태양을 맞이하는 고인돌 앞이나 위에 제물을 준비해 기우제를 드렸을 가능성이 높다. 또한, 밤에 떠오르는 별들을 보고 그해 풍년과 흉년을 점쳤을 것이다. 이러한 행위들이 고인돌 장축의 방위각과 풍흉을 점치던 별자리를 나타내는 바위 구멍에 반영된 것으로 볼 수 있다.

옛날 가평 마을은 넓은 농경지에 비해 물이 턱없이 부족했기 때문에, 하짓날 비가 오지 않으면 농사가 불가능한 곳이었다. 그래서 근래까지도 주민들은 하짓날에 정성껏 준비한 제물로 기우제를 드렸다. 가평고인돌은 이러한 가평 마을의 자연환경을 반영한 선사인의 신앙을 나타내는 것이지, 결코 무덤이 아니었다.

죽림리 고인돌의 하지 일출과 동지 일몰

고창의 세계문화유산인 죽림리와 상갑리 고인돌 군은 대부분 청동기시대의 대표적인 선사시대 무덤으로 알려져 있으며, 442기의 고인돌이 밀집하여 분포하고 있다. 특히 죽림리고인돌 제3코스인 죽림리 산 62번지의 가장 남서쪽 가장자리에는 다른 고인돌들과는 다른 형식의 바둑판식 고인돌 한 기가 존재한다. 이 고인돌의 덮개돌은 네모난 방형이며, 굄돌은 덮개돌의 모서리 끝부분에 한 개씩 총 4개가 괴어 있다. 고인돌 덮개돌의 크기는 장축과 단축이 약 250㎝ 전후이고, 굄돌의 높이는 약 50~60㎝ 정도이다. 덮개돌의 모양이 일정한 사각형이 아니어서 바라보는 각도에 따라 약간의 오차가 있지만, 남서쪽은 240°, 북동쪽은 60°, 남동쪽은 150°, 북서쪽은 330° 방향이다. 즉, 고인돌 덮개돌의 방향은 남서-북동과 남동-북서 방향으로 축조되었으며, 고인돌의 전면과 후면 또는 측면은 사람에 따라 다르게 해석될 수 있어 다양한 접근을 통해 이해되어야 한다. 특히 고인돌이 배치된 산의 흐름은 고인돌 배치의 좌향(坐向)을 결정하는 중요한 요인이다. 또한, 네 개의 굄돌과 고인돌 덮개돌의 모양을 통해 선사인들이 고인돌을 어느 방향으로 축조했는지 확인할 수 있다.

고인돌이 향하는 방향을 알아내는 첫 번째 방법은 '배산임수(背山臨水)' 원리를 적용하는 것이다. 즉, 고인돌이 산을 등지고 물을 바라보도록 배치하는 원리이다. 또한 '전저후고(前低後高)' 원리, 즉 전면이 낮고 후면이 높은 구조도 중요한 원리로 작용한다. 죽림리 2202번 고인돌은 성틀봉의 남동쪽에 위치하고, 전면에는 고창천이 흐르고 있다. 이를 적용하면 죽림리 2202번 고인돌의 전면은 남서쪽과 남동쪽으로 압축된다. 두 번째 방법은 굄돌을 통해 확인하는 방법이다. 덮개돌의 굄돌은 남서쪽, 북동쪽, 남동쪽, 북서쪽의 네 끝자락에 놓여 있다. 이 네 개의 굄돌은 남서-북동과 남동-북서 방향으로 일렬로 세워져 있다. 즉, 남서와 북동 방향의 두 개 굄돌과 남동과 북서 방향의 두 개 굄돌이 일렬로 일치하여, 고인돌이 어느 방향을 향해 배치되었는지 정확히 확인할 수 있다. 이를 통해 고인돌의 통로가 남서-

북동 또는 남동-북서 방향으로 향하고 있음을 알 수 있다.

  세 번째 방법은 덮개돌의 모양이나 형태를 분석하는 것이다. 죽림리 2202번 고인돌의 덮개돌은 자연석을 거의 다듬지 않고 그대로 옮겨왔기 때문에 사각형 모양을 띠지 않지만, 남동쪽과 북동쪽 측면은 길게 발달한 암석의 절리를 따라 떼어내어 수직의 평평한 면을 이루고 있다. 그러나 북동쪽은 절리가 짧게 끊어진 면으로, 모서리처럼 불규칙하게 튀어나온 형태를 보인다. 반면 남서쪽 면은 화산재가 층층이 쌓인 응회암을 약간 둥그렇게 다듬어 뚝 튀어나온 형태로, 이를 전면으로 하여 240° 남서쪽을 바라보도록 배치된 것으로 추정된다. 또한 240° 반대 방향인 60°는 중요한 방위로, 이 방위는 하지인 6월 23일 전후에 태양이 고창읍 신월리의

하지 일출의 죽림리 2202호 고인돌(고창 세계문화유산 지역)
하짓날 떠오르는 태양을 향해 축조된 고인돌로, 동짓날 일몰 방향은 그 반대 방향에 위치한다.

동지 일몰의 죽림리 2202호 고인돌(고창 죽림)
하지 일출과 동지 일몰 방향은 서로 반대 방향이다. 이 고인돌은 네 개의 굄돌을 가지고 있으며, 굄돌의 방향성은 하지 일출과 동지 일몰 방향으로 배치되어 있다.

회동모텡이에서 떠오르는 일출 지점을 향하고 있다.

고인돌이 240° 방향, 즉 동짓날의 일몰 지점을 향하게 배치된 이유에 대해 생각해 보면, 이는 우연의 일치보다는 선사인들의 의도적인 축조가 반영된 결과라고 할 수 있다. 선사인들이 고인돌을 240° 방향에 맞춰 축조한 것은 단순한 방향성보다는 문화적, 종교적 신념과 밀접하게 관련이 있을 가능성이 크다. 특히, 이 방향이 동짓날 전후의 일몰 지점을 가리킨다는 점에서 그 의미가 더 깊다.

고인돌을 240° 방향에 맞추어 배치한 것은 저승과의 관계를 염두에 둔 선택이었을 수 있다. 고대 북방 민족들, 특히 퉁구스 계열의 민족들은 문을 북쪽으로 두면 죽은 자가 찾아와 가족을 괴롭힐 것이라 믿었다. 이들은 서쪽을 죽은 자들에게 제물을 드리는 방향으로 여겼고, 지상의 겨울과 저승의 여름은 반대의 관계라 믿었다. 즉, 서쪽 방향은 죽은 자들을 기리기 위한 제사를 지내는 장소였고, 240° 방향인 동짓날의 일몰 지점은 저승의 겨울과 관련이 있으며, 이 방향으로 고인돌을 배치함으로써 저승의 계절과 시간을 반영했다고 추정해 볼 수 있다.

또한, 고인돌의 통로가 하지 일출 지점인 $60°$ 방향을 향하고 있다는 점에서, 이는 동짓날의 탄생을 상징하는 의미가 담겼을 수 있다. 즉, 동짓날은 태양의 기운이 가장 약한 시점이지만 그 후 태양의 기운이 부활하는 시기로 여겨졌으며, 이와 연결된 $60°$ 방향은 저승의 동지, 즉 음의 기운이 지고 양의 기운이 부활하는 탄생의 순간을 의미했다고 해석할 수 있다.

결국, 고인돌의 배치 방향은 선사인들이 저승과의 상징적 관계를 중시하고, 자연의 순환과 계절 변화를 중요한 종교적 표상으로 삼았음을 보여준다. 동짓날 일몰 지점을 향하게 배치된 고인돌은, 단순한 무덤이 아닌, 죽은 자를 기리며 자연과 우주의 흐름을 반영한 의도적인 제단이었음을 시사한다. 즉, 이승과 저승은 선사시대와 고대 민족들의 세계관에서 중요한 개념으로, 물리적 세계와 영적 세계의 대비, 생과 죽음의 순환을 상징했다. 고인돌과 같은 유적을 통해 이들 개념을 문화적으로 반영하며, 죽은 자와 살아 있는 자의 관계를 유지하고, 영혼의 세계와 이승의 세계를 연결하는 역할을 했다. 이승과 저승의 관계는 단순한 사후의 세계를 넘어서, 자연의 순환, 계절의 변화, 영혼의 순례와 연결되어 있었음을 알 수 있다.

동지 해넘이 축제와 조상숭배 고인돌

지친 삶을 살아가는 것은 선사시대나 현대를 막론하고 크게 다르지 않았을 것이다. 일출은 하루의 시작을 알리고, 일몰은 하루를 마무리하는 휴식의 시간이다. 비록 휴식의 시간이 달콤하게 느껴질지라도, 사람들은 다시 떠오를 태양을 기다린다. 비록 내일이 오늘과 마찬가지로 힘들고 고단할 수 있지만, 새로운 태양과 함께 또 다른 희망과 소망을 품을 기회가 찾아오기 때문이다. 이러한 하루의 순환은 일 년의 흐름과도 닮아 있다. 한 해의 마지막 날, 저무는 해를 바라보며 한 해를 정리하고, 새해의 첫날 떠오르는 해를 맞이하며 새로운 시작을 다짐한다. 이처럼 해

도곡리 고인돌의 동지 일몰경(고창 무장)
덮개돌이 삼각형의 고인돌로, 삼각형의 중심 꼭짓점의 축이 동지 일몰 방향에 정확히 일치한다.

넘이와 해맞이는 과거부터 현재까지 이어져 내려오는 희망의 상징이자, 인류 공통의 의례로 자리 잡아 왔다.

현대 사회에서 열리는 해넘이와 해맞이 축제는 매년 12월 31일과 1월 1일, 전국 각지에서 성대하게 펼쳐진다. 고창 구시포, 정동진, 변산반도, 호미곶, 태안반도 등 많은 사람들이 일몰과 일출의 장관을 보기 위해 명소를 찾는다. 마지막 해를 배웅하는 아쉬움과 새해를 맞이하는 설렘이 공존하는 이 시간 동안 다양한 행사들이 열리며, 다사다난했던 한 해를 정리하는 자리가 마련된다. 해넘이와 해맞이는 단순한 관광 행사가 아니라, 한 해의 끝과 시작을 연결하는 의미 깊은 의례이다.

이러한 해넘이와 해맞이의 전통은 선사시대부터 이어져 왔다. 고인돌을 축조하던 선사인들에게도 해넘이와 해맞이는 중요한 축제이자 제의의 순간이었다. 다만, 선사인들에게는 오늘날과 기준이 조금 달랐다. 그들에게 해맞이와 해넘이는 동짓날을 기준으로 이루어졌다. 동지는 어둠에서 벗어나는 전환점으로 여겨졌으며, '지뢰복(地雷復)'이라는 이름으로도 불렸다. '복(復)'이라는 글자 자체가 '돌아온다'

상금리 고인돌의 동지 일몰경(고창 대산)
가오리 모형의 이 고인돌은 그 뾰족한 부분이 동지 일몰을 향해 놓여 있음을 확인
할 수 있다.

혹은 '부활한다'는 의미를 담고 있어, 동지는 죽음에서 삶으로 다시 회귀하는 날로 받아들여졌다.

이날 선사인들은 하늘과 땅, 조상에게 제사를 지내고, 태양이 죽음에서 부활하는 순간을 경축했다. 마을 사람들은 한데 모여 축제를 벌였고, 이를 통해 생명과 광명의 부활을 기원했다. 각지에 동지 일몰 방향으로 배치된 고인돌이 다수 존재하며, 이는 선사인들이 해넘이 축제를 열었던 흔적일 가능성이 크다. 고인돌 덮개돌의 뾰족한 부분이 240~245° 방향으로 놓여 있는 이유가 여기에 있다.

240~245° 방향의 반대편인 하지의 일출 방향으로 고인돌이 뾰족하게 자리 잡고 있다면, 이는 선사인의 농경 철과 깊은 관련이 있을 것이다. 하지만 고창 송암, 무장 도곡리, 대산 상금리의 고인돌은 조금 특별한 형태와 방향성을 지니고 있어 더욱 주목된다.

송암 고인돌은 마치 날카로운 돌도끼를 닮았고, 무장 도곡리 고인돌은 하늘을 향해 나르는 독수리와 같은 기상을 느끼게 한다. 대산 상금리의 고인돌은 단단하고 견고한 오각형으로, 마치 가오리가 유유히 물결을 가르며 나아가는 듯한 형상을 하고 있다. 이 세 고인돌은 각기 다른 형태지만, 모두 중심축이 동북쪽 55~60°와 남서쪽 240~245°를 가리킨다. 그 방향은 하지의 일출과 동지의 일몰을 향한다.

여기서 말하는 중심축은 덮개돌의 전체적인 형상을 기준으로 정해진 것이며, 단순히 길이가 긴 장축을 의미하는 것은 아니다. 송암 고인돌은 장축과 중심축이 일치하지만, 무장 도곡리와 대산 상금리의 고인돌은 장축과 중심축이 다르다.

송암 고인돌은 길고 좁은 직사각형 형태로, 크기는 장축 490㎝, 단축 195㎝, 두께 65㎝에 달한다. 특이하게도 하지 일출 방향의 앞부분은 넓고 평평한데, 반대로 동지 일몰 방향 쪽은 날카롭고 길게 뻗어 있다. 마치 지나온 시간은 차분하고 넉넉하게 품어주되, 다가올 미래는 날카롭고 힘차게 맞이하려는 듯한 모습이다.

대산 상금리 고인돌은 웅장한 오각형으로, 크기는 장축 460㎝, 단축 390㎝, 두께 155㎝이다. 이 고인돌의 덮개돌은 꼭짓점이 남서쪽을 향하고 있으며, 동북쪽은 오각형의 밑변으로 고요하게 자리 잡고 있다. 그 모습은 마치 가오리가 고개를 숙이고 물속으로 힘차게 뛰어드는 순간을 연상케 한다. 네 개의 굄돌이 받치고 있는 이 고인돌은 선사인들이 품은 바람과 희망이 담긴 기념비와도 같아 보인다.

무장 도곡리의 고인돌은 부정형 삼각형으로, 크기는 장축 560㎝, 단축 280㎝, 두께 130㎝에 이른다. 삼각형의 날렵한 꼭짓점은 남서쪽 240~245°를 향해 뻗어 있으며, 반대편인 동북쪽 55~60°는 평평하게 다듬어져 앞뒤가 분명하게 구분된다. 마치 독수리가 날개를 펼쳐 하늘을 나는 듯한 이 고인돌은 선사인의 기개와 자연에 대한 경외심을 고스란히 품고 있다.

몇 기의 동지 일몰 방향으로 놓인 고인돌을 발견하면서, 새로운 해석이 필요하다는 것을 느꼈다. "왜 하지 일출이 아니라 동지 일몰을 향했을까?" 이 질문은 오랫동안 내 마음속에 머물러 있던, 풀리지 않은 수수께끼였다. 그러던 어느 날, 오랜 시간 답사를 함께해온 유기상 박사께서 무심하게 던진 한마디가 이 수수께끼를 풀어주는 실마리가 되었다.

"이 박사! 240~245°면 동지 일몰이지. 그거, 한 해를 마무리하는 해넘이 축제가 아니겠어?"

그 말에 "아, 그럴 수 있겠다. 그동안 왜 해넘이 의례를 떠올리지 못했을까?"라는 생각을 가졌다. 직관이 뛰어난 분들과 현장을 함께 걷다 보면, 수년간 풀리지 않던 고민이 실타래처럼 풀리는 순간들이 있다. 아마도 선사인들은 동지 무렵, 240~245° 방향으로 해가 넘어갈 때 고인돌 앞에 모여 축제를 열었을 것이다. 해가 저무는 순간, 그들은 한 해의 끝자락을 정리하며 저무는 태양을 바라봤을지도 모른다. 그리고 다음 날 동남에서 떠오르는 동지의 태양을 맞이하며 새로운 시작을 축하했을 것이다.

지금도 전국 곳곳에서 해넘이 축제가 열리는 것을 보면, 선사인의 삶과 우리의 삶은 크게 다르지 않다. 다만, 지금의 해넘이 축제는 동지를 한 해의 첫날로 보는 옛 방식과는 시간이 조금 다를 뿐이다. 그러나 한 해의 마지막을 기념한다는 본질

상금리 고인돌(고창 대산)
특이한 형태의 고인돌로, 중심축이 240도 후로 동짓날 일몰 방향에 맞춰져 있다. 이는 한 해를 마무리하는 동짓날 해넘이 축제와 깊은 관련이 있었을 것으로 보인다.

은 선사인과 현대인이 다르지 않다는 것을 느끼게 한다. 240~245°로 뾰족하게 자리 잡은 고인돌의 방향이 동지와 관련 있다는 사실은, 동지를 새해의 시작으로 여겼던 그들의 믿음을 반영하는 듯하다.

그렇다면 "왜 선사인들은 새나 가오리처럼 생긴 돌을 고인돌로 삼았을까?" 가오리처럼 생긴 덮개돌, 새의 날개를 펼친 듯한 고인돌은 단순한 우연이 아닐지도 모른다. 어쩌면 그들은 죽은 자의 영혼이 하늘의 은하수를 건너 저승으로 평화롭게 날아가기를 바랐던 것은 아닐까? 선사인들은 이승과 저승을 하나로 연결된 공간으로 바라보았고, 저승으로 가는 길은 마치 강이나 바다를 건너는 것과 같다고 믿었을 것이다. 은하수를 건너기 위해서는 나는 새가 필요했다.

동북아시아의 샤먼들도 새가 영혼을 저승으로 안내한다고 믿었다. 죽은 자의 혼이 새를 타고 북두칠성이나 북극성으로 간다고 여겼던 것이다. 새는 하늘과 땅

송암 고인돌 동지 일몰경(고창 죽림)
이 고인돌의 장축 방향 꼭지점은 동지 일몰 방향에 맞춰져 있으며, 이날 고인돌의 장축과
동지 일몰이 정확히 일치한다.

을 잇는 다리가 되어 죽은 자의 영혼을 이끌었다. 한국의 신화에서 까마귀가 신성한 존재로 등장하는 것 역시 이러한 믿음의 연장선일 것이다. 단군 신화에서 웅녀가 까마귀의 도움으로 아이를 임신한 것은, 새가 인간의 삶과 신성함을 연결하는 매개자라는 상징성을 보여준다.

이처럼 새는 다양한 신화와 문화에서 중요한 의미를 지닌다. 새는 신의 사자, 영혼의 전달자, 그리고 죽음과 재생을 상징하는 존재로 그려진다. 고인돌 위에 새처럼 생긴 덮개돌을 올린 선사인들은, 저 멀리 하늘과 맞닿은 곳에서 사랑하는 이를 떠나보내며 그들의 영혼이 편안히 저승으로 가기를 기원했을지도 모른다.

결국, 동지 일몰을 향한 고인돌은 한 해를 마무리하고 새로운 해를 맞이하는 축제의 공간이었으며, 조상들의 영혼을 기리는 제단이었다. 고인돌 앞에 서면, 우리는 그들의 삶과 믿음, 그리고 하늘을 향한 염원을 마주하게 된다. 선사인들이 남긴 이 거대한 돌들은, 오랜 세월을 넘어 지금도 우리에게 그들의 이야기를 들려주고 있다.

5) 2지2분의 통합형 및
입하 절기형 고인돌

고인돌에 담긴 태양의 움직임은 단순히 시간의 흐름을 나타내는 것에 그치지 않고, 그 안에 숨겨진 깊고 신비로운 의미들을 지닌다. 일반적으로 고인돌은 동지, 춘분, 하지, 추분과 같은 중요한 절기를 기준으로 하나의 고인돌이 하나의 절기를 표현하는 경우가 많다. 그러나 때때로, 한 고인돌이 여러 절기나 그 이상의 상징적인 의미를 함축하고 있는 경우도 존재한다. 이처럼 고인돌은 단순한 태양의 움직임을 추적하는 도구를 넘어, 진북인 북극성을 향한 방향성까지 담고 있는 경우가 많다. 고인돌은 천제단으로서 특정한 방향성을 지니고 있기도 하지만, 그 방향성 외에도 주변의 자연 환경과 어우러져 독특한 의미를 지닌다.

고인돌 주변의 지형지물과의 관계를 함께 고려하는 과정이 필요하다. 천문학적 방향성과 지형지물 간의 연관성을 분석하는 것은 고인돌의 의미를 보다 깊이 이해하는 데 필수적이다. 이를 통해 고인돌이 단순한 천문학적 지표를 넘어, 지형학적 의미와 풍수지리적 원리까지 내포하고 있음을 알 수 있다. 고인돌의 배치 원리는 후에 풍수지리의 발전에 큰 영향을 미쳤을 것으로 보인다. 즉, 고인돌을 중심으로 하지와 동지의 일출 지점에 해당하는 봉우리나 능선은 풍수지리에서 좌청룡과 우백호의 개념으로, 춘분과 추분의 일출 지점은 안산이나 주작으로, 북쪽의 봉우리는 북현무의 개념으로 발전했을 것으로 추측된다.

이처럼 고인돌이 절기나 천문학적, 지리적 사실을 어느 정도 반영하고 있다는 점은 밝혀졌지만, 그것만으로 고인돌의 의미를 이해했다고 할 수는 없다. 고인돌을 연구할 때는 선사인들에 대한 고정관념을 벗어나, 열린 마음으로 다양한 학문적 접근을 시도해야 한다.

이 절에서는 고인돌 자체가 지닌 2지2분의 개별적인 방향성 외에 다른 절기를 담은 고인돌과 여러 천문학적·지리적 의미가 내포된 고인돌들을 다룬다. 특히 이러한 고인돌들의 덮개돌은 특이한 삼각형이나 부정형의 형태가 많으며, 단순한 형태적 특징을 넘어 일정한 천문·지리적 방향성과 패턴을 반영하고 있다. 즉, 이들 고인돌은 각기 다른 절기나 천문 현상을 동시에 내포하고 있으며, 고인돌의 배치와 형태에서 특정한 규칙성과 연결된 지리적 의미를 드러낸다.

2지2분을 담아 낸 두평리 구암 천문대 고인돌

고창의 고인돌 관리는 세계문화유산으로 지정된 덕분에 다른 지역보다 잘 보존되어 있다. 그러나 아직도 고창 곳곳에는 확인되지 않은 고인돌들이 많고, 특히 동부 산악지대인 영산기맥에는 고인돌이 집중되어 있다. 두평리 일대는 골이 깊고 물이 많으며 들이 넓어, 일찍부터 농경이 발달할 수 있었다. 이러한 환경은 오랫동안 살기에 좋은 조건을 제공했다. 인근 증산에서는 약 5만 2천 년 전의 호남 최고

구암고인돌 천문지리 배치도(고창 고수)
이 고인돌은 삼각형 형태로, 동북쪽 변은 하지 일출 방향을, 동남쪽 변은 동지 일출 방향을 가리키고 있다.
고인돌의 중심은 마을 배후의 봉우리와 정렬되어 있으며, 이 봉우리는 춘분과 추분 때 태양이 떠오르는 지
점이다.

의 중기구석기 유적이 발굴되었으며, 바로 옆 은사리 골에서도 수십 기의 고인돌
이 조사되었다. 그런데, 이렇게 좋은 자연환경을 갖춘 두평리에서는 선사시대의
고인돌이 하나도 발견되지 않았다.

그러나 몇 해 전 구암 마을사를 조사하면서 고인돌이 있다는 사실을 잊고 있
었다. 두평리의 고인돌은 구암마을회관 앞에 두 기가 있다. 이 중에서 큰 고인돌
은 장축 430㎝, 단축 320㎝, 두께 235㎝이며, 남쪽으로 약 7m 떨어진 곳에 장축
300㎝, 단축 170㎝, 두께 100㎝의 작은 고인돌이 있다. 구암마을 사람들은 큰 고인
돌을 '할아버지', 작은 고인돌을 '할머니'라고 부르며 신성시했다. 마을 이름인 구

암은 이 바위의 생김새를 거북이로 보고, '거북 구(龜)'를 썼으나, 후에 한자의 획수가 많고 어려워 아홉 구(九)로 바뀌었다.

이 두 기의 거석 주변에는 자연적으로 이동해 올 만한 채석장이 없어, 인위적으로 옮겨 놓은 것으로 보인다. 아직 발굴 조사나 행정기관의 관리 번호가 부여되지 않았고, 거석의 배치 패턴을 통해 선사시대의 거석문화인 고인돌로 추정된다. 두 고인돌은 남북축으로 연결되어 있으며, 남쪽으로 뾰족한 목형의 소두랑봉(해발고도 450m)과 일직선으로 놓여 있다.

더 놀라운 사실은 큰 고인돌의 형태와 그 속에 담긴 천문학적 비밀이다. 이 고인돌의 천문 지리적 배치는 매우 독특하다. 이 거석은 정삼각형에 가까운 괴형을 하고 있으며, 서쪽 꼭짓점을 중심으로 시간의 표준이 되는 2지2분의 천문 현상을 반영하고 있다. 이 거대한 고인돌을 어떻게 이동시켰는지 뿐만 아니라, 어떻게 이런 완벽한 태양의 움직임을 고인돌 하나로 구현했는지가 더 놀랍다.

고인돌의 서쪽 꼭짓점과 중심을 통과하는 축을 마을 배후의 봉우리와 일치시키면, 이 중심축은 낮과 밤의 길이가 같은 춘분과 추분의 일출 방향을 가리킨다. 또한, 서쪽 꼭짓점에서 동북쪽 변을 따라 꼭짓점까지 연결하면, 낮이 가장 긴 하지의 일출 방향을 나타낸다. 동남쪽 변을 따라 꼭짓점까지 연결하면, 밤이 가장 긴 동지의 일출 방향에 맞춰져 있다. 즉, 서쪽 꼭짓점에서 동남쪽 꼭짓점을 따라 일출하는 동지에서 시작된 새해는, 중심축인 춘분을 지나 동북쪽 꼭짓점까지 도달하면 하지가 되고, 다시 돌아 추분이 되며, 마지막으로 동남쪽에서 해가 뜨면 동지가 된다.

구암고인돌 중 작은 고인돌은 부정형의 직사각형으로, 형태는 마치 거북이가 누워 있는 모습을 닮았다. 이 고인돌의 장축은 남북 방향으로 놓여 있으며, 남쪽으로는 소두랑봉과 일직선을 이룬다. 이는 우연히 굴러온 바위가 아니라, 인근 채석장에서 어렵게 옮겨온 거대한 바위를 선사인들이 의도적으로 배치한 것이다. 특히, 완벽한 2지2분과 남북축의 정렬은 선사인들의 천문 지리적 지식과 창의성을 다시금 떠올리게 한다. 마치 선사인들이 "우연히 놓은 것이 아니라 의도적으로 배치했

소두랑봉 남쪽

북쪽

구암고인돌 남북 방향과 남쪽의 소두랑봉(고창 고수)
두암 고인돌의 뒷면은 남북 방향으로 놓여 있으며, 한 개의 고인돌과 인근에서 가장
높고 뾰족한 소두랑봉을 남북 방향으로 정렬시켰다.

는데 아직도 모르겠니?"라고 묻는 듯하다. 구암마을 회관 앞에 위치한 두 개의 바위는 선사시대의 고인돌로, 천제를 올리는 천문대 역할을 했던 고인돌이었다.

이 고인돌에서는 일 년의 끝을 알리는 해넘이 축제와 새해의 시작을 알리는 해맞이 축제가 열렸을 것이다. 선사인들은 이곳에서 절기를 관측하며, 마을의 안녕과 평안을 기원하고 풍년을 바라는 제천 행사를 성대하게 열었을 것이다.

한편, 법정리인 두평리는 본래 '말치'에서 유래했다고 한다. 유기상 박사에 따르면, '말'은 됫박을 의미하지 않는다. 이는 마한의 '마'나 모로비리의 '모로', 말이, 마니, 모리, 머리처럼 '크거나 높다'는 의미를 담고 있다. 그러나 이후 쓰기 쉬운 한자인 됫박 '두(斗)' 자를 사용해 '두평(斗坪)'으로 변형되었다. 만약 '클 대(大)' 자나 '태(太)' 자를 사용했다면 본래의 깊은 뜻을 더 잘 살릴 수 있었을 것이다. 이처럼 자연과 어울리는 마을의 고인돌이나 지명을 이해할 때마다, 선조들의 인문학적 상상력과 지혜에 감탄하게 된다.

지형과 조화롭게 2지2분을 담은 월림리고인돌

왜 이 고인돌을 이제야 발견했을까? 과거 무장 월림리 마을사를 조사할 때 이 고인돌을 기록하지 않았던 것으로 보아, 그 당시에는 찾지 못했던 고인돌인 듯하다. 이 고인돌은 행정기관의 어느 보고서에도 기록되어 있지 않은 새로운 유적으로, 월림리 죽림 마을에서 두 기를 발견했다. 고인돌은 죽림 마을 모정 옆과 남쪽 논 한가운데 위치하고 있다. 이 고인돌의 위치를 알려주신 분 또한 '이병렬의 고인돌론'을 조금 알고 있었으나, 이 고인돌의 천문지리적 특성을 해석하기에는 어려움이 있었다고 고백하였다. 그러나 이 고인돌의 천문지리적 해석은 의외로 간단했다. 대부분 고인돌의 방향성을 확인할 때, 장축이나 중심축을 어디로 잡아야 할지 고민하는 경우가 많다. 하지만 죽림 마을 논에 있는 고인돌은 삼각형 부채꼴 모양으로, 방향성이 명확했다.

이 고인돌의 앞면은 삼각형 형태이며, 뒷면은 둥근 부채꼴을 띤다. 삼각형의 꼭

월림리고인돌의 천문지리 배치도(고창 무장)
이 고인돌의 동북쪽 변은 좌청룡인 장군봉과, 동남쪽 변은 우백호 능선과 정렬되어 있다. 또한, 중심축은
전면의 방장산을 향하고 있다.

짓점이 서쪽을 향하고, 부채꼴로 펼쳐진 부분이 동쪽으로 향하는 구조다. 이러한
동서 방향 배치는 일반적으로 태양의 일출과 일몰과 관련이 깊다. 나침반을 꺼내
서쪽 삼각형 꼭짓점에서 중심축이자 장축의 방위각을 측정했다. 중심축의 전면에
는 고창의 진산인 방장산의 두우봉이 보이며, 방위각은 약 95°였다. 이어 서쪽 삼
각형 꼭짓점에서 동북쪽 빗변의 방위각을 측정하니 약 60°로, 전면에는 장군봉이
라 불리는 봉우리가 위치해 있었다. 반면, 동남쪽 빗변은 상대적으로 짧았으며, 방
위각은 약 125°로 측정되었고, 전면에는 죽림 마을의 우백호 능선과 일치했다.

  결국, 죽림 마을의 좌청룡에 해당하는 장군봉은 하지 일출 지점과, 우백호 능선
은 동지 일출 지점과 각각 일치했다. 또한, 고인돌의 동북쪽 빗변과 동남쪽 빗변은
이들 봉우리와 능선의 방향과 정확히 부합했다. 이처럼 이 고인돌의 배치는 참으
로 지혜롭고 절묘하다.

  이 고인돌의 덮개돌 중앙에서 단축 중심은 남북 방향으로 정렬되어 있다. 특히

남쪽으로는 뽀족한 봉우리가 우뚝 솟아 있으며, 북쪽에는 모정 옆에 또 다른 고인돌이 위치해 있다. 두 기의 고인돌과 남쪽 봉우리는 일직선을 이루며 배치되어 있는데, 이 직선의 연장선상, 북쪽 밤고개 위에는 북극성이 자리 잡고 있다. 이러한 하지, 춘추분, 동지와 남북 방향을 고려한 배치 구조는 고수 구암리 고인돌과 거의 유사하다. 모정 옆의 고인돌은 마을의 모정을 세우면서 이동된 것으로 보이며, 이로 인해 방향성이 다소 상실된 듯하다. 하지만 두 고인돌 간의 관계는 여전히 고인돌의 천문지리적 원형을 잘 반영하고 있다.

선사인의 정주 공간으로서의 죽림의 고인돌은 특히 중요한 사례이다. 이 마을은 동쪽만 열려 있고, 북쪽과 남쪽 및 서쪽은 구릉이 발달하여 장풍국(藏風局)이 완

월림리고인돌의 천문학 원리(고창 무장)
하나의 고인돌 덮개돌에 많은 천문과 지리의 지식과 지혜가 담겨 있음을 확인할 수 있는 고인돌이다.

월림리고인돌 덮개석의 성혈들(고창 무장)
덮개돌 윗면의 북쪽 끝에 여러 개의 성혈이 새겨 있다.

전한 곳이다. 이 부채꼴의 고인돌은 천문 지리 배치 원리를 담고 있으며, 그 방향에 따라 풍수지리적 개념으로 해석할 수 있다. 동북 방향의 빗변은 하지 일출 방향이며, 그 전면에 있는 장군봉은 풍수에서 좌청룡에 해당한다. 동남 방향의 빗변은 동지 일출 방향이고, 그 전면에 있는 구릉은 우백호로 해석된다. 고인돌의 중심축인 동쪽은 춘분과 추분의 일출 방향으로, 그 전면에 있는 낮은 구릉은 안산으로, 서쪽은 춘분과 추분의 일몰 방향으로, 그 방향에 있는 산봉우리는 주산으로 해석된다. 이 배치는 풍수지리의 기본 원리인 장풍을 반영한 것으로, 고인돌이 위치한 곳은 인간들이 거주하기에 좋은 장소임을 의미한다.

이 고인돌 덮개돌 위에 쌓인 흙과 잡풀을 정리하고 싶은 생각이 들었다. 물통과 바가지, 삽을 준비해 덮개돌 위의 흙과 잡초를 걷어내고, 남은 진흙을 물로 씻어내니 덮개돌 위에 선명한 바위구멍들이 드러났다. 덮개돌 중앙에서 북쪽 끝에는 10개의 바위구멍(성혈)이, 서쪽 끝에는 2개의 바위구멍이 새겨져 있었다. 성혈의 크기와 깊이는 모두 제각각으로, 이는 별들의 밝기나 중요성과 관련이 있었을 가능성이 높다. 선사인들은 밤하늘의 별을 관찰하며, 그들 삶에서 중요한 별자리나 별들을 고인돌의 성혈로 새긴 것으로 보인다. 이러한 차이는 특정 별의 밝기, 크기, 또는 신앙적 중요성을 표현했을 가능성을 시사하며, 이 고인돌의 성혈이 단순한 장식이 아니라 천문학적 또는 종교적 상징을 담고 있었음을 암시한다.

특히 북쪽 끝에 위치한 성혈들은 고인돌의 빗변 끝, 하지 일출 방향의 중간 지점에 해당한다. 하지만 선사인들이 왜 북쪽 끝에 성혈을 새겼는지는 의문이다. 10개의 성혈이 북쪽 끝에서 남쪽의 봉우리를 향한 것일까? 아니면 남쪽 끝에서 북쪽을 바라본 것일까? 성혈의 배치는 북두칠성이나 북극성 주변의 별자리를 나타내는 것으로 보이지 않는다. 오히려 남두육성의 별자리 형상에 가깝다.

고인돌의 방향성과 천문지리적 특성은 비교적 쉽게 확인할 수 있지만, 덮개돌 위의 성혈이 어떤 별자리를 상징하는지는 여전히 난해하고 설레는 작업이다. 대개 성혈은 동남쪽이나 남쪽에 새겨져 농경문화와 관련된 별자리나 신앙적 상징을 나타내는 경향이 있다. 선사인들은 풍년을 기원하며 별자리를 새기고 천제를 올리던 천제단으로 고인돌을 사용했을 가능성이 크다. 그러나 이 고인돌의 성혈은 북쪽 끝에 집중되어 있다. 이 북쪽 끝의 성혈은 북극성을 상징하지 않음에도, 왜 이곳에 새겨졌는지에 대한 해답은 아직 불확실하다. 성혈이 가지는 의미와 이들의 배치가 선사인들의 사유 체계와 어떤 관계를 맺고 있는지에 대해 더 깊은 고민과 탐구가 필요하다.

축제와 풍년을 기원하던 정읍 용계 고인돌

"저 멀리 고갯마루에 해가 걸렸네요. 며칠 후면 태양이 오른쪽으로 이동하고, 저 산봉우리를 넘어 해가 지면 농사를 준비해야 합니다. 초저녁 밥을 먹고 어둑해지면 동남쪽 지평선에 별들이 서서히 떠오르기 시작합니다. 별빛이 맑고 깨끗한 것을 보니, 올해는 농사가 풍년이 들 것 같군요."

동지 일몰 방향

하지 일출 방향

하지 일출 방향의 용계리고인돌(정읍 용계)
이 고인돌의 장축 방향은 하지 일출과 동지 일몰 방향을 따르며, 고인돌들 간의 배치 또한 특정한 방향성을 가진다. 이는 선사인들이 고인돌을 배치할 때 따랐던 원리이다.

약 3,000년 전 정읍시 용계동에 살던 선사인들은 오늘날처럼 시·분·초로 시간을 쪼개어 이해하지는 못했지만, 태양의 일 년 주기는 정확히 파악하고 있었다. 그 흔적이 바로 고인돌이다.

몇 천 년 후 후손들이 현대인들을 미개하게 여길지도 모른다. 한자나 한글 같은 문자조차 그들에게는 낯설고 이해되지 않을 수 있다. 이는 우리가 선사인들이 남긴 텍스트인 고인돌을 온전히 이해하지 못하는 것과 다르지 않다.

텍스트로서의 고인돌은 선사인들의 언어와 사고체계를 담은 복합적인 구조물이다. 고인돌은 경외와 찬탄의 대상이 아니라, 현대인이 적극적으로 분석하고 해석해야 할 지적 유산이다.

풍년이 들지, 흉년이 들지는 선사인들도, 현대인들도 알 수 없다. 그들이 의지한 대상은 하늘, 그리고 그 중심에 있는 태양이었다. 한 해 농사의 성패는 인간의 의지와 노력을 넘어선 일이었다. 현대인은 기상청의 슈퍼컴퓨터와 기계에 의존하지만, 고대인은 천체에 기대었다. 고인돌은 시간을 보존하는 가장 확실한 방법이었다.

일반적으로 마을 인근에 위치한 5기 전후의 고인돌 군은 동지, 춘추분, 하지의 해돋이 지점을 기준으로 배치되었다.

정읍시 용계마을 배후의 구릉에는 세 기의 고인돌이 있다. 안내판이 없어 찾기 쉽지 않지만, 주민에게 물으면 마을 뒤 소나무 숲에 있다고 알려준다. 이 고인돌 군은 마을과 가까운 곳에 위치해 제단으로 사용되었을 가능성이 높다. 구릉은 주변보다 높은 지형으로, 태양이나 별을 관찰하기에 유리한 조건을 제공한다.

이 고인돌 중 가장 작은 고인돌은 덮개돌의 장축이 60°와 240° 방위각으로 배치되어 있고, 옆의 조금 큰 고인돌은 40°와 220° 방위각으로 배치되었다. 이곳에서 약 10m 떨어진 대

동지 일출 방향의 용계리고인돌(정읍 용계)
용계리고인돌 중 이 고인돌이 가장 크고, 장축이 동지 일출과 하지 일몰의 뚜렷한 방향성을 가지고 있는 고인돌이다.

나무 숲에는 가장 큰 고인돌이 있는데, 그 덮개돌의 장축은 130°와 310°로 측정되었다. 이 세 기의 고인돌의 방위각은 인근지역의 고인돌과 유사한 배치 패턴을 보인다. 60°와 240°는 하지 일출과 동지 일몰 지점, 40°와 220°는 자정에 가장 많은 별이 빛나는 지점을 나타낸다. 고창 강촌, 오룡, 계양 마을에서도 이 방위각으로 배치된 고인돌 덮개돌에 하짓날 관측한 별자리를 새겨 놓은 흔적이 발견된다. 한편, 130°는 동지 해돋이 방향을 가리킨다.

220° 방향의 용계리고인돌(정읍 용계)
용계리 고인돌의 장축 방향은 전형적인 별자리 관측 패턴의 방향인 40-220도로 놓여 있다.

덮개돌의 크기에도 의미가 있었을 것이다. 가장 큰 고인돌은 130°의 동지 해돋이 방향을 향하고 있으며, 다음은 220° 자정의 밤하늘 방향을, 가장 작은 고인돌은 60° 하지 해돋이 방향을 가리킨다. 이는 정읍 용계의 선사인들이 새해의 시작인 동짓날을 가장 중요하게 여겼음을 보여준다. 이어 하짓날에는 별자리를 관측하며 풍년을 기원하고 점술을 보았을 것이며, 가뭄을 대비해 기우제를 지냈을 가능성이 크다.

정읍천의 넓은 충적지가 발달한 이 지역은 농경에 적합했지만 물을 끌어올 기술이 부족하니 늘 물이 부족했을 것이고, 가뭄이 드니 기우제가 매년 필요했을 것이다. 정읍 용계 고인돌 군은 청동기시대 선사인들의 전형적인 천문 관측 유적으로, 무덤이 아닌 하늘과 시간, 농경에 얽힌 의식이 중심이었다

춘분 추분의 일출 방향

춘분 추분의 일몰 방향

춘추분 방향의 한국 최대 길이의 흑암고인돌(정읍 흑암)
용계리 고인돌 인근에 있는 한국에서 가장 긴 고인돌로 알려진 약 8.5m의 정읍 흑암고인돌은 장축이 춘분과 추분의 일출 및 일몰 방향에 맞춰 배치되어 있다.

고인돌 속에 담긴 꽃샘추위와 천제

고인돌이 축조되던 사회는 이미 수렵과 채집의 경제를 넘어 농경 중심의 경제 체제로 전환된 상태였다. 특히 신석기시대 이후, 하천 주변의 충적지를 개간하고 물을 공급받는 수전 경작이 도입되면서 대량의 식량 생산이 가능해졌고, 이는 청동기시대에 더욱 발전했다. 당시 농경의 분석과 이해는 청동기시대 고인돌의 의미를 파악하는 데 중요한 단서를 제공한다. 선사인들이 풍년을 염원하며 생존을 도모한 노력은 밤낮으로 천문을 관측하며 축적한 지식에서 비롯되었고, 그 결과물이 바로 고인돌이었다.

인류가 하늘을 이해하는 것은 예나 지금이나 필수적이고 중요한 과제였다. 수렵과 채집 경제에서는 기후와 기상 정보가 생존을 좌우했으며, 농경사회로 전환되면서 이러한 정보의 중요성은 더욱 커졌다. 정착 생활을 영위하는 사람들에게 농경과 기후는 곧 생명과 직결된 문제였다. 이 시기의 주요 농작물은 조, 피, 수수, 옥수수와 같은 밭작물로, 몇 년간 경작하면 땅의 지력이 고갈되어 선사인들은 새로운 경작지를 찾아 이동해야 했다.

한편, 특정 장소의 계절과 절기를 구분하는 기후는 농경의 시작과 끝을 결정짓는 중요한 요소였다. 2월에서 4월까지, 봄으로 접어드는 시기에 차고 건조한 시베리아 기단이 후퇴하며 기온이 상승했지만, 이 사실만으로 씨를 뿌리는 것은 이르다. 기온 상승과 파종 시기는 별개의 문제였다. 한반도 봄철에 자주 나타나는 이상 기후 현상인 꽃샘추위 때문이다. 이 현상은 아침 최저기온이 0도 이하로 내려가거나 직전보다 5~10°C가량 낮아지는 갑작스러운 기온 변화를 말한다. 꽃샘추위는 때로는 5월 말까지도 이어지며 서리가 내리거나 얼음이 어는 등 농작물에 심각한 동해 피해를 입히기도 한다. 이로 인해 작물이 고사하거나 개화 시기가 늦춰져 수확량에 큰 영향을 미친다. 이러한 꽃샘추위에 대한 이해 없이는 안정적인 농경을 기대하기 어렵다.

선사인들에게 기후와 기상의 이해는 생존 그 자체였다. 매일 변하는 날씨인 기상은 단기적으로 확인해야 할 정보였지만, 매년 축적된 기상의 통계인 기후는 농사와 직결된 최상의 정보였다. 고인돌의 배치와 방향성에서도 이러한 기후와 절기의 중요성이 드러난다. 고인돌에서 흔히 보이는 절기의 패턴 중 하나가 입하(立夏)이다.

입하는 24절기 중 하나로, 양력으로는 대략 5월 5~7일에 해당하며, 봄에서 여름으로 넘어가는 시기를 의미한다. 이 시기를 전후로 평균 기온이 크게 상승하며, 낮과 밤의 일교차가 줄어들기 시작한다. 이는 여름의 기운이 점점 강해지는 신호이다. 날씨가 따뜻해지면서 초목이 무성해지고, 농업 활동이 본격적으로 활발해지는 시기이다. 지역에 따라 다르지만, 입하 이후 강수량이 증가하기 시작하며, 봄철 꽃들이 지고, 여름철 식물들이 자라나며 녹음이 짙어진다.

입하 방향의 평지리고인돌과 봉화산(고창 해리)
고인돌의 장축과 통로 정면으로 봉화산의 산봉우리가 일치한다.

이 시기에는 개구리의 짝짓기 울음소리가 들판에 울려 퍼지며 자연이 생명력을 발산하는 때이다. 본격적인 파종과 모내기가 이루어지는 시기로, 농민들에게는 중요한 절기이다. 입하는 전통적으로 여름의 시작을 알리는 시점으로, 날씨가 안정적이면서도 따뜻한 기운이 도드라지는 것이 특징이다.

고인돌의 입하 방향성은 주로 장축이나 통로가 $80°~260°$로 놓인 경우이다. 떠오르는 태양을 직접 바라보며 선사인들은 풍년을 기원하는 천제를 드리고 농경의 시작을 알렸을 것이다. 이처럼 고인돌에는 선사인들의 삶과 직결된 다양한 천문 정보가 담겨 있으며, 이는 현대인들이 아직 다 이해하지 못한 선사시대의 깊은 지혜를 반영하고 있다.

풍수지리의 입지론을 따른 담양 영천리고인돌

2003년 한국정신과학회지에 발표한 본 연구자의 "고인돌시대 한반도 자생 풍수

입지" 논문에서는 고인돌 덮개돌과 굄돌의 방향성이 가지는 중요성을 충분히 고려하지 않았다. 이는 당시 고인돌 연구자들 역시 마찬가지였으며, 오늘날에도 고인돌 방향성에 대한 연구는 여전히 미흡한 실정이다.

한편, 전면이 낮고 후면이 높은 전저후고(前低後高) 지형에서 고인돌은 자연스럽게 앞면이 낮은 방향으로 축조되었다. 대부분의 고인돌은 뒤에 산이 있고, 앞에 하천이 있는 배산임수(背山臨水)의 이상적인 입지에 자리 잡았다. 이는 현대적 관점에서 촌락이나 건축물이 들어설 지형과 일치한다. 그러나 평지에 위치한 고인돌의 경우에는 선사인들이 의도한 특정 방향성을 읽어야 한다.

고인돌의 입지는 배산임수, 전저후고, 전착후관(前窄後寬)과 같은 전통 풍수지리의 기본 지형 개념과 연관된다. 흔히 고인돌 연구자들은 배산임수와 전저후고의 지형에 따라 하천을 따라 고인돌이 설치되었다고 설명한다. 이는 반은 맞고 반은 틀리다. 사실상 어느 지형이든 배산임수와 전저후고의 개념을 적용할 수 있지만, 고인돌은 이러한 풍수지리론의 체계가 등장하기 전에 이미 천체의 움직임을 반영하여 축조된 것이다. 즉, 고인돌은 풍수지리 입지론의 기반이 되었고, 더 나아가 천문학과 지리학의 과학적 체계를 반영한 선사시대의 유산이다.

특히 영천리고인돌은 이러한 원칙을 충실히 따랐으며, 이러한 이상적인 입지에 자리 잡은 고인돌들은 수천 년이 지나도 자연재해에 흔들리지 않고 현재까지 온전히 보존되고 있다.

영천리고인돌은 담양군 무정면 영천리 45-2에 위치하며, 담양 지역에서 가장 규모가 큰 고인돌로 알려져 있다. 이 고인돌은 담양의 233기에 달하는 고인돌 중 하나로, 오래천과 영천 들녘을 바라보는 남북 방향의 구릉지에 축조되었다. 길이 7m, 폭 3.2m, 두께 1.7m에 이르는 직사각형 개석식 고인돌로, 장축 방향이 뚜렷하다. 고인돌의 장축은 125°에서 305°로 배치되었으며, 이 방향은 천체 현상을 기반으로 한 정교한 설계를 보여준다.

125° 방향은 동지 일출 지점인 265m 높이의 산 정상과 일치하며, 반대편인

305° 방향은 하지 일몰 지점으로, 삼인산(575m)의 뾰족한 산세와 연결된다. 덮개돌의 장축은 동지와 하지의 천체 움직임을 정확히 반영하고 있으며, 지형적으로도 125° 방향이 높고 305° 방향이 낮은 특징을 가진다. 이는 선사인들이 천체 현상뿐 아니라 지형의 고저까지 치밀하게 고려했음을 보여준다.

영천리고인돌은 청동기시대 선사인들의 신성한 공간으로, 일반적인 남향이나 동향 배치와는 달리 북서(남동-북서 축)로 놓여 있다. 이는 단순한 배산임수 지형의 원리를 넘어, 동지와 하지의 일출·일몰 지점을 배후와 전방의 봉우리 및 열린 평지에 맞추기 위한 세밀한 의도였다. 특히, 동쪽은 춘분과 추분의 일출을 관찰하기에 적합한 낮은 지형으로 개방되어 있으며, 반대로 서쪽과 남쪽은 크게 열린 공간

영천리고인돌(담양 무정)
이 고인돌의 장축은 동지 일출과 하지 일몰 방향이고, 하지 일몰 방향의 지형이 낮은 것이 특징이다.

이다.

　영천리고인돌은 태양과 별의 움직임을 기반으로 축조되었을 뿐 아니라, 주변 지형을 효과적으로 활용한 사례로 평가된다. 이는 단순한 풍수지리 입지론을 넘어 하늘과 땅의 자연과학적 이해를 반영한 한반도 고유의 자생적 풍수 개념을 담고 있다.

4.
고인돌과 고인돌 간의
천문 지리 해석

"

고인돌의 배치 방향성과 천문학적, 지리적 원리는 고인돌 군 내의 고인돌 간의 관계를 통해 더욱 정교하게 파악될 수 있다. 각 고인돌 간의 방향성과 배열에서 나타나는 천문학적 패턴은 선사시대 사람들이 자연과 우주의 흐름을 어떻게 이해하고 그것을 고인돌에 어떻게 반영했는지를 보여준다. 고인돌 군 내의 연결성과 방향성 분석을 통해 고대 사람들이 천체의 움직임, 절기, 별자리 등을 어떻게 관측하고 그것을 유적에 반영했는지를 알 수 있다. 고인돌 간 배치의 천문학적 원리는 다음과 같다.

첫 번째로 북극성의 방향성이다. 고인돌 군에서 여러 기의 고인돌이 북극성을 향하도록 배치된 경우가 많다. 선사인들은 변하지 않는 북쪽, 즉 북극성을 중요하게 여겼으며, 이를 기준으로 고인돌을 배치한 것이다. 자편각(자북과 진북의 각도 차이)을 이해하는 것이 중요하며, 한반도의 자편각은 약 7.5°이다.

두 번째로 태양의 움직임에 따른 배치이다. 고인돌 간의 배치가 특정 절기, 예를 들어 2지2분의 태양의 움직임에 맞춰 배치된 경우가 있다. 이는 태양의 위치를 확인하기 위한 것으로, 고인돌 간의 배열이 절기와 연관된 중요한 천문 현상을 반영했음을 보여준다.

세 번째로 별자리 관측을 위한 배치이다. 별자리, 특히 160°와 210° 전후의 방향으로 고인돌이 배치된 경우가 많다. 이 방향의 일렬 배치는 주로 남두육성과 같은 별자리를 통해 연중 기상 변화와 풍년을 기원하는 의식과 관련이 있다.

네 번째로 북두칠성과 북극성을 상징화한 배치이다. 북극성으로 추정되는 큰 고인돌을 중심으로, 규모가 작은 고인돌이나 선돌 7개를 북두칠성 모양으로 배치하고, 그 주변으로 3기 이상의 고인돌을 놓아두는 군락을 이루게 하였다. 그리고 그 북두칠성이 원거리의 북극성을 북쪽에 두고 바라보도록 배치한 형태이다. 뿐만 아니라 절대지존의 북극성을 만들고, 그 주위를 북두칠성으로 감싸도록 배치한 모습이다.

다섯 번째로 '송암리형 천문대 고인돌 군'이다. 고인돌 군이 부채꼴 모양으로 배치되어 태양의 움직임을 반영하는 경우이다. 이 배치는 서쪽 끝 고인돌을 중심으로 동북쪽에서 동남쪽으로 배치되며, 그 중간 고인돌들은 북극성을 향하게 배치된다. 이러한 배치는 2지2분의 천문학적 내용이 포함된 복잡한 고인돌 배열을 보여준다.

여섯 번째로 고인돌 군과 주변 지형의 관계이다. 고인돌 군의 위치와 주변 산봉우리, 고개의 지형지세 간의 관계도 중요한 천문학적 해석 요소이다. 산봉우리와 고개의 방위각을 측정하면 2지2분을 비롯한 다양한 천문 현상과의 관련성을 확인할 수 있다.

고인돌 연구에서 중요한 점은 개별 고인돌뿐만 아니라 고인돌 군과 그 주변 자연환경 간의 관계를 종합적으로 분석하는 것이다. 이를 통해 고대 사람들이 천체의 움직임과 계절의 변화를 어떻게 인식하고 그것을 고인돌에 반영했는지를 이해할 수 있다. 이러한 천문학적 원리와 배치 양상은 선사시대의 사람들의 자연관과 우주관을 깊이 있게 반영하고 있으며, 후대에는 더욱 단순화된 형태로 전통을 이어나갔음을 보여준다.

1) 송암리 천문대
고인돌 군

천체의 움직임을 한 곳에 모두 담은 선사시대의 천문대가 있다. 고창의 송암고인돌 군이 그중 하나다. 고인돌이 천체 현상을 반영했다는 사실은 선사인들에게 상식이었다. 그러나 현대인들에게 고인돌은 천문학과 지리적 연관성보다는 단순히 미스터리한 거석문화로 여겨지는 경우가 많다.

이러한 한계 속에서도 박창범 교수의 연구는 주목할 만하다. 그는 고인돌 장축 방향 분포와 덮개돌에 새겨진 홈의 방향성을 분석해, 한국 고인돌 연구에 새로운 지평을 열었다.[7] 선사인들은 그들의 지혜와 지식을 당대뿐만 아니라 후대에까지 전달하려 했다. 그러나 그들의 표현 방식은 문자가 아니었다. 그들은 축적된 지식과 지혜를 누구나 쉽게 이해할 수 있도록 고인돌이라는 상징적 형태로 남겼다. 하지만 오늘날 우리는 그들의 흔적을 제대로 이해하지 못하고 있다.

고인돌의 방향성과 성혈은 태양과 별자리의 움직임을 표현한 것으로 보인다. 이는 농경사회에서 날씨와 풍흉을 예측하거나 풍년을 기원하기 위한 천제단으로 활용되었음을 시사한다.

현재까지 연구한 바에 따르면, 하지와 동지는 $60°$와 $125~130°$ 전후로, 춘추분은 $95°~100°$ 방향으로 고인돌이 배치된 것을 확인했다. 이 방위각은 한반도에서 고인돌의 방향성을 연구하는 데 있어 가장 기본적인 방위각으로 간주된다.

우리가 주목하는 지역은 한반도 서남부 지역이다. 특히 고창 송암고인돌 군은 2지2분이 일출하는 방향과 북극성을 모두 볼 수 있도록 배치된 독특한 천문 지리적 특성을 지니고 있다. 이는 선사시대 사람들이 지구의 공전주기와 별자리의 움직임을 이미 인식하고 있었음을 보여주는 귀중한 고천문 유적이다. 이 지역에는 5기의 고인돌과 작은 바위, 그리고 땅에 묻힌 2기의 바위가 군집해 있다. 물론 땅에 묻힌 바위들도 고인돌로 간주될 수 있다.

고인돌의 배치는 부채꼴 모양으로, 지구를 중심으로 한 천구상의 태양 궤도인

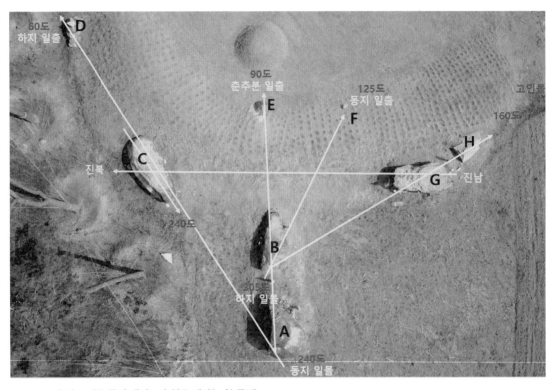

송암 고인돌 군의 배치도와 천문 해석(고창 죽림)
송암 고인돌 군의 배치는 고인돌과 고인돌 간의 관계를 통해 전형적인 2지2분과 남북 방향의 천문 현상을 반영하고 있다. E와 F의 고인돌은 땅에 묻혀 있다.(드론 이승기)

황도의 움직임을 반영하고 있다. 또한, 부채꼴 형태를 횡으로 통과하여 배치된 고인돌과 고인돌을 연결한 방향은 진북인 북극성과 일치한다. 고인돌들의 방향성은 이러한 천문학적 개념을 담고 있으며, 이는 3,000년 전 선사인이 밤과 낮의 길이를 정확히 알고 있었고, 황도의 중심축인 동지·춘추분·하지의 절기와 별자리의 움직임을 농경과 일상생활에 적용해 살았다는 것을 의미한다. 또한 송암고인돌 군은 주위의 봉우리나 고개 등을 향해 절기와 북극성을 정확하게 일치시켰다. 선사인들은 천문 현상과 지형을 적절히 배치하였으며, 이는 당시 동양철학의 근간인 천지인(天地人) 삼재(三才) 개념이 생활 속에 깊이 자리 잡고 있음을 보여준다.

이 고인돌 군의 서쪽 끝에 한 기의 고인돌이 위치하고, 그 바로 위 동쪽으로 두 기의 고인돌이 더 배치되어 있다. 서쪽 끝의 고인돌에서 동북쪽과 동남쪽으로 V자 형태로 고인돌들이 펼쳐져 있다. 이 고인돌들은 서쪽 끝 고인돌에서부터 방향과 거리가 달리 배치되었다. 부채꼴 모양의 가장 서쪽에 위치한 A 고인돌에서 동북쪽 끝자락인 C-D 고인돌에 이르는 방향은 동북쪽 60° 방향이다. A 고인돌에서 중간선에 위치한 B 고인돌과 묻힌 E 고인돌은 동쪽 90° 방향이다. 중간선의 B 고인돌에서 동남쪽 땅에 묻힌 F 고인돌은 125° 방향이다. 이들 고인돌과 바위들의 배치는 하지, 춘추분, 동지의 일출 방향과 동일하다. 물론 90° 방향에 배치된 고인돌들은 원래

북극성 방향의 호암산(고창 죽림)
송암고인돌에서 진북 방향으로 두 기의 고인돌과 호암산 정상을 일렬로 정렬시켰다. 이는 선사인들이 고인돌을 설치할 때 천문을 바탕으로 지리를 결합시켰음을 알 수 있다.

95~100° 사이였던 것으로 보인다. 춘분과 추분의 방향이 90°인 이유는 고인돌 옆의 나무가 자라면서 A와 B 고인돌을 일부 밀어내어 방향이 틀어졌기 때문이다.

더 놀라운 것은, 춘분과 추분의 일출과 일몰 방향이 방장산과 마을의 배후 봉우리를 향해 정확하게 일치한다는 사실이다. 즉, 춘분과 추분의 일출과 일몰 방향을

춘추분 일몰 방향의 마을 주산(고창 죽림)
춘추분의 일몰 방향으로 송암 마을의 주산이 위치해 있으며, 그 주산에서는 춘추분의 일몰 경관을 감상할 수 있다.

따라, 마을의 주산 - A 고인돌 - B 고인돌 - E 고인돌 - 방장산으로 이어지는 일직선이 형성된다. 이는 선사인이 천문학 지식과 지리적 특성을 결합하여 마을과 고인돌을 정교하게 배치한 지혜를 보여준다.

이 고인돌과 바위들 간의 간격은 왼쪽 60° 방향이 가장 길고, 오른쪽 125° 방향이 가장 짧다. 중심인 90° 방향은 60° 방향보다는 짧고, 125° 방향보다는 길게 배치되었다. 고인돌 간의 간격은 낮의 길이가 가장 긴 하지에서 가장 길고, 낮의 길이가 가장 짧은 동지에서 가장 짧다. 밤낮의 길이가 같은 춘분과 추분은 하지보다는 짧고, 동지보다는 길게 배치되었다. 이 간격은 선사인들이 낮의 길이를 어떻게 인식했는지를 나타내는 중요한 지표로 볼 수 있다.

한편, 고인돌의 부채꼴 배치 중심을 가로지르는 두 기의 G와 C 고인돌은 남북 방향에 놓여 있다. G 고인돌 장축이 남북 방향으로 배치되어 있으며, C 고인돌과 연결될 때에도 남북 방향으로 이어진다. 이는 지구 자전축의 진북인 북극성을 향

송암고인돌군의 중심축 고인돌(고창 죽림)

하는 방향과 일치한다. 또한, 북극성의 방향은 호암산의 봉우리와 일치시켰다. 즉, 호암산 위에 북극성을 둔 것과 마찬가지이다.

또한, 부채꼴 배치의 두 번째 고인돌인 B 고인돌에서 동쪽 끝인 G 고인돌과 H 고인돌은 약 160°-340° 방향으로 일직선이다. 이 방향은 인근의 세계 최대 고인돌 유적지인 운곡리고인돌 군, 송암고인돌 군, 그리고 마을 입구의 고인돌들이 일직선으로 이어지는 방향이다. 160° 동남향은 고인돌 방향성에서 가장 자주 나타나는 패턴으로, 이는 해 뜨는 방향과는 다르다. 별의 움직임을 관측하기 위한 것으로 추정된다.

특히 고창 송암고인돌 군은 선사인들의 축적된 천체 지식을 총망라한 한반도 최고의 천문 관측 장소였다. 또한, 동양철학의 근본 사상인 천지인(天地人) 사상이 일상생활 속에서 함께하는 인문과학의 산물이기도 했다.

2) 부안 구암리의 '송암리형 천문대 고인돌 군'

　　　　　　　　부안 하서 구암리고인돌 군은 사적 제103호로 지정된 청동기시대의 유적이다. 이곳에는 원래 13기의 고인돌이 있었으나 현재는 10기만 남아 있다. 구암리고인돌 군에는 굄돌이 8개인 고인돌도 있어, 다른 지역에서 보기 어려운 독특한 형태를 자랑한다.

　고인돌의 천문 현상을 밝히기 위해서는 방위각 측정이 필요하다. 고인돌의 방위각을 측정하는 방법은 여러 가지가 있다. 첫 번째 방법은 고인돌 덮개돌의 장축이나 굄돌의 위치를 확인한 뒤, 장축이나 굄돌 통로의 방위각을 측정하는 것이다. 두 번째 방법은 고인돌 군 안에서 고인돌 간의 연계 방위각을 측정하는 것이다. 세 번째 방법은 인근 고인돌 군과의 방위각 연결을 통해 측정하는 것이다. 구암리고인돌에는 첫 번째와 두 번째 방법이 적용되었다. 이 고인돌 군의 10여 개 고인돌 중, 첫 번째 방법으로 확인된 방위각은 하나만 발견되었다. 즉, 덮개돌의 장축 방향이 지평선의 동지 일출 지점인 125° 전후를 향하고 있다. 그 외에는 하지나 춘추분의 일출 지점으로 향한 고인돌은 보이지 않는다.

　두 번째 방법으로, 고인돌 간 배열을 통한 방위각 측정이 이루어졌다. 이 고인돌 군 중 5기의 고인돌은 두 줄로 나란히 배열되어 있으며, 이 일렬의 고인돌들은 동남쪽 125° 방향으로 나열되어 있다. 125°는 동짓날 해가 일출하는 지점이고, 그 반대 방향은 하짓날 해가 일몰하는 지점이다. 고인돌을 어느 방향을 염두에 두고 일렬로 배치했는지에 대한 기록은 없지만, 동짓날을 새해로 여기고 태양의 부활과 탄생을 기리던 명절로서 동지를 중요시한 점을 고려할 때, 이 일렬 배열의 중심이 동짓날 일출 방향이라고 보는 것이 타당하다. 이 방위각은 여러 고인돌이 밀집해 있는 지역에서 흔히 나타나는 일반적인 패턴이다. 특히 구암리고인돌 군에서는 125° 방향으로 고인돌들이 두 줄로 배열되어 있음을 확인할 수 있다. 이는 선

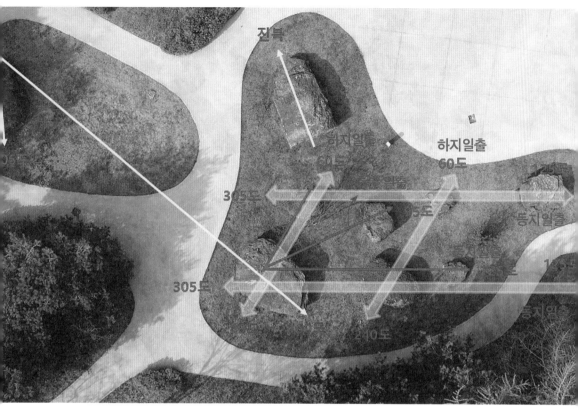

부안 구암리 고인돌 군의 천문 배치도(부안군 제공, 필자 재편집)

사인들이 동짓날을 얼마나 중요한 절기로 여겼는지를 보여준다. 아래 그림에서 동서축으로 길게 두 줄로 연결된 125°와 305° 선은 각각 동짓날 일출 지점과 하짓날 일몰 지점을 나타낸다.

하짓날과 관련된 고인돌들의 배치는 동짓날 고인돌 배열과 교차하는 두 개의 연결선으로 나타낸다. 즉, 60°와 240°의 노란 선이 하지 일출 지점과 동지 일몰 지점이다. 하지 일출은 부안읍의 상소산 서쪽 고성산이며, 춘분과 추분의 일출은 부안읍의 석등산 남쪽이고, 동지 일출은 부안 하서의 명덕산의 북쪽 끝자락과 고부의 두승산 북쪽이다.

한편, 이처럼 고인돌들을 격자모양으로 연결하여 동지와 하지의 일출과 일몰을 나타낸 방식은 인근 지역에서는 볼 수 없는 매우 독특한 사례이다. 이는 선사인들이 이미 태양의 움직임을 이해하고, 1년의 공전 주기를 정확히 인식하고 있었다는 증거이다. 물론 춘분과 추분의 흔적도 있다.

이 고인돌 군의 북쪽 끝에 있는 고인돌의 장축은 진북과 진남을 향하고 있다. 이 덮개돌은 크기가 크고, 장축 길이가 긴 고인돌로, 방위 측정은 덮개돌의 장축을 따라 이루어졌다. 이 고인돌의 방위각은 약 7~8°로 진북을 향하고 있고, 진북 방향으로 약 2.8㎞에 죽산이라 불리는 산과 일치를 시켰다. 남쪽으로 약 4.5㎞ 떨어진 곳에 변산을 모두 조망할 수 있는 우금바위가 있고, 우금바위에 일명 복신굴이라는 큰 굴이 있다. 우금바위를 중심으로 백제부흥전쟁의 주류성이라 불렸던 우금산성이 있는 곳이다. 즉 구암리고인돌을 중심으로 남쪽의 우금바위에서 북쪽의 죽산까지 일직선으로 놓여 있다. 진북은 북극성을 가리키는 방향으로, 고인돌이나 고인돌 군이 진북 방향으로 배치된 사례는 가장 흔하게 나타나는 패턴이다. 지구의 북극점에서 북쪽 하늘로 선을 그리면 만나는 별이 바로 북극성이다.

이곳 고인돌 중에는 덮개돌이 가장 크고, 다리도 8개나 있는 특이한 형태의 고인돌이 있다. 이 고인돌은 주변에서 보면 덮개돌의 형태를 정확히 파악하기 어렵기 때문에 드론을 통해 관찰해야 한다. 아래에서 보면 덮개돌의 크기도 가늠하기 힘들다. 부안군의 도움으로 드론 촬영한 사진을 받았는데, 드론으로 본 덮개돌은 장축과 단축의 차이가 많이 나는 타원형으로, 육각형에 가까운 형태였다. 덮개돌 장축의 방위각은 진북 방향에 가까운 10-190°로, 정면의 산봉우리를 바라보며 놓여 있음을 확인할 수 있다. 이 고인돌과 정면의 산봉우리는 어떤 관계가 있을 것이라 추정할 수 있다. 190°의 반대 방위각인 10°는 일반적으로 북극성 관측과 깊은 관련이 있다. 즉, 10°는 측정값의 오차를 생각하면 7.5°인 진북방향으로 볼 수 있다.

한편, 이 고인돌은 가장 서쪽의 고인돌과 연결하면 약 160° 방위각을 이루며, 전면에는 해발 200m 정도의 명덕산이 있다. 이 방위각도 전라도 서남부 지역의 고인

장축이 남북 방향으로 놓인 구암리고인돌

돌에서 흔히 보이는 방향 패턴이다. 특히 봄철 농사와 관련된 28수 별자리 중 동방 청룡의 별자리인 전갈자리가 앞의 산봉우리에서 서서히 떠오르면 농사를 시작했다고 한다. 또한, 봉우리에서 떠오른 별자리의 밝기나 상태를 보고 그 해의 기상이나 농사의 풍흉을 점쳤을 가능성도 크다. 궁수자리의 두수(남두육성) 별자리가 산봉우리에서 떠오르면 본격적인 모내기가 시작되었다.

한편, 서쪽 가장자리에 위치한 고인돌의 덮개돌 장축은 205° 방향을 향하고 있고, 그 방향으로 변산에서 흐르는 영은천과 영은천을 따라 발달한 골이 있다. 이 방향으로 장축이 놓인 고인돌의 경우 봉우리나 고개 등의 지형지물을 향해 놓인 것이 특징이다. 한편, 여러 고인돌에서 보이는 패턴의 하나로 덮개돌에 남두육성과 같은 별자리가 새겨 있는 경우가 많이 있다. 따라서 이 방향으로 놓인 고인돌은 남두육성이나 여름철 별자리와 관련된 방위각으로 추정되는 패턴이다. 이러한 별들은 자정 전후에 중천에 떠 있거나, 초저녁에 지표면에서 서서히 상승하는 별들의 밝기나 색상 등을 보고 기상을 예측하는 데 사용되었을 것이다.

부안 구암리의 고인돌 각각은 선사인들이 태양과 별들에 대해 큰 관심을 가지고

장축이 205° 방향으로 놓인 구암리고인돌(부안 하서)
남쪽의 영은천을 따라 발달한 골이 있고, 그 골 너머에 고개가 있다. 그 고개로 떠오르는 별자리를 보면서
풍년을 기원했을 것이다.

있었음을 보여준다. 단순히 고인돌이 청동기시대의 무덤이라는 평범한 설명만으로는 우리 민족의 뛰어난 천문학적 지식 체계를 제대로 이해하기 어려울 것이다. 선사인들은 고인돌을 통해 그들의 농경문화를 중심으로 자연과학과 정신세계를 융합하여 표현했다. 구암리 고인돌 군은 선사인들의 과학적 사고와 청동기시대의 천문학을 담고 있다.

3) 영광 홍농
성산리고인돌

고창 상금리고인돌 군의 일렬 배치가 동서 방향으로 놓여 있어, 일부 연구자들은 해안과 내륙의 연결을 강조하는 연구 결과를 내놓곤 한다. 하지만 이 연구 결과가 선사인의 의도와 일치하는지 여부는 확실하지 않다. 전라남도 영광군 홍농읍 성산리에 위치한 고인돌 군에는 일렬로 배열된 고인돌이 있다. 이를 '영광 성산리 지석묘군'이라고 하며, 전라남도 기념물로 지정되어 있

다. 영광군에는 129개소에 걸쳐 705
기의 고인돌이 분포하고 있으며, 성
산리고인돌 군은 영광군 홍농읍 성
산리 산 103-2번지에 위치해 있다.
이곳에는 바둑판식 배열을 포함해
45기의 고인돌이 마을의 낮은 구릉
소나무 숲에 모여 있다.

　45기의 고인돌 중 17기는 굄돌이
있고, 나머지는 굄돌이 없거나 땅속
에 묻혀 있는 경우이다. 고인돌의 크
기는 2m 미만이 12기, 2m~3m가 24
기, 3m 이상의 크기를 가진 것이 5
기이다. 가장 큰 고인돌은 고인돌 군
의 중심에 자리 잡고 있다. 이 고인
돌의 덮개돌 크기는 길이 300㎝, 폭
270㎝, 높이 140㎝이며, 5개의 굄돌
이 있어 현지에서는 '장기바우'라 불
린다.

　성산리고인돌 군의 고인돌들이 일
렬로 배열되어 있음에도 불구하고,

춘추분 일출 방향의 일렬 배치 고인돌들(영광 홍농)
삼각형 형태의 바위를 고인돌로 사용한 것은 매우 이채
롭다. 이 고인돌의 장축은 춘추분의 일출과 일몰 방향
으로 배치되어 있다.

그에 대한 깊이 있는 해석은 이루어지지 않았다. 이 배열이 무질서하고 어수선해 보
이지만, 실제로는 특정한 방향에 따른 규칙성이 존재한다.

　성산리고인돌 군의 주차장 입구에 떨어져 있는 고인돌이 있다. 이 고인돌의 장
축은 지표면의 125° 방향으로 놓여 있으며, 고인돌 군의 중심에 위치한 바둑판식
고인돌의 장축과 일부 배열된 고인돌들과 동일한 방향을 향하고 있다. 지표면의

125°는 동짓날 일출 방향으로 놓여 있다.

　고대 선사인들의 삶에서 중요한 영향을 미쳤던 것은 바로 태양의 주기별 위치 변화였다. 현대인들은 해의 일출과 일몰에 큰 관심을 두지 않거나, 도심에서 해를 볼 수 있는 상황이 부족하기 때문에 선사인들의 고인돌 배치 원리를 쉽게 이해하지 못한다. 그러나 성산리고인돌은 선사인들이 고인돌 축조를 통해 의도한 바를 명확하게 보여준다.

　그 중 하나는 긴 삼각형 형태의 덮개돌을 가진 고인돌이다. 이 고인돌의 장축과 단축, 그리고 그 형태를 보면 어디를 향하고 있는지 알 수 있다. 이 삼각형 고인돌

동지 일출 방향의 일렬 배치 홍농 성산리 고인돌(영광 홍농)
불규칙한 형태의 고인돌들이 일정한 방향으로 일렬 배치된 것이 확인된다. 이 일렬 배치의 방향은 동지 일출과 하지 일몰의 천문학 현상의 반영이다.

은 춘분과 추분의 일출과 일몰 방향으로 배열되어 있으며, 장축이 그 배열과 일치한다.

성산리고인돌 군에서 쉽게 해석할 수 있는 배열부터 살펴보자. 이곳 고인돌 군의 중심에 위치한 바둑판식 고인돌은 굄돌이 5개로 구성되어 있으며, 동쪽으로 배열된 고인돌들은 3월 말 춘분과 9월 말 추분의 해가 뜨는 방향과 일치하고, 그 반대편은 해가 지는 방향이다. 흥미로운 점은 고인돌 군의 중심에 커다란 바둑판식 고인돌이 놓여 있다는 것이다. 이 고인돌은 절기와 별자리 관측의 패턴과도 연결된다. 즉, 중심의 바둑판식 고인돌은 춘분과 추분의 일출과 일몰의 배열을 나타내면서, 그 자체의 굄돌과 덮개돌의 장축은 동짓날 일출 방향에 맞춰 배치되었다.

하지 일출 방향으로 치솟은 홍농 성산리고인돌(영광 홍농)
하지 일출방향으로 치솟게 놓은 이 고인돌의 정면에는 마을의 주산 봉우리와 일치시켰다.

또한 바둑판식 고인돌의 동쪽 바로 옆에는 삼각형의 괴석형 고인돌이 위치해 있다. 이 고인돌도 춘분과 추분의 일출과 일몰 라인 상에 배열되어 있으며, 삼각형 고인돌의 장축은 하지 일출 방향인 63°로 배치되었다. 이 고인돌은 마을 배후의 봉우리와 일치를 이룬다. 선사인들은 춘분과 추분의 일출과 일몰 선에 고인돌을 배치한 후, 한 고인돌을 하지의 해 뜨는 방향에 맞추어 배치한 흥미로운 천문 지리 원리를 적용한 것이다.

220° 방향의 일렬 배치 홍농 성산리고인돌(영광 홍농)
성산리 고인돌군의 배열은 시간이 흐르면서 일부 흐트러졌으나, 별자리 관측 패턴의 방향성인 40-220도
의 원형은 여전히 일렬로 유지되고 있다.

　　중심의 바둑판식 고인돌에서 서쪽으로 가면 주차장 입구에 위치한 단독 고인돌
이 일렬로 배열되어 있다. 이 고인돌의 방위는 하지 일몰 방향과 일치하며, 반대로
주차장 입구 고인돌에서 바둑판식 고인돌을 바라보면 동짓날 일출 방향을 향하게
된다. 12월 말경의 동짓날, 주차장 입구 고인돌에서 바둑판식 고인돌을 향해 바라
보면 태양이 서서히 고인돌 위로 올라오는 모습을 볼 수 있다.

　　한편, 영광 홍농 성산리고인돌 군에서 동서축 외에도 다른 방향으로 고인돌이
일렬로 배열된 것도 확인된다. 이 고인돌들은 동북쪽 40°와 남서쪽 220° 방향에

배열되어 있다. 이 방향은 고창 강촌고인돌과 오룡고인돌 등에서 나타나는 배치 패턴이다. 강촌고인돌의 덮개돌에는 남두육성 별자리와 삼성 별자리가 새겨져 있고, 오룡고인돌의 덮개돌 위에도 남두육성과 여름철 대삼각형 별자리가 새겨져 있다. 이 방향은 6~9월 사이에 남두육성이 가장 밝게 빛나는 시점과 일치한다. 남두육성은 동남쪽에서 용자리(전갈자리)가 떠오른 후 농사철인 하지 때 관측할 수 있는 중요한 별자리이다. 선사인들은 이를 통해 풍년과 기상의 변화를 예측했을 것이다. 9월 추분 때 남서쪽 밤하늘에서 빛나다가 서서히 지면서 적도 아래로 들어가는 별을 관찰하며 농사의 결과를 점쳤을 가능성이 있다.

이 고인돌 배치는 아마도 남두육성을 바라보며 풍년과 장수를 기원하는 상징적인 표현이었을 것이다. 또한, 이 방위각은 구릉의 봉우리와 일치를 이뤄 천문과 지리가 함께 결합된 모습을 보여준다. 성산리고인돌 군의 일렬 배열은 크게는 태양의 절기별 일출과 일몰을 나타내며, 또 다른 일렬 배열은 별자리와 깊은 연관이 있다. 그러나 여전히 이 지역의 많은 고인돌 배치 특성에 대한 해석은 미완성으로, 향후 지속적인 연구가 필요하다. 이렇게 많은 고인돌들이 배치된 이유는 아마도 은하수와 그 주변 별자리를 상징적으로 표현하기 위한 의도가 담겨 있었을 것이다.

4) 영광 대마
성산리고인돌

전라남도 영광군 대마면 성산리 1360-9에는 고인돌이 있다. 이 고인돌 군은 영광에서 816번 국도를 따라 장성 삼계로 가는 길의 깃재 밑에 위치한 성산마을은 고성산 아래에 자리 잡고 있다. 고인돌은 마을 앞의 평탄한 경사진 논 가운데에 있으며, 동서 방향으로 길게 일렬로 분포하고 있다. 상석은 대부분 40~70㎝ 두께를 가진 것이 일반적이고, 100㎝ 이상인 것들도 4기가 있다. 가장 큰 상석은 장축 560㎝, 단축 430㎝, 두께 100㎝이다. 이 고인돌 군은 아래 그림에서 보듯 일렬로 배치되어 있다. 다만, 경지정리로 일부 고인돌이 훼손되었거나

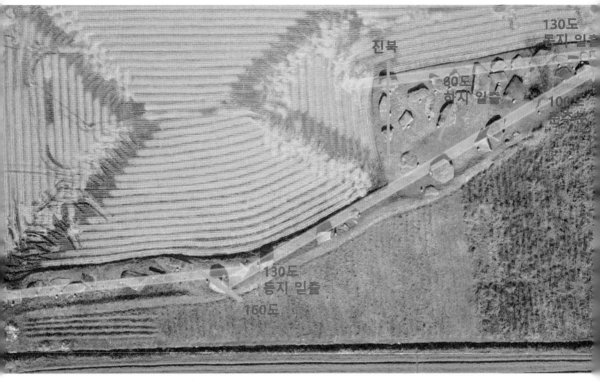

영광 대마 성산리고인돌군의 천문 지리 배치도(드론 이승기)

배열에 추가된 것으로 보인다.

　일렬로 세운 고인돌의 방위각을 측정한 결과, 고인돌들은 나침반이 130°를 가리키고 있다. 이 방위각이 지표면에서 태양과 일치하는 시점을 확인해 보면, 130° 방향은 동짓날 태양이 떠오르는 지점이다. 동짓날은 하지와 함께 이지(二至)의 하나로, 이때 낮과 밤의 비율은 약 4:6이다. 일반적으로 한반도 남부에서는 낮이 9시간 40분, 밤은 14시간 20분 정도다.

　130°의 반대 방향인 310°는 동짓날 일몰 지점이 아니라 하지 일몰 지점이다. 동짓날의 일몰 방향은 240°로, 내가 서 있는 위치에서 보면 240° 방향으로 해가 지고, 310°는 130°에 대한 반대 개념으로, 지표면에 놓인 돌들의 배열에 해당하는 방

동지 일출 방향과 고성산으로 일렬 배치된 고인돌들(영광 대마)
이 고인돌 군의 고인돌들은 비록 일부 훼손되었지만, 동지와 같은 특정 방향성을 따라 일렬로 정렬된 것이 특징이다.

위각이다. 즉, 고인돌의 일렬 배열이 동짓날 일출 방향인 130°를 향해 설치되었는지, 아니면 하짓날의 일몰 방향인 310°를 향했는지는 명확하지 않다. 그러나 130° 방향은 동짓날을 기준으로 동서양의 시간 문명사에서 새해를 의미하는 방위각으로 중요하다. 이 지역의 고인돌들은 고성산에서 12월 21일 전후로 동짓날 태양의 빛을 맞는다. 반대로 310°는 하짓날인 6월 21일 전후, 홍농에서 지는 노을의 햇살이 일직선으로 고인돌들과 겹친다. 선사인들이 고인돌을 이렇게 배치한 것은 24절기와 관련된 태양력 및 농사력과 깊은 연관이 있음을 시사한다.

성산리고인돌 군 중 장축이 60°인 고인돌은 6월 22일 전후 하지의 일출과 관련

160° 방향의 깃재 남쪽을 향한 고인돌(영광 대마)
이 고인돌은 타원형으로 장축의 형태가 뚜렷하게 구분되어 있으며, 장축은 전면의 고성산과 태청산 사이에
위치한 160도 방향의 깃재를 향해 놓여 있다.

이 있다. 이 고인돌의 덮개돌에는 성혈처럼 보이는 바위구멍도 있다. 이 덮개돌
의 장축은 동북과 남서로 놓여 있으며, 나침반은 고창 성송의 구황산 방위를 가리
킨다. 이 방위각은 하짓날 일출 방향인 60°를 나타내며, 고창 성송 방향의 구황산
(500m)에서 해가 떠오른다. 이 반대 방향은 240°로, 동짓날 일몰 지점에 해당한다.
태양의 일출과 일몰 방향은 지평선과 주변 산의 영향을 받아 미세한 차이를 보인
다. 성산리고인돌 군에는 동짓날의 일출 방향을 두 줄로 배치한 고인돌들이 있다.
이는 선사인이 동짓날을 어떻게 생각했는지를 보여주는 중요한 구조적 특징이다.

동지의 두 라인 사이에 길게 배열된 고인돌의 방위각은 100°로, 그 반대 방향은
280°로 측정되었다. 이 방위각은 3월 말의 춘분과 9월 말의 추분 일출과 일몰 지
점에 해당한다. 춘분과 추분의 라인은 고성산의 북쪽 사면 중턱을 가리킨다. 이

하지 일출 방향

고인돌 장축의 하지 일출 방향과 고산(영광 대마)
이 고인돌은 하지 일출 방향으로 장축을 향하도록 배치되었으며, 그 전면은 고산
의 봉우리와 일치하도록 설정되었다. 덮개돌 위에는 여러 개의 성혈이 새겨 있다.

라인을 따라 춘분과 추분 때 고성산 북쪽 중턱에서 해가 떠오르고, 백수 구수산으로 해가 지는 장관을 경험할 수 있다.

선사인들의 고인돌 축조는 단지 계절이나 절기, 농사 시기를 확인하기 위한 것만이 아니었다. 선사인들은 매일 태양을 보며 농사를 짓고 살았지만, 특정 절기나 시기에 맞춰 고인돌을 배치한 이유는, 그것이 공동체 의례나 행사와 관련이 있었기 때문이다. 태양은 당시 최고의 신으로 여겨졌으며, 고인돌은 풍년을 기원하는 제단으로 기능했을 것이다.

고인돌 군에서 가장 중요한 중심 자리에 놓인 특이한 고인돌이 있다. 동서축의 춘분과 추분 배열 고인돌 군과 동짓날 일출로 배열된 고인돌 군이 교차하는 지점에 있는 고인돌이다. 이 고인돌은 다른 타원형 개석식 고인돌들과 형태가 유사하다. 장축이 앞뒤로 놓여 있어 안정감을 준다. 이 고인돌의 장축 방위각은 160°와 340°로, 특히 남동쪽 160°는 고인돌 배치에서 일반적으로 보이는 패턴을 따른다. 이 패턴은 별자리 관측과 밀접한 관계가 있다. 남동쪽으로 고성산(해발 546m)과 월랑산(해발 458m) 사이의 고개인 깃재가 보인다. 선사인들은 깃재에서 떠오르는 별들을 관찰하며, 그 해의 기상과 농사의 풍흉을 예측했을 것이다. 또한, 별은 부족민의 길흉화복을 점치는 중요한 역할을 했을 것이다. 160° 방향으로 깃재 남쪽을 향한 배치는 고인돌 배치의 가장 전형적인 예로, 고창의 고인돌이 영산기맥의 암치고개를 향한 배치와 유사하다.

춘분 추분 라인을 직각으로 지나는 라인은 진북을 가리킨다. 자침의 북쪽은 진북보다 약 7.5° 서쪽으로 편향되어 있다. 즉, 나침반의 자침보다 약 7.5° 동쪽에 위치한 하늘의 북극점은 북극성을 가리킨다.

대마 성산리고인돌 군의 고인돌들은 주변의 산이나 고개 등을 관측 지점으로 삼아 배치되었으며, 각 고인돌들은 특정 시기마다 다양한 천제 의식이 이루어졌던 장소였다.

5) 취석정
'송암리형 천문대 고인돌 군'

　　　　　　　　　　고창군 고창읍 화산리에는 조선 전기 유학자인 노계 김
경희가 건립한 취석정이 있다. 이 정자는 후에 퇴락하여 빈터로 남아 있었으나, 김
경희의 후손들이 1871년에 중건하였다. 을사사화와 정미사화가 연이어 일어나자,
김경희는 고창 호동으로 낙향하여 취석정을 건립하고 여러 선비들과 학문을 논하
며 시를 지으며 여생을 자연과 함께 보냈다. 취석정의 마루 난간에는 주역의 팔괘

취석정 고인돌 천문 지리 배치도(고창 화산)
이 고인돌 군의 고인돌들은 2지2분과 남북 방향, 그리고 별자리 관측 패턴의 방향성을 모두 반영한 전형적
인 천문대 고인돌이다. ●은 취성정에 있는 고인돌을 의미한다.(카카오맵 편집)

가 새겨져 있고, 정자의 담장 안에는 7기의 고인돌이 있으며, 담장 밖으로 3기가 더 있다.

 취석정 안팎에 고인돌을 두는 것은 조선시대의 정자 문화와 선비들의 천문 지리적 사고를 반영한 것으로 보인다. 즉, 담장 안에 있는 고인돌은 북두칠성을, 담장 밖에 있는 고인돌은 삼태성을 상징하며 하늘과 땅의 중심이라는 의미를 부여하고 있을 가능성이 있다. 북두칠성을 반드시 바가지 모양이나 손잡이처럼 배치해야 한다는 의미는 아니다. 숫자 7에 맞추어 취석정 담장 안에 고인돌 7기만 배치된 것이다. 취석정을 건립하면서 담장 안과 밖으로 경계를 설정하여 고인돌을 나눈 것

하지 일출 방향의 고인돌과 방장산(고창 화산)
하지 일출 방향으로 두 기의 고인돌을 더 놓고, 그 전면에 방장산을 정렬시켰다. 선사인들이 하짓날을 중요시한 이유는, 농업과 관련이 깊을 가능성이 있다.

남북 방향의 취석정 고인돌(고창 화산)
고인돌의 장축은 진북 방향으로 놓여 있으며, 윗부분에 있는 사각형의 홈 또한 북쪽을 향하고 있다.

은 조선 후기까지 천문과 지리에 대한 깊은 이해가 일상화된 지식이었음을 보여준다. 취석정은 단순한 휴식처 이상의 의미를 가지며, 고대 사람들의 천문학적 사고와 문화적 의례가 결합된 상징적인 장소이다.

이 고인돌 군은 취석정 담장을 경계로 두고 10기가 배치되어 있으며, 조금 떨어진 곳에도 추가로 몇 기가 더 있다. 취석정 일대의 고인돌 장축 방향은 남북 방향으로 5기, 20-200° 방향으로 2기, 40-220° 방향으로 4기, 160-320° 방향으로 1기, 춘분과 추분의 일출 방향으로 1기가 배치되어 있으며, 대부분 별자리와 관련된 방향을 따른다. 소규모 고인돌 군에서 고인돌의 방향은 동지와 하지의 2지, 춘분과 추분의 2분을 반영하는 경우가 많지만, 이곳의 고인돌 군에는 춘분과 추분의 일출 방향으로 배치된 고인돌이 한 기뿐이며, 동지나 하지 방향으로 배치된 고인돌은 없다. 그러나 고인돌 간의 연결된 방향성에는 고인돌 자체에서 나타나지 않은 2지 2분의 배치가 그대로 반영되어 있으며, 진북 방향으로 고인돌들이 배치된 것도 확인된다.

고인돌 군의 천문 지리 해석을 위해서는 먼저 기준이 되는 고인돌을 선정해야

성혈이 새겨 있는 220° 방향의 취석정 고인돌(고창 화산)
이 고인돌 위에는 십수개의 별자리인 성혈을 새겨 놓았고, 이 고인돌의 장축은 성혈이 보이는
일반적인 방향성의 패턴인 160-340°를 띠고 있다.

한다. 기준 고인돌은 해가 뜨는 곳의 반대 방향인 서쪽에서 찾는다. 현재 서쪽 끝에 있는 고인돌은 일부 훼손되어 고인돌 자체의 방향성은 상실되었지만, 덮개돌 위에는 성혈로 보이는 홈이 새겨져 있다. 이 고인돌을 중심으로 2지와 2분의 천문 지리적 배치가 확인된다. 이 고인돌에서 동북쪽으로, 즉 하지의 해가 뜨는 방향으로 취석정 담장 안과 밖의 고인돌 2기가 일직선으로 놓여 있다. 이 방향은 방장산 벽오봉과 일치한다. 선사인들은 하지 때 방장산에서 떠오르는 해를 맞이하며 천제를 올렸을 가능성이 크다.

춘분과 추분의 경우, 서쪽 끝 고인돌에서 동쪽으로 취석정 담장 안의 고인돌 1기와 담장 밖의 고인돌 1기가 일직선으로 놓여 있으며, 이 방향을 따라 옥녀봉에서 춘분과 추분의 일출을 볼 수 있다. 동지는 서쪽 끝 고인돌에서 동남쪽 방향으로, 담장 안에 두 기의 고인돌이 일렬로 배치되어 있고, 이 방향으로는 등선봉 남쪽 능선에서 떠오르는 해를 관측할 수 있다. 한편, 이 고인돌 군에는 고인돌 자체가 진북 방향으로 배치된 것이 5기나 있으며, 일렬로 진북 방향 중심에 놓인 고인돌에도 성혈로 보이는 홈이 선명하게 새겨져 있다. 2지 2분의 부채꼴 배치 중간에 있는 고인돌들을 연결하면, 이들 고인돌이 진북 방향으로 놓여 있음을 확인할 수 있다.

또한, 고인돌의 장축 방향이 30-210°로 놓인 고인돌 위에는 다수의 성혈이 새겨져 있다. 이는 하지 전후의 별자리, 특히 남두육성(南斗六星) 등을 나타내는 것으로 추정되며, 기우제와 같은 천제를 드리고 풍년을 기원하는 의식이 있었을 것이다.

6) 일직선형 고인돌
배치 특성과 의미

고인돌이 무더기로 발견되는 지역에 가보면, 일직선으로 놓여 있는 고인돌들을 자주 볼 수 있다. 그러나 고인돌들이 일렬로 놓여 있다고 해서 그것이 반드시 한 줄의 정확한 중심선에 놓였다는 의미는 아니다. 고인돌들이 지그재그 형태로 배열되어 있어도, 면밀히 살펴보면 방향성을 갖고 한 줄로 이어져 있다는 것을 확인할 수 있다. 고인돌의 크기는 보통 1~5미터 정도로 다양하다. 이렇게 크기가 제각각인 경우, 고인돌의 중심이 완벽히 일직선에 맞춰 놓여 있을 가능성은 적다. 일부 고인돌은 중심을 정확히 일직선에 두기도 하지만, 다른 고인돌은 앞부분이나 끝부분을 살짝 지나가는 경우도 많다. 이는 고인돌을 축조할

상금리의 일렬 배열 고인돌들 드론(고창 대산, 드론 이승기)

당시 선사인이 의도적으로 설계한 결과이다. 따라서 고인돌이 중심축이 아닌 가장자리를 통과한다고 해서 일렬 배열이 아니라는 의미는 아니다. 여전히 이를 일렬 배열로 이해하고 해석할 수 있다.

고창군 대산면 상금리 마을 입구에서 가릿재 고갯길을 따라 약 2.7킬로미터 구간에 9개소 218기의 고인돌이 분포하는 상금리고인돌이 있다. 상금리고인돌은 덮개돌(상석)과 굄돌(지석)의 형태와 배치가 매우 다양하다. 또한, 바둑판식(기반식) 배치, 지상 석곽식, 개석식, 위석식 등 다양한 고인돌 형식을 한 곳에서 모두 확인할 수 있다. 고인돌 주변에는 고인돌 축조와 관련된 채석장이 발견되어, 고인돌의 채석, 운반, 축조 등 일련의 과정을 연구할 수 있는 귀중한 자료를 제공한다. 그로 인해 이 고인돌은 고고학적, 역사적, 학술적 가치가 높아 전북특별자치도의 기념물로 지정되었다.

이 상금리고인돌 지역에는 약 10여 기의 고인돌이 가릿재를 오가는 옛길을 따라 놓여 있다. 고고학자들은 이를 "청동기시대에 해안과 내륙 산간 지역을 이어주는 옛길을 복원할 수 있는 귀중한 자료"로 평가했다. 이는 청동기시대부터 내륙과 해안이 활발히 교류했음을 나타내는 중요한 증거로, 고인돌의 가치를 평가하는 중요한 지표로 작용한다고 설명한다. 그렇다면 이곳에만 동서 방향으로 고인돌이 일렬로 놓여 있을까? 아니다. 조금만 아래로 내려가면 고인돌들이 약간의 지그재그를 이루면서도 여전히 일렬로 놓여 있는 모습을 볼 수 있다. 일반적으로 고고학이나 역사학을 연구하는 학자들은 고인돌이 동서 방향으로 놓여 있으면 해안과 내륙의 관계를 언급하고, 하천과 인접해 있다면 하천과의 연관성을 설명한다. 하지만 그렇게 설명하면 마치 그것이 전부인 것처럼 보일 수 있다. 그렇다면 하천 방향이나 해안가와 관계가 없는 일렬로 배열된 고인돌은 어떻게 해석해야 할까? 전라도 서남해안에 해안과 내륙이 연결 안되는 곳이 있을까?

고창의 상금리고인돌의 일직선 배열을 고고학자들이 말하는 해안과 내륙의 연결로 해석할 수도 있겠지만, 그 해석이 잘 이해되지 않는 부분이 있다. 이 고인돌

상금리 일렬 배열 고인돌들(고창 대산)
이 고인돌 군의 고인돌들은 10여 기 이상이 일렬로 배치되어 있으며, 춘분과 추분의 일출·일몰 방향에 맞춰 놓여 있는 것이 특징이다.

의 일직선 방위각을 한 번이라도 제대로 측정을 했는지 의심스럽다. 고인돌의 크기나 형식에 대한 해석은 고고학자들의 몫이겠지만, 이곳의 십여 기 고인돌은 동쪽 100°방향과 서쪽 280°방향에 일직선으로 배열된 것은 지리학이나 천문학자들의 몫이다. 상금리고인돌 일대는 동쪽으로 해발 500미터 이상의 고산과 고성산이 있으며, 그 봉우리 사이로 해발 200미터 정도의 가릿재가 있다. 가릿재는 전북특별자치도 고창군 대산면 상금리와 전라남도 장성군 삼계면 생촌리를 잇는 오래된 고갯길이다. 이 고갯길 주변으로 거대한 고인돌뿐만 아니라 소규모 고인돌들도 넓게 분포하고, 고산과 고성산에는 백제시대의 산성도 존재한다.

　가릿재 아래에 배열된 10여 기의 고인돌이 일직선으로 놓인 방위각은 춘분과 추분의 일출 방향과 일치한다. 동쪽의 가릿재가 다소 높은 지형이라 일출은 조금

추분에 맞춘 고인돌의 일몰 경(고창 대산)
밤과 낮의 길이가 같아지는 추분날, 고인돌의 장축 방향을 따라 서해로 지는 태양의 모습이다.
이 고인돌과 상금리의 일렬 배치의 고인돌이 거의 동일하게 춘분과 추분의 일출 일몰 방향으로 놓여있다.

늦게 일어나지만, 대개 100° 방향에서는 춘분과 추분에 해가 뜨는 광경을 볼 수 있으며, 반대로 서쪽으로는 영광군 홍농읍의 서해로 떨어지는 일몰을 볼 수 있다. 즉, 가릿재 아래 고인돌의 일렬 배열은 춘분 추분의 일출 일몰을 고려한 천문학적인 배치로, 가릿재라는 가장 낮은 고개를 선택하여 일출 방향을 맞춘 결과라고 볼 수 있다. 이렇게 특정 절기의 일출지점을 고개로 하는 경우는 일반적인 현상이다.

이곳의 10여 기 고인돌의 서쪽에도 여러 기의 고인돌이 같은 방향으로 일직선으로 놓여 있는 것이 조사되었다. 이는 상금리 일대 고인돌이 단순히 이 10여 기에만 해당하는 것이 아니라, 이 지역 고인돌들이 가지는 다양한 천문적 지리적 의미를 담고 있다는 것을 시사한다. 선사인들은 고산 일대의 고인돌을 각각의 별처럼 배치한 것으로 추정되며, 계곡과 와탄천은 밤하늘의 은하수처럼 지상에 구현하려 했던 것 같다. 현재로서는 초보적인 연구 단계지만, 선사인은 상금리 고인돌 군을 자미원, 천시원, 태미원 등으로 나눈 것으로 보인다. 이는 고산 중턱에 있는 거대한 고인돌들에서 유추할 수 있다. 이곳에는 일곱 개의 거대한 고인돌이 하나의 삼각형 모양을 형성하는 괴석을 감싸고 있다. 이는 마치 북두칠성이 북극성을 감싸고 있는 형태와 비슷하다. 고창 상금리 고산 중턱에 있는 북극성과 북두칠성으로 추정되는 고인돌 배치에 관한 내용은 제3장 '절대 지존 북극성과 북두칠성으로 배치한 상금리 고인돌'에서 자세히 다루었다.

7) 조수의 영향을 받은
검산리고인돌

고창군 부안면 검산 마을 입구에는 고인돌 4기가 있다. 고인돌의 방향성 패턴에 대해 깊이 연구하던 중, 지인의 연락을 받고 검산리고인돌을 찾아갔다. 이 지역의 고인돌처럼 몇 기 없는 고인돌 군은 대부분 2지2분 패턴을 보인다. 부안면은 갈곡천의 범람원과 줄포만이 있는 지역으로, 강화도처럼 하짓날에 물이 부족할 가능성이 높은 곳이다. 갈곡천이 있다고 하여 물이 부족할 리

진북 방향

남북 방향으로 놓인 검산리고인돌(고창 부안)
고인돌 세 기가 진북 방향으로 일렬로 배치되어 있다. 그러나 각 고인돌의 장축
은 각각 다른 방향성을 지니고 있다.

없다고 생각할 수 있지만, 사실 물은 있지만 사용할 수 없는 물이다. 줄포만을 따라 오가는 조수의 영향으로 갈곡천은 내륙 깊숙이까지 영향을 받았다. 현재는 흥덕 후포에 갑문을 만들어 조수의 유입을 차단했기 때문에 갈곡천의 물을 자유롭게 쓸 수 있지만, 과거에는 염분이 많아 농사에 적합하지 않은 땅이 되었다는 의미이다. 이런 지형은 인근 토양에 염분이 많아 농업에 영향을 미친다.

검산리고인돌은 수강산에서 동쪽으로 발달한 나지막한 구릉 위에 위치하고 있으며, 서쪽을 제외한 사방을 조망할 수 있는 지형이다. 동북쪽으로 고부 두승산, 동쪽으로 흥덕 배풍산, 동남쪽으로 고창 방장산과 문수산 등이 보인다. 이렇게 동쪽이 크게 열린 지형은 태양의 일출을 관측하기에 최적의 장소다.

이곳의 4기 고인돌 중 2기는 이미 원형이 훼손된 상태였다. 다행히 검산리고인돌 1호와 4호는 온전한 상태로 남아 있었다. 아쉽게도 고인돌의 방향성 조사는 1호와 4호만 할 수밖에 없었다. 검산리고인돌 1호의 덮개돌 형태는 부정형의 마름

하지 방향의 검산리고인돌과 두승산(고창 부안)
패턴화된 고인돌의 배치 모습이다. 고인돌의 장축은 하지 일출 방향이며, 그 전면의 멀리 보이는 두승산과 정렬되어 있다.

모꼴이며, 굄돌과 형식은 확인되지 않았다. 장축의 방향은 60-240°로, 이는 전형적인 하지 일출과 동지 일몰의 방향과 일치한다. 하지 일출 방향으로 고부 두승산이 보이며, 하짓날 두승산에서 떠오르는 일출을 향해 기우제나 풍년 기원을 위한 천제를 올렸을 가능성이 있다. 갈곡천이 있지만, 조수의 영향으로 물이 부족했던 상황이 분명하다. 검산리고인돌에서 춘분과 추분의 일출 방향은 홍덕의 배풍산이며, 동지 일출 방향은 방장산이다. 파괴된 두 기의 고인돌도 아마 춘분과 추분, 또는 동지 일출 방향으로 배치되었을 가능성이 크다. 원형이 훼손되지 않은 4호는 1호의 정남쪽에 위치해 있으며, 반대로 1호는 4호와 정북 방향으로 배치되어 있다. 정북 방향은 북극성과 관련이 깊다.

한편, 검산리고인돌 4호의 덮개돌 형태는 부정형의 직사각형으로, 형식과 굄돌은 확인되지 않았다. 이 고인돌은 4개의 부분으로 나뉘어 있지만, 방향성만큼은 여전히 뚜렷하게 유지되고 있다. 고인돌의 중심축은 전형적인 별자리 관측 패턴인 160-340° 방향이다. 동남 방향에서는 일몰 후 서서히 떠오르는 별자리를 관측할 수 있다. 이 방향은 많은 고인돌의 장축 또는 고인돌 간의 연결 방향이기도 하다. 검산리고인돌 4호에서 1호로 이어지는 방향은 정북 방향이다. 고인돌 배치에서 의도성이 명확하게 드러난다. 1호의 장축 방향은 하지 일출과 동지 일몰의 방향과 일치하며, 4호는 동남쪽 영산기맥에 위치한 문수산에서 떠오르는 별자리를 관측할 수 있는 방향에 배치되어 있다.

또한, 1호와 2호는 북극성을 향해 남북 방향으로 배치되어 있다. 이는 북극성의 개념이 이미 정립되었음을 나타낸다. 어쩌면 검산리고인돌의 북극성 배치는 줄포만을 오가며 연안 어업을 하던 선사인들의 안전과 풍요를 기원하고, 항해의 안전을 위한 길라잡이가 되었을지도 모른다.

그러나 이 고인돌에서 나타나는 하짓날 일출과 동남쪽 별자리 관측 패턴은 농경 문화의 의미가 더 강조된 것으로 보인다. 씨를 뿌리고 싹이 나는 망종과 하지 전후로 가뭄이 들면, 싹이 트자마자 고사하여 일 년 농사를 망치게 된다. 이 시기의 농사 실패는 몇 년 간의 고난을 초래하는 힘겨운 삶을 의미했다. 그러므로 하지 전후의 가뭄은 선사인에게 가장 혹독한 기상 현상으로, 이 시기 기우제는 모든 부족 공동체에서 천제를 지내던 중요한 의식이었다. 다행히 올해는 많은 비가 내려 작물들의 발육 상태가 매우 양호하다. 하늘에 모든 것을 의존했던 선사인들에게 태양과 별은 밤과 낮을 지배하는 두려움과 존엄의 절대자였음을, 고인돌은 지금도 여전히 말하고 있다.

5.
고인돌 군과 고인돌 군 간의
천문 지리 해석

"

　마지막으로, 고인돌 군과 고인돌 군 간의 관계에 대한 선사인들의 배치 특성이다. 분명 먼 거리에 떨어진 고인돌 군 간들에도 어떠한 특성을 반영했을 것으로 보인다. 그러나 이러한 연구나 논의 자체가 전무한 것이 현재의 한국 고인돌 연구의 현실이다. 멀리 남미의 페루 나스카 사막에 펼쳐진 거대한 지상 그림들은 그 자체로 신비로움을 자아낸다. 나스카 유적(Nazca Lines)은 기원전 500년경부터 기원후 500년경까지 존재하며, 약 200개의 거대한 지상 그림과 선들이 나스카 평원에 새겨져 있다. 그 중 일부는 동물 모양, 기하학적 도형, 인간 형상 등을 나타내며, 그 크기가 수백 미터에 달해 하늘에서만 온전히 볼 수 있는 특성을 지닌다. 이 거대한 도형들이 어떤 목적을 가지고 만들어졌는지에 대해 여러 가지 이론이 존재하지만, 그 중 일부는 천문학적 의미와 관련이 있다는 주장이 있으며, 이는 세계 고고학계에서 미스터리한 유적으로 남아 있다.

　그런데 고인돌은 나스카 라인보다 더 크고, 별자리나 태양의 움직임을 반영한 배치가 존재함에도 불구하고, 대부분은 그 가능성을 믿지 않는다. 고인돌 군 간의 천문학적 연결을 해석하는 것에 대해 "전혀 가능성이 없다"거나 "동시대에 설계하지 않으면 불가능하지 않겠냐?"는 반응이 대부분이다. 물론, 10㎞ 떨어져 있는 고인돌 군들이 처음부터 계획되었을 가능성은 적어 보인다. 그러나 그렇다고 해서 그것이 전혀 가능성이 없다고 단정 지을 수도 없다. 눈으로 확인할 수 있고 과학적으로 설명할 수 있는 현상이 우연일 수는 없기 때문이다. 혹시 고대의 강력한 정치 집단이 이미 존재했고, 이들이 의도적으로 설계했을 가능성도 염두에 두어야 할지도 모른다.

고인돌 군 네 곳이 10㎞ 거리를 두고 일직선으로 배열된 고창의 고인돌은 어떻게 해석할 수 있을까? 무장 교홍리의 세 고인돌 군은 동짓날 일출 방향에 맞춰 일직선으로 배열되어 있고, 가장 북쪽에 위치한 거대한 고인돌을 향해 칠암이라 불리는 궁동의 입석들이 배치되어 있다. 또한, 고창 중산을 중심으로 고인돌 군을 마치 북두칠성 형태로 배열한 이유는 무엇일까? 이러한 형태의 고인돌 군 배치는 선사시대에서 한두 곳만 존재하는 것이 아니다. 그럼에도 불구하고 이를 우연이라고 여길 수 있을까? 아무리 생각해도, 이것은 단순한 우연으로 치부할 수 없을 만큼 과학적이고 정교한 배치이다. 어쩌면 고인돌을 만들던 당시는 우리가 상상하는 것보다 훨씬 더 중앙집권화된 권력 집단, 즉 강력한 부족 국가가 이미 존재했을 가능성도 제기된다. 이는 고창 고인돌 군과 고인돌 군 간의 관계에서 드러나는 천문 지리 원리를 통해 우리가 얻을 수 있는 해석이다.

고인돌 군들의 일직선 배열만이 아니라, 고인돌에 담긴 수많은 천문학적 사실들도 여전히 많은 놀라움을 안겨준다. 고인돌 간의 관계에 대한 해석은 여전히 미지의 영역으로 남아 있으며, 우리가 알고 있는 해석은 아직 초보적인 수준에 불과하다. 어쩌면 수천 여 기의 고인돌이 각각 하나하나의 별처럼, 우주 만물의 세 가지 근본적인 요소인 천(天), 지(地), 인(人)을 상징하며, 이를 지상에 구현하려는 강력하고 신실한 믿음이 담겨 있었을지도 모른다. 고인돌 군을 통해 우리는 선사인들의 영적인 세계관과 우주관, 그리고 자연과 인간의 깊은 관계를 엿볼 수 있다.

1) 월암리고인돌 군의 천문 지리 배치 특성

　　　　　　　　선사인들의 천문 지리 기록으로서 고인돌을 조사할수록, 그 과학적 논리에 깜짝 놀라게 된다. 단순히 천문학적인 측면만을 연구하던 초기의 접근법이 점차 지리적인 요소와 결합되어야만 고인돌들의 진정한 의미와 관계가 풀린다는 사실을 깨달았다. 처음에는 탁자식 도산리고인돌의 굄돌 방향을 살펴보며 "왜 이 방향으로 세웠을까?"라는 질문을 던졌고, 이는 덮개돌의 장축 방향에 대한 궁금증으로 이어졌다. 고인돌의 천문 지리에 대한 연구는 진전이 없을 것 같았던 때도 있었다. 이때 송암고인돌의 조사에서 고인돌 자체뿐만 아니라 고인돌 간의 관계도 긴밀하게 연결되어 있음을 알게 되었다. 이후 김제 동곡고인돌을 조사하면서 고인돌 주변의 봉우리나 고갯마루, 능선 등을 고려해 해석을 하면서, 선사인들이 고인돌 하나를 세울 때 천지인을 하나로 묶어 계획했음을 깨달았다.

　고인돌에 대한 연구가 깊어지고 범위가 넓어질수록 다양한 접근 방식이 필요해졌고, 보이는 것과 보이지 않는 것을 모두 찾아 분석해야 했다. 특히 고창의 월암리고인돌에서 그 중요성을 실감할 수 있었다. 이곳에는 원래 21기의 고인돌이 있었으나, 현재는 10기만이 남아 있다. 작은 고인돌들은 사라졌거나, 산 사면의 바위들이 고인돌로 간주되지 않았던 것으로 보인다. 남아 있는 고인돌들을 통해 고인돌이 가진 방향성을 연구하면서 동쪽 소나무 사이에 놓인 일부 훼손된 고인돌들을 확인할 수 있었다. 다행히 이 고인돌들은 크게 옮겨지지 않은 것으로 보였다. 월암리고인돌 군에서 가장 큰 고인돌은 육각형 바둑판식으로, 고인돌 군의 중심에 위치하고 있으며, 크기는 장축 520㎝, 단축 500㎝, 두께 200㎝이다. 덮개돌 위에는 성혈로 보이는 바위구멍들이 다수 있으며, 굄돌의 방향은 풍년을 기원하는 40-220°로, 이는 하지 전후 남두육성을 비롯한 별자리 관측 패턴을 따른다. 이 방향에 배치된 고인돌에서 남두육성과 같은 별자리들을 확인할 수 있었다.

　이 고인돌에서 하지 일출 방향은 방장산의 갈뫼봉과 일치했고, 동지 일몰 방향으로는 옥녀봉이 있었다. 중심 고인돌에서 옥녀봉까지 이어지는 동지 일몰 방향으로 두 기의 고인돌이 배치된 것도 확인되었다. 이 고인돌 군에서 가장 눈에 띄는 점은 춘분과 추분의 일출 일몰 방향이다. 이 방향에는 양고살재가 위치하고, 춘분과 추분에 해가 그곳에서 떠오른다. 또한 중심 고인돌의 서쪽과 동쪽에도 여러 기

월암리고인돌 천문 지리 배치(고창 월암)
이 항공사진의 ●은 현재 남아 있는 고인돌을 표시한 것이다. 지금은 사라지고 없지만 위 지도의 남쪽에 7개의 선돌이 있었고, 이 7개 북두칠성 고인돌 군의 북쪽으로 이 일대에서 가장 큰 고인돌이 자리하고 있다.(카카오맵 편집)

월암리고인돌 중심 고인돌과 하지 방향의 방장산 봉우리(고창 월암)
이 고인돌의 동북쪽은 방장산의 봉우리와 정렬되어 있어, 그 봉우리를 통해 하짓날 일출하는 태양을 맞이
한다. 고인돌의 윗면에는 여러 개의 성혈이 새겨져 있는 것으로 보아 명확한 천제단임을 알 수 있다.

의 고인돌이 춘분 추분의 일출 일몰 방향에 일렬로 놓여 있다. 중심 고인돌에서 동
지 방향으로는 정산이라 불리는 낮은 봉우리가 위치하고, 이곳에서 동지 일출을
관측할 수 있다. 동지 일출 방향으로 조금 이동한 곳에는 훼손된 고인돌이 있으며,
이 고인돌에는 성혈이 새겨져 있다. 이처럼 고인돌을 통해 선사인들의 천문학적
지식뿐만 아니라 지리적 이해까지 엿볼 수 있다.

한편, 남서쪽 220° 방향으로 월산리 고창농협창고가 위치하고 있으며, 그 근처
에는 두암(斗岩) 또는 성암(星岩)이라 불리는 7기의 고인돌이 있었다고 전해진다. 이
고인돌은 '칠성암(七星岩)'으로도 불리며, 고창의 산정과 월암 마을을 아우르는 비보
경관의 중요한 장소로 자리 잡고 있었다. 하지만 하천 정비와 경지 정리로 인해 일
부 고인돌은 사라졌고, 남은 4기는 농협 창고 주변에 흩어져 있다. 이곳의 칠성암
고인돌은 월암리고인돌 중 가장 큰 고인돌을 중심으로 북극성을 상징하는 방향으

로 배치되었을 가능성이 크다. 이 배치는 무장 교흥리의 고인돌 군들 간의 배열과 매우 유사한 패턴을 보인다.

또한, 고창 월산마을에는 경운장이라는 한옥이 있다. 이 마을은 운중반월의 명당으로 알려져 있으며, 이곳에 터를 잡은 인물이 고창의 유학자 흠재 조덕승(1873-1960) 선생이다. 그는 자신의 사랑채 당호를 '경운장(耕雲莊)'이라 붙였는데, 이는 그의 유학자로서의 삶과 천문 지리 사상, 풍류 의식을 절묘하게 담은 이름이라 할 수 있다. 선조들은 이미 고인돌이 담고 있는 천문학적 의미에 깊은 관심을 가지고 있었으며, 이를 칠성암과 같은 장소에서 북두칠성의 배열을 바라보며 시로 표현하기도 했다. 고인돌을 통한 천문 지리 사상의 이해는 그들이 자연과 우주에 대해 갖고 있었던 깊은 철학과 연관이 있었음을 엿볼 수 있는 대목이다.

경운장(耕雲莊)
방장산 산줄기 빙 둘러 서로 만나 다정하고
저 멀리 수강산도 벗하자며 마주 대하네.
봉황 샘물 양천은 흘러 흘러도 그치지 않고
칠성암도 빈자리를 알맞게나 지켜 주시네.
포근히 감싼 운중반월 명당 터에 담장을 두르니
이만하면 살아갈 터로 정할 만하지.
내 집에 무얼 더 바랄 게 있으랴?
쟁기나 손질하고 봄볕을 기다린다네.[8]

고인돌들이 동시대에 축조되지 않았다고 해도, 시간을 두고 한 부족을 중심으로 하위 마을들이 중심지와 연계하여 고인돌을 설계하고 점차적으로 세웠을 가능성도 충분히 있다. 일부 고인돌은 초기부터 세워졌을 수 있으며, 후대에는 부족 국가의 중심지와의 연계를 고려하여 배치되었을 가능성도 있다. 고창의 월암리고인돌

동지 일출 방향의 성혈이 있는 고인돌(고창 월암)

은 도산리고인돌과 연관된 부족 국가의 틀 안에서 배치된 것으로 보인다. 즉, 월암고인돌은 도산리고인돌 군, 만동고인돌 군, 동촌 고인돌 군과 함께 10㎞에 걸쳐 춘분 추분의 일출 일몰 방향에 일직선으로 배치되어 있다. 네 곳이 일직선으로 배열된 것은 우연이 아니라, 선사인들의 철저한 계획과 의도적인 설계에 의해 이루어진 것이다.

　이 고인돌 군은 단순히 물리적인 구조물로서만 의미를 갖는 것이 아니라, 다양한 사람들의 생각, 지혜, 그리고 지식이 모여 만들어진 결과물이다. 정도의 차이는 있을 수 있지만, 선사시대 인류가 공유했던 천문학적, 지리적 배치 원리는 크게 다르지 않았음을 보여준다.

2) 교흥리고인돌의
일직선 배치와
궁동 북두칠성

무장 한제산을 주산으로 하는 교흥리와 송현리 일대는

넓지는 않지만 충적지가 발달한 지역이다. 이 지역은 강력한 권력을 가진 부족 국

교흥리고인돌의 천문 지리 배치도(고창 무장)
세 곳의 교흥리 고인돌 군은 동짓날 일출 방향으로 일렬로 놓여 있으며, 인근 궁동의 일곱 개의 선돌인 칠성암은 진북 방향의 교흥리 고인돌 A군을 향해 놓여 있다. 주황색의 ■은 고인돌 군이 위치한 지점을 표시한 것이다.(카카오맵 편집)

가가 등장할 만한 큰 지형은 아니지만, 북쪽으로 한제산(211.3m)의 높은 봉우리가 있고, 남쪽으로 골들이 발달하여 사람들이 살기 좋은 자연환경을 제공한다. 특히 북서 계절풍을 차단해 주는 이 지형은 선사인들의 삶의 터전에서 중요한 선택 기준이 되었을 것이다. 골들은 수전 경작을 하기 적합하고, 구릉지대는 그렇게 높지 않아 화전 경작이 이루어졌을 것이다. 이러한 지형은 고인돌 문화가 발달할 수 있는 자연적 배경을 제공하며, 세계문화유산인 죽림리와 상갑리 고인돌 근처에 위치해 일찍이 이들의 영향을 받았을 가능성이 있다.

고인돌 군이 일직선으로 배치된 구릉은 한제산의 주봉에서 남동쪽으로 발달한 능선이다. 능선 앞에는 송현천이 흐르며, 송현천은 남쪽으로 흐르다가 석수산 앞에서 강남천을 만나 곰소만으로 흐른다. 능선의 좌측(동쪽)에는 대맷산에서 남쪽으로 이어져 망치산을 이루며, 우측(서쪽) 능선은 한제산에서 남남서로 발달하여 교홍리 마을이 위치한 지역으로, 중요한 삶의 터전이 된다. 이 두 능선은 지형적으로 서로를 감싸고 있어 아늑한 느낌을 주며, 중심의 짧은 능선을 따라 두 곳의 고인돌 군과 1기의 고인돌이 일직선으로 배치되어 있다.

이 고인돌들은 청동기시대 선사인들의 농경문화, 삶과 죽음 등을 담은 흔적으로, 그들의 사고와 문화, 우주에 대한 이해를 표현한 거석문화의 일환이다. 특히, 교홍리와 송현리 일대에 있는 두 곳의 고인돌 군과 한 기의 고인돌은 약 740m 거리의 구릉에 일직선으로 배치되어 있으며, 큰 오차 없이 정렬되어 있다. 가장 북쪽에 있는 한제산 남쪽 사면인 고창군 무장면 송현리 산 100-3에는 30여 기의 고인돌 군이 있다. 이 고인돌 군에서 동남쪽으로 253m 떨어진 곳인 무장면 교홍리 산 49에는 4기의 고인돌이 있다. 또, 두 번째 고인돌 군에서 동남쪽으로 478m 떨어진 무장면 원촌리 949-1에는 1기의 고인돌이 있다. 이들 고인돌 군이 이어지는 일직선의 방위각은 동남향 130°로, 이는 동지 일출 방향에 맞춰 배치된 것을 의미한다.

한제산의 중턱에 위치한 무장면 송현리 산 100-3에 있는 고인돌들은 대체로 고인돌 군을 은하수의 별들로 본 것으로 추정된다. 그중에서도 가장 큰 괴석형 고인

교흥리고인돌에서 가장 큰 고인돌
이 고인돌은 교흥리고인돌에서 가장 높고 크며 북쪽에 위치하고 있다. 이 고인돌은 북극성을 상징한 것으로 추정되며, 이 고인돌 군에서 동지 일출 방향으로 두 곳의 고인돌 군이 일렬로 배치되어 있다.

돌은 그 규모와 형태에서 다른 고인돌들과는 구별되는 압도하는 크기와 형태로 특별한 의미를 내포하고 있는 듯하다. 이 고인돌의 장축은 390㎝, 단축은 342㎝, 두께는 300㎝에 이른다. 주변 고인돌들이 대부분 200㎝ 이하의 작은 크기임을 감안하면, 이 고인돌은 그 크기에서 단연 돋보인다. 특히 장축뿐만 아니라 두께 또한 다른 고인돌들과 비교할 수 없을 정도로 크다. 이 고인돌을 중심으로 고인돌 군이 동남쪽으로 일직선으로 배열되어 있는 모습과 궁동 마을의 칠성 바위가 마치 이 고인돌을 북극성으로 바라보는 것처럼 보인다.

두 번째, 고창군 무장면 교흥리 산49에 위치한 고인돌 군에는 교흥리고인돌 나-1부터 나-4까지 네 개의 고인돌이 존재한다. 이 고인돌들은 그 크기가 크지 않지만, 그 장축이 특정 절기와 관련된 방위각에 배치되어 있다. 나-1 고인돌은 220°-40° 방향으로 장축이 놓여 있어 자정 전후 남두육성과 같은 별자리 관측과 관련이 깊다. 나-2는 덮개돌의 상부가 삼각형을 이루며, 그 삼각형을 따라 60°-240° 방위각으로 배치되어 있다. 나-3 또한 장축이 60°-240° 방위각을 이루며, 이 각도에서 60°는 하짓날의 일출 방향, 240°는 동짓날의 일몰 지점을 나타낸다. 그 근처 약 10m 떨어진 곳에는 나-4 고인돌이 존재하며, 이 고인돌의 장축은 125°-305° 방향으로 놓여 있다. 이 방향에서 125°는 동짓날의 일출 방향이고, 전면의 높은 망치산은 떠오르는 동지의 일출 지점이다, 이 고인돌 군은 동지와 하지의 절기, 그리고 별자리 관측과 밀접한 연관이 있다. 특히 하짓날은 농사철에 가장 많은 물이 필요한 시기로, 별자리 관측을 통해 풍흉과 기상 상태를 예측했을 것으로 보인다. 동짓날 일출 지점을 향한 고인돌은 새해의 시작을 알리는 상징적 의미를 지닌다. 그 당시 부족민들은 조상신에게 제사를 지내며 부족의 안녕을 기원했을 것이다.

망치산에서 떠오르는 동지 일출 방향의 나-4 고인돌
나-4 고인돌의 장축 방향을 따라 동짓날 일출경을 맞이할 수 있다.

마지막으로 원촌리 949-1에 위치한 고인돌, 일명 첨금정은 선사인들의 농경지가 시작되는 구릉 끝에 자리하고 있다. 덮개돌의 크기는 장축 360㎝, 단축 290㎝, 두께 140㎝ 내외로, 다른 고인돌들과 비교해도 그 크기가 꽤 크다. 고인돌들이 일직선으로 배치된 모습은 선사인들이 삶과 죽음의 공간을 구분하면서도, 사상적으로는 이를 하나로 이어져 있음을 나타낸다. 이 고인돌 군과 그 배열은 선사인들이 고인돌을 다양한 기능으로 활용했음을 시사한다. 동일한 부족들이 동일한 공간에 거주하면서, 산 중턱에 있는 30여 기의 고인돌은 무덤으로 사용되거나 은하수를 상징하는 별로서 축조되었을 것이다. 반면, 고인돌 군이 위치한 구릉에 있는 네 기의 고인돌은 제단의 성격을 지니며, 절기와 별자리 관찰을 위한 특별한 의도와 방향성을 담고 있다.

교홍리고인돌 가군 중 가장 높은 곳에 위치한 기반식 고인돌은 북극성이 있는 진북을 배경으로 남쪽을 향하고 있다. 이는 인간이 북극성으로 돌아간다는 상징적인 의식의 표현일 수도 있고, 또는 이 고인돌 자체가 이 지역에서 북극성을 상징하는 역할을 했을 가능성도 있다. 이 고인돌 군이 130° 방향으로 일렬로 정확하게 배열되어 있다는 점은 선사인의 무지몽매한 우연이 아닌, 의도적이고 계획적인 배치임을 암시한다. 그렇다면 왜 선사인들은 이러한 배열을 선택했을까?

가장 높은 산의 중턱에 위치한 고인돌 군은 하늘과 별에 가장 가까운 장소로서, 신성한 공간으로 여겨졌으며 은하수나 밤하늘의 별들을 상징하는 장소로 해석될 수 있다. 이러한 해석은 교홍리 궁동 입구 근처에 있었던 7기의 바위, 즉 '칠성바위'로 알려진 유적을 통해 뒷받침된다. 궁동마을에는 원래 7개의 큰 바위가 있었고 한다.[9] 이 7기의 바위는 북두칠성을 상징화한 것으로 추정되며, 이는 선사시대 사람들의 천문학적 지식과 그들이 별자리를 통해 형성한 신성한 세계관을 보여준다. 그러나 현재는 7기 중 4기만이 모여 남아 있고, 1기는 조금 떨어진 곳에 위치하며, 나머지 2기는 각각 마을 농로를 개설하는 과정에서 묻히거나 사라졌다.

특히 궁동의 이 바위들이 '칠성바위'라 불렸다는 점과 더불어, 교홍리 고인돌 가

군이 진북 방향으로 의도적으로 배열되어 있다는 사실은 선사인들이 별자리를 중심으로 구축한 천문학적 상징체계와 세계관을 반영한 결과로 이해할 수 있다. 궁동에 남아 있는 북두칠성 선돌은 교홍리 고인돌 가군의 거대한 고인돌이 북극성을 상징한다는 해석을 암시하는 중요한 연결고리로 작용한다.

교홍리고인돌 나군이 위치한 구릉지는 주민들이 기우제나 천제를 올리던 신성한 제의공간이었다. 그 중 가장 아래에 있는 첨금정이라 불리는 고인돌은 풍년을 기원하는 농경지의 상징적인 장소이자, 삶의 터전으로 기능했다. 이곳은 군역에 나가는 사람을 송별하며, 가족들이 눈물을 흘리며 옷깃을 적시던 의미 있는 곳으

궁동의 파괴된 북두칠성 고인돌(고창 무장)
선사시대의 선돌로 추정되는 일곱 개의 바위가 있었으나, 마을 진입로를 개설하면서 한 기가 묻혔고, 농경이 이루어지면서 선돌들은 원형을 잃었다. 그러나 지금도 마을 주민들은 이 선돌을 '칠성암'이라 부르고 있다.

교흥리 첨금정 고인돌(고창 무장)

로 '첨금처'라고도 불렸다. 길 가에 크고 작은 바위들이 있고, 나무 그늘이 있어 마치 정자처럼 앉을 수 있는 곳이어서 '첨금정'이라는 이름이 붙여졌다. 후에 이 지역이 논으로 개간되면서 나무와 작은 바위들은 치워졌지만, 큰 바위는 몇 m 이동해 현 위치에 자리하게 되었다. 그 바위에는 "만력 25년 10월 일에 통제사 이순신이 새긴, 선무원종공신 김해김공 위(緯), 한, 천귀(天貴)의 순절비"와 "기훈암(記勳岩), 임술 4월 일 중간, 유사 8대손 전도사 치준 장재 치수", 그리고 '첨금정'이라는 글자가 새겨져 있다.

분명, 첨금정 주변에는 작은 고인돌들이나 선돌들이 있었을 것이다. 하지만 후대 사람들의 무지로 인해 이 작은 고인돌들과 선돌들은 천제단으로서의 중요성을 인정받지 못한 채 사라지고 말았다.

선사인들은 고인돌을 통해 자신들만의 세계를 구획하고, 삶과 죽음, 성소, 그리고 농업의 풍년을 기원하는 독특한 공간 구조를 만들어 놓은 것이 아닐까? 또한 이들은 각 고인돌에 특별한 의미를 부여하고, 고인돌 군 간의 관계도 밀접하게 엮여 있었다. 무장의 교흥리고인돌 가군은 이러한 의도적인 설계를 잘 보여주고 있다. 동지 일출 방향으로 고인돌이 배열된 이 지점들은 그들의 천문 지리적 사고와 함께, 당시 사회가 지닌 조직적이고 계획적인 성격을 잘 드러내는 중요한 사례다.

3) 지석마을 주변 고인돌 군의 천문 지리 특성

고창군 대산면 지석, 이 마을의 이름은 고인돌이 수없이 흩어져 있는 그 땅의 이야기를 담고 있다. 시간이 흘러 이곳에 숨겨진 고인돌들은 마치 고대 사람들의 천문학적인 지혜와 신앙이 스며든 자취처럼 고요히 자리 잡고 있다. 지석마을을 둘러싼 고인돌 군은 세 곳에 나뉘어 있으며, 그 배치 속에는 고대인들의 깊은 사유와 자연에 대한 찬미가 담겨 있다. 마을 앞에 있는 진주 정씨 묘역에는 두 개의 고인돌이 놓여 있어 '지석리 고인돌 나군'이라 불리며, 마을 북쪽 구릉에는 다섯 기, 동쪽 구릉에는 아홉 기의 고인돌이 각각 그 자리를 지키고 있다. 이 고인돌들은 모두 마을을 중심으로 삼각형을 이루며, 고대 사람들의 천문학적 원리와 지리적 특성을 절묘하게 결합시킨 배치를 보여준다.

지석리 고인돌 나-1은 바둑판처럼 배열된 고인돌로, 세 개의 굄돌이 그 고요한 무게를 지탱하고 있다. 불규칙한 직사각형 모양의 고인돌은 그 방향이 40°에서 220°로 향하고 있으며, 덮개돌 위에는 '성혈'이라 불리는 바위구멍들이 새겨져 있다. 그 자국이 무엇을 의미하는지 정확히 알 수는 없지만, 고인돌이 동방청룡과 남두육성 등 별자리를 향해 배열된 것으로 추정된다. 그 방향으로는 대마면의 무재봉이 펼쳐져 있어, 고인돌과 자연의 경계가 어우러지는 아름다움이 느껴진다. 지석리 고인돌 나-2는 나-1과 비슷한 형태를 띠고 있지만, 시간이 지나며 그 자리를

지석마을 고인돌 배치의 천문지리 특성(고창 대산)
지석마을 주변에는 세 곳의 고인돌 군이 있다. 이 고인돌 군들은 서로 간의 천문학적 특징뿐만 아니라, 각 고인돌 군 내부의 고인돌 관계와 개별 고인돌이 지리적 특성과 특정 방향성을 지니고 있음을 보여준다. 노란색의 ■은 고인돌의 위치를 표시한 것이다.(카카오맵 편집)

잃고 조금 옮겨진 듯 보인다. 덮개돌에는 일곱 개의 성혈이 새겨져, 고대 사람들의 사유와 신앙이 그 위에 고스란히 남아 있다.

마을 북쪽 구릉에 자리한 다섯 기의 고인돌은 그 중 두 기가 농경 활동으로 훼손되었지만, 여전히 그 자리를 지키고 있다. 그 두 기의 고인돌은 동지 일출의 방향을 향해 놓여 있으며, 동지 일출이 일어날 때 월랑산 봉우리와 정확히 맞닿아 있다. 그 모습은 고대 사람들이 태양의 이동 경로를 세심하게 관찰하며, 삶의 리듬을 자연과 천문학 속에 새겼음을 뜻하는 듯한다.

지석리 고인돌 나군

　동쪽 구릉에 놓인 아홉 기의 고인돌 중 일곱 기는 남쪽을 향하고, 두 기는 북쪽을 향하고 있다. 일부 고인돌은 농로 개설과 농경 활동 중 훼손된 것으로 보이지만, 항공사진을 통해 확인된 고인돌들의 배열은 마치 북두칠성을 형상화한 듯한 모습이다.

　고인돌 가군의 북쪽에 놓인 가-1과 가-2 고인돌은 춘추분의 일출 방향을 향해 정렬되어 있다. 특히 가-2 고인돌의 덮개돌 위에는 12개의 성혈이 새겨져 있으며, 이는 춘분 전후의 별자리와 깊은 연관이 있음을 암시한다. 고인돌들이 춘추분의 일출 방향으로 배치되어 있다는 사실은 고대 사람들이 농경의 시작을 알리는 의례와도 밀접하게 연결되어 있다는 것을 보여준다. 12개의 성혈에서 뚜렷하게 북두칠성이 확인된다. 고인돌은 태양과 별자리의 변화를 관찰하고 그것을 농업과 연결하려는 고대 사람들의 지혜와 신앙이 깃든 유물이다. 두 고인돌 간의 관계는 동지 일출과 하지 일몰의 방향을 맞추어, 일 년을 관통하는 중요한 시점들을 천문

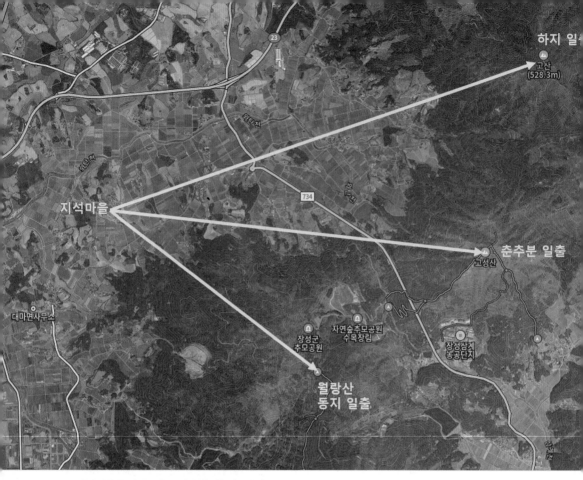

지석마을 중심의 2지2분과 봉우리(고창 대산)
지석 마을 주변의 고산, 고성산, 월랑산은 각각 하지, 춘추분, 동지의 위치 기점이 된다.(카카오맵 편집)

학적 기준으로 삼았음을 알려준다.

　지석리 가-3 고인돌은 그 크기와 형태에서 다른 고인돌들과 뚜렷이 구별되는 독특한 특징을 지니고 있다. 장축이 450㎝, 단축이 210㎝, 두께가 40㎝로, 네 개의 굄돌 위에 놓인 탁자식 고인돌이다. 그 중심축은 정확히 170° 방향을 향하고 있으며, 그 형태는 별자리 관측 패턴을 따르는 듯한 모습을 보인다. 덮개돌의 동남쪽 끝에는 13개의 성혈이, 북서쪽 끝에는 15개의 성혈이 새겨져 있는데, 이는 고수 무실고인돌에서 확인된 동방청룡 별자리와 유사한 패턴을 보여준다.

　지석마을 주변의 고인돌 군의 배치를 정리하자면, 첫째, 나군에서 북쪽의 5기

성혈이 있는 가-3 고인돌(고창 대산)
위 고인돌의 상부에는 28개의 성혈이 새겨 있고, 이 고인돌 장축의 방향성은 170°로 별자리 관측 패턴을
보인다.

고인돌은 진북 방향으로 배치되었다.

둘째, 마을 북쪽 5기의 고인돌은 동지 일출 방향으로 놓여 있고, 전면의 월광산
봉우리와 일치힌다.

셋째, 나군에서 마을 배후 끝자락 고인돌은 하지 일출 방향이고, 전면의 고산과
일치한다.

넷째, 지석마을 배후 10기의 고인돌은 북두칠성을 중심으로 한 별자리 배치 형
태이다.

지석마을 주변의 고인돌들은 고대 사람들이 별과 태양의 움직임을 관찰하고 그
지식을 삶에 실천적으로 적용한 결과물이다. 이 고인돌들은 그저 돌덩어리가 아
닌, 고대 사람들의 신앙과 지혜, 그리고 우주와의 깊은 연결을 느낄 수 있는 살아
있는 증거다. 고인돌들의 배열은 고대인의 세계관과 그들이 살았던 방식, 그들의
삶이 자연과 어떻게 조화롭게 엮였는지를 보여준다.

4) 동서 10km와 남북 3.7km의
고인돌 군 배치의 특성과 의미

　　　　　　　　고창군은 '고인돌의 왕국'이라 불릴 만큼 많은 고인돌이
구석구석에 분포해 있으며, 그 배치에는 당시 선사인들의 천문학적 사고와 문화
적 의도가 깊이 스며들어 있다.

　고창군에서 발견된 동서 10㎞ 구간에 걸쳐 배치된 고인돌 군은 선사인들의 뛰
어난 과학적 사고와 계획을 보여주는 중요한 사례다. 이 고인돌 군들은 고창읍과
아산면에 약 10㎞에 걸쳐 일직선으로 배열되어 있다. 고창읍 월암리에서 시작해

도산리고인돌을 중심으로 한 고인돌군 배치(고창 월암)
아주 놀라운 고인돌 군들의 배치 모습이다. 배치 형태뿐만 아니라 고인돌 간에도 특정 천문 현상을 반영하
고 있어, 고인돌 연구에 있어 새로운 방법론이 필요함을 제시하고 있다. ●은 고인돌 군을 표시했다.(카카
오맵 편집)

만동고인돌(고창 아산)

아산면 동촌마을까지 이어지는 이 고인돌 군들은 최소 네 개의 고인돌 군으로 구
성되어 있으며, 그 배치가 일직선으로 이루어져 있다는 점에서 선사인들의 고대
측량술을 짐작할 수 있다.

첫 번째 고인돌 군은 고창읍 월암리의 19기 고인돌로, 석정온천으로 이어지는
도로변에 동서 방향으로 배치되어 있다. 두 번째 고인돌 군은 월암리고인돌 군에
서 약 6.9㎞ 떨어진 도산리고인돌에 위치하며, 탁자식 고인돌 1기와 개석식 고인
돌 5기가 있다. 세 번째 고인돌 군은 도산리고인돌에서 약 700m 떨어진 봉덕리 만
동마을의 배후 구릉에 위치한 5기의 고인돌이다. 네 번째 고인돌 군은 아산면 동
촌마을에 위치하며, 대동리 277-2번지와 165-1번지에 각각 1기와 3기의 고인돌이

동촌고인돌(고창 아산)

있다.

　고인돌들이 일직선으로 배열된 이유는 단순히 지리적 조건 때문만은 아닐 것이다. 고인돌들이 지금의 위치에서 남아있는 이유는 그 크기나 집단성 덕분에 파괴되지 않았을 가능성도 있다. 고인돌 군들이 동서 10㎞에 걸쳐 일직선으로 배열된 이 사실은 당시 선사인들이 천문과 지리를 이해하고, 이를 바탕으로 의도적으로 고인돌을 배치했다는 증거로 볼 수 있다.

　고창군의 고인돌 군들이 일직선으로 배열된 방향성에서 중요한 점은 바로 고인돌들이 동서로 배열되어 있다는 것이다. 이 고인돌들의 배열 방향은 동쪽 95°와 서쪽 275°로, 이는 춘분과 추분에 맞춘 태양의 일출과 일몰 방향을 나타낸다고 해석할 수 있다.

　특히 흥미로운 점은 고인돌이 일직선으로 배치된 방향이 도산리고인돌의 두 굄돌의 통로 각과 거의 일치한다는 사실이다. 도산리고인돌은 고창 지역 내에서 중요한 고인돌 군 중 하나로, 동서 방향으로 배치된 고인돌들과 정확히 일치하며, 북쪽의 죽림리 1코스 고인돌 군과 세계 최대 규모의 운곡리고인돌까지도 일직선으로 배열되어 있다. 이 일직선의 배열은 총길이 3.67㎞로, 도산리고인돌에서 죽림리 1코스 바둑판식 고인돌까지는 1.47㎞, 그 다음은 2.2㎞가 된다. 이 배열의 방향은 355°로, 약간의 오차는 있지만 남북축과 거의 일치한다.

또한, 주목할 점은 죽림리 1코스 고인돌 군에 있는 바둑판식 고인돌 3기와 7기의 고인돌들이 능선을 따라 두 줄로 배열되어 있다는 것이다. 이 두 줄의 고인돌 방향 역시 도산리고인돌에서 운곡리고인돌까지의 일직선 방향, 즉 북쪽으로 배열되어 있다. 이는 선사인들이 천문학적인 방향과 배치 원리를 활용하여 고인돌 군들을 조직적으로 배열했음을 보여준다.

이곳의 2513호 고인돌은 그 배치에서 매우 중요한 의미를 가진 고인돌로, 특히 북쪽 행정치에서 내려오는 능선의 가장 윗부분에 위치하고 있으며, 고인돌의 방향은 능선의 방향과 정확히 일치한다. 그리고 이 고인돌의 중심 통로는 도산리고인돌과 운곡리고인돌을 잇는 일직선 방향과 거의 일치하는데, 이는 고인돌들의 배열이 우연이 아닌 의도된 설계임을 보여 준다. 2513호 고인돌이 놓인 위치와 방향은 여러 고인돌 군들과의 연결성에서 중요한 역할을 한다. 특히, 이 고인돌은 능선의 방향과 굄돌의 통로가 일치하는 점에서, 고인돌 군들이 가지는 특별한 의미가 있다.

도산리고인돌을 중심으로 한 고인돌 군의 배치는 춘분 추분과 관련이 깊은 동서축 방향과 북극성이나 북두칠성과 관련된 남북축 방향으로 놓여 있어, 고인돌들이 태양의 움직임과 하늘의 주요 별자리와 연결되도록 배치되었음을 알 수 있다. 이러한 배치는 선사인들이 당시 자연과 천체에 대한 깊은 이해를 바탕으로 고인돌을 의도적으로 배열했음을 보여주며, 고인돌시대가 천문학적 지식과 공간적 사고가 고도로 발달한 사회였음을 확인시켜준다.

조선 태조 4년에 제작된 천상열차분야지도의 각석에서 보여 지는 천문학적 정

북극성을 상징화한 세계 최대의 운곡리고인돌(고창 아산)
성인 남성이 팔을 뻗어 그 크기를 봐도 규모가 매우 컸음을 알 수 있다.

보는 고구려시대에 이미 발전한 천문학 지식을 바탕으로 만들어졌다. 그러나 고창의 고인돌 배치를 보면, 천상열차분야지도에서 나타나는 천문학적 원리와 유사한 형태가 이미 선사시대부터 존재했을 가능성을 확인할 수 있다. 특히 도산리고인돌은 춘분과 추분의 절기를 나타내고 있으며, 동서와 남북 방향으로 배치된 고인돌들이 천문학을 반영했다는 점에서, 고창의 고인돌들이 이미 고대 천문학 지식을 바탕으로 계획적으로 배열되었음을 시사한다.

한편, 운곡리와 죽림리 및 도산리 일대 고인돌의 배치는 고창천을 은하수로 보고, 삼원의 세상을 표현했을 가능성이 있다. 그리고 위의 1코스의 고인돌을 은하수의 천진성(天津星)을 상징하였는지도 모른다. 천진성은 백조자리의 별들로 이루어져 있으며, 죽림리 1코스 고인돌 군의 배열이 이 별자리와 일치하는 점에서, 고인돌 배치가 천체와의 관계를 나타내는 상징적 의미를 갖고 있음을 알 수 있다. 또한 고인돌들이 고창천을 건너 운곡리고인돌로 이어지는 구조는 도산리고인돌을 삶의 공간으로, 죽림리고인돌 군을 은하수와 주변 별들로, 운곡리고인돌을 북극성으로 비유하는 해석을 가능하게 한다.

고창의 고인돌 군은 청동기시대의 부족 국가들이 이미 고도의 천문학적 사고를 바탕으로 사회를 조직하고, 문화적으로 중요한 의미를 지닌 공간을 창조하려 했음을 확인시켜준다. 이러한 고인돌 배치는 고대 사회가 얼마나 계획적이고 조직적으로 천체의 움직임과 자연의 법칙을 이해하고 지상에 실현하고자 하였는지를 보여준다.

제 **3**장

고인돌은 첨성대다
(별들의 길을 담은 고인돌)

1.
별들의 길을 담은
고인돌의 방향성

"

  고인돌은 아무 때나 찾아갈 수 있는 친구이자 놀이터이다. 놀이터가 되어버린 고인돌을 찾아 나서는 것은 해결하지 못한 선사인들의 많은 지혜와 지식을 읽고 싶어서였다. 지리학을 전공하고 풍수지리를 조금 공부한 덕분에, 20여 년 전부터 "풍수지리는 수천 년 전부터 고인돌의 영향을 받아 내려온 한국의 전통 과학이다."라고 주장하였다. 물론 전 서울대 지리학과의 최창조 교수는 여러 저서에서 "풍수지리는 한국에서 자생적으로 탄생한 논리"라고 주장했다. 많은 풍수가들도 그의 논리를 바탕으로 한반도 자생풍수론을 따르고 있다. 박시익 박사는 "고인돌은 배산임수 배치를 이루고 있어 선사시대의 고인돌도 풍수지리 이론을 적용했다."고 하며, 고인돌 배치가 지세를 강조한다고 했다. 풍수지리의 대가들뿐만 아니라 이를 조금이라도 아는 사람들은 지형 중심의 풍수지리를 적용하고 해석했다. '풍수지리'라는 개념이 지형학과 밀접하기 때문에 그럴 수밖에 없었을 것이다.

  한편, 서양의 현상학 철학을 연구한 이종관 교수는 이를 '풍경'이라 정의했다.

  하지만 선사시대의 고인돌은 이러한 땅의 논리를 넘어, 동양 철학의 근간인 천지인(天地人) 사상을 조화롭게 배치한 결과물이었다. 천지인 또는 삼재(三才) 사상이 이미 청동기시대부터 깊숙이 자리하고 있음을 고인돌 배치에서 확인할 수 있다.

하늘의 해와 별의 움직임을 반영하고, 주변의 땅을 관찰하여 고인돌을 설치했다는 사실은 고인돌 배치의 천문 지리 분석을 통해 밝혀지고 있다.

고인돌이 완성된 후 당시 선사인들의 사고를 반영한 다양한 제례가 이루어졌지만, 고고학적인 관점에서만 해석되어 학계에서는 고인돌에 담긴 천문 지리 현상을 읽지 못했다. 이전에 설명한 고인돌 주변의 봉우리와 고개 등의 지형지물은 동지, 춘분, 추분, 하지 등 계절과 시간의 분기점이자 별들의 움직임을 관찰하는 기준 지점으로 사용되었다. 고인돌은 하늘과 땅, 그리고 인간이 조화를 이루는 공간으로서 천제단이자 천문대, 그리고 점성대의 역할을 했다.

특히 점성대(占星臺)는 천체의 움직임을 관측하고 해석하여 인간의 운명이나 국가의 길흉을 예측하는 장소를 의미한다. 고대 사회에서는 천문 현상이 인간과 자연에 영향을 미친다고 믿었기 때문에, 점성대는 단순한 관측소를 넘어 종교적·정치적으로 중요한 시설로 여겨졌다.

따라서 고대 사회에서는 점성대를 활용해 별자리, 행성, 태양, 달의 위치를 관측하며 계절의 변화나 농사와 관련된 결정을 내렸다. 고대 이집트, 바빌로니아, 그리스, 중국, 그리고 한국의 고인돌 등 여러 문명에서도 점성대와 유사한 구조물이 존재했으며, 이는 천체를 관측하고 계절의 변화를 이해하기 위해 세워졌다.

대표적으로 스톤헨지는 고대 영국에서 점성대의 역할을 했으며, 별과 해의 위치를 기준으로 설계된 구조물로 여겨진다. 고대인들은 별과 행성의 움직임을 통해 개인의 운명이나 농사의 풍흉을 예측하며 점성술적 해석을 발전시켰다. 많은 문화에서 점성대는 신성한 장소로 인식되었고, 천체 관측은 신과 인간의 관계를 이해하는 중요한 수단으로 활용되었다. 천문학적 현상은 종교적 의식이나 예배와 결합되기도 했으며, 점성대는 천문학과 점성술의 발전에 중요한 역할을 하였다.

한편, 지구는 매일 자체적으로 한 바퀴씩 자전하면서 황도를 따라 1년에 한 바퀴씩 태양을 도는 공전운동을 한다. 황도는 지구에서 볼 때 1년 동안 하늘을 가로

지르는 태양의 겉보기 경로로, 태양을 도는 지구의 궤도면과 일치한다. 본질적으로 황도는 지구의 궤도면을 천구에 투영한 것이다. 황도는 지구의 축 기울기 때문에 천구 적도에 대해 약 23.5도 기울어졌고, 황도를 따라 있는 별자리를 황도대 별자리라고 한다. 황도가 천구 적도를 가로지르는 지점을 춘분과 추분이라고 한다.

선사인이 특정한 산봉우리나 고개 등을 위치 기점으로 삼은 것은 매일매일 달라지는 별자리의 관측을 위해서다. 한 곳에서 측정해야 밤하늘의 별들이 어느 때에 어떻게 어디로 움직이는지 알 수 있다. 별들의 관측을 위한 위치 기점은 주로 나지막한 고개와 산봉우리를 선정하는 경우가 많다. 초저녁 서쪽으로 일몰이 되고 동남쪽의 나지막한 고개나 봉우리에서 별들이 떠오르는 것을 관측했다. 물론 고인돌의 홈이 덮개돌의 방향과는 상관없이 남동쪽에 주로 새겨졌다는 사실은 유럽과 중앙아메리카의 거석문화에서도 똑같이 선호되었다. 이 방향을 고려한 바위구멍의 배치는 당연히 천문학적 배경에 두고 설계된 것이다.[1]

초저녁 별자리 관측은 저녁이 시작되는 시간에 위치 기점인 산봉우리나 고개에서 하늘의 별자리를 관찰하는 행위이다. 초저녁은 별과 행성이 가장 잘 보이는 시간대 중 하나로 계절에 따른 별자리의 변화를 확인하는 기회를 제공한다. 이는 천문학적 계절의 변화를 이해하고, 천체의 주기적 운동을 관찰하는 데 유용하다. 많은 문화에서 별자리는 신화와 연결되어 있다. 초저녁에 별자리를 관측하는 것은 그 별자리와 관련된 전통이나 이야기를 떠올리는 기회를 제공한다.

전통적으로 별자리는 농업에 중요한 역할을 했으며, 농부들은 별자리를 관찰하여 씨를 뿌릴 시기나 수확 시기를 결정하곤 했다. 초저녁 별자리 관측은 이러한 농업적 지혜와 연결되어 있었다. 또한 초저녁 별자리는 항해와 여행에 중요한 역할도 했다. 고대부터 사람들은 별을 기준으로 방향을 정하고 길을 찾는 데 사용했으며, 초저녁에 별자리를 관측함으로써 방향을 결정하고 안전하게 이동할 수 있었다. 별자리를 관측하는 것은 고대부터 인간과 자연, 우주 간 연결을 해주는 소중한 지혜이자 경험이었다.

북극성을 상징화한 교흥리 최대 고인돌(고창 무장)
한제산 중턱에 있는 이 고인돌 군에는 28기의 고인돌이 있으며, 그 중에서 이 고인돌의 규모가 가장 크다.
주변의 고인돌 군들과의 관계를 미루어 볼 때, 이 고인돌은 북극성을 상징하는 것으로 추정된다.

　　지금까지 고인돌의 조사에 따르면, 고인돌과 별자리 관련 방향성은 네 가지로 압축된다.

　　첫 번째는 고인돌 덮개돌에 북두칠성과 북극성을 상징하는 성혈을 새긴 경우와, 계절에 상관없이 진북 방향의 북극성을 중심으로 고인돌의 장축이나 고인돌들을 북쪽 라인에 맞춰 일렬로 배치한 경우이다. 북극성(Polaris)은 북쪽 하늘에서 가장 밝은 별 중 하나로, 북극점에 매우 가까운 위치에 있어 지구의 자전축과 거의 일치하는 지점에 있다. 이에 따라 북극성은 고정된 점으로 보이며, 다른 별들이 회전하는 가운데 그 위치는 변하지 않는다. 북극성은 작은곰자리(Ursa Minor)의 끝에 위치해 있다. 북극성은 중요한 신화적 요소로 등장하며, 일부 민족은 북극성을 '신의 눈'으로 묘사해 길을 잃은 자들에게 방향을 알려주는 역할을 한다고 믿었다. 특히

북극성을 상징화한 부곡리 연동 고인돌(고창 고수)
부곡리 고인돌 군들은 하나의 거대한 북두칠성 모양으로 배치되었고, 그 북두칠성의 국자 안에 타원형의 거대한 연동 고인돌을 놓았다. 이는 절대지존인 북극성을 상징화한 것으로 추정된다.

북반구에서 길을 잃은 사람들은 북극성을 찾아 북쪽을 가리키며 안전한 경로를 찾았다. 또한 북극성은 북극의 고도를 측정하는 기준점이 되었으며, 이 고도는 밤낮 길이와 해의 출몰 시각을 계산하는 기초가 된다.[2]

즉, 북극성의 위치는 계절을 가늠하는 데에도 사용되었으며, 농부들은 별자리를 통해 계절의 변화와 농작물의 파종 시기를 결정했다. 또한, 먼 거리를 항해하는 데 있어 북극성은 항상 북쪽을 가리키기 때문에 항해자들에게 중요한 기준이 되었다.

북극성과 북두칠성을 상징하는 고인돌 배치는 독특한 특징을 가진다. 주변에 '칠성재', '칠암', '두암'과 같은 지명이 남아 있거나, 입석과 고인돌이 함께 분포하는 경우가 많으며, 고인돌의 배치 방향이 북쪽을 향하는 경우도 흔하다.

제2장에서 언급한 교홍리 고인돌의 사례를 보면, 궁동마을에는 일곱 개의 입석이 존재하며, 이를 '칠암'이라 불렀다. 이 칠암은 북쪽에 위치한 교홍리의 가장 큰

고인돌을 향하도록 배치되어 있다. 이는 부곡리 연동 고인돌과 남쪽으로 2㎞ 떨어진 고수 무실 고인돌 간의 관계와도 유사하다. 무실 고인돌에서 바라볼 때 연동 고인돌이 정확히 정북쪽에 위치해 있는 점을 고려하면, 연동 고인돌이 북극성을 암시하고 있음을 알 수 있다.

남원의 갓바위(관암)는 자연석으로, 자연 형성인지 인위적 조성인지는 명확하지 않다. 그러나 이 바위는 지리산지의 깊은 협곡에 위치하고, 요천의 침식 작용을 받아 형성되었다. 갓바위는 화강암 기반의 토르(Tor)로, 풍화와 침식을 거쳐 현재의 모습으로 변했다. 절리를 따라 잘려 나가며 장축은 남북 방향을 가리킨다. 갓바위

북극성을 향해 배치한 남원 갓바위(남원 산동)
갓바위의 윗부분에 있는 바위의 장축이 북쪽을 향하고 있고, 이는 북극성을 향한 배치로 해석할 수 있다.

동서남북으로 배치된 익산 뜬바위(익산 금마)
익산 금마의 뜬바위의 아래쪽은 남북 방향이로, 윗쪽의 바위는 동서 방향으로 놓여 있다. 또한 이 바위에는
여러 개의 성혈과 윷놀이 판이 새겨 있다.

의 핵석은 절리를 따라 7개로 나뉘어 북두칠성을 상징하는 듯하며, 장축은 진북을 가리키고 전면 산봉우리와 일치한다. 이는 진북 방향의 북극성과 관련이 있다. 이러한 점으로 볼 때, 갓바위는 선사인들이 자연석 일부를 떼어내 북극성을 향하도록 인위적으로 조성한 흔적으로 추정된다.

갓바위처럼 기반암 위에 인위적으로 설치해 신성시한 거석문화는 익산 금마 구룡마을에도 있다. 고래를 닮은 이 바위는 '뜬바위', '북바위', '엎힌바위' 등으로 불린다. '뜬바위'는 윗돌과 밑돌이 떠 있는 것처럼 보여서 붙여진 이름이고, '북바위'는 베를 짜는 북과 닮아서, '엎힌바위'는 큰 바위가 다른 바위 위에 엎혀 있어서 붙여진 이름이다. 이 바위는 화강암 기반암이 남북 방향인 반면, 윗부분의 뜬바위는 동서축으로 배치되어 있다. 바위 위에는 북두칠성 4개와 북극성을 표현한 윷판 모양의 성혈이 있으며, 기반암과 뜬바위의 절리 방향이 다른 점으로 보아 인위적으로 조성된 고대 거석문화로 추정된다. 이처럼 한반도의 거석문화는 고인돌 외에도 다양한 형태로 나타난다.

　두번째는 사계절 내내 떠오르는 별들을 관측하는 160° 전후의 방향이다. 이 방향을 따라 고인돌들이 서로 연결되어 배치되거나, 덮개돌 위에 성혈이 새겨진 사례가 다수 발견된다. 특히, 이 방향을 향해 고개를 들고 있는 고인돌이 많은데, 이는 별들이 산봉우리를 따라 떠오르는 장관을 관찰하기 위한 것으로 보인다.

　산봉우리를 배경으로 떠오르는 별들은 점차 사면을 타고 정상으로 오르며, 신비로운 장면을 연출한다. 때로는 산봉우리가 별들이 떠오르는 기준점이 되기도 한다. 이러한 방향으로 장축이 놓인 고인돌에서는 덮개돌 위에 성혈이 새겨진 경우가 종종 발견되며, 이는 별자리와 관련된 상징적 의미를 내포하고 있을 가능성이 크다.

　고인돌에 새겨진 대표적인 별자리 중 하나는 농경과 깊은 관련이 있는 동방청룡(東方靑龍)이다. 동방청룡은 사신수(四神獸) 중 하나로, 동쪽을 상징하며 봄철 해가 떠오르는 방향과 연결된다. 고대 오행 사상에서는 목(木)과 대응되며, 용(龍)의 형상을 한 청룡은 힘과 권위를 나타내는 존재였다. 농경 사회에서 청룡은 비와 풍요를 가져오는 신성한 존재로 여겨졌으며, 동쪽은 새로운 시작과 희망을 의미했다.

　청룡은 생명과 성장의 상징이자, 자연의 조화를 반영하는 존재로 간주되었다. 또한, 우주의 질서를 상징하며, 동쪽에서 발현하는 강력한 기운을 대표하는 존재로 여겨졌다. 동방청룡은 동아시아 전역에서 중요한 문화적·신화적 상징으로 자리 잡았으며, 고대부터 현대까지 농경문화와 깊이 연결되어 있다.

　고창 산림리 고인돌에는 다수의 성혈이 새겨져 있으며, 160° 방향으로 방장산을 향해 배치되어 있다. 이러한 배치는 고인돌이 산봉우리와 같은 특정 지형과 천문 현상 간의 밀접한 연관을 나타낸다. 산림리 고인돌의 성혈은 별자리를 상징하는 것으로 추정되며, 160°라는 특정 방위가 별자리 관측 방향과 일치한다.

성남리 고인돌의 성혈(고창 대산)
이 고인돌은 장축이 불분명하지만, 덮개돌 위에 성혈이 뚜렷하게 새겨진 것이 특징이다. 또한, 성혈이 별자리 관측 패턴에 따라 새겨진 것으로 보아, 하지 전후의 기우제와 관련이 있는 고인돌로 추정된다.

    한편, 중심축이 동쪽을 향하고 굄돌이 네 개인 고인돌은 측면 방향에서도 의미를 지닌다. 중심축의 앞면이 남동쪽 150°라면, 후면은 북서쪽 330°가 된다. 이 고인돌의 측면은 북동쪽 60°와 남서쪽 240°로 배치된다. 만약 고인돌이 산봉우리를 마주하고 있다면, 북동쪽 60°는 하지 일출 방향이 되고, 남서쪽 240°는 동지 일몰 방향이 된다. 중심축이나 장축이 별자리 관측과 관련된 탁자식 고인돌이라 하더라도, 측면의 단축을 통해 하지 일출과 동지 일몰의 장관을 경험할 수 있다.

    세 번째는 하지 전후, 동남쪽 200~220° 방향에서 떠올라 추석 이후 사라지는 남두육성과 여름철 대삼각형 별자리를 관측하는 패턴으로 추정된다. 대부분의 고인돌은 이 방향에 위치한 봉우리나 고개 등을 기준점으로 삼아 설치되었으며, 성혈

160° 전면의 방장산

다수의 성혈과 160° 전면의 방장산을 향해 배치한 산림리 고인돌(고창 신림)

판정리 탁자식 고인돌의 동지 일몰(고창 성송)
이 고인돌의 장축은 동남-북서 방향으로 놓여 있으며, 단축은 하지 일출과 동지 일몰 방향에 맞춰 배치되어
있다. 이 사진은 고인돌의 측면에서 촬영한 동지 일몰의 모습이다.

회동모텡이 220° 고인돌
세계문화유산 죽림리 고인돌 군에 있는 회동모텡이의 이 탁자식 고인돌은 남두육성 같은 별자리를 관측하는 전형적인 220° 방향성을 띠고 있다.

이 새겨진 고인돌 중에서도 이 방향을 향한 경우가 많이 발견된다. 이는 선사시대 사람들이 고인돌을 축조할 때 주변 지형과 별자리를 면밀히 고려했음을 보여주는 사례다. 고창 고수 강촌 고인돌은 두 개의 굄돌을 사용한 전형적인 탁자식 고인돌로, 덮개돌 위에는 남두육성을 나타내는 여섯 개의 성혈과 좌우에 세 개의 성혈이 새겨져 있다. 고인돌은 두 굄돌 사이로 추산봉의 뾰족한 봉우리를 바라보도록 배치되어 있으며, 이를 통해 천문과 지리가 조화를 이루고 있음을 알 수 있다.

남두육성(南斗六星)은 북두칠성과 대칭적으로 위치한 별자리로, 태양의 남쪽에 자리한다. 여섯 개의 밝은 별로 구성된 이 별자리는 여름철 밤하늘에서 남쪽 방향으

210°

30°

30-210°인 영광 홍교리 고인돌 성혈(영광 대마)

로 쉽게 관측된다.

현재까지 고창군의 고수 강촌 고인돌, 성내 신대리 고인돌, 대산 상금리 고인돌, 대산 성남리 고인돌, 성송 계양 고인돌, 상하 오룡 고인돌, 영광 홍교리 고인돌 등에서 고인돌의 장축이나 통로가 동남쪽 200~220° 방향으로 배치된 사례가 확인되었다. 이들 고인돌에는 남두육성을 비롯한 여러 별자리가 성혈로 새겨져 있다.

여름철 대삼각형 별자리는 백조자리의 데네브(Deneb), 거문고자리의 직녀성(Vega), 독수리자리의 견우성(Altair)으로 구성된다. 이 별자리는 북반구 여름 밤하늘에서 가장 중요한 별자리 중 하나로, 고대 동양에서는 신화적 의미를 지닌다. 특히 견우와 직녀의 설화는 은하수를 사이에 두고 1년에 한 번 만나는 이야기를 담고 있으며, 사랑과 재회의 상징으로 전해진다. 이 설화는 농경에서 중요한 동물인 소와 연결되어 풍요와 부의 상징으로 여겨지며, 농경 사회의 현실을 반영한다. 여름철 대삼각형 별자리는 고인돌의 윗부분에 성혈로 새겨졌다.

고인돌에서 남두육성과 여름철 대삼각형 별자리가 함께 새겨진 사례는 농경문화와의 깊은 연관성을 보여준다. 고대인들은 이러한 별자리를 관측하며 농사의 시기를 가늠하고 풍요를 기원했으며, 기우제와 같은 천제를 지내기도 했다.

네 번째로, 고인돌의 방향성과 집단적 배치는 은하수를 직접적으로 상징 표현한 것으로 보인다. 155~170° 방향의 고인돌에서 은하수를 형상화한 바위구멍이 발견되며, 이러한 흔적은 하지 일출 방향의 고인돌에서도 자주 나타난다. 고인돌의 배치, 방향, 성혈의 위치는 은하수와 깊이 연관되어 있으며, 은하수의 계절적 변화가 고대인들에게 농사의 시기와 날씨를 예측하는 기준이 되었음을 시사한다.

은하수는 여러 문화에서 신화와 연결되어 '하늘의 강'으로 불리며 생명, 죽음, 내세를 상징하는 존재로 여겨졌다. 특히 은하수가 죽은 자의 영혼을 인도하거나 사후 세계로 향하는 길로 해석된다는 점은 고대 이집트의 사례와 유사하다. 이집트에서는 나일강을 하늘의 은하수와 동일시하며, 나일강의 범람이 비옥한 토양을 형성해 농업이 번성한다고 믿었다. 나일강이 생명과 풍요의 상징이었듯, 은하수 또한 우주의 생명선으로 인식되었다.

한국에서도 고인돌을 축조한 사람들이 하천과 은하수를 동일시했음을 확인할 수 있다. 하천은 생명의 근원으로 여겨졌으며, 하늘의 은하수 역시 지상의 하천처럼 생명과 재생을 상징하는 존재로 받아들여졌다. 고인돌의 성혈은 가뭄을 막고 풍요를 기원하는 의미를 담고 있으며, 이는 은하수와 고인돌 주변의 하천이 밀접하게 연결되어 있음을 상징적으로 보여준다. 고창천, 화순 지석천, 영광 와탄천 등 하천 주변의 고인돌들은 은하수와 별자리를 형상화해 배치된 것으로 추정된다.

특히 대규모 고인돌 군은 하천과 고인돌들이 삼원(자미원, 태미원, 천시원)의 세계를 반영한 것으로 보인다. 이는 향후 연구가 필요한 주제로 여겨지며, 은하수는 고대인들에게 천문학적, 종교적, 철학적 의미를 지닌 중요한 상징이었다..

'거북바위'로 알려진 고창 산림리 고인돌에는 북두칠성을 비롯한 수많은 성혈이 정교하게 새겨져 있으며, 장축 방향은 별자리와 관련된 160°로 설정되어 있다. 특

거북형의 성내 산림리 고인돌과 성혈들(고창 성내)

히, 이 고인돌은 무형문화재로 지정된 윤도장의 윤도(패철) 제작 과정과 깊은 연관이 있다. 윤도를 완성한 후, 장인은 제성산에 위치한 거북 모양의 고인돌을 찾아가 남북 방향이 정확히 맞는지 확인한다. 윤도는 고인돌의 성혈 세 곳 위에 올려 방위가 남북 방향의 성혈과 일치하면 비로소 완성으로 인정된다.

이 고인돌은 '구궁팔괘암'이라는 이름으로도 불리며, 구궁과 팔괘의 개념이 결합된 명칭이다. 구궁은 우주와 인생의 순환적 개념을 상징하고, 팔괘는 자연과 인간의 상호작용을 나타낸다. 이들이 결합된 구궁팔괘암은 천문학적이고 철학적인 의미를 담고 있으며, 자연과 우주의 조화를 이루는 신성한 장소로 여겨졌다. 결국, 구궁팔괘암은 단순한 명칭을 넘어, 하늘과 땅, 인간이 서로 연결되는 우주적 질서를 성찰하는 신성한 공간을 의미한다고 할 수 있다. 윤도의 남북 방향 측정을 위한 기준점이자, 자연과 인간, 우주를 연결하는 상징적인 고인돌이다.

2.
북극성과 고인돌의
방향성

"

1) 절대 지존 북극성과 북두칠성으로
배치한 상금리 고인돌

고창 대산 상금리 고인돌은 상금마을에서 전남 장성 삼계면으로 이어지는 영산기맥의 가리재(225m) 정상까지 약 2.7㎞ 떨어진 거리에서 205기의 고인돌이 존재하는 것으로 조사되었다.[3] 고산 아래 상금리고인돌 군의 중턱에 오르면, 경사면 아래에 커다란 뾰족한 괴석 고인돌 1기가 있고, 그 주변에는 5기의 큰 바둑판식 고인돌이 이를 감싸고 있다. 조금 떨어진 곳에는 바둑판식 고인돌과 개석식 고인돌 각 1기가 있으며, 전체적으로 뾰족한 삼각형 괴석 고인돌을 7기의 고인돌이 둘러싼 형태이다. 이 고인돌들은 장축이 300~480㎝, 단축은 220~317㎝에 달하는 큰 크기다.

이 고인돌들의 배치는 북극성과 북두칠성으로 해석할 수 있다는 주장이 있었지만, 확신을 가지기 어려웠다. 하늘의 북두칠성은 국자 모양이며, 북두칠성의 1번 탐랑성과 2번 거문성 사이의 5배 거리 일직선 상에 북극성이 있다. 그러나 이 고인돌군은 실제 밤하늘의 북두칠성과 북극성의 배치와는 거리가 멀다. 선사인은 분명 북두칠성과 북극성을 모델로 배치한 것으로 보이지만, 왜 그렇게 뾰족한 괴석을

상금리의 북극성과 북두칠성 고인돌(고창 대산)
이 고인돌군은 상금리의 고산 아래에 위치하고 있으며, 일부 훼손되었지만 고인돌들이 북두칠성 모양으로 배치된 것이 확인된다. 특히, 북두칠성의 국자 모양 안에 거대한 고인돌을 놓아 북극성을 상징화한 것으로 보인다.

국자의 중심에 세운 것인지에 대한 의문은 남았다.

한편, 뒷장에서 자세히 설명하겠지만, 고창 부곡리 고인돌도 북두칠성의 형태로 고인돌이 배치되어 있다. 국자 안 중심에는 거대한 타원형 개석식 고인돌과 바둑판식 고인돌이 놓여 있다. 이 고인돌 근처 연동의 옛 모정 옆에는 성혈이 새겨진 작은 원형 고인돌이 있으며, 그 위에는 10개 정도의 성혈이 새겨있다. 이 고인돌에도 부곡리 고인돌 국자 안의 거대한 타원형 고인돌과 탁자식 고인돌처럼, 큰 성혈 하나와 희미한 성혈 하나가 새겨있다. 두 개의 성혈 주위에는 일곱 개의 성혈이 시계 반대 방향으로 배열되어 있다.

상금리 고인돌 배치와 연동 고인돌 성혈은 중심의 고인돌과 성혈을 감싸듯 시계 반대 방향으로 곡선을 이루며 북두칠성으로 고인돌을 배치하거나 성혈을 새겼다. 이 고인돌군과 성혈의 북두칠성 국자는 밖으로 향하지 않고 안쪽을 향하는 공통점이 있다. 분명히 북두칠성을 본떠 고인돌을 배치했지만, 그 형태가 실제 밤하늘의 북두칠성과는 반대로 놓여 있어 해석이 쉽지 않다.

상금리 현지를 함께 조사한 민속학자인 장무기 선생은 북두칠성의 배치에서 반드시 사각형의 국자가 아니라도 된다고 주장하며, 국자 안의 별이 북극성일 가능성이 높다는 의견을 제시했다. 별의 밝기는 북극성이 북두칠성의 별들보다 낮지만, 북극성이 가진 절대적인 상징성에 주목해야 한다는 것이다. 일부 옛날 사람들은 북극성을 태양과 동일시했으며, 태양이 낮에는 밝은 빛을 내리쬐고 지구를 돌며 만물을 생육시킨 후, 저녁에는 왕관을 내리고 쉬는 모습으로 보았다고 한다. 따라서 북극성을 크게 새기고 북두칠성을 그 주위에 배치한 이유는 북두칠성이 북극성을 호위하는 구조로 배열되었기 때문이라고 설명한다. 해와 북극성은 낮과 밤의 시간 차이만 있을 뿐 동일한 사물 체계로 이해할 수 있다는 주장이면 어느 정도 이해가 간다. 국자 안의 큰 고인돌은 절대 지존인 북극성을 나타내고, 작은 고인돌은 세차운동에 따라 조금씩 변하는 북극성을 나타내기 위해 희미하게 배치된 것으로 해석할 수 있다는 것이다.

절대적 지존인 북극성과 이를 호위하듯 자리한 북두칠성이 새겨진 고인돌이 대산 지석리에서도 발견된다. 지석마을 배후 구릉에 위치한 이 고인돌에는 선명하게 새겨진 북두칠성과, 그 아래에 크고 깊게 새긴 성혈이 있다. 이 크고 깊은 성혈은 북극성으로 추정되며, 이를 통해 선사인들이 북극성을 북두칠성보다 더 중요한 존재로 인식했음을 알 수 있다.

이러한 논거에 따르면 청동기시대 사람들이 북극점과 북극성을 현대 천문학의 개념으로 이해했다는 의미가 되는데, 심층 연구가 필요하다고 본다. 그러나 옛 사람들은 북극성을 하늘나라 임금이 거처하는 곳으로 여기며, 이를 궁궐인 자미궁이라 불렀다. 또한, 북극성은 북신(北辰), 북성(北星), 중극(中極) 등으로 불리며 사계절의 질서를 바로잡고 기후 변화를 주관하는 절대적 신으로 숭배되었다.

그렇다면 숲이 우거진 고산 아래 상금리 고인돌의 배치는 어떻게 해석해야 할

상금리의 북극성과 북두칠성 고인돌 배치도(고창 대산)
카카오맵의 항공사진에 상금리고인돌의 위치와 사진을 넣었다.

까? 이 고인돌의 배치를 이해하기 위해서는 먼저 고인돌의 형태와 그 배치가 담고 있는 의미를 살펴볼 필요가 있다. 뾰족한 삼각형 모양의 큰 고인돌은 절대 지존인 북극성을 상징한다고 해석할 수 있다. 북극성은 고대 사람들에게 하늘의 중심이 자 우주의 절대적인 존재로 인식되었으며, 그 주위를 도는 북두칠성은 북극성을 호위하는 별자리가 되어 그 배치에서도 중요한 의미를 지닌다. 상금리 고인돌에 서도 이와 같은 해석을 적용할 수 있다. 이 고인돌의 배치에서, 북극성을 중심으로 반시계방향으로 배열된 7기의 고인돌은 북두칠성을 나타낸다고 볼 수 있다. 북극 성을 중심으로 북두칠성의 배치고, 고산 아래의 와탄천 주변의 고인돌들은 자미 원, 천시원, 태미원 등을 상징하는 별자리로 해석할 수 있을 듯하다.

고창 연동의 옛 모정 옆에 있는 고인돌 역시 같은 방식으로 해석할 수 있다. 이 고인돌에 새겨진 성혈은 중심의 큰 성혈과 작은 성혈로 나뉘어 있다. 큰 성혈은 절대 지존인 북극성을 나타내고, 작은 성혈은 세차 운동을 하는 북극성의 움직임을 의미한다고 해석할 수 있다. 시계 반대방향으로 배열된 성혈들은 북두칠성을 상징하는 것으로, 이 역시 상금리 고인돌의 배치와 동일한 방식으로 우주의 질서를 반영하는 것으로 볼 수 있다.

고인돌을 만든 사람들을 단순히 선사인이라고 부르는 것 자체가 부끄러울 정도로, 그들은 천문학과 지리학에 능통한 존재였다. 그들의 천문학적 지식은 현대의 천문학과는 다른 방식일 수 있지만, 당시 사람들의 지식 체계로 보면 매우 정교하고 체계적이었다. 이러한 지식은 단순히 특정 지역의 독자적인 지식이 아니라, 당시 인류의 보편적인 지식 체계였다고 할 수 있다.

선사시대, 우주의 중심이자 절대적 존재로 여겨졌던 상금리의 북극성과 북두칠성 고인돌은 이제 세월의 흐름 속에 잡목과 잡풀에 가려져 쓸쓸히 남아 있다. 시간이 지나면서 그 고인돌들은 잊혀져 가지만, 그 의미는 여전히 살아 있다.

연동 옛 모정 옆 고인돌의 성혈(고창 고수)
이미 이동되어 방향성을 잃었지만, 주변에 거대한 고인돌들이 존재하고, 이 고인돌에 성혈을 새긴 것으로 보아 이 일대는 선사인들이 천제를 드리던 성소로 추정된다. 이 고인돌의 성혈은 북두칠성을 중심으로 북극성을 새긴 것으로 보인다.

북두칠성과 북극성을 새긴 지석리 고인돌(고창 대산)
이 고인돌의 덮개돌에는 뚜렷하게 새겨진 북두칠성을 확인할 수 있다.

2) 본향인 북극성으로
가는 길,
도천리 고인돌

고대인들은 지구상의 북극점 위에 있는 북극성이 움직이지 않는다고 여겨, 그것을 세상의 중심이자 별 중의 별로 간주했다. 북극성을 찾는 지표인 북두칠성은 인간의 탄생과 죽음뿐만 아니라 길흉화복을 포함한 모든 인간사의 중요한 요소들을 주관한다고 믿었으며, 이를 '칠성 신앙'이라고 불렀다. 사람은 죽으면 혼이 구름다리를 지나 은하수를 건너 북두칠성으로 돌아가 별이 된다고 여겼다. 그래서 사람이 죽으면 "돌아가셨다"고 표현하는 것도 북두칠성이 생명과 죽음을 주관한다는 믿음에서 비롯된 것이다.

예로부터 우리 조상들은 사람이 죽으면, 북두칠성을 새긴 칠성판에 시신을 안치하여 신에게 혼을 돌려드렸다. 또한, 우리 어머니가 장독대에 정화수를 떠 놓고 새벽마다 북극성과 북두칠성에 정성을 드린 것도, 이 별들이 인간의 생로병사를 주관한다는 믿음 때문이었다. 정화수를 떠오는 우물의 한자인 井(정)은 북두칠성의 국자 모양의 상형문자로, 선조들이 정화수에 기도한 것은 하늘의 신과 지상의 나 자신이 영적으로 교감하고, 죽어서 다시 하늘의 별로 간다는 귀소본능을 표현한 성수 신앙의 일환이라 할 수 있다.

이러한 순환론적 사고는 사람들이 죽으면 무덤을 만들고, 그 무덤에 음식물과 가재도구, 무기 등 현실 생활에서 필요한 물품을 함께 두게 했다. 이는 사후세계도 현세와 같다고 여긴 믿음을 반영하며, 산, 강, 바다와 같은 자연환경도 이승과 동일하게 여겼음을 의미한다. 동아시아의 샤먼들은 죽은 자의 영혼이 가는 길도 이승과 같이 산과 강을 건너 여러 부족을 통과해야 하는 험난한 길이라 생각했다. 혼이 육신을 떠나 은하수라는 큰 강을 건너 하늘의 구름을 지나 저승으로 가는 과정은, 사람들이 이승에서 산과 강, 바다를 건너며 살았던 힘든 여정을 그대로 반영하는 것으로 여겨졌다.

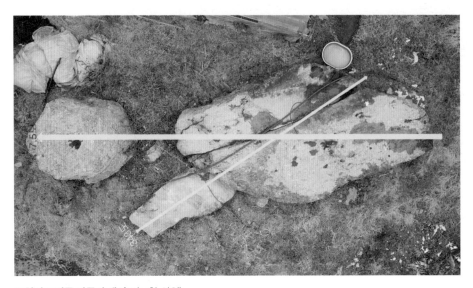

도천리 고인돌 라군의 배치도(고창 심원)
위 그림의 고인돌 배치는 남북 방향으로 배치되었고, 북쪽에 원형의 고인돌을 남쪽에 긴 마름모꼴의 고인
돌을 배치하였다. 이렇게 배치한 선사인의 의도는 북극성과 관련이 있을 것이다.

이와 같은 죽음과 생의 순환관은 이집트의 장례 문화에서도 나타난다. 이집트
인들은 밤하늘의 은하수를 '굽이치는 물길'이라고 불렀으며, 그것을 천상의 나일
강으로 간주했다. 또한, 혼이 대하를 건너야 할 험난한 길임을 의미했다(그레이엄 헨
콕). 혼이 북쪽 하늘로 간다는 관념은 전 세계적으로 널리 퍼져 있었으며, 고창에
살았던 선사인들도 이러한 생사관을 고인돌에 반영한 흔적을 남겼다. 일부 고인
돌이 사람의 시신을 묻었던 무덤의 일종이었다는 사실은 부인하지 않지만, 그 입
지나 형태가 독특한 고인돌들은 무덤이라기보다는 부족의 중요한 제례를 위한 제
단으로 해석해야 한다는 관점이 필요하다.

고창 도천리의 라-1, 라-2, 라-3 고인돌은 선사인의 생사관을 반영한 것으로 추
정된다. 이 고인돌은 심원면 도천리 산 88번지에 위치하고 있으며, 인근 서쪽으로
담암천이 남에서 북으로 흐르며 곰소만으로 이어진다. 담암천의 동쪽에는 선운산

지의 개이빨산과 천마봉이 있으며, 이 지역은 약 7,000만 년 전인 중생대 백악기의 화산 쇄설물로 이루어진 응회암이 발달해 있다. 고인돌은 약 50m 떨어진 개이빨산 서사면 아래의 응회암으로 이루어진 바위의 절리를 이용하여 만들어졌다. 이 지역은 담암천을 따라 넓지는 않지만 산과 산 사이로 충적지가 길게 발달해 있어 이른 시기부터 농경이 발전했을 것으로 보인다. 또한, 북쪽으로 약 2.3km 거리에 곰소만이 있어 인간이 거주하기 좋은 환경이었다.

도천리 고인돌 라-1, 라-2, 라-3의 고인돌 형태는 매우 독특하며, 전체적인 배치도 진북을 향해 일렬로 배치되어 있는 특이한 패턴을 보인다. 라-1과 라-3 고인돌은 의도적으로 진북 방향으로 배치되었다. 라-3 고인돌은 덮개돌이 고창에서 가

도천리의 가장 긴 고인돌(고창 심원)
장축이 남북 방향으로 놓인 이 고인돌은 8m가 넘으며, 바로 북쪽 옆에 원형의 고인돌이 배치되어 있다. 이는 은하수를 건너는 나룻배와 같은 형상을 띠고 있어, 죽은 자의 영혼이 은하수를 건너기 위한 제례용 고인돌로 해석될 수 있다.

도천리 원형 고인돌(고창 심원)
고인돌의 장축이 남북 방향으로 놓여 있고, 그 북쪽에 원형의 고인돌이 배치된 것은 이 고인돌이 북극성을 상징하는 구조일 가능성이 높다.

장 긴 고인돌로, 중심축의 장축은 805㎝, 단축은 425㎝, 높이는 80㎝이다. 이 고인돌은 럭비공과 비슷한 2:1 비율의 타원형으로, 장축이 남북방향을 향하고 있다. 라-1 고인돌은 라-3 고인돌의 북쪽으로 약 1.2m 떨어진 곳에 위치하며, 덮개돌의 측면은 타원형이고 윗부분은 평평하다. 크기는 장축 270㎝, 단축 230㎝, 높이는 약 150㎝이다.

이 두 고인돌이 북쪽으로 일렬로 배치된 이유는 위쪽의 원형 고인돌이 북극성을 상징하고, 그 아래의 남쪽 고인돌은 인간의 혼이 은하수와 구름을 건너는 다리를 의미하는 칠성판의 형상을 나타낸 것으로 해석된다. 즉, 죽은 자의 영혼이 북극성으로 돌아가기 위해 은하수와 구름을 건너야 하는 험난한 여정을 상징하는 것이다. 선사인들은 북쪽의 원형 고인돌을 북극성으로, 그 아래의 긴 장타원형 고인돌을 이승의 험난한 바다나 강을 건너는 배나 다리로 상징한 것으로 보인다.

우리 민족의 대표적인 천문도인 천상열차분야지도에도 은하수를 건너는 하늘의 나루터이자 다리를 의미하는 천진성(天津星, 백조자리 데네브)이 새겨져 있다. 도천리의 라-1과 라-3 고인돌은 죽은 자의 혼이 저승으로 가는 길을 나타내며, 현대의 장례식장과 비슷한 의미를 가진 공간으로 해석할 수 있다. 또한, 라-3 고인돌 측면에 붙어있는 라-2 고인돌은 북서쪽 343°와 남동쪽 163°로 향하고 있다. 이 방향의 고인돌은 초저녁 봉우리에 떠오르는 별자리를 관측하여 길흉화복을 점쳤던 점성대와 관련이 있을 것으로 추정된다.

도천리 고인돌 라군의 배치는 독특하게도 8m 이상 되는 광어 같은 형태의 고인돌 장축을 북쪽으로 놓고, 그 위에 타원형 고인돌을 배치하여 그 방향성이 북쪽을 향하고 있음을 보여준다. 이렇게 고인돌을 남북 방향으로 여러 기를 배치한 것은 선사시대의 장례식장과 같은 공간이었을 가능성을 시사한다.

3.
고창 평지리고인돌과
함안 말이산 13호분의
동방청룡과 남두육성

"

1) 평지리고인돌과
말이산 13호분에
새겨진 성혈

　　2018년 말이산 13호 봉분에서 싱크홀이 발생하여 이를 복원하는 과정 중 가야 고분에서 최초로 별자리가 새겨진 천문 개석이 발견되었다. 이 천문 개석에는 은하수 주변의 별자리로 보이는 134개의 홈이 새겨져 있었고, 일부 홈은 동방청룡과 남두육성으로 설명되었다. 이에 대해 학계에서는 이견이 없으며, 이 무덤은 고구려의 천문사상 영향을 받은 것으로 해석하였다. 고구려의 고분 벽화 91기 중 22기에서 별자리가 묘사되었고, 그 중 86%에서 북두칠성이, 45% 이상에서는 남두육성이 나타났다. 고구려의 고분 벽화에서 북두칠성의 맞은편에 남두육성을 그리고, 그 주변에 삼성 별자리를 새기는 것이 전형적인 특징으로 알려져 있다.[4] 고구려의 고분 벽화에 남두육성이 새겨진 것이 여러 기에서 발견되었다. 이를 근거로 고구려의 영향은 받았을 것이나 본 연구자가 수천 기의 고인돌을 조사하면서 전라도 서남부권 고창 고인돌에서 이미 남두육성으로 추정되는 성혈이 많이 확인했다. 특히 고수 부곡리 강촌고인돌의 덮개돌에는 고구려 고분

벽화에서 보이는 남두육성을 중심으로 동쪽과 서쪽에 삼성의 별자리가 새겨져 있는 모습이 나타나고 있다. 이 고인돌의 굄돌과 덮개돌 장축이 남쪽 214°를 향하는데, 이는 말이산 13호분에서 발견된 남쪽의 방향성과 유사하다.[5]

이와 같은 은하수 주변의 별자리와 남두육성, 동방청룡의 별자리가 무덤에서 발견된 것만으로 이를 전적으로 고구려의 영향으로 단정 짓기[6]에는 무리가 있다. 고인돌의 축조 시기는 최고 4,000년 전부터 시작되었으며, 많은 고인돌에서 은하수와 여러 별자리가 새겨졌다는 점을 고려할 때, 고구려의 영향만으로 설명할 수는 없는 복잡한 천문학적 전통이 존재한다.[7]

한반도 남부의 고인돌은 천문학적 연구에서 중요한 역할을 하며, 그 배경을 해석하는 데 있어서 단순히 가야 고분이 고구려의 영향을 받았다고 단정 짓기 보다는 고대인들의 천문학적 전통을 계승 발전시킨 것으로 이해될 수 있다. 최근의 고인돌 연구에 따르면, 고인돌의 성혈은 별자리와 관련된 해석이 일반화되고 있으

평지리 천제단 고인돌(고창 고수)
고인돌의 덮개돌 형태를 통해 고인돌을 설치한 선사인들의 의도된 방향성을 읽을 수 있다.

평지리 고인돌의 바위구멍(고창 고수)
바위구멍은 덮개돌의 동남쪽 끝에 새겨져 있으며, 그 흔적이 뚜렷하게 남아 있다. 이는 선사인들의 별자리와 농경 의례를 추정할 수 있는 중요한 유적이다.

며, 본 연구자는 고인돌 자체가 천문학적 상징성을 지닌 구조물이라고 해석하고 있다.

특히 고창의 평지리 고인돌 덮개돌에서 발견된 성혈은 함안 말이산 13호분에서 발견된 천문도와 매우 유사한 형태를 보인다. 이는 두 유적 간에 천문학적 연관성이 존재함을 시사하며, 이와 같은 천문학적 유사성은 고대인들의 천문학적 사고가 어떻게 지역적으로 확산되었는지를 보여준다.

2024년 7월 말, 건국대 지식콘텐츠연구소 지역문화연구원과 함께 지역문화예술 자원총서인『고창군의 고인돌』제10권을 출간하였다. 이 연구를 통해 고인돌이 가지는 천문학적 특징을 해설하며, 대부분의 고인돌이 다양한 천문학적, 지리적 배경을 바탕으로 조성되었음을 확인할 수 있었다.[8]

또한, 강화도에서의 고인돌 조사 결과, 전라도 서남부와 동일한 천문 지리 배치 특성이 강화도에서도 발견되었음을 확인했다. 이는 한반도 전체에서 천문학적 지식이 널리 공유되었음을 입증하며, 고인돌을 축조한 사람들의 천문 지식은 한반도 전역에서 공통된 천문학적 전통으로 이해되어야 한다.[9]

따라서 함안 말이산 13호분과 고창 평지리 고인돌에서 발견된 성혈의 특징을 비교하여 두 유적 간의 유사성과 차이점을 분석하는 것은 고구려의 영향뿐만 아니라, 고대 고인돌 시대의 독립적 천문학적 지식을 이해하는 데 중요한 작업이 될 것이다. 이를 통해 고대 한국의 천문학적 지식이 어떻게 발달하고 전파되었는지를 보다 명확히 알 수 있을 것이다.

2) 평지리고인돌의 성혈 특징

성혈이 확실하게 새겨진 평지리고인돌은 무실마을 모정과 당산나무 옆에 위치하고 있다. 고창군의 여러 보고서에는 이 고인돌이 2기라고 기록되어 있으며, 이를 평지리고인돌 나-1과 나-2로 명명하고 있다. 그러나 평지마을의 비보 경관을 위해 세운 돌도 예전 그 자리에 있었던 고인돌이었다. 어느 지사가 마을을 비보하기 위해 고인돌을 세워야 한다고 말한 후, 현재의 모습으로 변경되었다. 평지리고인돌 나-1은 해발 58m에 위치하며, 동쪽으로는 영산기맥의 구황산에서 북쪽으로 발달한 능선이 시루봉을 이루고, 남쪽에는 전형적인 목형의 추산봉이 있다. 평지리고인돌 나군은 북서쪽을 제외한 네 방향이 산으로 둘러싸여 있어 겨울철 북서풍에 노출된다. 다만 북서쪽으로 평지천이 흐르며 넓은 충적지를 형성하고, 선사인들은 이 지역을 개간하여 농경을 했을 것이다.

또한 평지리고인돌 나군은 인근 부곡리 연동의 칠성고개 고인돌 군과, 가장 큰 연동 고인돌이 진북 방향으로 놓여 있는 특징을 가진다. 세 개의 고인돌이 진북 방향으로 약 2km 거리에 일직선으로 배치되어 있다는 점은 이 지역의 고인돌 간 관계를 해석하는 데 중요한 의미를 부여하는 것으로 추정된다.

한편, 홈이 새겨진 고인돌은 부정형 삼각형 모양이며, 형식은 바둑판식 고인돌로, 굄돌은 4개가 확인되었다. 이 고인돌의 크기는 장축 450㎝, 단축 270㎝, 높이 130㎝로, 상석의 평면은 직사각형이고, 단면은 장타원형을 이룬다. 고인돌은 당산나무인 느티나무가 자라면서 원래 위치에서 밀려나, 장축의 중심이 이동했다. 그러나 방향성은 여전히 추정할 수 있었다. 느티나무가 급격히 성장하면서 선사인이 고인돌을 축조했을 당시의 방향이 바뀌었지만, 남겨진 굄돌을 통해 장축의 중

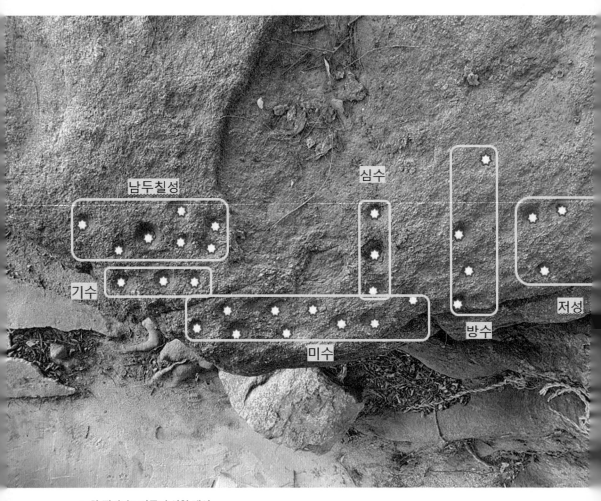

고창 평지리고인돌의 성혈 해석

심이 160-340° 방향으로 놓였음을 알 수 있다.

이 고인돌의 덮개돌 남동쪽 끝자락에는 별자리로 추정되는 30여 개의 홈이 새겨져 있다. 일부 홈은 풍화작용으로 마모가 심하지만, 대부분의 홈은 원형을 잘 보존하고 있다. 고대의 거석문화나 고분에서 나타나는 다양한 크기와 깊이로 새겨진 홈의 특징은 별자리의 밝기와 비례한다는 가설이 제시되어 있다.[10]

이 고인돌의 덮개돌에 새겨진 30여 개의 성혈도 유사한 특징을 보인다. 분석 결과, 여름철 남쪽 밤하늘에 떠 있는 천칭자리 일부, 전갈자리, 궁수자리 일부의 별자리들이 확인되었다. 동양의 28수 중 동방 청룡의 일부 별자리와 북방 현무의 두 수인 남두육성의 별자리도 포함되어 있다.

즉, 평지리고인돌의 덮개돌 남동쪽 끝자락에 새겨진 바위구멍은 동방 칠수의 세 번째인 저수(氐宿), 방수(房宿), 심수(心宿), 미수(尾宿), 기수(箕宿) 및 북방 칠수의 첫 번째인 두수(斗宿) 순으로 새겨진 것으로 확인되었다. 특히 심수의 삼성 중 가장 큰 별인 심대성(心大星)은 안타레스(Antares)로 보이며[11], 30여 개의 성혈 중 유난히 크고 깊게 새겨진 홈은 별의 밝기를 표현한 것으로 해석된다.

이 평지리고인돌에 새겨진 성혈은 봄부터 여름까지의 별자리를 기록한 천체 기록일 가능성이 크다. 이 별자리들은 고대인들에게 파종 시기를 알려주는 농사력과 농경에 필요한 비가 내리기를 기원하는 의례의 한 지표였을 것이다.[12]

3) 함안 말이산

13호분의 성혈 특징

함안 말이산 고분군은 경상남도 함안군 가야읍 말산리와 도항리에 위치한 아라가야(阿羅加耶)의 지배층 묘역이자 왕릉군으로 알려져 있다.[13] 아라가야의 중심지인 함안군 가야읍을 중심으로 선왕 고분군, 덕전 고분군, 필동 고분군, 신암 고분군, 남문외 고분군, 말이산 고분군 등 대형 고분군이 분포하고 있으며, 아라가야의 수도 방어 산성이자 피난 성으로 추정되는 봉산산성, 성

함안 말이산 고분군(함양군 제공)

산산성, 문암산성, 동지산성 등이 있다. 이러한 가야읍 일대의 지명, 왕릉급 고분, 왕성의 존재, 양식화된 토기, 정체성을 나타내는 유물들은 아라가야의 중심지로 보는 데 이견이 없다.[14]

　말이산 고분군은 아라가야 최대의 고분군으로, 말이산에서 남북으로 약 2㎞ 길이의 능선 정상과 주변에 127기의 봉토분과 1,000여 기 이상의 중소형 고분이 밀집되어 있다. 대형 무덤들은 능선의 정상부를 따라 조성되고, 중소형 무덤들은 대형 무덤의 능선과 떨어져 경사면에 배치되었다.[15] 이 고분들은 아라가야의 전성기인 5세기 후반~6세기 초에 집중적으로 조성되었다.[16]

　말이산 고분군 중 별자리가 발견된 고분은 13호분으로, 주능선 중앙부에서 가장 높은 곳에 위치하며, 규모가 가장 크다. 이 고분은 삭토하여 흙을 쌓아 올려 조성된 봉토 고분 형태로, 전체 면적은 1,904㎡이며, 봉분의 직경은 41m, 높이는 8m에 이른다. 이 고분의 피장자는 5세기 중후반 아라가야의 왕으로 추정된다.

일제강점기인 1918년, 야쓰이 세이이쓰(谷井濟一)가 이 고분을 한 차례 조사했으며, 이후에도 여러 차례 도굴 피해를 입었다. 말이산 고분군은 1987년 이후 20여 차례 발굴 조사가 이루어졌고, 특히 2018년에는 13호봉분 정상부에서 싱크홀이 발생하여 봉분 일부가 무너졌다. 이를 조사하고 복원하기 위해 발굴이 이루어졌고, 그 결과 무덤 내부로 이어지는 공간이 확인되었다. 이 공간은 길이 9.1m, 폭 2m, 높이 1.8m의 구덩식 돌덧무덤으로, 석관묘의 네 벽면이 붉게 채색된 채색 고분임이 밝혀졌다.

이후 정밀한 조사에서 덮개돌 중 한 매에서 별자리가 확인되었다. 가야 무덤에서 별자리 홈인 성혈이 덮개돌의 천장에서 처음으로 발견된 것이다. 무덤 천장에 별자리를 표현한 예는 고구려 고분에서 찾아볼 수 있지만, 가야 무덤에서 별자리가 확인된 것은 최초의 사례였다.[17]

이 고분에서 별자리의 홈은 무덤방 덮개돌 13매 중 남쪽에서 5번째 덮개돌에서 발견되었다. 천문학적 흔적이 발견된 덮개돌은 사암 계열로, 길이는 230㎝, 너비는 53~78㎝, 두께는 25㎝이다. 별자리는 돌의 아랫면에 표기되어 겉에서는 확인되지 않았다.[18]

말이산 13호분의 5번째 덮개돌에는 총 134개의 홈이 전체에 걸쳐 넓게 분포하고 있었다. 이 덮개돌은 깨지거나 파손된 흔적 없이 고분을 축조할 당시의 상태를 잘 유지하고 있었다고 전해진다.

이들 성혈을 분석한 결과, 추정되는 별자리는 전갈자리 및 동방 청룡에 해당하는 방수, 심수, 미수, 기수와 궁수자리 및 북방 현무의 두수인 남두육성으로 확인되었다. 또한, 한국의 고대 유적에서 공통적으로 나타나는 홈의 크기와 별의 밝기 사이에 관련성이 있을 것으로 추정된다. 이 고분의 성혈은 고구려 무덤의 별자리보다는 고인돌의 별자리와 더 유사한 모습이며, 확인된 별자리는 은하수의 별자

리를 표현했을 가능성이 있다.[19]

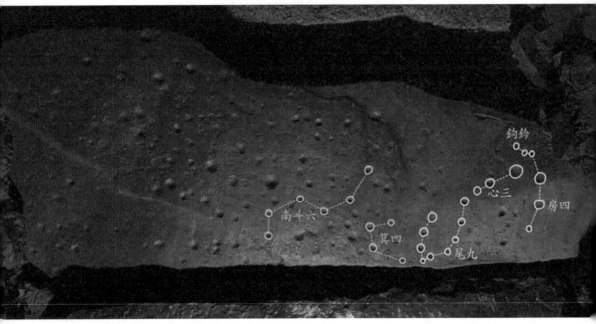

함안 말이산 13호분 무덤 덮개돌 안쪽에 새겨진 홈[20](문화재청 제공)

4) 평지리고인돌과
   말이산 13호분 성혈의
   별자리 분석

　　2019년 조사된 함안 말이산 13호분의 천문도에서는 은하수를 중심으로 덮개돌의 동쪽 가장자리에 동방청룡의 일부 별자리가 새겨진 것이 최초로 보고되었다.[21] 이후 추가적인 연구 논문은 확인되지 않았기 때문에, 말이산 13호분의 천문도 연구는 2019년 발표된 국제학술대회 자료집을 중심으로 정리하였다. 한편, 고창 평지리고인돌은 십수 차례의 현장 조사와 자료를 통해 동방청룡의 일부와 북방현무의 일부 별자리임을 확인했다. 평지리고인돌과 함안 말이산 13호분의 유사성과 차이점은 아래와 같다.

먼저 두 유적에서 나타나는 성혈인 홈의 개수가 다르다. 함안 말이산 13호분에는 총 134개의 홈이 원형을 잘 보존한 상태로 있고, 고창 평지리고인돌의 덮개돌에는 30여 개의 성혈이 새겨져 있다. 함안 말이산 13호분에서는 무덤방 덮개돌의 다섯 번째에서 홈이 발견되었고, 평지리고인돌은 덮개돌의 동남쪽 끝에 위치한다. 두 고인돌의 성혈 새김 방향은 약간 차이가 있지만 대체로 동쪽에서 서쪽으로 배열되어 있다.

또한, 함안 말이산 13호분의 별자리는 동방청룡의 네 번째인 방수(房宿)에서 시작한 반면, 고창 평지리고인돌은 세 번째인 저수(氐宿)에서 시작하였다. 방수는 현대 천문학에서 전갈자리로 알려져 있고, 저수는 천칭자리로 알려져 있다. 즉, 함안 말이산 13호분은 동방청룡의 방수에서 시작하여 북방현무인 남두육성 외에도 많은 별들을 새겼으며, 고창 평지리고인돌은 동방청룡인 저수에서 시작해 북방현무의 남두육성까지 새긴 것으로 보인다.

홈을 새기는 방법에서도 시대적인 차이가 있다. 평지리고인돌은 화강암 덮개돌 위에 돌로 갈아 홈을 파는 방법을 사용했는데[22] 이는 시대적으로 더 오래된 방식이다. 반면, 후대의 말이산 13호분은 사암 계열의 바위에 쇠 끌과 같은 뾰족한 도구를 사용하여 홈을 새겼다. 사암 계열은 균질하고 부드러워 홈을 파기에 유리한 장점이 있다. 그러나 평지리고인돌의 덮개돌인 화강암은 대륙지각의 깊고 압력이 높은 곳에서 형성된 암석으로 강도가 높아 홈을 새기는 것이 상대적으로 어려운 특징이 있다.

평지리고인돌의 덮개돌 형태는 북서쪽이 뾰족한 삼각형을 이루고, 남동쪽은 장타원형을 하고 있다. 고인돌 덮개돌의 장축을 기준으로 전면은 북서쪽, 후면은 남동쪽에 해당함을 알 수 있다. 말이산 13호분의 피장자는 무덤방에 누운 채, 별자리가 새겨진 남쪽에 위치한 덮개돌을 바라보고 있다.[23]

평지리고인돌의 홈은 덮개돌의 동남쪽 장타원형 끝부분에 새겨져 있고, 말이산 13호분의 홈은 남쪽에 새겨져 있다. 이 위치는 동남쪽 또는 남쪽으로 떠오르는 별자리를 관측하는 것과 깊은 관련이 있다. 수천 기의 고인돌 장축이나 통로의 방향성을 연구한 결과, 200~220°로 배치된 고인돌에서 남두육성을 비롯한 별자리가 새겨진 사례를 발견했다. 예를 들어 고창군의 고인돌 중 고수 부곡리고인돌, 대산 성남리고인돌, 성내 신대리고인돌 등에서 뚜렷한 남두육성의 성혈이 확인되었다.[24] 이들 고인돌은 대부분 마을 내부에 위치하고 있으며, 마을 내부에 있었다는 점에서 무덤의 개념보다는 농경문화와 밀접하게 연관된 것으로 이해하는 것이 타당하다.[25]

함안 말이산 13호분은 고대의 무덤이지만, 그 덮개돌에 은하수를 중심으로 봄과 여름의 별자리가 새겨졌다는 점이다. 이는 피장자가 사후에 의도한 의미를 해석하는 데 중요한 단서가 된다. 반면 평지리고인돌은 무덤이라기보다는 고대의 농사력과 풍년을 기원하는 천제를 드리던 천제단으로 추정된다. 말이산 13호분과 평지리고인돌 모두 풍년을 기원하는 의례와 넉넉한 강수량을 바라는 의미를 담고 있었을 것이다.

말이산 13호분과 평지리고인돌의 별자리에 대한 기록에서 큰 차이를 볼 수 있다. 특히 심성의 중간 별을 표기한 방식에서 차이를 보인다. 평지리고인돌의 심성 중간 별은 본래 밝기 그대로 크고 깊은 반면, 말이산 13호분에서는 가장 위쪽에 위치한 별이 더 크게 새겨져 있다. 이와 같은 차이점이 있지만, 두 고분의 성혈은 대체로 봄철에 해당하는 동방청룡의 별자리와 북방현무의 별자리들을 나타내고 있다는 공통점이 있다.

동방칠수는 오행에서 목(木)에 해당하며, 별자리로는 각수, 항수, 저수, 방수, 심수, 미수, 기수 등 7수로 구성된다. 각수는 청룡의 뿔에 해당하고, 좌표 기준이 되는 별인 수거성(宿距星)은 처녀자리이다. 항수는 청룡의 목에 해당하며, 수거성은 처녀자리이다. 저수는 청룡의 가슴에 해당하고, 수거성은 천칭자리이다. 방수는 청룡의 배에 해당하며, 수거성은 전갈자리이다. 심수는 청룡의 심장에 해당하고,

수거성은 전갈자리이다. 미수는 청룡의 꼬리에 해당하며, 수거성은 전갈자리의 입, 기수는 청룡의 항문에 해당하고, 수거성은 궁수자리이다.

북방칠수는 계절적으로 여름에 해당하며, 오행에서 수(水)에 해당한다. 별자리로는 두수(斗宿), 즉 거북 머리와 뱀에 해당하고, 수거성은 궁수자리이다. 우수(牛宿)는 뱀의 몸에 해당하며, 수거성은 염소자리이다. 녀수(女宿)는 거북에 해당하고, 수거성은 물병자리이다. 허수(虛宿)는 거북에 해당하며, 수거성은 물병자리와 조랑말에 걸친다. 위수(危宿)는 뱀에 해당하며, 수거성은 물병자리와 페가수스자리이다. 실수(室宿)는 반룡에 해당하고, 수거성은 페가수스자리이다. 벽수(壁宿)는 규룡에 해당하며, 수거성은 페가수스자리와 안드로메다에 걸친다.

평지리고인돌의 성혈에서 가장 먼저 떠오르는 밤하늘의 별자리는 천칭자리(Libra)이다. 이 별자리는 동아시아의 28수 중 동방청룡의 셋째 별자리인 저수(氐宿)에 해당하며, 저수에는 11개의 별자리가 있다. 수거성은 저성(氐星)이고, 저성은 천칭자리의 α(알파), ι(요타), χ(감마), β(베타) 별로 이루어져 있다. 저성은 봄의 마지막 절기인 곡우(穀雨, 음력 3월 중순경) 때 동쪽에서 떠오르며, 양력으로는 4월 20일 경이다. 곡우 때 비가 자주 내려야 그해의 농사가 풍년이 든다고 믿었다.

전갈자리는 황도를 지나는 남쪽 하늘의 별자리로, 천칭자리와 궁수자리 사이에 위치하며, 은하수 중심 근처에 있다. 동쪽 하늘에서는 전갈의 앞발에 해당하는 별들이 떠오르며, 그 뒤를 따라 열을 지어 올라간다. 동아시아의 별자리로는 청룡의 방수(房宿), 심수(心宿), 미수(尾宿), 기성(箕星) 등의 별자리에 해당한다. 방수는 8개의 별자리로 이루어져 있으며, 방수를 대표하는 방성(房星)은 수거성으로 4개의 별로 이루어져 있다. 방성은 24절후 중 여름이 시작됨을 알리는 입하(立夏) 때, 양력 5월 6일경 동쪽에서 떠오른다. 방성의 '방(房)'은 집이나 방을 의미하며, 이 시기는 봄에서 여름으로 들어가는 때, 즉 문을 여는 시기라고 한다. 방성은 현대 별자리의 전갈자리 앞부분에 해당하는 δ별, β별, π별로 구성되어 전갈의 머리와 앞발에 해당한다.

심수는 청룡의 엉덩이에 해당하며, 심성과 적졸(積卒)이라는 두 별자리로 이루어져 있다. 심성(心星)은 심수의 수거성으로, 3개의 별로 이루어져 있다. 심성의 가운데 별은 불처럼 붉게 빛나 '대화(大火)'라고 불리며, 천왕(天王)의 자리를 나타낸다. 천왕의 오른쪽에는 태자(σ Sco), 왼쪽에는 서자의 자리가 있다. 심성의 두 번째에 해당하는 별은 고인돌 덮개의 바위구멍과 유사한 형상으로, 위와 아래의 구멍보다 더 크고 넓게 새겨져 있다. 이 별은 심수의 큰 별을 의미하며 '심대성(心大星)'이라고 불리며, 현대 천문학에서는 α별인 안타레스(Antares)로 알려져 있다. 안타레스는 전갈의 심장에 위치한 1등성으로, 하늘에서 16번째로 밝은 별이다. 매우 큰 초거성으로, 밝게 빛나며 가을이 되면 서쪽으로 낮아지므로, 가을이 왔다는 것을 알 수 있다.[26]

미수의 수거성인 미성(尾星)은 9개의 별로 이루어져 있으며, 심성(心星)과 함께 소만(小滿, 양력 5월 20일경) 때 동쪽에서 떠오른다. 미수는 하늘의 강이라 불리는 은하수의 한가운데에 위치해 있으며, 물과 관련된 별자리들로도 구성되어 있다. 현대의 전갈자리에서 미수의 수거성인 미성 중 서쪽에 위치한 1개의 별과 전갈자리(Sco)의 μ(Mu)별이 대응된다. μ별은 각각 3.1등급과 3.6등급의 이중성으로, 육안으로 두 별이 분리되어 보인다.[27]

기수는 3개의 별자리로 구성되어 있으며, 그 중 기수의 수거성(宿距星)인 기성(箕星)은 4개의 별로 이루어져 있다. 기성은 24절후 중 망종(芒種, 양력 6월 6일경) 때 동쪽에서 떠오르며, 망종에 기성이 뜨는 것을 알곡과 쭉정이를 가려내는 키로 비유한 것과 관련이 있다. 기성은 현대의 궁수자리에 해당하지만, 동양에서는 청룡의 마지막 별자리인 기수로, 수거성인 기성이 있다. 기성은 서쪽에 위치한 1개의 별과 궁수자리(Sgr)의 γ(Gamma)별이 대응된다. γ별의 고유명은 알 나슬(Al Nasl)로, 이는 '화살촉'을 의미한다.[28]

북반구에 위치한 우리나라에서는 궁수자리의 윗부분만 볼 수 있으며, 이 윗부분은 현대에서 '주전자별'이라고 불린다. 주전자의 입구는 은하수 중심 부근에 있는 궁수자리 χ별이며, 주전자에서 나오는 김은 전갈자리와의 사이에 있는 은하수로 비유된다.[29] 동양의 남두육성(또는 남두칠성)은 궁수자리의 주전자 주둥이에 해당하는 세 별과 사각형의 키 별과 대응된다. '키'라고 부르는 농기구는 예전에 곡물의 껍질 등을 제거할 때 사용되는 도구이다. 남두육성은 여름철 남쪽 지평선 바로 위로 은하수가 가장 밝게 보이는 곳에 위치한 작은 국자 모양의 6~7개 별들이다.[30]

옛사람들은 은하수를 곡식의 낱알로 생각하며, 보릿고개가 지나 봄철 밤하늘에서 은하수가 빛나면서 가을의 수확을 기다렸다. 봄부터 동쪽 하늘에 보이기 시작한 은하수와 남두육성은 추석 무렵 저녁 하늘에서 가장 높이 떠 있다. 남두육성에서 28수 중 8번째인 두수(斗宿)는 수기운(水氣運)을 다스리는 북방현무 7수에 속하며, 북방현무의 거북과 뱀이 머리를 틀고 있는 부분에 위치한다.

『천문류초』에 따르면, 두수는 10개의 별자리로 구성되어 있으며, 그 중 두수의 수거성(宿距星)인 두성(斗星)은 주홍색인 6개의 별로 이루어져 있다. 두성은 북두칠성(北斗七星)과 비슷한 모양이지만 구분을 위해 '남두육성(南斗六星)'이라고도 불린다. 두수는 하늘의 사당(天廟), 하늘의 운행을 바르게 하는 틀(天機), 병사(病死), 수명(壽命)을 관장한다. 두성은 24절후 중 하지 때 동쪽에서 떠오르며, 하지 때에는 "논에는 물이 장수"라는 속담이 전해져, 벼농사에서 논물이 중요함을 의미한다. 현대의 12황도 중 궁수자리에 해당하는 28수는 기수와 두수이다. 두수의 수거성인 두성에서 서쪽에 위치한 1개의 별과 궁수자리의 φ별을 비교할 수 있다. φ별은 궁수자리 화살의 시위를 당기는 오른쪽 손 부분에 해당하며, 주전자의 손잡이 부분에 해당한다.

주전자의 손잡이와 뚜껑을 이루는 별들인 ζ(Zeta)별, τ(Tau)별, σ(Sigma)별, φ(Phi)별, λ(Lambda)별, μ(Mu)별은 두성과 대응된다. 남두육성의 별들은 대부분 2등성, 3등성의 밝은 별들이어서 쉽게 찾아볼 수 있다. μ별(4등성)은 예외적으로 가장 어두운 별이다.[31]

5) 평지리고인돌과
말이산 13호분 성혈의
절기 분석

        말이산 13호분과 평지리 고인돌의 바위구멍에는 고천문학의 봄철 청룡의 별자리와 여름철 현무의 남두육성인 두성이 새겨져 있다. 이러한 별자리가 새겨져 있다고 해서 말이산 13호분의 피장자가 여름철에 묻혔거나 평지리 고인돌이 여름철에 축조되었다는 의미는 아니다. 고대 사회에서 시기별 기상 관측은 농업에서 가장 중요한 요소였다. 말이산 13호분에 새겨진 여름철의 주요한 별자리는 신라 문무왕이 사후에 용이 되어 동해로 침입한 왜구를 막겠다[32]고

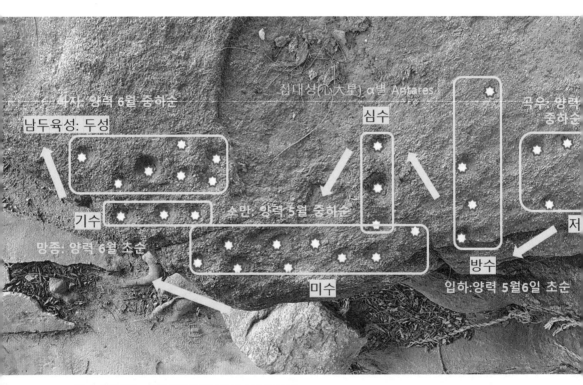

평지리 천제단 고인돌 성혈의 절기와 날짜(고창 고수)

다짐한 백성을 사랑하는 군주의 애민정신과 같은 논리로 이해할 수 있다. 즉, 고대 사회는 천수답 중심의 농업 사회였기 때문에, 하지 때까지 비가 내리지 않으면 농사가 어려웠고, 물은 생명과도 같은 존재였다. 따라서 하지 전후로 가뭄이 들거나 물이 부족하면 백성들은 굶주림에 허덕이게 된다.

말이산 13호분과 평지리 고인돌의 성혈은 봄철부터 시작되는 바쁜 농사의 시작과 많은 물이 필요한 중요한 시기, 그리고 기후를 이해하는 중요한 정보였다. 청룡 별자리는 일 년 농사의 시작인 봄철에 남쪽 하늘에 떠오르기 때문에, 용성(龍星)이 보이면 농사를 짓는다는 말이 전해진다. 고대 농경 사회에서 시간에 대한 정확한 이해는 필수적이었고, 이를 위해 별자리가 필요했다. 그 별자리는 물을 상징하는 용이어야 했으며, 용의 별자리를 관측하는 것은 임금의 권위를 상징하는 의미를 지녔다. 고대 농경은 임금이 천체 현상을 관측하여 백성들에게 농사의 시기를 알려주는 것에서 시작되었다. 따라서 농경이 시작된 선사시대부터 천문학은 자연스럽게 발전할 수밖에 없었다. 동양에서 28수 체계를 일찍이 정립한 것도 농업 생산과 생활에 필요한 시간을 알려주기 위함이었다. 각 시기를 알리는 특별한 별자리는 사람들의 관심과 애정의 대상이었으며, 특히 농사와 관련이 깊은 청룡 별자리의 중요성은 다른 별자리들보다 더욱 컸다.

평지리 고인돌의 성혈에는 청룡 별자리인 각수, 항수, 저수, 방수, 심수, 미수, 기수 중 세 번째인 저수부터 등장하며, 마지막에는 남두칠성을 새겨 계절을 알 수 있도록 하였다. 말이산 13호분은 청룡 별자리 중 네 번째인 방수부터 시작된다. 비록 한반도가 아닌 중국 화북 지방의 기후를 반영한 24절기지만, 한반도에서도 크게 차이는 나지 않는다. 각수는 춘분인 3월 중순경에 떠오르며, 항수는 청명으로 4월 5일경에, 저수의 대표적인 거성(距星)인 저성은 봄의 마지막 절기인 곡우로 양력 4월 20일경에 떠오른다. 방수의 수거성인 방성은 여름의 시작을 알리는 입하(立夏)인 양력 5월 6일경에, 심수의 수거성인 심성과 미수의 수거성인 미성은 소만(小滿)인 양력 5월 21일경에, 기수의 수거성인 기성은 24절기 중 망종(芒種)인 양력 6월 6

일경에 떠오르며, 두성은 하지(夏至)인 6월 22일경에 동쪽에서 떠오른다.

평지리 고인돌에 새겨진 저성은 곡우 때 떠오르며, 이 시기는 봄비가 내려 못자리를 마련하여 본격적인 농사철이 시작되는 때이다. 말이산 13호분에 새겨진 방성은 입하로, 여름철 농작물이 자라기 시작하고 대지가 연초록의 신록으로 물들기 시작하는 시기이다. 소만은 태양의 빛이 풍부해 만물이 점차 생장하고 김매기가 한창인 시기이며, 못자리의 모가 이식할 정도로 성장해 모내기에 바쁜 시기이다. 망종은 다 자란 보리를 베기에 적합하고, 논을 갈아 모내기를 준비하는 때이다. 하지 때는 낮의 길이가 가장 길고, 기온이 상승하여 날씨가 몹시 더워 농작물들이 빠르게 성장하는 시기이다.

즉, 평지리 고인돌의 성혈은 선사인들이 봄철 밤하늘에 떠오르는 긴 용성의 별자리를 보고 일 년 농사를 준비하고 시작하는 기준을 새긴 흔적이었다. 이는 봄철 전갈자리인 용성의 저성부터 여름철 궁수자리의 현무, 기수, 남두육성인 두성(斗星)을 모두 관측할 수 있는 하지 전후의 천체 기록물이었다. 현무의 첫 별들인 기성은 보리를 베고 논을 갈아 모내기를 해야 하므로 일 년 중 가장 바쁜 시기이다. 두 번째 별인 두성은 하지에 떠오르는 별로, 일 년 중 태양의 적위(赤緯)가 가장 커지는 시기이다. 이때 태양은 황도상에서 가장 북쪽에 위치하게 되며, 하지는 북반구에서 낮의 길이가 가장 길고 태양의 남중 고도(南中高度)가 가장 높아진다. 정오의 태양 높이도 가장 높아져 일사량이 가장 많고 낮이 일 년 중 가장 긴 시기이다. 이때 모내기를 끝낸 벼나 작물들의 뿌리는 땅 속에서 가장 빠르게 영양분을 흡수하고, 가을 열매 맺을 준비를 한다.

〈표〉 평지리 고인돌과 말이산 13호분의 성혈 절기와 시기

성혈의 이름과 출현 절기 및 시기						
28수 명칭	저수	방수	심수	미수	기수	두수
현대 별자리	천칭자리	전갈자리	전갈자리	전갈자리	궁수자리	궁수자리
평지리 고인돌 홈 수	○ 4개	○ 4개	○ 3개	○ 9개	○ 3개	○ 7개
말이산 13호분 홈 수	×	○ 6개	○ 3개	○ 9개	○ 4개	○ 6개
출현 절기	곡우	입하	입하	소만	망종	하지
시기	4월 중순	5월 초순	5월 초순	5월 중순	6월 초순	6월 중하순

6) 평지리 고인돌과
말이산 13호분
비교 결과

오늘날보다 달력이나 기후 정보가 부족했던 고대인들은 농경의 필수 조건으로 씨를 뿌리고 물을 공급하며 곡식을 수확하는 시기를 파악해야 했다. 이들은 별들이 떠오를 때의 정확한 움직임을 이해해야 했으며, 1년의 주기와 함께 농경 준비와 시작 시기가 특히 중요했다. 한반도와 같은 꽃샘추위와 독특한 기후 현상이 있는 지역에서는 기후와 강수량에 대한 정보가 농사의 시작과 끝을 결정하는 중요한 요소였다.

평지리 고인돌의 덮개돌 성혈은 농사력(農事曆)으로, 봄철 농경 준비, 보리를 벤 후 모내기를 해야 할 시기, 벼에 물을 공급해야 하는 시기를 나타내는 천문 관측 기록이었다. 성혈이 새겨진 평지리 고인돌은 선사인들이 하늘에 천제를 드리던 제단으로 해석된다.

하지만 말이산 13호분은 다소 다른 특징을 보인다. 이곳의 피장자는 5세기 아라

가야의 임금이며, 임금의 무덤 덮개돌에는 농경과 밀접한 별자리를 중심으로 은하수가 세세하게 기록되어 있다. 은하수는 미르, 즉 용으로 불리며, 용의 이미지는 물과 밀접하게 연결되어 있고, 물의 주재자인 용은 왕권의 상징이었다.

평지리 고인돌이 농사력을 중심으로 천제를 드리는 공간이었다면, 말이산 13호분은 아라가야 임금이 백성들의 근심인 가뭄을 해소하기 위해 스스로 하늘의 용이 되어 농경 시기에 비를 내려 이롭게 하겠다는 애민 정신의 상징이었다. 용성 별자리와 남두육성의 별자리는 고대인들이 농경 시기에 맞춰 풍년을 기원하는 소망을 담고 있었다.

따라서 함안 말이산 13호분은 청동기시대 평지리 고인돌과 같은 한반도 남부 선사인의 고대 천문학적 전통에 고구려적 요소가 결합된 결과물로 해석할 수 있다. 특히 고인돌에 동방청룡과 남두육성과 같은 별자리가 새겨진 평지리 고인돌이 가장 오래된 농사력일 가능성이 높다. 한반도 남부에서 1천 년 이상의 시간차와 공간 차이가 있음에도 불구하고 두 지역은 비슷한 수준의 고도의 천문학적 이해를 공유했다는 사실은 주목할 만하다. 학계에서는 남두육성을 고구려의 전통으로 보는 견해가 우세하지만, 선사시대 고인돌에 새겨진 남두육성에 대한 연구는 상대적으로 부족하다. 따라서 고인돌과 고구려 및 가야 고분에 나타난 남두육성 같은 별자리에 대한 의미를 깊이 연구할 필요가 있다.

평지리 고인돌과 말이산 13호분 비교								
구분 명칭	시기	암석	용도	홈 개수	홈 위치	홈 새김 배열	홈 새김 도구	별자리 시작과 끝
평지리 고인돌	청동기 시대	화강암	천제단	30개	동남쪽	동→서	돌	저수에서 남두육성
말이산 13호분	철기 시대	사암	무덤	134개	남쪽	동→서	쇠 끌	방수에서 남두육성

4.
고인돌 남두육성을 담다

"

1) 고구려의 고분벽화
   남두육성을 담은
   강촌고인돌

천체의 별자리 중 하나인 북두칠성과 남두육성은 고대 사회에서 신적인 존재로 여겨지며 보편적인 성수 신앙의 대상으로 숭배 받았다. 특히 북두칠성은 칠성 신앙의 중심으로, 계절의 변화뿐 아니라 밤하늘에서 가장 눈에 잘 띄는 별자리로 알려져 있다. 우리나라에서 북두칠성에 대한 신앙이 언제 시작되었는지는 정확히 알 수 없지만, 고인돌에 새겨진 성혈을 통해 그 역사를 추정해볼 수 있다. 고인돌에 북두칠성 성혈이 새겨진 사례는 많지만, 남두육성 별자리를 표현한 성혈은 드문 편이다.

남두육성은 궁수자리에 속하는 6개의 별로, 북두칠성과 닮은 점이 많다. 고대에는 이를 두수라 부르며 장수(長壽)를 관장하는 별로 여겼다. 북두칠성이 용맹하고 적극적인 무관을 상징하는 데 비해, 남두육성은 문관에 해당하며 수동적이고 온화한 성격으로 묘사되었다. 북두칠성은 사람의 죽음을 관장하는 신으로, 남두육성은 생명을 주관하는 신으로 믿어졌다.

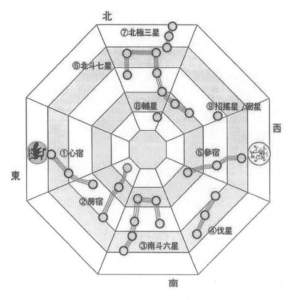

씨름무덤 천장의 사신도(김일권)

특히, 남두육성은 삼신할머니와 관련된 별자리로 여겨졌다. 자식을 원하는 이들이 북두칠성에 정성을 드리면, 북두칠성이 그 정성을 받아 새로운 영혼을 태어나게 한 뒤 남두육성으로 보낸다고 믿었다. 남두육성의 삼신할머니는 이 영혼의 엉덩이를 세게 때려 이승으로 보냈고, 아이는 어머니의 자궁에서 10개월간 자란 후 태어난다는 이야기가 전해진다.

이러한 민속 신앙과 남두육성에 대한 믿음은 어느 날 갑자기 생겨난 것이 아니라, 고인돌시대 이전 선사시대부터 형성되었을 가능성이 크다. 노동력과 노력이 많이 들어가는 고인돌을 세우며 그 덮개돌에 남두육성과 주변 별자리를 공들여 새겼다는 것은, 이미 선사시대부터 북두칠성과 함께 신앙의 대상이 되었음을 의미한다.

별자리는 처음부터 밤하늘에 정해진 모습으로 존재한 것이 아니다. 인간은 문명을 이루며 서로 관련 없는 별들을 묶어 규칙성을 찾아내고 이를 별자리로 규정

강촌고인돌 전경(고창 고수)
강촌 고인돌은 고수천변에 위치한 탁자식 고인돌로, 주변에는 넓은 농경지인 충적지가 펼쳐져 있다. 이 지역은 유일하게 화강암 기반암이 존재하며, 그 위에 고인돌이 축조되어 있다. 또한, 주변의 기반암 위에는 많은 성혈이 보이는데, 이는 이곳이 점성대나 점후대와 같은 천제단 역할을 했음을 시사한다.

했다. 철저히 인간의 상상력이 만들어낸 별자리는 인류의 공통된 문화로 발전해 왔다. 북두칠성과 남두육성 같은 별자리 또한 선사시대 이전부터 동아시아 전역에 널리 퍼져 단순히 하늘의 별자리를 넘어 일상 속에 깊이 뿌리내린 삶과 문화, 그리고 성수 신앙으로 자리 잡았다.

강촌고인돌은 고창군 부곡리 강촌마을 서쪽, 고수천변에 위치한 탁자식 고인돌로, 전북특별자치도 기념물 제143호로 지정되어 있다. 이 고인돌은 해발 약 45m 높이의 기반암 위에 자리 잡고 있으며, 화강암이 노출된 독립적인 암석 지형으로

강촌고인돌 드론 촬영(고창 고수, 이승기 제공)
창축의 방향이 남쪽의 214° 방향으로 향하고 있으며, 고인돌의 장축 전면으로 추산봉이 있고, 굄돌도 이 방향과 추산봉이 일치하도록 설치하였다.

고수천 주변을 조망하기에 매우 적합한 위치에 있다.

강촌고인돌은 일반적인 탁자식 고인돌과 달리 제단과 굄돌을 갖춘 독특한 형태를 가지고 있다. 굄돌 사이의 통로는 남쪽의 214° 방향으로 추산봉을 바라보게 설계되었으며, 이는 여름철 남두육성이 떠오르는 방향과 일치한다. 고인돌의 덮개돌은 남북을 장축으로, 동서를 단축으로 하는 축을 따라 배치되어 있으며, 덮개돌 아래에는 굄돌이 지지하고 있다.

덮개돌의 북쪽 장축은 절리면이 평평하게 잘려 있어 깔끔한 형태를 이루고 있고, 남쪽 끝은 자연스러운 원형의 모양을 유지하고 있다. 이러한 배치는 고인돌이 앞뒤 방향성을 고려해 설치되었음을 보여준다. 덮개돌과 굄돌의 평평한 면이 강촌고인돌의 정면에 해당하며, 정면에는 제단으로 추정되는 구조물이 있어 이곳이 공동 제사 의식이 이루어졌던 장소임을 암시한다.

강촌고인돌의 덮개돌에는 남두육성과 관련된 것으로 보이는 12개의 바위구멍이 새겨져 있다. 덮개돌의 남쪽 끝에는 남두육성을 상징하는 6개의 바위구멍이 있으며, 동쪽에는 남두육성 아래의 별들에 대응하는 3개의 바위구멍, 서쪽에는 또 다른 별자리를 나타내는 3개의 바위구멍이 있다. 고구려 각저총과 무용총의 천장 벽화에서도 동서남북의 방위와 별자리들이 묘사된 것을 볼 수 있다. 천장 벽화의 남쪽에는 남두육성을 중심으로, 방수(房宿)로 알려진 전갈자리에 속한 3개의 별과, 오리온자리 베텔게우스 아래 대각선으로 배열된 3개의 작은 별로 구성된 벌성(伐星)이 표현되어 있다.

고창 강촌고인돌의 성혈과 고구려 고분벽화는 남두육성과 전갈자리, 오리온자리 일부 별자리를 동일하게 묘사하고 있다. 이는 청동기시대 고창의 선사인들과 철기시대 사람들이 남두육성과 별자리에 대해 비슷한 인식을 가지고 있었음을 보여준다. 따라서 고창에서 고인돌을 축조한 선사인들과 요하 유역 등 고조선 강역에서 고인돌을 세운 고구려인들 사이에 공간과 시간의 공유철학의 연관성이 있었을 가능성이 제기된다. 즉, 만주나 평양 지역의 고조선 천문 전통을 이어받은 집단이 고창으로 이동해 고인돌을 축조하면서, 그곳에 자신들의 천문 체계를 반영한 탱그리 신앙의 흔적을 남겼을 가능성이 있다. 이후 고창의 천문체계는 기록으로 체계화되지 못했지만, 만주에 남은 선사인들의 후손인 고구려인들은 천상열차분야지도와 고분벽화 등 세계적인 천문 체계를 기록으로 남겼다.

강촌고인돌의 통로가 남쪽 214° 방향으로 배치된 점은, 남두육성과 주변 별자리가 가장 높게 뜨는 방향과 일치한다. 이곳은 제단석에 엎드려 굄돌 통로를 통해 남쪽 하늘의 지평선에 떠오른 남두육성을 관찰하기에 가장 적합한 장소로 보인다.

또한, 강촌고인돌이 바라보는 추산봉은 영산기맥의 구황산 산계 남쪽에 위치하

강촌 고인돌 바위구멍(고창 고수)
성혈이 뚜렷하게 보이지 않아, 성혈에 은행나무 열매를 올려 찍은 것이다. 성혈은 12개가 발견되고, 남쪽 끝 중심에 6개, 동서에 각각 3개씩 새겨 있다.

며, 주진천 유역의 작은 하천들을 따라 발달한 고창 들녘을 한눈에 조망할 수 있다. 추산봉 인근에 많은 선사시대 고인돌이 분포하고 있다는 점은 이 지역이 고창 일대 고인돌 축조의 중심지였음을 시사한다. 특히, 강촌고인돌이 추산봉을 향해 위치한 것은 이곳이 선사인들에게 신성한 장소로 여겨졌을 가능성을 암시한다. 이는 우리 민족의 신화와 설화가 산과 봉우리와 밀접하게 연관된 산악신앙의 전통을 반영하고 있다.

2) 하지 전후 풍년을 기원하던
고창 신대리고인돌

고창군 성내면 신대리 대천마을의 고인돌은 '신대리고인돌'이라 불리며, 대천마을회관 옆에 위치해 있다. 이곳에는 당산석과 당산나무도 함께 자리하고 있다. 이 고인돌은 덮개돌의 뾰족한 부분이 앞면으로, 평평한 부분이 뒷면으로 추정된다. 특히 뾰족한 앞면에는 명확히 확인되는 바위구멍이 여덟 개 음각되어 있다.

대천 고인돌은 굄돌이 낮게 깔린 바둑판식 고인돌로, 무덤방과 같은 시설은 확인되지 않았다. 덮개돌의 크기는 장축 413㎝, 단축 195㎝, 두께 80㎝로, 앞과 뒤가 뚜렷하게 구별된다. 덮개돌 장축의 뾰족한 부분은 220° 방향을 향하고, 평평한 부분은 반대 방향인 40°를 가리킨다. 220° 방향에는 신림면 도림리의 낮은 구릉 봉

신대리 고인돌 전면(고창 성내)
이 고인돌은 장축과 전후면이 뚜렷하게 구분된다. 이는 선사인들이 고인돌을 축조할 때 방향성을 고려한 배치로 이해할 수 있다.

신대리 고인돌 측면(고창 성내)
이 고인돌의 덮개돌은 삼각형이며, 남쪽이 뾰족하고, 북쪽이 부채꼴처럼 넓게 퍼진 형태이다.

우리가 있다. 이는 고창 지역 고인돌에서 자주 관찰되는 방향성과 일치한다.

특히, 이와 같은 방향성을 가진 고인돌에는 남두육성이나 동방청룡의 별자리로 추정되는 성혈이 새겨진 사례가 많다. 대천 고인돌의 덮개돌에도 바위구멍 8개가 확인되어, 별자리와의 연관성이 높을 것으로 보인다. 하지 이후 남동쪽에서 관측되는 남두육성은 농사의 풍흉과 수확 시기를 판단하는 데 중요한 역할을 했다. 비가 오지 않는 시기에는 고인돌에서 기우제를 지냈을 가능성도 크다.

관측의 기준은 태양의 일출과 일몰로, 낮에는 태양 외의 항성이나 행성을 관찰할 수 없었다. 밤에는 태양의 상태와 함께 별자리와 행성을 관찰하여 농경 시기와 날씨를 예측했다. 과거에는 해, 달, 별, 바람, 구름 등의 상태와 변화, 그리고 동식물의 특이한 활동을 통해 미래의 날씨를 예측하기도 했다. 이를 '관천망기(觀天望氣)'라 했으며, 점후법(占候法) 또는 점우법(占雨法) 등으로 불렸다.

선사인들은 일몰 직후 지표면 가까이 떠오르는 별들과 행성, 그리고 자정 무렵

신대리 고인돌 성혈(고창 성내)
고인돌의 뾰족한 앞면에는 8개의 홈이 새겨 있다.

중천에 위치한 별들의 움직임과 주변 구름이나 빛깔 등을 관찰하며 기상을 예측
했다. 이는 고인돌이 천문 관측을 기반으로 한 점후대 또는 점성대였음을 시사한
다. 점후대는 항성과 행성을 관측하기 위해 동남쪽 또는 남쪽이 탁 트인 입지를 요
구했다. 또한 관측 지점에서는 2지2분의 규칙적인 관측이 가능해야 했다.

  선사인들은 밤하늘의 변화하는 별자리 움직임을 관찰하기 위해 지표면 선정에
신중했으며, 이를 위해 산봉우리나 고개 등 특정 지형의 방향을 기준으로 삼았다.
특히 농경에 중요한 영향을 미치는 하지 전후의 기상 관측은 매우 중요했다. 하지
시기는 밤이 가장 짧고 농사일이 바쁜 시기로, 별 관측은 일몰 후 약 2시간이 지나
야 노을이 완전히 사라지면서 가능해졌다. 하지의 일몰 반대 지점인 동남쪽에서
어둠이 서서히 시작되고, 이후 약 2~3시간 뒤에는 별들이 지표면 150~165° 방향
에서 관측하였다.

  특히 밤 11시 전후에는 지표면 160° 방향에서 서서히 움직이는 별들을 보고 다

음 날의 기상을 예측했다. 또한 자정 무렵에는 200°~220° 방향의 하늘 중심에 떠오르는 남두육성이나 다른 별자리를 관찰하여 한 해 농사의 풍흉을 예측했다. 대천 고인돌의 덮개돌에 새겨진 바위구멍은 이러한 점을 뒷받침한다.

따라서 대천 고인돌은 별자리와 행성을 관측하기 위한 점후대 역할을 했거나 풍년을 기원하는 제단으로 사용되었을 가능성이 크다. 늦은 밤, 부족장은 고인돌에서 별자리를 관측하며 부족민들에게 기상이나 농사의 운세를 예언했을 것이다. 대천 고인돌은 선사인들에게 풍년을 기원하거나 기우제를 지내는 신성한 장소로, 모두가 아끼고 소중히 여긴 성물이자 성소였다고 볼 수 있다.

3) 고창 대동리 고인돌의
220° 방향성과 남두육성

"선사인들은 어떤 감정과 지혜, 그리고 지식으로 고인돌을 축조했을까?" 혹은 "왜 피나는 노력으로 거대한 고인돌을 만들었을까?"라는 질문은 고인돌 연구의 출발점이 된다. 이 질문을 통해 선사인들의 삶과 고인돌을 연결하려는 시도가 이루어지고 있으며, 하지 때의 물과 관련된 기록이 점차 늘어나고 있다. 인간의 문화는 삶의 환경에서 나오며, 절박한 환경 속에서 만들어진 문화는 특히 혼신의 노력을 담기 마련이다. 청동기시대의 고인돌은 선사인들의 환경과 삶을 가장 잘 반영한 문화적 산물이다.

고인돌의 입지는 지역마다 다양해 보이지만, 실제로는 태양과 별자리의 움직임, 그리고 주변 지형을 반영한 자연과학적 지식에 기반하고 있다. 단, 지역의 자연환경에 따라 약간의 차이가 나타날 뿐이다. 특히 한반도의 고인돌 배치는 하지 전후 농작물 성장과 밀접한 천문과 기상이 관련있다. 고인돌의 장축 방향이나 고인돌 간의 배치가 하지 일출 방향 또는 남서쪽 210~220°(반대는 30~40°) 방향으로 정렬된 경우가 많다.

이 중에서도 210~220° 방향성은 남두육성과 같은 별자리와 깊은 연관이 있다.

대동리 고인돌 마군(고창 아산)
이 고인돌 군에는 9기의 고인돌이 있고, 이 중 3기의 고인돌이 전형적인 하지 남두육성의 별자리 관측 패턴인 220° 방향으로 놓여 있다. 또한 전체적으로 남두육성 또는 북두칠성의 배치 형태가 보인다.

이 방향성은 고인돌 자체뿐 아니라 고인돌 군 안에서도 나타난다. 고인돌 군을 하나의 별자리로 해석하려는 시도가 있었으며, 고창 대동리의 마군 고인돌이 그 사례이다. 마군에는 9기의 고인돌이 있으며, 이 중 3기의 장축이 220° 방향으로 배치되어 있다.

마군 고인돌은 남두육성 또는 북두칠성 같은 별자리 모양으로 배치되어 있으며, 특히 남두육성과 기수의 삼성을 반영한 것으로 보인다. 『천문류초』에 남두육성인 두수는 10개의 별로 구성되어 있다. 남두육성은 한국적 상징성을 가지며, 고구려 고분벽화에서도 그 흔적을 찾아볼 수 있다. 인근의 대동리 가군 고인돌도 같은 방향성을 가지며, 고창천과 주진천이 만나는 쌍천 들판을 향하고 있다. 가군보다 높은 능선에 위치한 마군은 사방이 트여 있어 관측에 적합하다.

고인돌의 배치가 220° 방향을 중심으로 이루어진 것은 이 방향이 가지는 상징

주진천과 고창천이 합수하는 쌍천 들녘과 마을(고창 아산, 드론 이승기)
이 들녘 주변으로 많은 고인돌 군이 자리하고 있는 것으로 보아 일찍이 수전 농경이 발달한 곳에 선사인들이 거주한 것으로 보인다.

성과 실용적 중요성 때문이다. 특히 인근 대동리 고인돌 가군과 마군 모두 이 방향성이라는 공통점이 있다. 대동리 쌍천마을에 있는 가군은 고창천과 주진천이 만나는 쌍천 들녘을 내려다보고, 마군은 가군보다 높은 능선에 위치하여 사방을 조망할 수 있는 입지적 이점을 가졌다. 마군의 9기 고인돌은 남두육성 또는 북두칠성의 형태를 본떠 바가지와 손잡이 모양으로 배치되어 있으며, 특히 남두육성과 기수의 삼성을 반영한 것으로 보인다.

선사인들은 남두육성이 밝으면 풍년이 들고, 어두우면 흉년이 든다고 믿었으며, 가뭄 시에는 남두육성을 향해 기우제를 지내기도 했다.

하지만 대동리 고인돌 마군은 독특하게 남두육성의 바가지 부분을 북쪽으로 배치했다. 일반적으로 남두육성의 바가지는 은하수의 물을 퍼서 남쪽으로 쏟아내는 상징으로 이해되지만, 이곳에서는 의도적으로 반대 방향으로 배치한 것이다. 그 이유는 쌍천 들녘의 환경적 특성과 관련이 깊어 보인다.

쌍천은 가뭄보다 홍수와 범람이 더 큰 문제였던 지역이었다. 특히 고창갯벌의 밀물이 주진천 상류로 역류하거나, 강우량이 많을 때 쌍천 들녘이 자주 범람하곤 했다. 이런 상황에서 염해로 농경지가 오랜 기간 피해를 입는 일이 빈번했다. 이에 따라 선사인들은 남두육성의 바가지가 물을 남쪽으로 퍼내리는 방향을 피하기 위해 의도적으로 북쪽을 향하게 했을 가능성이 크다.

이는 단순한 천문 관측의 의미를 넘어, 선사인들이 자연 환경과 조화를 이루고 재해를 예방하려는 실질적 지혜와 신앙적 행위를 보여주는 사례로 해석된다.

4) 견우와 직녀의 설화가 담긴
상하 오룡고인돌

고창 상하 오룡마을 배후의 구릉에는 '하장리 고인돌 가-1'이라 명명된 고인돌이 있다. 하장리 고인돌 가-1이 위치한 곳은 해발고도 약 23m로, 송림산(해발 296.4m)에서 서쪽으로 이어진 장사산(해발 269.9m)이 인근에 있다. 고인돌은 장사산에서 서쪽으로 길게 발달한 구릉의 끝자락에 자리 잡고 있다. 이 지역은 동쪽으로 장사산과 송림산이 위치하며, 서쪽으로는 자룡천이 북동쪽에서 남서쪽으로 흐르다가 용대저수지에 합류하고, 이후 서쪽으로 고리포를 지나면서 충적지를 형성한다. 자룡천 유역에 위치한 오룡마을은 서쪽으로 크게 열린 구릉을 따라 펼쳐져 있으며, 서쪽의 넓은 들과 바다인 간석지가 한눈에 들어온다. 선사시대에는 용대저수지까지 조수의 영향을 받았으며, 농경과 어로 활동이 활발하게 이루어진 지역이다. 북쪽의 장사산은 백제시대 상로현의 현치소와 피난처로 사용되었으며, 조선 전기까지 서해안을 방어하는 중요한 산성이었다.

한편, 이 고인돌은 크기가 특별히 크거나, 탁자식이나 바둑판식 같은 독특한 형태를 띠지도 않는다. 덮개돌의 모양이 인상적이거나 보기 좋은 것도 아니다. 그저 마을 뒤에 놓인 커다란 바위처럼 보이는 평범한 모습 때문에 큰 주목을 받지 못했다. 그러나 마을 배후의 구릉에 이 바위가 일부러 옮겨진 흔적이 있기에, 혹시 특별한 의미가 있지 않을까 하는 마음으로 조사를 진행했다. 조사 결과, 이 고인돌의 방위각은 24절기의 일출이나 일몰 지점과는 관련이 없었다.

하지만 덮개돌을 자세히 살펴보니, 바위에 여러 개의 구멍이 새겨져 있었다. 수천 년의 풍화로 인해 희미해졌지만, 여전히 눈에 보일 정도로 선명하며, 손으로 만지면 부드럽게 느껴졌다. 이는 인위적으로 만들어진 흔적으로 보였다. 덮개돌 위에서 확인된 바위구멍은 총 14개였다. 이러한 거석의 성혈은 일반적으로 별자리로 보고 있다.

고인돌 덮개돌에 새겨진 바위구멍이 어떤 별자리를 나타내는지 확인하기 위해 덮개돌의 장축 방향과 주위 지형 등을 조사하였다. 조사 결과, 오룡마을 고인돌 덮개돌의 장축 방향은 남서쪽 220°로, 이는 고수 강촌 고인돌의 214°와 유사한 패턴을 보인다. 특히 강촌 고인돌의 덮개돌에도 오룡마을 고인돌과 같은 성혈이 뚜렷하게 새겨져 있으며, 남두육성, 방수, 벌성과 같은 별자리가 새겨져 있음이 밝혀졌다.

따라서 오룡마을 고인돌도 강촌 고인돌과 마찬가지로 하지 전후 여름철 별자리를 중심으로 해석해야 할 것이다. 고천문학에서 하지 이후 지표면 부근에서 떠오르며 잘 보이는 별자리는 5월 중순의 미수, 6월 초순의 기수와 하순의 두성을 들 수 있다. 이들은 국제천문연맹(IAU)에서 정한 88개 별자리 중 궁수자리와 전갈자리를 의미하며, 여름 밤하늘에서 가장 눈에 띄게 밝게 빛나는 별들이다. 특히 여름의 대 삼각형이라 불리는 세 개의 별은 견우성(알타이르, 독수리자리), 데네브(백조자리), 직녀성(베가, 거문고자리)을 가리킨다. 이 삼각형의 가운데 6개의 별은 궁수자리 중심의 밝은 별들이고, 아래 3개는 궁수자리의 아랫부분을, 가장 밑의 2개는 전갈자리의 꼬리 부분에 해당하는 밝은 별들과 대응된다.

여름철인 6월 말경, 북반구의 하지 밤하늘에서 가장 잘 보이는 별자리는 궁수자리와 전갈자리이다. 이들 별자리는 '한여름의 대 삼각형'이라 불리며, 베가, 데네브, 알타이르가 그 주인공이다. 이들은 1년 중 단 하루, 7월 7일에만 만날 수 있는

오룡 고인돌 방위각과 성혈(고창 상하)
고인돌의 중심축과 성혈이 새겨진 방향이 특정한 220도의 방향을 따라 배열된 것을 확인할 수 있다.(드론 이승기)

오룡 고인돌 측면(고창 상하)
고인돌의 측면에는 광산 김씨 세천이라는 명문을 새겨 놓았다.

별자리로 알려져 있다. 직녀성과 견우성은 여름을 상징하는 대표적인 별들로, 두 별 사이에 놓인 은하수를 가로지르는 오작교는 동양에서 백조자리의 천진(天津), 즉 하고대성(河鼓大星)이라고 부른다. 이들 세 별은 7월 7일 이전, 태양이 일출 직전 지평선 위에서 모두 볼 수 있다. 이 고인돌은 민속학적 관점에서 견우와 직녀의 설화를 담고 있으며, 인간의 수명과 농경의 풍요를 기원하는 제단으로 해석된다.

5.
은하수를 담은
고인돌

"

1) 은하수를 새긴
사내리 고인돌

고창군 성송면 사내마을 뒤 언덕에는 4기의 고인돌이 남아 있다. 그중 마을 북쪽 구릉에 있는 민묘 옆에는 두 기의 고인돌이 있다. 이 고인돌의 덮개돌에는 선사인들이 새긴 무수한 구멍들이 보인다. 이 구멍들은 보통 성혈로 불린다. 최근에는 고인돌의 성혈이 하늘의 별자리와 관련이 있다고 하여 성혈(星穴)로 부르는 경향이 있다. 고인돌이나 선돌, 암각화에 보이는 성혈은 석기시대부터 토속 신앙을 상징하며, 다산과 풍년 등을 기원하는 의미를 가지고 있다고 알려져 있다. 특히 고인돌과 선돌에 새겨진 성혈은 북두칠성이나 봄철 농사와 관련된 별자리를 나타낸다고 보인다.

고인돌을 축조한 청동기시대 사람들은 정확한 좌표 개념이 없었지만, 밤하늘의 밝은 별자리와 그 위치를 먼저 결정한 뒤, 그 주변에 여러 별자리를 새겼을 가능성이 크다. 고창 지역의 고인돌들은 최소 3,000년 전부터 축조된 것으로 보이며, 이는 청동기시대 사람들이 태양과 별자리의 움직임을 매우 세밀하게 관찰하고 있었음을 의미한다. 또한, 고창 지역에서 발견된 고인돌의 정확한 배치 방향과 성혈의 형태는 단군조선시대부터 이미 천문도를 가지고 있었을 개연성을 뒷받침한다.

사내마을 고인돌 2기에 새겨진 무수한 성혈은 고대의 천체 현상을 반영했을 가능성이 크다. 이 두 기의 고인돌의 장축 방향은 각각 진북과 남서쪽을 향하고 있다. 특히 진북(眞北)은 지구 자전축의 북극 방향을 의미한다. 이는 자기장이 가리키는 북극과는 다른 개념으로, 천문학적으로 정의된 북극을 가리킨다. 진북은 지구의 자전축이 향하는 북극으로, 지구가 자전하면서 북극을 기준으로 방향이 결정되는 점이다. 진북은 항해나 지도에서 방향을 설정할 때 중요한 기준이 된다.

이와 같은 방위각으로 설치된 고인돌들에서 성혈이 확인된다. 특히 진북 방향을 향한 고인돌 덮개돌에는 무수히 많은 성혈이 새겨져 있다. 반면 남서쪽 방향을 향하는 고인돌에는 몇 개의 성혈만 새겨져 있다. 태양의 움직임과 관련된 고인돌에서는 성혈이 잘 나타나지 않는다. 이는 해당 방위각이 밤하늘의 별자리보다는 태양의 움직임과 더 관련이 깊기 때문이다.

한국의 대표적인 천문학자인 한국고등과학원의 박창범 교수는 "고인돌 덮개돌에 무수히 많은 성혈이 새겨진 고인돌은 은하수를 표현한 것"이라고 언급했다. 은하수는 미리내로 불리며, 미르(용)가 승천해 사는 내(川)라는 의미를 가진 순우리말이다. 별들이 모여 길게 이어진 별무리로 밤하늘에 흐르는 우유처럼 보인다 하여 영어로는 'Milky Way'라고도 한다. 은하수는 전갈자리와 궁수자리 사이에 위치하며, 여름철 농경과 깊은 관련이 있다. 특히 7월 7일, 견우성과 직녀성 사이의 은하수를 가로지르는 오작교를 통해 이 두 별이 만난다고 전해진다.

사내리 고인돌에 새겨진 무수한 성혈은 농경과 관련이 깊은 여름철 밤하늘에서 가장 밝은 은하수를 의미하는 것으로 보인다. 은하수는 견우와 직녀 별자리가 나타나는 시기에 가장 잘 볼 수 있다. 이 시기는 농사의 한창 바쁨을 마치고 잠시 여유를 가질 수 있는 때로, 그 후에는 하늘에 풍흉을 맡길 수밖에 없었다. 옛 사람들은 "은하수에 구름이 없으면 10일간 비가 내리지 않는다"거나 "은하수에 별이 많이 보이는 해는 비가 적다"며 은하수를 보고 기상 예측을 했다. 고인돌시대는 농경

사내리 고인돌과 은하수 성혈(고창 성송)
이렇게 많은 성혈이 새겨진 고인돌은 은하수의 별자리를 상징화한 것으로 추정된다.

문화가 꽃을 피운 시기로, 농사의 적기와 기상 예측은 매우 중요한 일이었다. 따라서 은하수가 새겨진 사내리 고인돌은 날씨를 예측하거나 풍년을 기원하는 농경문화의 상징인 제단으로 기능했을 것이다.

2) 선사시대 풍년을
기원하던
김제 동곡고인돌

2020년 설날 전, 방에서 뒹굴며 시간을 보내고 싶었다. 찬바람이 불어 외출하기에는 더욱 싫었던 아침이었다. 방에 누워 책을 읽을까 하며 책장에서 그레이엄 핸콕의 『신의 사람들』을 꺼냈다. 책을 펼쳐 읽으려는 순간, 자꾸 부르는 소리가 들린다. 손은 이미 책을 놓고 스마트폰을 만지작거리고 있었다. 의지와 상관없이 손가락은 네이버를 열어 빠르게 스마트폰을 두드리고 있었다. 김제 고인돌을 검색하였다.

김제에는 세 곳의 고인돌이 있었으나 주소는 따로 나와 있지 않았다. 오직 김제시 금산면 청도리 동곡, 성계리 신암, 구월리 어유에 있다는 정보만을 확인할 수 있었다. 무의식적으로 청도리 동곡 고인돌이 있는 동곡 마을회관을 내비게이션에 입력했다. 내비게이션은 멈췄고, 마음 가는 대로 50여 미터를 더 달리자, 멀리 논 한가운데에 150㎝ 높이로 쌓인 제단 같은 곳에 고인돌 하나가 보였다. 멀리서 봐도 그 모습이 멋졌다. 그러나 잡풀로 가려져 고인돌을 제대로 볼 수 없었다. 고인돌 주변은 찔레나무와 같은 가시덩굴로 뒤덮여 접근이 어려웠다. 차에서 낫을 꺼내 찔레와 가시덩굴을 치우고, 돌벽을 기어올라 고인돌에 다가갔다.

고인돌은 전형적인 바둑판식 구조였다. 덮개돌 아래 석곽이 있다고 하나, 그곳은 확인할 수 없었다. 고인돌의 크기는 장축 470㎝, 단축 185㎝, 높이 73㎝로 알려져 있었다. 인근에도 2기의 고인돌이 있다고 했지만, 그것들을 찾을 수 없었다. 본 연구자가 고인돌에 대해 연구하는 것은 그 형식이나 크기같은 것보다는 고인돌의 입지, 배치 방향, 그리고 지형에 관심이 있다. 입지와 배치 방향, 그리고 지형을 통해 청동기시대 선사인들이 하늘과 땅, 인간에 대해 가졌던 관심을 엿볼 수 있기 때문이다. 당시 선사인들은 동양의 풍수지리 이론이나 실제보다 앞선 천문학, 지리학, 인사학 등을 조화롭게 담은 천지인 사상을 가지고 있었던 것으로 보인다. 특히 동곡 고인돌은 그 전형을 보여주고 있었다.

동곡 고인돌의 장축은 남동향인 220°로, 정면에는 나지막한 봉우리들과 저수지가 보인다. 뒤쪽인 북동쪽 40°에는 둥근 모양의 구성봉이 있고, 멀리 북쪽에는 높은 봉우리가 이중으로 막혀 있다. 220°의 남동향은 전북 서남부 고인돌에서 관찰되는 별자리와 관련된 방향이다. 이 방향으로 배치된 고인돌에는 남두육성으로 추정되는 바위구멍, 즉 성혈이 새겨져 있다.

　동곡 고인돌의 장축 방향을 보면, 마치 하짓날 두수인 남두육성을 향한 제단이 강조된 것처럼 보인다. 하지만 동곡 고인돌은 주변 지형과 지세를 고려해 설치되었다. 고인돌의 중앙에서 해넘이 방향인 240°~300°의 남서~북서쪽은 산의 경사면과 고인돌 사이가 좁게 연결되어 있다. 바로 옆으로 소하천도 지나간다. 그 반대편인 동북~동남쪽은 태양의 움직임을 기준으로 중요한 점인 하지, 춘추분, 동지의 해돋이 지역이다. 동곡 고인돌이 설치된 곳은 협곡에 위치하고 있다. 그러나 이 고인돌은 고인돌과 산 경사면 사이의 거리가 넓어, 천연의 절기 지점으로서의 역할을 할 수 있었다. 고인돌 중심에서 동지인 지표면의 130° 방향에는 제비산의

김제 동곡 고인돌 원경(김제 금산)

동곡 고인돌 220°전면과 골(김제 금산)
고인돌의 장축 방향은 전형적인 별자리 관측 방향을 따르며, 전면은 고개를 향하고 있는 형태를 띠고 있다.

220°

40°

정상, 춘추분인 100° 방향에는 제비산 능선의 꺾인 지점이 있으며, 하지에는 제비산 능선과 구성봉 사이의 고개, 즉 60° 방향에 해당한다.

즉, 고인돌 중앙에서 동쪽과 동북쪽은 산의 정상과 고개를 이용해 해돋이를 관측할 수 있는 천연의 절기 지점이었다. 제비산은 예로부터 마을에서 가뭄이 들면 기우제를 드리던 곳이었다고 한다. 동곡 고인돌의 장축인 220°는 고인돌의 정면으로 남두육성을 바라보며 풍년을 기원하고 풍흉을 예측하는 위치였다. 또한, 측면은 하지, 춘분, 추분, 동지 등의 중요한 시점을 고려해 배치되었다. 이 고인돌이 부른 것은 "나도 고창의 고인돌처럼 별자리와 절기를 담고 있어. 그러니 나에게도 관심을 가져줘."라는 고인돌의 소리 없는 외침처럼 느껴졌다.

3) 상하 검산 고인돌의
성혈과 하지 기우제

여름이 오기 전에 부지런히 해야 할 일이 생겼다. 온 세상이 푸르른 녹음으로 짙게 덮인 무더운 여름이 되면 무엇이든 조사하기가 어려워진다. 특히 지금 조사하고 있는 고인돌의 경우는 더 그렇다. 많은 고인돌이 구릉이나 산사면, 전답에 위치해 있어 여름이나 가을에 고인돌 답사를 하기가 애로사항이 많다. 물론 추운 겨울, 찬바람을 맞으며 답사하는 것도 쉬운 일은 아니다.

최근 고인돌 조사를 하던 중, 매우 깊고 많은 바위구멍이 새겨진 고인돌을 발견했다. 이렇게 아름다운 고인돌을 본 것은 처음이라 흥분을 감출 수 없었다. 이 고인돌은 고창군 상하면 검산에 있는 것으로, 두 기가 있었고, 크기도 그리 크지 않아 큰 기대 없이 찾았다. 고인돌의 규모가 작아 간단하게 천문학적 해석과 사진만 찍고 빨리 떠날 생각이었다. 하지만 일을 마치고 떠나려던 순간, 고인돌 위에서 무언가 보이는 듯했다. 그래서 경사진 곳에 놓인 고인돌 덮개돌에 올라갔다. 고인돌 위에 오르자, 그곳에 수많은 바위구멍이 새겨져 있었고, 덮개돌 중앙에는 인위적으로 파낸 도랑과 같은 깊은 줄이 새겨져 있었다.

몇몇 천문학자와 철학자들은 고창 고인돌에서 별자리인 성혈을 찾고자 노력했으나 발견하지 못했다고 한다. 그들이 성혈을 찾지 못한 이유는 간단하다. 대부분의 고인돌이 죽림리, 상갑리, 상금리 등과 같이 대규모로 군집해 있는 고인돌 군에 위치해 있기 때문이다. 이들 고인돌은 은하수나 자미원, 태미원, 천시원 등의 별자리로 인식되었기 때문에, 개별 고인돌에 별자리를 새길 이유가 없었고, 그 결과 성혈을 찾을 수 없었던 것이다.

종교적으로 성혈은 고대의 제사 의식과도 밀접하게 연결되어 있다. 별자리는 농사와 기후, 생명력과 밀접한 관계가 있었기 때문에, 고인돌에 새겨진 성혈은 풍년 기원이나 기상 예보, 혹은 사후 세계와의 연결 등을 위한 종교적 상징물로 사용되었을 가능성이 크다.

성혈이 새겨진 고인돌은 장축이나 통로가 동남쪽, 남서쪽, 북쪽을 향한 경우에 주로 나타난다. 고창 상하 검산리 고인돌에는 수많은 성혈이 새겨져 있으며, 이를 은하수와 연관 지어 해석하고자 한다. 덮개돌 중심에 새겨진 굵은 선은 밤하늘의 대하천인 은하수, 즉 미르를 형상화한 것으로 보인다. 이 고인돌의 장축은 하지 일출인 60° 전후로, 그 반대는 동지 일몰 방향에 맞춰져 있다. 대부분의 성혈은 남서쪽인 210°나 남동쪽인 160° 전후에 새겨져 있다. 최근에는 이 고인돌처럼 장축이 하지 일출 방향인 덮개돌에서 성혈을 새긴 고인돌이 여러 기 발견되었다. 한편, 바로 옆 고인돌에서 성혈이 있는 고인돌의 방향은 150°이며, 이는 송림산의 고개와 일치했다. 150~170° 방향의 장축은 주위의 고개나 봉우리와 일치하는 경우가 많다. 이는 별자리가 뜨는 위치 기점을 잡고, 그곳에서 떠오르는 별을 관측하는 것이 선사인들의 일반적인 패턴이었음을 추정하게 한다.

선사인들이 하지 일출 방향으로 놓은 고인돌 위에 성혈을 새긴 이유는 기상과 깊은 관련이 있다. 하지 전후로 씨를 뿌리고 싹이 트면 물이 필수적인데, 이 시기에 강우량이 적거나 가뭄이 들면 농사는 망치게 된다. 이 시기의 비는 예나 지금이나 사람들의 생명줄과도 같았다. 오늘날처럼 저수지를 만들고 지하수를 파는 시

일출 방향(60°)

동지 일몰 방향(240°)

상하 검산리 고인돌의 성혈(고창 상하)

대라도, 하지 전후의 물 부족은 국가적 재난 상황을 초래할 수 있다. 특히 상하 검산리 일대는 산이 낮고 바다가 가까워 물이 항상 부족하다.

선사시대의 제사장이나 족장은 하지 전후 밤하늘의 은하수나 별자리를 보고 기상 변화를 예측하고 풍흉을 예보했다. 고인돌은 하지 전후 선사인들이 간절한 마음으로 비를 기원하며 기우제를 드리던 성소였다. 은하수가 너무 맑고 선명하면 가뭄을 걱정하고, 은하수가 너무 흐릿하면 홍수를 우려했던 선조들의 마음은 고인돌의 성혈과 깊은 도랑에 담겨 있다. 가뭄이나 홍수 같은 자연재해에 의존해 농사를 지을 수밖에 없었던 당시 사람들의 간절한 풍년 기원은 은하수에 담겨 있었다. 고인돌의 성혈과 은하수는 풍년을 기원하는 제례 행위의 중요한 증거이다. "인류는 미개한 적이 없다"는 철학적 명제처럼, 고인돌을 만들었던 선사인들은 이미 수천 년 전 하늘의 움직임을 깊이 이해하고 있었다. 고인돌 덮개돌에 새겨진 은하수가 그 사실을 증명하고 있다.

4) 하지 일출과 은하수를 새긴 말하는 고인돌

고인돌은 살아 숨 쉬고, 말도 한다. 말하는 고인돌은 내 의지와 관계없이 부를 때가 있다. 특히 배가 부를 때보다 허기져 힘이 빠졌을 때 고인돌은 부른다. 고인돌을 조사하기 위해서는 깊은 산속으로 들어가 긴 시간을 보내야 할 때가 많다. 산속을 헤매다 보면 점심시간을 넘기기 일쑤여서 배고프곤 한다. 이때 산을 내려오면 허기져서 어떤 일도 하기 싫은 때가 많다. 특히 날이 풀리는 봄이 오면 고인돌을 조사하기에 최적의 시기이다. 이때를 놓치면 다시 1년을 기다려야 하니, 한 번 산속에 들어가면 끝을 봐야 한다. 점점 소멸해가는 지방이다 보니 사람들이 사라지고, 그로 인해 숲은 우거져 밀림이 되는 일이 빈번하다. 고인돌이 너무 많아 행정기관에서도 관리하기 어려운 존재가 되었다. 이렇게 몇 년 동안 관리하지 않으면 고인돌은 우리의 기억 속에서 사라질 것이다. 그러니 한 번 조사하러 갈 때는 시간 가는 줄 모른다. 지금도 저 산속에 있는 것이 고인돌인지, 굴러온 돌멩이인지도 모를 판에 어떻게 관리할 수 있을까?

어느 봄날, 고창 상금리 고인돌을 조사하기 위해 고산으로 들어갔다. 고인돌 하나하나를 사진으로 담고 방향성을 조사하다 보니 점심시간을 훌쩍 넘겼다. 아침부터 고산의 산속을 얼마나 헤맸는지 모르고 시간은 흘렀다. 시간이 흘렀다는 것을 뱃속에서 허기짐으로 인한 꼬르륵 소리를 통해 알게 되었다. 아직도 조사할 것이 남아 아쉬움이 남지만, 스마트폰의 배터리 잔량도 낮고 시간이 이미 오후 3시를 훌쩍 넘겼다. 바쁘게 산에서 내려오다 보니 길가에 조사하지 않은 고인돌을 발견해 대충 확인하고 사진을 찍고 마무리하려 했다. 스마트폰 배터리도 부족해 서둘러 찍고 떠나려던 순간, "나도 정리해 줘!"라는 고인돌의 목소리가 들렸다. 두리번두리번 사방을 살펴보니, 시누대 사이로 잡풀과 뒤섞인 작은 고인돌이 보였다. 그 고인돌이 시누대와 잡풀을 제거해달라고 말하는 중이었다. 배는 고파 죽겠는

상금리 성혈 고인돌(고창 대산)
대부분의 고인돌들이 이 고인돌처럼 관리가 소홀하여 무성하게 잡목과 잡풀로 뒤덮여 있다. 이 고인돌은 스쳐지나가는 본 연구자를 불러 주위를 정리해 달라고 부탁하여 깨끗하게 정리해 주었다.

데, 이 고인돌은 일을 시킨다. 눈치도 없이 내 발목을 붙잡는다. 낫과 톱을 들고 30분 정도 치우니 주위가 깨끗해졌다. 고인돌 주변을 감싸고 있던 담쟁이도 완전히 제거해주었다.

담쟁이를 치우고 나니, 고인돌 덮개돌의 위와 측면에 많은 성혈이 새겨져 있고, 성혈과 성혈을 이어주는 깊게 새긴 골이 눈에 들어왔다. 이건 무엇일까? 성혈은 보통 별들로 추정되는데, 성혈을 이어주는 골은 무엇을 의미할까? 저 많은 성혈은 은하수 주변의 별들이고, 골은 은하수를 의미하는 것일까? 고대 신화나 여러 문화권에서 은하수는 하늘의 거대한 물줄기로 여겨지며, 물의 상징으로 해석되곤 했다. 이 고인돌은 그것을 보여주려고 나를 부른 것일까?

많은 고대 민족들이 은하수를 항해나 여행의 지표로 사용했으며, 이는 은하수가 하늘을 가로지르는 길로 여겨졌기 때문이다. 은하수는 영혼과 사후 세계이다. 여러 문화에서 은하수는 사후 세계와 연결되는 통로로 인식되기도 했다. 고대 이집

상금리 성혈 고인돌의 측면(고창 대산)
이 고인돌 측면의 골은 자연적으로 생성된 것으로 보인다. 다만 선사인들이 고인들의 바위를 선정할 때 특별한 의미를 부여하기 위해 이러한 바위를 선택한 것으로 보인다.

트에서는 은하수가 신들의 거주지로, 죽은 이들의 영혼이 은하수를 따라 여행을 떠난다고 믿었다. 조선의 천상열차분야지도에도 은하수 옆에 하늘의 나루터인 천진(天津)이 있다. 특히 농업과 관련된 문화에서는 은하수를 하늘의 물줄기로 보며, 이를 통해 비와 기후 변화를 기원하는 의미가 담겨 있기도 했다. 고대 농업 사회에서는 은하수를 물의 흐름과 비의 공급원으로 상징적으로 연결짓는 경우가 많았다.

이 고인돌은 타원형에 가까우며, 장축은 하지 일출 방향을 향하고 있다. 하지 일출 방향으로 또 하나의 고인돌이 더 있고, 고산의 정상과 일직선으로 배열되어 있다. 주변 고인돌들의 배치 역시 천문학적 특성이 반영된 2지2분의 법칙을 따르고 있다. 하지 일출 방향으로 놓인 고인돌 중 성혈이 새겨져 있는 것은 상하 검산의 고인돌에서 두 번째로 보는 패턴이어서, 상당히 당황스러웠다. 왜 하지 일출 방향으로 고인돌의 장축을 놓았으며, 그 위에 많은 성혈을 새겼고, 성혈과 성혈을 깊은 골로 이어 놓았을까? 많은 생각을 하게 만드는 고인돌이었다.

이 고인돌의 방향성이 하지 일출이며, 덮개돌 위에 많은 성혈과 골이 새겨져 있다는 것은 은하수와 별을 상징화한 것으로 볼 수 있다. 이 고인돌은 하짓날 기우제와 관련이 있을 가능성이 크다. 농경이 하늘의 기상에 의존했기에, 하지 전후로 적절한 비가 내리는 것이 중요했다. 그들은 지상에 비를 내려주는 태양신에게 간절히 기도하고, 밤에는 은하수의 물을 지상으로 뿌려 달라고 북두칠성의 칠성신에게 빌었던 것은 아닐까? 비를 바라는 간절한 소망이 담긴 고인돌이었다고 생각된다. 규모는 작지만, 정성스럽게 새긴 성혈과 골이 있는 고인돌은 고산 정상과 맞춘 천문 지리의 원리를 잘 반영한 배치 특성을 가지고 있다.

고창 상금마을 앞에 있는 이 고인돌이 말하고자 하는 것은 무엇일까? 이 고인돌은 선사시대의 거주지 인근에 설치되었고, 와탄천의 상류에 있으며, 남쪽으로는 넓은 들녘이 펼쳐져 있다. 고산과 고성산 사이에서 내려오는 물을 이용해 충적지를 개간하여 곡물을 생산했으며, 특히 북쪽으로 고산의 높은 봉우리가 있어 북서 계절풍을 피할 수 있어 언제나 살기 좋은 마을이었다. 이러한 마을의 입지 조건이

하지 일출 방향(60°)

동지 일몰 방향(240°)

상금리 고인돌의 성혈(고창 대산)
이 고인돌의 장축은 하지 일출 방향으로 놓여 있으며, 덮개돌 위에 새겨진 많은 성혈과 성혈을 이은 선은
은하수를 상징화한 것으로 보인다. 이는 하짓날 전후의 기우제와 관련이 있는 것으로 추정된다.

200여 기 이상의 고인돌을 만들 수 있는 원동력이 되었을 것이다. 이 많은 고인돌
을 만들기 위해서는 넓은 토지에서 많은 곡물을 수확해야만 했을 것이다. 하지 일
출과 은하수를 새긴 이 말하는 고인돌이 의미하는 것은, 하지 전후로 태양신과 칠
성신에게 비를 풍성히 내려주기를 간절히 기원하며 풍년을 기원하는 메시지였다.

6.
북두칠성으로 배치한
부곡리 고인돌

❝

1) 천문 설계도로 놓은
부곡리 고인돌

고인돌은 청동기 문화를 꽃피웠던 고창의 고대문명을 밝히는 중요한 증거로, 세계문화유산으로 지정된 죽림리와 상갑리 일대는 단일 구역으로 대한민국에서 가장 큰 고인돌 군집을 형성하며 다양한 형식의 고인돌이 분포하고 있다. 청동기시대를 대표하는 거석문화인 고인돌은 주로 무덤으로 알려져 있으며, 한국 고인돌 연구는 지하에 매장된 유물과 분포, 형태를 중심으로 한 고고학적 관점에서 이루어져 왔다[33]. 하지만 최근에는 고인돌이 천제단, 부족 간 경계를 나타내는 경계석, 묘역을 상징하는 기념물, 종교적 신앙 행위의 도구, 또는 점성대(占星臺)로 사용되었을 가능성을 제기하는 연구들이 발표되고 있다. 고인돌의 바위구멍은 별자리를 관측하고 인간의 길흉화복과 계절 변화를 예측하는 도구로 사용되었을 가능성도 제시되고 있다.

한편, 고인돌 입지에 대한 연구는 주로 지형적 특성 분석에 머물러 있으며, 덮개돌의 장축 방향이나 통로와 천문학적 관련성에 대한 연구는 거의 이루어지지 않았다.[34] 이에 반해 유럽 학자들은 천문학적 관점을 바탕으로 거석문화의 입지를 해석하는 연구를 활발히 진행하고 있다.[35] 고대인에게 천문학은 하늘과 우주를 탐구하는 자연과학이자 이를 인간의 삶과 연계한 인문학적 사고방식이었다.[36] 이는 자연현상을 관찰하고 이를 삶에 응용하는 실용적 태도로 발전했다.[37] 고대 거석문화 연구는 고대인을 미개인이 아닌 현대인과 같은 수준의 사고 능력을 지닌 존재로 인식하는 데서 출발한다.

밤하늘의 별자리는 고대인들이 문명을 이루면서 특정 별들을 묶어 규칙성을 발견한 결과물로, 철저한 상상력의 산물이었다.[38] 선사시대부터 축적된 이러한 별자리 개념은 인류의 공통 문화로 발전하였으며, 특히 북두칠성과 같은 별자리는 단순한 천문학적 대상에서 벗어나 신앙적이고[39] 생활 깊숙이 뿌리내린 상징으로 자리 잡았다.[40]

천문학은 인류의 탄생과 함께 시작된 학문으로, 거석문화에는 하늘의 움직임이 담겨 있었다. 그러나 역법의 발달로 인해 거석문화 속 천문학의 비밀은 점차 잊혀지며 오늘날 미스터리로 남게 되었다. 최근에는 천문학과 고인돌을 연계한 학제간 연구가 활성화되면서 고인돌 덮개돌의 바위구멍과 천문학적 연관성을 밝히는 연구들이 등장하고 있다.

북한에서는 이미 1990년대부터 관산리 고인돌의 덮개돌과 내부 바위구멍 연구를 통해 별자리와의 연관성을 밝히기 시작했다.[41] 반면 남한에서는 최근 들어서야 고인돌 바위구멍을 별자리로 연결 짓는 연구가 본격화되었으며, 아득이고인돌의 덮개돌 연구가 그 시발점이 되었다.[42] 이후 성혈 고인돌은 선사시대의 언어이자 천문, 경천(敬天), 수호 및 천향(天向) 사상이 담긴 것으로 해석하는 연구[43]도 진행되고 있다.

지상에 축조된 고인돌이나 선돌의 배치를 별자리, 특히 북두칠성과 연관 지어 연구하는 시도는 아직 걸음마 단계에 머물러 있다. 현재까지 하남시 교산동 토성의 칠성바위와 화순 운주사의 칠성석과 같은 명확한 북두칠성 형태를 보이는 사례[44]가 조사된 바 있다. 그러나 고인돌 군이나 고인돌 간의 상호 연관성을 분석하는 연구는 아직 이루어지지 않았다. 고인돌의 별자리 관련 연구는 크게 다음과 같은 주제로 나눌 수 있다.[45]

고인돌 덮개돌의 성혈(바위구멍)이 별자리를 나타낸다는 가설, 고구려 무덤군처럼 고인돌 배치를 별자리로 배치했다는 가능성의 가설[46], 천문학적인 목적의 특정 방향성을 띠는 고인돌의 기능성의 설, 별자리 관측을 위해 축조된 고인돌 설 등이다.

이 연구는 고창 부곡리 고인돌과 고인돌 군의 배치가 북두칠성과 별자리로서의 특성을 지니고 있다는 가설에서 시작한다.[47] 중산고인돌들은 진북 또는 남북, 동서로 일렬 배치되거나 격자 형태를 이루고 있으며, 덮개돌의 장축 방향이나 굄돌의 통로와는 무관하게 진북을 중심으로 한 동서 방향 배치를 보여준다. 이는 선사시대 사람들이 하늘의 별자리를 지상에 구현하려 했다는 가능성을 제기한다.

부곡리 고인돌의 별자리 배치 연구는 이미 별자리의 성혈로 확인된 함남 함주 지석리 고인돌과 충북 청원 아득이 고인돌의 덮개돌 성혈, 그리고 '천상열차분야지도' 및 청나라 건륭제 시기에 제작된 '두괴대광육성 태양수일성도'[48]와 비교·분석했다. 이러한 비교 연구는 부곡리 고인돌 배치가 우연이 아니라, 선사시대 사람들이 북두칠성과 별자리를 염두에 두고 계획한 고도의 천문학적 지식과 상징체계임을 밝혀줄 것이다.

현대 천문학은 원시와 선사시대부터 축적된 인류의 지식에 기초하고 있으며, 이 연구는 고인돌과 천체를 연결 짓는 고대인의 지혜와 이를 바탕으로 한 해석[49]을 밝히는 데 기여하고자 한다.

2) 부곡리 고인돌의
분포 특성과 북두칠성

부곡리 고인돌의 위치와 특성

시루봉을 중심으로 한 전북특별자치도 고창군 고수면 고수천 일대의 부곡리(美

숍里)는 높은 산과 구릉이 조화를 이루며, 농사에 유리한 넓은 충적지와 풍부한 물이 있는 지역이다. 인근에는 깊고 높은 산이 자리 잡고 있어 사냥과 채집, 연료 획득이 용이해 예로부터 사람이 거주하기에 적합한 자연환경을 갖추고 있었다.

부곡리의 중심에 위치한 시루봉(증산, 甑山, 해발 179m)은 '찌고 익혀 성숙시키다'라는 뜻을 담고 있어 오래전부터 신성한 장소로 여겨졌다.[50] 시루는 동양에서 나라와 왕실 권위의 상징물로 여겼다. 시루봉 북서 사면 아래 남고창IC 근처에서는 약 5만 2천 년 전 중기 구석기시대 유적부터 청동기시대의 고인돌, 고려시대의 절터까지 발굴되었으며, 이 지역은 고대 문화가 발달한 곳이다.

특히, 부곡리 일대에 분포한 청동기시대의 고인돌은 한 기에서 많게는 20여 기의 고인돌 군으로 형성된 곳이 10곳에 이른다. 대부분이 본래의 위치에 잘 보존되어 있어 학술적 가치가 높다. 부곡리 고인돌은 학계에서 '부곡리 지석묘 군 A~H'로 명명되어 조사가 이루어졌으며, 고창군은 이를 '부곡리 고인돌 가~아'로 구분하고 일련번호를 부여해 관리하고 있다. 본 서에서는 기존의 고인돌 외에 최근 소실된 고인돌 군을 포함하여 A~J로 재분류하였다.

시루봉을 중심으로 부곡리 고인돌과 고인돌 군의 위치를 카카오맵 항공사진을 통해 확인하고 남쪽에서 북쪽으로 순서대로 명명했다. 남북 방향 약 1.7㎞에 걸쳐 일직선으로 배치된 부곡리 고인돌 5곳을 중심으로, 그 주변에 추가로 5곳의 고인돌이 분포한다. 이 고인돌들을 선으로 연결하면 거대한 북두칠성의 형상을 이룬 것을 확인할 수 있다.

명명된 고인돌 군의 기호 순서는 북두칠성의 모양에 따라 A-G로 하였으며, 국자에 해당하는 A-D 고인돌 군 안에 있는 연동마을 북측 능선의 고인돌 군을 H와 I라 하였고, 연동마을 서쪽으로 떨어져 있는 고인돌 군을 J라 명명하였다. A는 연동 뒤편 까끔재 고인돌 군, B는 연동 칠성재 고인돌 군, C는 연동 북측 광산김씨 분묘군 정상부 고인돌 군, D는 고창-담양 간 고속도로 건설 사업의 일환으로 조사된 고인돌 군, E는 증산마을 배후의 고인돌 군, F는 고수천변의 전북특별자치도 기

고수 들녘 드론 사진(고창 고수)
호남의 서남부 지역에 널리 분포하는 고인돌은 주로 충적지와 구릉지와 같은 농경지 주변에 놓여 있는 것이 특징이다. 이는 고인돌이 농경문화와 밀접한 관련이 있음을 반증한다.(제공 이승기)

넘물인 강촌고인돌, G는 예지마을 예지터 바둑판식 고인돌, H는 연동 북측 능선의 대나무 숲과 구모정의 고인돌 군, I는 연동 북측 밭의 고인돌 두 기, J는 월계 북동쪽 구릉 정상부에 있었던 고인돌 군 등이다. 위 부곡리 고인돌의 배치와 특성은 다음과 같다.

A 위치의 부곡리 고인돌 군은 연동마을 뒤편 까끔재 정상부에 위치한 고인돌 군으로, 총 6기가 분포한다. 가장 큰 고인돌의 크기는 280×209×53㎝로, 덮개돌

은 원뿔꼴에 가까우며 단면은 장타원형이다. 덮개돌의 장축은 대체로 동서 방향을 이루며, 표면에는 바위 구멍들이 관찰된다.[51] 이 고인돌 군은 시루봉에서 남쪽으로 약 340m 거리에 있으며, 기반식 고인돌 3기는 각각 동서, 동북-서남, 남북 방향으로 배치되어 있습니다. 개석식 고인돌은 동남-서북 방향 1기와 동서 방향 2기로 구성되며, 이 중 한 기는 동서 방향의 직사각형 형태로, 덮개돌에 성혈이 확인된다.

A 위치의 고인돌

　B 위치의 부곡리 고인돌 군은 부곡리 738-11번지 연동마을 남쪽 칠성재 능선에 위치하며, 현재 5기의 고인돌이 남아 있다. 이 고인돌들은 동서 방향으로 발달한 구릉 정상부를 따라 열을 이루고 있다. 가장 큰 고인돌의 크기는 265×175×91㎝이며, 덮개돌의 평면은 타원형에 가깝고 단면은 직사각형이다.[52] 이 고인돌 군은 시루봉에서 남서 방향 약 630m 지점에 위치한다. 과거 이곳에는 7기의 고인돌이

있었으나, 밭으로 사용되면서 2기가 묻히고 나머지 고인돌도 일렬로 옮겨져 본래의 배치와 상태는 확인하기 어렵다. 마을 주민들은 이곳을 칠성재(七星峙)라고 부르며, 이는 7개의 고인돌이 북두칠성의 형태로 배치되었기 때문이라고 전한다.

B 위치의 고인돌

C 위치의 부곡리 고인돌 군은 부곡리 산 63번지 연동마을 연동제 북쪽 약 10m 지점의 광산김씨 분묘군 구릉 정상부에 위치하며, 총 5기가 분포한다. 가장 큰 고인돌의 크기는 448×223×120㎝로, 덮개돌은 원추형 평면과 장타원형 단면을 가진다. 이 고인돌은 3개의 지석이 확인되며, 지석의 높이는 68㎝에 달한다.[53] 이곳의 기반식 고인돌은 장축 방향이 서북–동북으로 1기, 개석식 고인돌은 동남–서북 방향 1기로 구분된다. 형식 확인이 어려운 3기의 고인돌은 모두 남북 방향으로 배치되어 있다. 이 고인돌 군은 백제 사비시대(6세기 이후) 무렵에 파괴되어 여러 굴방무덤이 형성된 것으로 추정된다. 현재 6기의 굴방무덤 방과 연도가 남아 있다.[54]

C 위치의 고인돌군

C 위치의 고인돌을 파괴해 만든 백제식 굴방무덤

D 위치의 부곡리 고인돌 군은 부곡리 산 72-3번지에 위치했던 고인돌 군으로, 고창-담양 간 고속도로 건설 과정에서 총 20기가 조사되었다. 덮개돌이 있는 고인돌에서 20기의 무덤방이 확인되었고, 무덤방 주위에는 이중으로 된 도랑이 발견

되었다. 이 도랑은 신성한 구역을 구분하기 위한 경계로 추정된다.[55] 기반식 고인돌들의 장축 방향은 동북-서남이며, 덮개돌의 장축 길이는 350~456cm로 대형에 속한다. 이 고인돌 군은 시루봉에서 진북으로 약 300m 떨어진 지점에 있었으나, 모두 이동되어 원래 형태는 유지되지 않았다.

E 위치의 고인돌 군은 증산마을 뒤편 고수면 부곡리 산 75번지에 위치하며, 부곡리 고인돌 나-1부터 나-13으로 명명되었다. 이곳은 시루봉 북쪽 말단부의 완만한 구릉지로, 증산마을 서쪽 배후에 자리하고 있다. 주변은 평평한 구릉으로, 고수천의 넓은 충적지와 세계문화유산인 죽림리 고인돌 지역까지 조망할 수 있는 지리적 특징이 있다. 이 고인돌 군은 개석식 3기, 바둑판식 5기, 형태를 확인할 수 없는 고인돌 4기로 이루어져 있으며, 시루봉에서 진북으로 약 500m 거리에 위치한다.[56]

특징적으로, 7기의 고인돌이 북두칠성 형태로 배치되었고 나머지 고인돌은 그 주변에 흩어져 있다. 이는 선사시대 사람들이 고인돌을 별자리에 맞춰 배치했음을 보여주며, 부곡리 고인돌 전체를 하나의 거대한 북두칠성으로, 내부 고인돌 군

E 위치의 고인돌군

역시 북두칠성 모양으로 배치한 다층적 구조가 확인된다. 특히, 부곡리 고인돌 나-12, 나-13, 나-3, 나-6, 나-7은 진북 방향에 배치되었으며, G 위치의 황산리 고인돌과도 진북 방향으로 일치한다.

F 위치의 강촌고인돌은 강촌고인돌은 고수천변에 위치하며, 전북특별자치도 기념물 제143호로 지정된 탁자식 고인돌이다. 고창 부곡리 강촌고인돌로 명명된 이 유적은 강촌마을 서쪽 고수천변의 기반암 위에 있으며, 해발 45m 내외의 독립된 암석상에 위치해 고수천 일대를 조망하기에 유리하다. 이 고인돌은 제단 형식을 갖춘 탁자식 고인돌로, 굄돌이 향한 통로의 방위각은 214°이다. 해당 방위각 통로 끝에는 성송면과 고수면의 경계인 추산봉이 위치한다. 덮개돌 표면에는 성혈로 추정되는 12개의 바위구멍이 확인된다.[57]

F 위치의 고인돌

G 위치의 황산리 고인돌은 고수면 황산리 146번지, 예지마을 앞 속칭 '예지터'의 밭 한가운데 위치한 바둑판식 고인돌이다. 이 고인돌의 크기는 302×244×131㎝이며, 덮개돌의 평면은 사각형에 가깝고 단면은 직사각형이다. 덮개돌의 장축 방향

은 남북이며, 굄돌 3기가 확인된다.

덮개돌의 전면에는 '강암(講岩)'과 '경암(敬菴)'이라는 글자가 음각되어 있고, 측면에는 '동석(同碩)'이라는 제목 아래 김노수(金魯洙) 등 40여 명의 이름이 새겨져 있다.[58] 이 고인돌은 시루봉에서 진북(자북으로 7.5°) 방향 약 1,360m 지점에 위치하며, 덮개돌에는 성혈로 추정되는 바위구멍 3개가 발견되었다.

G 위치 고인돌과 증산

H 위치의 부곡리 고인돌 군은 고수면 부곡리 638번지 연동마을 북측 야산의 대나무 숲에 위치한 고인돌 군으로, 초기에는 5기가 남북 방향으로 배치되어 있었다.[59] 그러나 이후 3기가 파괴되어 마을 광장 앞 화단으로 이전되었으며, 이들은 부곡리 고인돌 라로 명명되었다. 최근 추가 조사에서는 연동마을 내부에서 2기, 마을 입구 대나무 숲에서 1기, 옛 모정에서 1기를 추가로 확인하였다.[60] 구모정 인근에 위치한 2기의 고인돌은 H 고인돌 군의 동쪽 가장자리에 있다. 덮개돌은 직사각형 형태로 크기가 428×201×112㎝이다. 이 고인돌은 백제시대에 굴방무덤과 비석으로 활용되며 원형이 파괴된 흔적이 남아 있으며, 덮개돌에는 쐐기흔과 성

H 위치의 고인돌들

혈로 보이는 바위구멍이 새겨져 있다. 특히, 이 지역의 고인돌들은 백제시대(6세기 이후)에 굴방무덤으로 재활용되었으며, 백제식 무덤방과 연도의 존재를 확인할 수 있다.

I 위치의 고인돌군

I 위치의 부곡리 고인돌 군은 고수면 부곡리 산 58번지, 연동마을 북측 구모정 옆 밭에 분포하며, 시루봉 능선을 따라 2기가 위치해 있다. 가장 큰 고인돌의 덮개 돌은 원추형으로 크기가 520×400×221㎝이며, 인근 기반식 고인돌의 덮개돌 크기 는 420×360×100㎝로 장축이 장타원형이다.

특히, 가장 큰 고인돌 덮개돌에는 1946년에 새겨진 음각 글씨 죽산안씨선천(竹山 安氏先阡)이 확인된다. I 고인돌 군은 남쪽 평지리 627-6의 평지리 고인돌과 진북 방 향으로 약 1.85㎞ 거리에 있으며, 두 고인돌은 정치·사회적 연관성이 있었던 것으 로 보인다. 무실마을 주민의 증언에 따르면 평지리 고인돌 북쪽으로 일렬로 배치 된 고인돌들이 있었으나 논 경지 정리 중 대부분이 묻혔다고 한다. 이는 I 고인돌 과 평지리 고인돌이 진북 방향을 중심으로 배열되었을 것으로 추정된다.[61]

J 위치의 부곡리 고인돌 군은 고수면 부곡리 888-3, 장두리 월계마을 북동쪽 구 릉 정상부의 옛 소나무 숲에 위치했다. 이곳에는 5기가 중심을 이루며 주변에 3기 가 추가로 분포했다. 가장 큰 고인돌은 크기가 302×99×42㎝로, 덮개돌의 평면은 사각형, 단면은 직사각형이다.[62] 다른 고인돌의 덮개돌 크기는 대체로 115~180㎝ 로 작은 편에 속한다. 이 고인돌 군은 시루봉의 정서 방향 약 815m 거리에 있었으 나, 토지주에 의해 무단 파괴되어 현재는 사라진 상태이다. 고창군은 선사 유적 파 괴 행위에 대해 해당 토지주를 형사고발한 바 있다.[63]

북두칠성과 별자리로 배치한 부곡리 고인돌

고창 부곡리 고인돌의 배치 양상은 별자리, 특히 북두칠성과 관련하여 매우 독 특한 형태를 보여 주목받고 있다. 부곡리 고인돌은 고수천을 넘어 황산리의 한 지 점을 포함하여 총 10곳에 분포한다. 그러나 현재 이 중 D와 J 고인돌 군은 완전히 파괴되어 사라졌으며, H 고인돌 군은 일부만 남아 5기가 보존된 상태다.

부곡리 고인돌의 천문학적 해석은 이 고인돌과 고인돌 군을 각각 하나의 별로 간주하여 분석하는 데서 출발한다. 이러한 접근은 기존 학계에서 논의된 바 없는

부곡리 고인돌의 배치도(카카오맵)
각각의 고인돌 군들이 북두칠성의 하나하나 별처럼 배치한 미스터리한 형상을 띠고 있다.

새로운 방식으로, 다소 생소하고 혁신적이다. 흥미로운 점은 카카오맵의 항공사
진에 표시된 고인돌의 위치가 북두칠성과 유사한 배치를 보인다는 사실이다. 이
는 우연일 수도 있고, 선사인들의 의도된 설계일 수도 있지만, 천문학적 분석을 통
해 그 가능성을 연구할 가치가 있다.

현재 확인된 바에 따르면, 부곡리 고인돌과 고인돌 군은 북두칠성과 뚜렷한 유사성을 보인다. 북두칠성은 국자 모양의 앞부분 4개 별을 괴(魁), 손잡이 부분의 3개 별을 표(杓)로 나누며, 이를 합쳐 두(斗)라 한다. 부곡리 고인돌은 괴에 해당하는 A·B·C·D 고인돌 군과 표에 해당하는 E·F·G 고인돌로 구성되어 있다. 또한 H 고인돌 군과 I 고인돌 군은 북두칠성 국자 안에 위치하고, J 고인돌 군은 C 고인돌 군의 서쪽에 자리한다.

부곡리 고인돌의 북두칠성 배치는 특히 여름철인 7월 무렵의 별자리 배열과 일치한다. 이는 선사인들이 만물이 성장하고 결실을 준비하는 여름철의 북두칠성을 기준으로 고인돌을 배치했을 가능성을 시사한다. 동시에, 시루봉 아래의 주거지인 연동마을의 지형적 특성과 환경을 고려해 입지를 선정했을 것으로 보인다.

한편, 시루봉에서 북두칠성 네 번째 별인 D 고인돌 군, 손잡이에 해당하는 E 고인돌 군, 마지막 일곱 번 째 별인 G 고인돌이 북극성 방향의 진북 선상에 일직선으로 놓여 있는 점도 주목된다. 이와 같은 배열은 우연으로 설명하기 어려운 높은 수학적 정확성을 보여준다. 이는 선사인들이 이미 북극성의 위치를 정확히 이해하고 이를 기준으로 고인돌을 배치했음을 의미한다. 시루봉과 고인돌의 진북 배열은 선사인들의 의도적 설계임을 증명하는 중요한 단서이다. 고인돌 축조 당시 선사인들이 북극성을 기준으로 삼았음을 확인할 수 있다.

부곡리 고인돌의 북두칠성 배치는 주로 북쪽을 향하고 있다. 북쪽에는 나침반의 자북, 북극점을 기준으로 한 진북, 지도상의 도북이 있다. 우리나라에서 자북은 도북과 진북의 서쪽으로 약간 기울어져 있으며, 자북과 진북 사이의 차이를 자편각이라 하며 약 7.8° 정도 차이가 난다. 나침반이 없던 선사인들은 움직임이 거의 없는 북극성을 기준으로 방위를 결정했기 때문에, 자북과 진북의 차이는 7~8°로 나타난다.

고창 성송의 향산리, 계당리, 해리 평지리 고인돌 등은 탁자식 고인돌로, 덮개돌의 네 면이 진북을 기준으로 동서남북 방향에 맞추어 설치되었다. 이를 근거로 연

시루봉 주변 고인돌군의 진북 배치(카카오맵 재편집)

구자는 이들 고인돌이 별자리를 관측하기 위한 점성대 역할을 했으며, 우리나라 천문대의 원류라고 주장하였다. 많은 고인돌이 장축이나 통로의 방위를 정확히 자북이 아닌 진북에 맞추어 배치한 이유도 이러한 자북과 진북의 차이에 기인한다. 부곡리 고인돌은 작은곰자리의 북극성을 기준으로 한 진북선에 따라 배열되었으며, 북두칠성을 관측하고 활용하는 데 중점을 두었을 것으로 보인다.

특히, 북두칠성의 마지막 위치에 해당하는 G 고인돌은 북쪽에 굄돌 하나, 남쪽에 굄돌 두 개를 세워 안정적으로 축조되었으며, 장축이 진북 방향이다. 여섯 번째 위치의 F 강촌 고인돌은 시루봉에서 자북 방향으로 약 4.23㎞ 떨어진 남쪽 추산봉 (해발 272.1m)을 바라보게 배치되었다. F 강촌 고인돌의 통로에서 바라보면, 정면에 추산봉이 뾰족한 붓 끝 모양으로 보인다.

한편, 부곡리 고인돌 중 비교적 원형이 잘 보존된 증산마을 배후의 E 고인돌 군은 북극성을 중심으로 진북 방향에 맞춰 배치되었다. 이 고인돌 군은 북두칠성과 삼태성의 형상을 지상에 축조된 것으로 보인다.[64]

고인돌 성혈과 문헌 속의 별자리 비교 분석

북극성은 밤하늘에서 움직이지 않고 일정한 위치를 유지하는 특성 덕분에 선사인들에게 방위 결정의 기준점으로 사용되었다. 북극성과 북두칠성은 단순한 천문학적 현상을 넘어, 인간의 무사안녕과 길흉화복을 기원하는 성수 신앙의 중심이었다.[65] 특히, 우주의 중심으로 여겨진 북극성은 생명 탄생부터 죽음까지 인간의 운명을 관장하는 상징이었으며, 북두칠성은 그 변화와 흐름을 쉽게 파악할 수 있는 기준이었다. 북두칠성은 단순히 관찰 대상이 아닌, 인간에 의해 신격화된 존재로 섬겨졌으며[66], 산신과 함께 우리 민족의 중요한 신앙 대상이었다.

북두칠성을 신격화한 칠성신은 인간의 길흉화복과 생명 연장을 기원하는 신앙으로 자리 잡았고[67], 이로 인해 선사인들은 고인돌 덮개돌을 포함해 북두칠성과 관련된 별자리 흔적을 다양한 유적에 남겼다.

부곡리 고인돌의 배치와 별자리는 단순한 천문학적 실용성을 넘어, 신앙과 농경사회의 계절 변화 파악 및 방위 결정의 실용적 가치를 담고 있다.[68]

부곡리 고인돌 배치와 고대 천문도 간의 차이는 북두칠성 손잡이의 일곱 번째 별에 해당하는 G 고인돌의 위치에서 나타난다. 일반적으로 북두칠성의 일곱 번째 별은 서쪽으로 약간 치우친 형태를 띠지만, 부곡리 고인돌의 G 고인돌은 동쪽으로 약간 이동된 모습이다. 고대 유적에서는 북두칠성을 그대로 새긴 경우도 많지만, 숫자 7에 상징적 의미를 부여해 원형에서 벗어난 배치도 종종 발견된다. 따라서 부곡리 고인돌 배치에서 중요한 것은 북두칠성과의 정확한 일치 여부가 아니라, 선사인들이 북두칠성을 중심으로 구축한 상징체계에 주목하는 것이다.

만약 G 고인돌의 위치를 고정하고 여섯 번째인 F 고인돌을 동쪽으로 이동시키면 북두칠성의 원형에 가까운 배열이 된다. 반대로 F 고인돌을 고정하고 G 고인돌을 서쪽으로 이동시키면 북서쪽으로 꺾인 본래의 북두칠성과 유사해진다. 그러나 선사인들은 이러한 방식으로 배열하지 않았으며, 이는 그들만의 독창적이고 상징적인 설계 의도를 반영한 것으로 추정해 본다.

부곡리 고인돌 배치도에서 F 고인돌이 위치한 곳은 고수천변의 충적지로, 하천 범람 위험이 높은 지형이다. 무거운 고인돌을 안정적으로 세우기 위해서는 홍수를 피할 수 있는 기반암이 필요했으며, 이러한 조건을 충족하는 지역은 고수천변에서 F 고인돌이 세워진 지점이 유일했다. 따라서 F 고인돌은 지형적 제약으로 인해 해당 위치에 세워졌을 가능성이 크다.

그러나 부곡리 고인돌 배치에서 선사인들의 의도적 설계를 엿볼 수 있는 특징이 발견된다. 그것은 시루봉 정상에서 D 고인돌 군, E 고인돌 군, G 고인돌이 진북 방향으로 일직선으로 배열되어 있다는 점이다. 이 배치는 북극성을 향한 의도적인 정렬로 보이며, 이는 선사인들이 북극성을 중심으로 한 방위를 중요하게 여겼음을 보여준다.[69]

만약 G 고인돌을 서쪽으로 이동시킨다면 북두칠성의 본래 형태와 비슷해지겠지만, 이 경우 북극성을 향하는 진북 정렬에서 벗어나게 된다. 이러한 점에서 선사인들은 북두칠성의 형태적 완전성보다는 북극성을 향한 진북 정렬을 더 중시한 것으로 보인다.

이러한 배치는 선사인들이 북극성과 북두칠성에 대해 높은 관심과 신앙적 가치를 부여했음을 보여준다. 따라서 부곡리 고인돌 배치에서 일곱 번째 별(G 고인돌)은 주변 지형을 고려하면서도 북극성 방향과의 일치를 추구했던 선사인들의 의도가 반영된 결과로 판단된다.

한편, 부곡리 고인돌 배치와 유사하게 바위구멍(성혈)을 가진 고인돌로는 함주 지석리고인돌과 청원 아득이고인돌이 있다. 함주 지석리고인돌(함경남도 함주군 소재)은 길이 3.6m, 너비 2m, 두께 51㎝의 덮개돌과 88㎝ 높이의 굄돌로 구성되어 있다. 이 고인돌이 위치한 지역은 신석기시대 유물이 출토된 지층 위에 놓여 있으며, 덮개돌에는 다수의 성혈이 새겨져 있다.[70]

덮개돌의 성혈은 선으로 연결되지 않았으나, 연구자들이 이를 별자리 형태로 도식화한 결과 북두칠성의 모습이 뚜렷이 드러났다. 북두칠성의 국자 안에는 한 개의 성혈이 새겨져 있으며, 세 번째 별 아래 동쪽에는 다른 성혈보다 훨씬 큰 원이 새겨져 있어, 특별한 의미를 지닌 것으로 보인다.

지석리고인돌의 북두칠성 배치와 부곡리 고인돌 배치도를 비교하면 다음과 같은 차이점이 있다. 지석리고인돌의 북두칠성 성혈 그림에서 국자의 손잡이 부분(표)은 부곡리 고인돌과 다른 방향을 보인다. 부곡리 고인돌의 G 고인돌은 북두칠성 국자 손잡이 안쪽으로 꺾여 있는 반면, 지석리고인돌의 북두칠성 일곱 번째 성혈은 국자 손잡이 바깥쪽으로 향하고 있다.

또한, 부곡리 고인돌 배치도의 국자 안쪽에 위치한 두 개의 고인돌 군(H와 I)은 지석리고인돌 성혈 그림의 북두칠성 3번과 4번 별 사이 중앙에 새겨진 하나의 바위구멍에 대응된다. 한편, 지석리고인돌의 북두칠성 두 번째와 세 번째 별 사이 동쪽에 있는 바위구멍은 부곡리 고인돌 배치의 J 고인돌 군과 대응된다. 이처럼 북두칠성 손잡이 끝부분의 방향 차이를 제외하면, 부곡리 고인돌과 지석리고인돌의

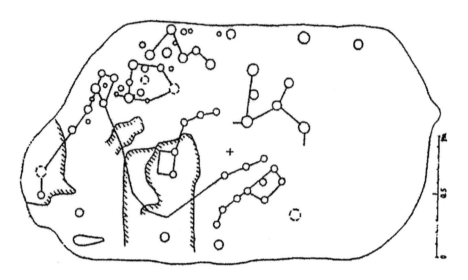

함주 지석리고인돌(이용복)

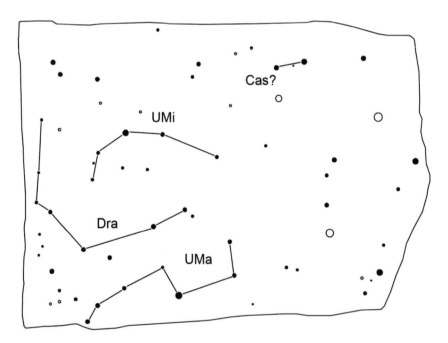

청원 아득이고인돌(박창범)

배치는 전반적으로 유사한 양상을 보여준다.

아득이 유적은 충북 청원군 문의면 가호리 아득이 마을에 위치하며, 이곳에서 발견된 고인돌은 이미 덮개돌이 훼손되고 유구가 교란된 상태로 발견되었다. 이 유구 주변과 내부에서 다양한 빗살무늬 토기 조각들이 출토되었으며[71], 고인돌 무덤방 외부에서는 가공된 사암 돌판이 확인되었다. 이 돌판은 가로 23.5㎝, 세로 32.4㎝, 두께 3.5㎝ 크기의 긴 네모꼴로, 표면에는 지름 2~7㎜ 크기의 홈 65개가 새겨져 있었다.

돌판에 새겨진 홈의 분포를 분석한 결과, 북두칠성, 작은곰자리, 케페우스, 카시오페이아 등 천구 북극 근처 별자리를 표현한 것으로 밝혀졌다.[72] 이 홈들은 각각의 별을 나타내며, 크기를 달리하여 별의 밝기를 표현한 것으로 보인다.[73]

또한, 아득이고인돌 덮개돌의 성혈은 천구 북극 부근의 별자리를 실제 하늘에서 보이는 것과 반전된 형태로 새겨 넣은 것으로 분석된다.[74] 돌판에 새겨진 북두칠성은 성혈 크기를 통해 별의 밝기나 크기를 표현하려 했으나 실제 관측된 별의 밝기와는 일부 차이가 있었다고 한다. 그러나 성혈을 선으로 연결했을 때, 북두칠성의 형상과 명확하게 일치하는 모습이 확인된다. 부곡리 고인돌 배치도와 아득이고인돌의 북두칠성을 비교해보면, 형태에는 큰 차이가 없으나, 지석리고인돌과 마찬가지로 마지막 일곱 번째 별자리의 방향이 다르다.

이 그림은 연구자가 아득이고인돌의 바위구멍들을 선으로 연결하여 그린 별자리 형태이다. 한편, 부곡리 고인돌 배치도의 H와 I에 해당하는 고인돌은 아득이고인돌에서는 성혈로 확인되지 않지만, 부곡리 고인돌의 J 고인돌에 해당하는 바위구멍은 아득이고인돌에서 북두칠성의 국자를 이루는 두 번째 별자리 아래에 새겨진 작은 원과 대응된다.

'천상열차분야지도각석'(天象列次分野之圖刻石, 이하 천상열차분야지도)은 조선 태조 4년(1395)에 고구려 평양에서 석각된 천문도 비석의 탁본을 바탕으로 돌에 새긴 천문도로 알려져 있다. 이 천문도를 조선 초기의 대유학자 권근이 적은 것이 '천상열차분야지도'이다.[75] 이 천문도의 본래 관측 시점은 고구려 초기인 서기 1세기로[76], 약 1,000~2,000년의 시차가 있는 청동기시대의 부곡리 고인돌과 고구려의 북두칠성에 대한 인식은 크게 다르지 않았다. 본 천문도 속 자미원에 속하는 북두칠성은 별들이 동그라미로 표시되었고, 그 아래에 '북두칠(北斗七)'이라고 새겨져 있다. '천상열차분야지도'는 처음부터 별들을 선으로 그어 별자리로 표기하였다.

부곡리 고인돌 배치도와 천상열차분야지도의 북두칠성 및 주변 별들을 비교해보자. 부곡리 고인돌의 북두칠성 국자 안에 있는 H와 I 고인돌 군과 '천상열차분야지도'의 국자 안의 네 개의 별을 연결하면 '천리사(天理四)'라는 별자리가 대응된다. 북두칠성의 국자 안에 있는 부곡리 고인돌의 시루봉과 그 안에 여러 개의 고인돌은 '천상열차분야지도'의 천리사와 동일하다. 두 번째는 북두칠성의 국자인 두 번째와 세 번째 사이 외곽에 있는 부곡리 고인돌 J군이 '천상열차분야지도'의 태양수(太陽守) 별자리와 동일한 위치에 놓여 있다. 세 번째는 부곡리 고인돌 북두칠성 손잡이 부분인 G 고인돌의 3개 바위구멍이 '천상열차분야지도'의 삼공(三公)과 대응된다. 이와 같은 대응관계에서 볼 때, 이는 단순한 우연이 아니라 후대의 '천상열차분야지도'가 고인돌시대의 영향을 받아 각석한 것으로 해석하는 것이 더 타당할 것이다.

청나라 건륭제 때인 1700~1725년 사이에 만들어진 '두괴대광육성 태양수일성도(斗魁戴匡六星 太陽守一星圖)'[77]는 중국의 『古今圖書集成』에 있는 그림이다. 이 책은 1700년에 집필을 시작하여 1726년 완료되었다. 그림 속 북두칠성은 그 명칭이 하나하나 순서대로 나열되어 있으며, 별과 별을 선으로 이어 북두칠성을 비롯한 여러 별자리가 표시되어 있다. 부곡리 고인돌 배치도와 '두괴대광육성 태양수일성도'의 차이점은 북두칠성의 일곱 번째 별이 서로 반대편에 배치되어 있다는 점이다.

부곡리 고인돌 배치도의 일곱 번째 G 고인돌은 '두괴대광육성 태양수일성도'의 천창(天槍) 별과 대응 관계에 있을 가능성도 있다. 특히 2.0 등급에 달해 육안으로

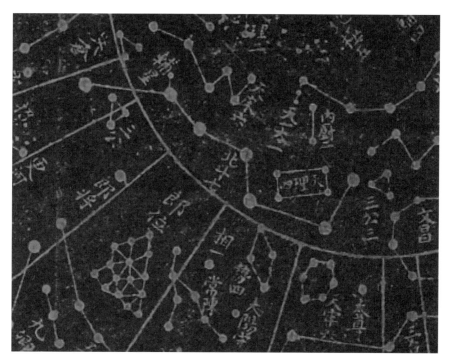

천상열차분야지도 일부

쉽게 식별할 수 있는 밝은 별인 천창은 당시에도 계속해서 밝게 빛났기 때문이다. 그러나 동시대의 고인돌 성혈을 보면 북두칠성을 이미 잘 이해하고 있었기 때문에, '두괴대광육성 태양수일성도'의 천창과는 관련이 없을 것으로 보인다. 다만 최근 조사에서 황산리고인돌 가군이 '두괴대광육성 태양수일성도'의 천창과 대응 관계에 있음을 확인했다. 2024년 봄 조사에서는 고창 고수 황산마을 배후에서 2기의 고인돌과 성혈이 새겨진 암석이 추가로 발견하였다. 이 고인돌 군이 위치한 곳은 '두괴대광육성 태양수일성도'의 천창 위치와 대응하며, 부곡리 고인돌 배치도의 G 위치와도 일치한다. 황산리고인돌에서 새로 발견된 고인돌 군은 춘추분의 일출 방향에 놓여 있다는 조사 결과가 있다. 이 고인돌 군은 황산리 예지터의 당산나무와 오괴정에서 북동쪽으로 약 100m 구릉 정상의 숲 속에 2기가 위치해 있다.[78]

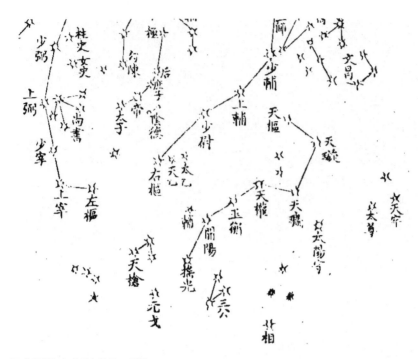

두괴대광육성 태양수일성도 일부

오괴정 부근 성혈이 있는 바위

위 천문도에서는 북두칠성의 6번째 별인 개양 위에 '보(輔)'라는 별을 기록했으나, 부곡리 고인돌 배치도에는 이에 대응되는 별이 없다. 북두칠성의 국자 안에는 두 개의 별자리가 그려져 있고, 북두칠성의 세 번째 아래에는 별 그림과 함께 '태양수'라는 이름이 기록되어 있다. '두괴대광육성 태양수일성도'의 북두칠성 국자 안 두 개의 별자리는 시루봉 고인돌 배치의 H와 I 고인돌 군과 대응되며, 태양수는 부곡리 고인돌 배치의 J 고인돌에 대응되는 별자리다.

북두칠성의 일곱 번째 별에 해당하는 부곡리 G 고인돌 덮개돌 위에 있는 동서축으로 가로질러 있는 3개의 바위구멍은 '두괴대광육성 태양수일성도'의 세 개의 별과 대응된다. 이 별들은 삼태성이자 삼공으로, '천상열차분야지도'와 '두괴대광육성 태양수일성도'에서 북두칠성의 손잡이 끝부분에 나타나는 세 개의 별이다.

삼태성은 상태(上台), 중태(中台), 하태(下台)로 구성되며, 두 개씩 짝을 이뤄 늘어선 모양이 층계와 닮아 있습니다. 이 계단은 천제가 태미원을 오르내릴 때 사용하는 계단이다. 삼태성은 삼공의 지위에 해당하며, 하늘에 있을 때 삼태로, 인간에게는

G 위치 고인돌의 윗 부분에 새겨진 세 개의 홈
홈은 잘 보이지 않아 홈에 은행나무 열매를 넣어 사진을 찍었다.

삼공으로 여겨진다.[79] 원래 삼태성은 6개의 별이 2개씩 쌍을 이루는 별자리였지만, 일반적인 천문도에서는 보통 3개의 별로 표기된다. 겨울과 봄, 북두칠성 아래에서 뚜렷하게 나타나는 삼태성은 동양 천문학에서 사람을 생육하는 신장(神將)으로 여겨졌으며, 사두성(四斗星)인 동서남북의 칠성이 만나는 중앙에 해당하는 별로 간주되었다.[80] 또한, 이 별자리는 인간의 목숨과 점성술에서 중요한 의미를 가진 별자리[81]로 알려져 있다.

부곡리 H·I·J 고인돌과 고천문학 별자리 비교 분석

부곡리 H·I·J 고인돌은 '천상열차분야지도'에 나타난 자미원의 별자리 중 천리사, 태양수, 상(相) 및 '두괴대광육성 태양수일성도'의 태양수와 대응된다. 특히, H와 I 고인돌의 배치는 '천상열차분야지도'의 천리사에 해당하며, 천리사는 네 개의 원을 선으로 연결해 직사각형 형태로 표현되어 있다. 천리사는 하늘의 도리 또는 만물에 통하는 자연의 이치를 상징하며, 자미원의 북극을 중심으로 병풍 모양을 이루고 있다. 두 개의 활대가 담장처럼 연결된 형태로, 동쪽과 서쪽에는 각각 8성과 7성이 자리 잡고 있다.[82]

'천상열차분야지도'에서 천리는 4개의 동그라미로 간략하게 표현되었으며, 별의 수를 나타내는 숫자 '四(4)'가 사용되었다. 이는 자미원의 담장 및 천봉성(天逢星)의 별자리와 연관된다. 천봉성은 죄인을 가두는 감옥의 별자리로 알려져 있으며, 총명하고 담대하며 은밀한 실세로도 언급된다.[83] 천봉성은 서양 별자리의 용자리와 헤르쿨레스자리에 속하는 5개의 별[84]로 이루어져 있다. 특히, 천리 4성에 속하는 천봉성 별자리는 서양 별자리의 서북성(ν Dra), 서남성(β Dra), 동북성(ξ Dra), 동중성(γ Dra)에 해당[85]하며, 이 별들은 용자리의 주요 구성원이다. 용자리는 북극 근처에 위치하며 북극성을 둘러싸는 형상을 하고 있다. 용자리 알파별(α Dra)인 투반은 기원전 2700년경 북극성이었고, 용자리에서 가장 밝은 별은 감마별(γ Dra)인 엘타닌[86]으로, 이는 천리사의 동중성과 대응된다.

H와 I 고인돌 군을 세분화하면, H 고인돌 군은 '천상열차분야지도'의 자미원 담장에, I 고인돌 군은 자미원의 천봉성에 대응된다. H 고인돌 군은 시루봉에서 이어지는 능선을 따라 동서 방향으로 5개의 고인돌이 일렬로 배치된 것[87]으로 보이며, 현재는 파괴되어 연동마을 회관 앞 화단으로 옮겨진 상태다. 이는 황궁을 둘러싼 동쪽의 8성과 서쪽의 7성에 해당한다고 볼 수 있다. 다만, 선사시대의 별에 대한 인식과 신앙 체계는 현재와는 차이가 있었을 가능성이 크며, 고인돌 군의 원래 모습이 훼손되어 추가적인 해석은 어려운 상황이다.

'두괴대광육성 태양수일성도'에 등장하는 북두칠성의 국자 안에 있는 두 개의 별은 부곡리의 H와 I 고인돌 군과 대응된다. I 고인돌 군에는 현재 두 개의 고인돌이 남아 있으며, 가장 큰 타원형 고인돌이 윗자리에 있고, 바로 옆에는 바둑판식 고인돌이 자리하고 있다.

타원형 고인돌에서 남서쪽으로 약 50m 떨어진 곳에는 일부 파괴된 개석식의 큰 고인돌이 있으며, 이 고인돌 바로 아래에는 성혈이 새겨진 또 다른 고인돌이 남아 있다. 이와 조금 떨어진 곳, 연동모정 옆에는 덮개돌이 사라지고 무덤방만 남은 백제식 굴방무덤이 있다. 이 지역에는 석공들이 있어 고인돌을 쪼개어 비석으로 사용하기도 했으며, 현재에도 고인돌 덮개돌 위에 석공들이 쪼개려고 낸 구멍 자국이 남아 있다. 본래 이곳에는 몇 기의 고인돌이 더 있었던 것으로 추정된다.

타원형으로 이 지역에서 가장 큰 고인돌은 북극성 주변 천봉성 별자리 중 가장 밝은 감마별인 엘타닌(γ Dra)에 대응된다. 다만, 이를 북극성으로 보는 연구자도 있다. 예를 들어, 고창 부곡리의 시루봉을 중심으로 거대한 북두칠성 형태로 고인돌을 배치하고, 그 중심에 우주의 절대 지존인 북극성을 상징화했다는 해석[88]이 있다. 재야사학자이자 민속학자인 장무기 선생은 고창의 고인돌 답사 중 본 연구자에게 "천상열차분야지도의 천리사로 보는 것보다 북극성으로 해석하는 것이 더 타당하다"고 주장하였다.

사라진 부곡리 J 고인돌 군의 8기 고인돌은 '천상열차분야지도'의 태양수와 그 주변 별자리에 대응된다. 천문학적으로 자미원의 중심에 위치한 자미궁은 하늘의 임금이 거처하는 궁궐로, 태양수는 자미궁에서 가장 높은 장군인 대장군별을 상징한다. 대장군별은 양(陽)의 기운을 지키고 유지하는 태양의 수호신 역할을 한다.[89]

태양수는 큰곰자리의 χ별에 해당하며[90], 선조들은 태양수의 밝기가 밝으면 길하고 어두우면 흉하다고 여겼다. 태양수가 평상 위치에서 벗어나면 병란이나 근심이 생긴다고도 믿었다.[91]

부곡리 J 고인돌 군은 천상열차분야지도와 '두괴대광육성 태양수일성도'에 나타난 태양수와 대응 관계를 가진다. 고인돌 성혈 및 고천문 자료에 기반한 북두칠성 배치와 부곡리 고인돌의 대응 관계를 다음 〈표1〉에 나타냈다.

〈표1〉 부곡리 고인돌 북두칠성 배치의 대응 관계

	북두칠성	천리(天理)	태양수(太陽守)	상(相)	기타
부곡리 고인돌 배치	O(7곳)	O(2곳)	O(1곳)	x	시루봉
지석리 고인돌 성혈	O(7개)	x	O(1개)	x	O(1개)
아득이 고인돌 성혈	O(7개)	x	O(1개)	x	
천상열차분야지도	O(7개)	O(4개)	O(4개)	O(1개)	
태양수일성도	O(7개)	O(2개)	O(1개)	x	

이와 같은 비교 결과, 고창 부곡리 고인돌 배치도는 고구려의 '천상열차분야지도'나 청나라의 '두괴대광육성 태양수일성도'보다 수천 년 앞서 천문 체계가 확립되었음을 시사한다.

북두칠성 구간 간격 비율 비교
부곡리 고인돌 군과 고인돌의 규모와 크기가 북두칠성의 별자리들의 겉보기 등급과 일치하는지 비교한 결과, 북두칠성의 별 밝기는 E(옥형/ε) - A(천추/α) - G(요광/η) -

F(개양/ζ) - B(천선/β) - C(천기/γ) - D(천권/δ) 순서입니다. 반면, 부곡리 고인돌에서 가장 큰 고인돌 군이나 고인돌의 크기 순서는 D-E-A-C-G-B-F 순으로 나타났다. 첫 번째 밝기의 별부터 마지막 일곱 번째 별의 순서를 대응해 보면, E = D, A = E, G = A, F = C, B = G, C = B, D = F 등의 순서가 된다. 이 중 규모와 덮개돌의 크기가 가장 큰 D 고인돌 군과 북두칠성의 겉보기 등급 순서는 일치하지 않았다. 이는 고인돌 군의 규모나 크기가 북두칠성의 실제 겉보기 밝기와 관련이 없음을 알 수 있다.

〈표2〉 시루봉 고인돌 북두칠성 배치도 크기와 겉보기등급[92]

고인돌군	규모	고인돌 규모	형식	겉보기 등급
A천추(天樞)/α	6기	380×230×78cm③	파괴	1.79②
B천선(天璇)/β	5기	265×175×91cm⑥	개석식	2.37⑤
C천기(天璣)/χ	5기	364×176×34cm④	개석식	2.44⑥
D천권(天權)/δ	20기	456×320×112cm①	바둑판식	3.31⑦
E옥형(玉衡)/ε	12기	420×193×113cm②	바둑판식	1.77①
F개양(開陽)/ζ	1기	257×220×70cm⑦	탁자식	2.27④
G요광(搖光)/η	1기	302×244×131cm⑤	바둑판식	1.86③
H천봉/담장	6기	319×203×128cm	바둑판식	
I(원추형)	3기	520×400×221cm	개석식	
J큰곰 χ	8기	302×99×42cm	파괴	

한편, 북두칠성의 별들 간의 간격을 1.0으로 설정하고, 위 천문도들을 현재의 북두칠성 그림에 맞춰 각 구간의 거리 비율을 계산하였다. 먼저 북두칠성의 별들을 각 순서에 따라 A~G로 표시하고, 각 별자리 간의 구간 거리를 A-B, B-C, C-D, D-E, E-F, F-G로 명명하였다. 이 기준으로 각각의 북두칠성 간격을 단순히 계산하였다. 〈표2〉

실제 북두칠성과 부곡리 고인돌 배치도의 거리 비율 차이는 다음과 같다: A-B

구간은 1.0으로 동일하고, B-C 구간은 -0.1, C-D 구간은 +0.5, D-E 구간은 -0.43, E-F 구간은 +0.67, F-G 구간은 -0.26이었다. 거리가 동일한 비율을 가진 구간은 A-B와 B-C 구간이었으며, B 고인돌 군은 서쪽으로 더 이동하지 않고 현재의 위치에 배치되었다. 한편, E-F 구간은 +0.67로 실제 북두칠성의 구간 간격 비율보다 길었고, 반대로 D-E 구간은 -0.43으로 실제 구간 간격 비율보다 짧았다. C-D와 D-E 구간도 D 고인돌 군을 서쪽으로 이동시켜 북두칠성의 구간 거리 비율을 맞출 수 있었고, D-E와 E-F 구간의 비율도 E 고인돌 군만 북쪽으로 조금 더 이동시키면 북두칠성의 구간 거리와 비슷하게 조정할 수 있었다. 그럼에도 불구하고 선사인들은 이러한 조정을 하지 않고 고인돌 군을 현재와 같은 방식으로 배치한 것으로 보인다.

고인돌 군이 북두칠성의 구간 비율과 다르게 배치된 이유는, D와 E 고인돌 군을 시루봉 중심으로 한 진북 방향이 가장 중요한 고려사항이었기 때문으로 보인다. E 고인돌 군을 바로 아래의 진북 방향에 배치하려면, 그 지역이 능선이 아닌 비탈진 곳이나 계곡에 설치해야 하는 문제가 발생한다. 따라서 인간의 생로병사를 주관하는 북두칠성과 북극성이 위치한 진북 또는 북쪽 방향을 유지하면서, 안정적인 지형에 설치할 수밖에 없었던 것이다. 북두칠성의 구간 거리와 부곡리 고인돌 배치도가 매우 상이하게 나타나는 것은 바로 이러한 진북 방향과 지형 등의 요소를 고려한 당시 선사인들의 자생적 풍수지리 입지론에 따른 고인돌 입지 선정 때문이었다. 이는 고인돌시대에 풍수지리가 매우 발달했음을 보여주는 입지 선택의 사례로 해석할 수 있다. [93]

부곡리 고인돌, 지석리 고인돌, 아득이 고인돌 등의 배치와 성혈 관련 북두칠성의 구간 간격 비율을 비교한 결과, A-B 구간은 부곡리와 지석리가 1.0으로 동일하고, 아득이는 0.94로 비슷한 값을 보였다. B-C 구간은 부곡리 0.9, 지석리 1.2, 아득이 1.16으로, 이 구간에서도 큰 차이는 없었다. C-D 구간은 부곡리와 지석리가 1.5로 동일하나, 실제 북두칠성과는 +0.5로 매우 길었으며, 아득이는 1.0으로 동일했다. D-E 구간은 부곡리가 0.57로 -0.43 차이로 매우 짧았고, 지석리는 0.91로 유사했으며, 아득이는 1.23으로 +0.23의 차이가 있었다. E-F 구간은 부곡리와 지석리가 1.67로 동일하나, 실제 북두칠성과는 +0.67로 매우 길었고, 아득이는 1.15로 비슷한 값을 보였다. 마지막으로 F-G 구간은 부곡리가 0.74로 -0.26의 차이로 짧았고, 지석리는 0.81로 -0.19였으며, 아득이는 0.46으로 -0.54의 차이로 짧았다.

한편, 천상열차분야지도와 '두괴대광육성 태양수일성도'의 각 구간별 비율을 비교한 결과, A-B 구간은 1.14와 1.0, B-C 구간은 1.2와 1.0, C-D 구간은 1.03과 1.17, D-E 구간은 1.09와 0.71, E-F 구간은 1.30과 1.11, F-G 구간은 1.35와 0.93으로, 현재의 북두칠성과 큰 차이가 없었다.

고인돌의 북두칠성과 실제 북두칠성 구간의 비율을 단순히 비교한 결과, 부곡리 고인돌 배치도는 함주 지석리 고인돌의 북두칠성과 유사하게 배치되었으나, 실제 북두칠성과는 많은 차이가 있음을 알 수 있었다. 고인돌의 북두칠성 구간 거리와 실제 북두칠성의 거리 비율은 다음 <표3>과 같다. 또한, 이러한 별자리의 겉보기 등급과 각 구간 거리 비율 외에도 별자리들의 각도의 비율을 비교 분석해야 하지만, 본고에서는 이를 제외하였다.

<표3> 북두칠성의 거리 비율

	A-B	B-C	C-D	D-E	E-F	F-G
부곡리 고인돌군들 배치	3.5	4.5	4.5	2	4.5	3.2
	1.0	0.9	1.5	0.57	1.67	0.74
함주 지석리 고인돌 성혈	3.5	6	4.5	3.2	4.5	3.5
	1.0	1.2	1.5	0.91	1.67	0.81
청원 아득이 고인돌 성혈	3.3	5.8	3	4.3	3.1	2
	0.94	1.16	1.0	1.23	1.15	0.47

	A-B	B-C	C-D	D-E	E-F	F-G
천상열차분야지도	4	6	3.1	3.8	3.5	5.8
	1.14	1.2	1.03	1.09	1.30	1.35
태양수일성도	3.5	5	3.5	2.5	3	4
	1.0	1.0	1.17	0.71	1.11	0.93
실제 북두칠성	3.5	5	3	3.5	2.7	4.3
	1.0	1.0	1.0	1.0	1.0	1.0

3) 선사인의 천문이
담긴 부곡리 고인돌

본 연구는 고창 부곡리 고인돌을 대상으로 하였으며, 이 고인돌과 고인돌 군들의 항공사진 배치를 통해 이미 학계에서 별자리로 인식하고 있는 함주 지석리 고인돌, 청원 아득이 고인돌, 고천문도인 '천상열차분야지도', 청나라의 '두괴대광육성 태양수일성도' 등의 자료와 비교하여 북두칠성 및 별자리 배치 특성을 분석했다.

고창 부곡리 고인돌은 북두칠성의 국자와 손잡이, 그리고 주변 별자리 형상으로 배치되었다. 즉, 북두칠성의 국자인 괴는 A, B, C, D 고인돌 군이고, 손잡이인 표는 E 고인돌 군과 F, G 고인돌이었다. 또한, 시루봉, D 고인돌 군, E 고인돌 군, G 고인돌은 북극성을 향한 진북 방향으로 일직선 배열을 이루고 있다. 북극성 방향으로 네 지점을 일렬로 배치한 것은 수학적으로 의도된 설계가 아니라면 불가능한 확률이다. 이 배치는 의도적인 설계였음을 보여준다.

부곡리의 F, I 고인돌 군은 '천상열차분야지도'의 천리사, 태양수일성도와 함주 지석리 고인돌의 국자 안 별자리에 해당하였고, 부곡리 J 고인돌 군은 '천상열차분야지도'와 '두괴대광육성 태양수일성도'의 태양수, 함주 지석리와 청원 아득이 고인돌 국자 아래 별자리와 대응되었다. 부곡리 고인돌 배치는 고구려의 '천상열차분야지도'나 청나라의 '두괴대광육성 태양수일성도'보다 수천 년 앞서 선사시대에 이미 천문 체계가 확립되었음을 보여주는 중요한 사례이다.

한편, 부곡리 E 고인돌 군은 12개의 고인돌을 북두칠성, 삼태성 및 태양수에 맞춰 배치하였으며, 부곡리 F 고인돌의 덮개돌 위에는 12개의 바위구멍이 새겨져 있다. 부곡리 F 고인돌은 강촌고인돌로 불리며, 이 고인돌의 바위구멍은 '고구려의 고분벽화에서 나타난 남두육성'을 담은 강촌고인돌에서 자세히 설명했다. 이 바위구멍은 남두육성과 그 주변 별자리로 확인되었으며, 고구려 고분들의 천장 벽화와 동일한 배치 양상을 보였다. 부곡리 G 고인돌 덮개돌에 새겨진 3개의 바위구멍은 북두칠성을 호위하는 삼태성을 상징적으로 표현한 것으로 해석된다.

이러한 고창 부곡리 고인돌의 북두칠성 배치와 바위구멍은 이미 선사시대 천문학이 고도로 발달한 사회였음을 보여준다. 특히 강촌고인돌의 성혈은 고구려 고분에서 발견되는 남두육성과 동일하다는 점에서 고창 선사인과 고구려의 선조가 동일한 문화권에 거주했을 가능성을 시사한다.

고창 부곡리 고인돌은 시루봉을 중심으로 고인돌과 고인돌 군을 하나의 별자리로 보고, 2㎞에 걸쳐 고인돌을 거대한 북두칠성과 별자리로 표현한 다층 구조를 나타내고 있었다. 고인돌과 여러 천문 자료를 부곡리 고인돌 배치와 비교 분석한 결과, 고인돌과 고인돌 군 및 덮개돌의 성혈 배치는 우연이 아니라 고도의 천체 기록물이자 천체에 대한 집단적인 이해와 해석의 산물임을 알 수 있었다. 특히 선사시대 고창은 '천상열차분야지도'보다 1000년 앞서 천문학이 고도로 발달한 문명 사회였음을 보여주며, 이들은 청동기시대의 미개인이 아니라 천문과 지리를 꿰뚫고 있는 문명인들이었다.

제**4**장

고인돌의 천문 지리 원리를 반영한
고대의 고도(古都) 설계

“

　한반도에 거주하던 선사시대 사람들은 외세의 침입과 역법의 도입으로 함께 급격히 변화하는 사회적 환경에 대응해야 했고, 그 결과 고인돌 축조를 중단할 수밖에 없었던 것으로 보인다. 그러나 고인돌 축조와 관련된 천문학적 지식과 기술은 사라지지 않았으며, 오히려 축적된 천문·지리 배치 원리를 후대에 전승했다. 이러한 원리는 이후 역법, 도시 계획, 풍수지리 사상 등에 중요한 영향을 미쳤으며, 자연과 인간의 조화를 중시하는 '터잡기' 개념으로 계승·발전했다.

　'터'는 단순한 공간적 개념을 넘어 생태계, 인간의 거주 형태, 국가의 정치 체제, 역사, 문화 등 다양한 요소가 결합된 총체적인 환경을 의미한다. 여기서 말하는 '터'는 개인의 무덤에서 마을, 나아가 도읍지까지 포괄하는 개념이다. 터를 조성할 때는 지형과 같은 자연환경뿐만 아니라 사회적·경제적 체제, 당시의 문화적 습속까지 고려하여 위치와 방향이 결정된다. 이렇게 형성된 터 위에 건물이 세워지고, 그 공간에서 사회가 발전하며 시간이 흐르면서 역사가 쌓여간다.[1]

　한국사의 '터잡기' 원형인 고인돌은 태양, 달, 별, 행성의 움직임을 기준으로 특정 방향에 맞춰 배치된 천문·지리적 구조물로, 천문대의 역할을 했다. 이러한 배치 원리는 계절 변화의 정확한 파악을 가능하게 했으며, 이를 바탕으로 한 농사 계획 및 의례 준비에 중요한 역할을 했다. 또한, 후대의 농사력 발전에도 기여했다.

고인돌의 배치 원리는 단순한 구조물의 기능에 그치지 않고, 후대 도시 설계와 건축에서 중요한 방위 개념으로 발전했다. 예를 들어, 백제 사비도성의 계획이나 신라 첨성대는 고대부터 이어진 고인돌의 천문·지리 배치 원리가 후대 문화와 기술에 어떻게 반영되었는지를 보여준다. 또한, 조선 한양 도성은 북쪽 백악산과 남쪽 한강 사이의 자연과 조화를 이루는 축선 위에 설계되어, 고대 전통을 계승한 대표적 사례로 꼽힌다.

이러한 고인돌의 배치 원리는 한반도를 넘어 다른 문명권에서도 발견된다. 잉카의 고대 도시나 티칼의 피라미드 역시 고인돌의 배치 원리와 유사한 방식으로 축조되었으며, 이는 인간이 자연을 이해하고 활용하려는 보편적인 사고방식에서 비롯된 것으로 추정된다. 고인돌이 놓인 장소는 대개 풍수지리적 기준에 부합하는 명당으로 여겨졌으며, 주변 산세와 물길을 면밀히 고려하여 선정되었다. 이러한 풍수지리적 원칙은 후대 마을과 도시 설계에서도 산과 강, 방향성을 중시하는 방식으로 계승되었다.

이는 후대 도시에서 중심지에 사찰, 궁궐, 종묘 등 상징적인 건축물을 배치하는 전통으로 이어졌다. 이러한 배치 방식은 단순한 공간 활용을 넘어 인간과 자연의 조화를 이루려는 철학적 사유를 반영한 것이다.

단재 신채호가 한민족의 첫 정사(正史)로 소개한 '신지비사(神誌祕詞)'에서는 우리식 터잡기의 핵심으로 삼경(三京) 개념을 제시한다. 삼경은 저울대, 저울추, 저울판에 비유되며, 이는 중국 풍수에서는 볼 수 없는 한반도 고유의 터잡기 이론 중 하나로, 한국 민간 풍수에서 전해져 내려온다.

신지비사에 등장하는 "삼경 가운데 하나라도 없애면 왕업이 쇠할 것이다"라는 문장은 지기쇠왕설(地氣衰旺說)의 표현으로 해석할 수 있으며, 이는 왕권의 번영이 자연과 환경의 조건에 달려 있다는 사상을 담고 있다. 고려사에서도 자주 언급되는 지기쇠왕설은 우리 민족 고유의 터잡기 사상 중 하나로, 선사시대 고인돌 입지에서 비롯된 천문·지리·인사의 상호작용을 재해석한 개념이라 볼 수 있다.

지기쇠왕설은 땅의 기운(地氣)이 강하면 번영하고, 약해지면 쇠퇴한다는 개념으로, 특정 지역의 흥망성쇠가 자연환경과 밀접하게 연관되어 있다는 사상이다. 이 설은 우리나라 전통 풍수지리와 터잡기 사상에서 중요한 개념으로, 왕조의 수도나 주요 도시를 선정할 때 자연 지형과 지기를 중시했던 이유를 설명하는 이론이기도 하다. 따라서 수도나 도시의 입지를 결정할 때 지기가 강한 곳(명당)을 선택해야 왕조나 지역이 번영할 수 있다고 믿었다.

특히 "이 가운데 하나라도 없으면 망지(亡地)가 된다"는 관념은 중국 전통 풍수에서는 찾아볼 수 없는 독특한 개념으로, 이는 고인돌 입지와 관련된 한반도의 고유한 문화적 특성을 잘 보여준다.[2]

이러한 원리는 후대의 풍수지리, 도시 계획, 건축, 역법 등 다양한 분야에서 꾸준히 계승·발전되었으며, 한반도의 문화적 전통은 물론 전 세계적인 공간 설계에도 중요한 영향을 미쳤다.

1.
백제 사비도성의
천문 지리 배치 원리와 특성

"

475년, 고구리 장수왕의 침입으로 백제의 수도 한성이 함락되자, 백제는 급히 고마나루인 웅진(현재의 공주)으로 천도하였다. 그러나 고마나루는 수도로서의 위용을 갖추기에는 공간이 너무 협소했다. 이에 백제의 동성왕과 성왕은 여러 차례 답사를 거친 끝에 넓은 들과 흐르는 강이 있는 소부리(현재의 부여)로의 천도를 결심하고, 새로운 수도를 계획하기 시작했다. 538년(성왕 16년) 봄, 도시가 어느 정도 완성되자 백제는 고마나루에서 소부리로 수도를 옮겼다. 당시, 백제는 소부리의 사비성(부소산성)을 보강하여 왕성으로 사용하고, 도시 중심에 주작대로를 건설하며 새 수도의 면모를 갖추기 시작했다. 이 도시는 부소산을 둘러싸고 양쪽 능선이 사비강(금강)으로 이어져 초승달 모양을 이루는 반월성(半月城)으로 보호받고 있었다.

『삼국사기』 백제본기 성왕 16년(538) 조에는 "봄에 도읍을 사비(所夫里, 소부리)로 옮기고 나라 이름을 남부여라고 하였다"는 기록이 있다.[3] 이는 백제 왕도가 소부리로 천도되었음을 확증해 준다. 당시 소부리에는 부산(浮山), 일산(日山), 오산(吳山)이라는 세 산이 있었고, 이 산들은 신이 거주하는 곳으로 여겨져 하늘과 땅을 잇는 중요한 의미를 지녔다고 전해진다. 사비강을 둘러싸고 대규모 제방 축조와 물 빠짐 작업, 터다지기 등의 공사가 이어졌으며, 도시의 구조는 사비강을 큰 해자로 삼고

인근의 산들과 연결된 성곽이 도시를 둘러싸고 있었다. 이는 한반도에서 처음으로 도시 전체를 감싸는 나성을 만든 예로, 그 도시계획이 매우 치밀하고 전략적이었다.

사비도성은 2중의 성곽 구조로, 나성과 부소산성이 서로를 감싸는 형태였다. 또한, 주변 방어성을 축성하여 외부의 위협에 대응할 수 있게 했다. 나중에 이 사비도성의 도시 계획은 일본 아스카쿄(飛鳥京)와 헤이조쿄(平城宮)에도 큰 영향을 미쳤다. 주작대로 주변에는 동서로 격자 형태의 도로가 설계되었고, 관북리 유적에서는 대형 건물지, 기와기단 건물, 창고, 연못, 배수로, 우물, 공방 등의 유물이 발견되었다. 이는 사비도성의 왕궁이 관북리 유적에 자리 잡았음을 암시한다.

이와 같은 고대 도시는 고인돌의 천문 지리 원리를 바탕으로 설계되었을 것으로 보인다. 백제가 일본에 천문 지리의 지식을 전파한 기록은 『일본서기』에서 확인할 수 있으며, 545년에는 역박사 고덕(固德)을 일본에 보냈고, 602년에는 승려 관륵(觀勒)이 일본에 역본과 천문, 지리서 등을 전파하였다.[4] 사비도성 또한 천문 지리 원리를 바탕으로 설계되었을 가능성이 높으며, 이를 반영한 기록이나 연구가 부족한 상황에서, 백제시대의 사비도성이 천문학적 지식을 바탕으로 건설되었음을 추측할 수 있다.

사비도성은 사비강(백마강)이 환포하는 구다라 나루의 자연적인 방어선을 갖추고, 대륙과 일본을 연결하는 중요한 교통로로서의 역할을 했다. 또한, 사비강의 범람으로 소부리 일대는 넓은 충적지를 이루었으며, 백제는 대규모 개간을 통해 농경지를 확보하고 거대한 도시로 확장할 수 있었다. 이러한 지리적 이점은 사비도성의 설계와 건설에 큰 영향을 미쳤을 뿐만 아니라, 그 배경에는 천문 지리적 원리가 깔려 있었을 가능성이 크다. 이를 위해 고인돌시대의 천문 지리의 기본 원리를 현대의 일출 일몰 지도[5]와 카카오 항공사진[6]을 활용해 분석하였다.

고인돌의 입지 선정에서 적용된 천문학적 원리는 24절기의 동지, 춘분, 하지, 추분의 2지2분과 진북인 북극성과 별자리의 관측 방향인 160°와 210° 전후를 지형과 연계하여 해석한 것이다. 이를 바탕으로 사비도성의 설계를 이해하려면, 주작대로를 중심으로 한 남북축과 동서축의 배치가 중요하다. 주작대로는 왕궁의 남쪽으로 뻗은 큰 도로로, 도시의 중심축을 형성하는 중요한 요소이다. 사비도성의 주작대로는 왕궁 유적이 있는 관북리 유적에서 시작해 궁남지까지 이어지며, 북쪽으로는 부소산의 능선을 따라 낙화암까지 이어진다.

    남북으로 개설된 주작대로를 중심으로 백제의 주요 시설들이 배치되었으며, 이는 인체의 중요한 기관들과 깊은 연관이 있다는 이야기를 오래전에 들었던 기억이 있다. 당시 부여 지역의 한 고로는 "가장 북쪽에 위치한 부소산성은 머리를 상징하며, 관북리 왕궁 터는 입에 비유되고, 주작대로의 중심에 위치한 정림사는 가슴을 상징하는 사찰로 자리 잡고 있다. 주작대로의 남쪽에는 인체의 생식기에 해당하는 궁남지가 위치해 있다."라고 설명하며, 이는 신체를 깨달음으로 가는 중요

관북리 유적과 부소산성(부여군 제공)

정림사지와 정림사지5층석탑(부여군 제공)

한 도구로 여겨지는 밀교의 영향을 받은 것이라고 했다. 사실 여부를 떠나, 사비도성을 계획할 때 백제는 소부리의 천문 지리와 인체를 융합하여 독창적인 세계관을 바탕으로 도시를 설계했다고 할 수 있다.

　북쪽의 머리에 해당하는 부소산성은 고대인들이 영혼이 들어오는 입구로 여긴 백회혈에 해당하며, 생과 사를 결정짓는 경계로 신성시되었다. 또한 백제 방어의 최후 보루로서, 국가의 흥망을 결정하는 중요한 영역이고, 왕궁을 수호하는 현무의 위치이다. 현무는 북극성과 관련이 있으며, 이 북극성은 사비도성의 북쪽에서 기후 변화와 사계를 조절하는 중요한 역할을 했다고 볼 수 있다. 현무의 상징은 생명과 죽음을 관장하는 존재로, 왕궁은 도시의 북쪽에 자리 잡고 북극성이 위치한 방향에 맞춰 설계된 것이다. 이 설계는 '임금이 북쪽에 앉아 남쪽을 바라본다'는 상

부여 궁남지 야경(부여군 제공)

징적 의미를 담고 있다. 왕궁 터인 관북리 유적은 인체로 비유하면 입이자 턱에 해당하며, 태양계의 행성 중 목성의 위치로 상징화된다. 목성의 밝고 웅장한 모습은 황제의 권위와 국가의 안녕, 번영, 그리고 성장의 상징으로 여겨졌다.

중심부에 위치한 정림사는 인간의 가슴을 상징하는 종교적 공간으로, 태양을 나타내는 위치에 자리하고 있다. 가슴은 생명과 사랑, 영혼과 보호를 상징하며, 인간의 본질적인 경험과 깊은 내적 세계를 담고 있는 중요한 기관이다. 이는 인류의 신화와 상징체계에서 중요한 위치를 차지한다. 마지막으로, 주작대로의 남쪽 끝에 위치한 궁남지는 인간의 생식기에 비유할 수 있으며, 우주의 행성 중 달에 해당한다. 달은 여성성과 밀접한 관련이 있으며, 생명, 출산, 그리고 모성을 상징하며 백제의 우주적 조화와 생명의 순환을 표현한다.[7]

사비도성의 천문 지리적 배치는 춘분과 추분의 일출 일몰 방향을 기준으로 분석될 수 있다. 이를 위해 주변의 산봉우리와 고개를 기준으로 해와 달, 별들의 움직임을 관측할 수 있었으며, 그에 따른 위치 지점을 확인하는 것이 매우 중요했다. 관북리 유적을 중심으로 춘분과 추분의 일출 방향은 능산리 고분군의 능산과 오성산, 일몰 방향은 사비강변의 부산(해발 107.2m)이다. 이 두 지점을 연결하는 선은 우연히도 사비도성의 남북축이자 중심인 왕궁으로 추정되는 관북리 유적과 일치하였다. 결국, 사비도성의 설계는 단순히 지리적 요인뿐만 아니라 고인돌의 천문 지리적 원리도 반영되어 있었으며, 이를 통해 사비도성의 중심축이 결정되었음을 확인할 수 있다.

중심을 확인했으면, 하지의 일출 일몰 방향 찾는 일은 그리 어렵지 않다. 남북으로 이어지는 주작대로와 동서로 펼쳐진 춘분과 추분의 일출 일몰 선이 만나는 곳에서 그 방향을 찾는다. 두 선이 교차하는 관북리 유적에서, 하지의 일출은 동북쪽의 부소산성 삼충사 앞 능선과 영일루 방향을 향하고, 일몰은 낙화암에서 사비강을 건너 서쪽에 자리한 왕흥사지 남쪽 끝의 구릉과 태봉(115.1m)의 북서쪽을 향한다. 이렇게 관북리 유적에서는 하지의 일출 일몰 방향을 모두 확인할 수 있다. 부소산성 남쪽 끝에 위치한 영일루에서 떠오르는 하지의 일출을 보며 풍년을 기원하고 가뭄 극복을 바라는 국가적인 기우제도 지냈을 것이다.

이제 동지의 일출 일몰 방향을 확인해 보자. 앞서 하지의 일출 일몰을 관측했던 지점에서 동지의 일출 일몰 방향 역시 동일하게 파악할 수 있다. 동지의 일출은 동남쪽에 위치한 금성산(해발 124.4m)과 필서봉(해발 118.1m) 방향을 향하며, 일몰은 사비강변의 자온대와 규암 성황당 구릉을 향한다. 특히 금성산은 사비도성에서 가장 높은 산봉우리로, 왕궁인 관북리 유적에서도 쉽게 관측할 수 있는 중요한 지점이다. 사비도성의 중심에서 가장 두드러지는 산봉우리인 금성산을 바라보며, 백제의 왕들과 신하들은 동지 일출을 통해 신년 하례를 올렸을 것이다.

태양의 움직임을 나타내는 중요한 2지2분의 위치가 관북리 유적에서 모두 확인

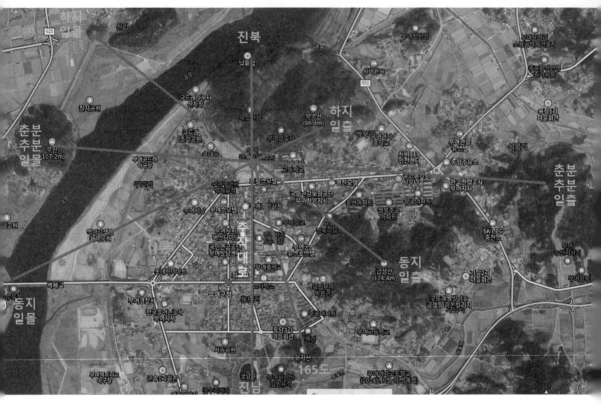

백제 왕도 사비도성과 천문 지리 배치(카카오맵 재편집)

되었고, 주변 산봉우리들과의 놀랍게 일치한다. 고인돌에서 별자리와 관련된 방향은 주로 동남쪽 155~170°와 남서쪽 200~220°와 밀접한 관계를 가진다. 사비도성의 관북리 유적에서 이 방위각을 찾아보니, 궁남지 옆 165° 방향에 위치한 화지산이 나타난다. 화지산은 50m로 비교적 낮은 산이지만, 사비강의 범람원에서 우뚝 솟아 있어 별자리 관측을 위한 중요한 지점이다. 백제 사비시대는 이 궁에서 중요한 의미를 지닌 이궁지와 망해정이 화지산에 자리했을 가능성도 크다. 이는 백제왕들이 화지산을 매우 중요한 장소로 여겼음을 보여주는 증거이다. 망해정을 세워 휴식의 공간으로 사용했을 뿐만 아니라, 이곳에서 솟아오르는 별들의 움직임을 관찰하며 한 해의 풍년을 기원하고, 길흉화복을 점쳤을지도 모른다.

고인돌시대에 정립된 태양과 별의 움직임을 반영한 체계가 사비도성 건설에 그대로 적용되었다는 것은, 사비도성이 고인돌의 천문 지리 원리를 그대로 이어받았음을 의미한다. 이후 이 천문 지리 배치 원리는 점차 변형되어 새로운 역법이 적용된 도성들이 나타났다. 그러나 청동기시대가 끝난 후 철기시대의 천 년이 흐른 뒤에도 사비도성의 도시계획에는 고인돌의 배치 원리가 거의 변함없이 적용되었음을 알 수 있다.

한편, 선사시대부터 정립된 천문학과 지리학의 지식은 백제시대에도 깊은 영향을 미친 것으로 보인다. 춘분과 추분의 일출 일몰 위치를 기준으로 한 기점은 이후 풍수지리의 좌청룡과 우백호로 상징화되었으며, 이는 자연의 흐름과 인간의 운명이 상호작용하는 깊은 의미를 내포 하고 있다. 또한, 진북과 진남의 위치 기점은 인체와 결합되어 북현무와 남주작의 개념으로 발전하면서, 우주와 인간 세계의 조화를 형성하는 중요한 풍수지리의 상징체계로 이어지게 되었다. 이러한 천문 지리 지식과 인체의 융합은 백제의 세계관을 구축하고, 도시설계를 결정짓는 핵심적인 역할을 했음을 볼 수 있다.

2.
경주첨성대의
천문 지리배치 원리와 특성

❝

신라 제27대 선덕여왕 때인 633년에 세운 첨성대는 경주 반월성 북서쪽, 왕궁터에 위치해 있다. 경주첨성대는 현존하는 세계에서 가장 오래된 천문대로 알려져 있으며, 한반도의 고대 건축물 중 유일하게 건축 당시의 원형을 그대로 보존하고 있다. 『세종실록지리지』 경상도 경주부에는 이렇게 기록되어 있다: "첨성대는 부성의 남쪽 모퉁이에 있으며, 당 태종 정관 7년(633년) 계사에 신라 선덕여왕이 쌓았다. 돌을 쌓아 만든 탑은 위는 방형이고, 아래는 원형으로, 높이는 19척 5촌, 위의 둘레는 21척 6촌, 아래의 둘레는 35척 7촌이다."

첨성대는 상방하원(上方下圓) 형태로, 위쪽은 네모나고 아래쪽은 둥글며, 각 면은 동서남북을 향하고 있다. 삼국시대의 우주관은 하늘은 둥글고 땅은 네모지다는 '천원지방'(天圓地方)이었지만, 첨성대는 그와 반대되는 형상을 지니고 있다. 기단부 위에 호리병 모양의 원통형 구조를 올리고, 그 위에는 우물 정(井)자형의 돌을 얹어 높이는 약 9미터이다.[8]

첨성대는 364개의 화강암 벽돌을 27단으로 쌓았으며, 이는 1년 365일을 상징한다고 해석된다. 364개의 벽돌을 각각 하루씩으로 의미하고, 여기에 선덕여왕의 '1'을 더하여 365일을 완성한다고 한다. 그러나 첨성대가 별을 관측하기 위한 천문대

경주 첨성대(경주시 제공)

인지에 대해서는 의견이 분분하다. 일부는 높은 산이 아닌 평지에 건설되었기 때문에 천문대가 아니라고 주장하지만, 주류 학계는 정사 기록과 신라의 천문 기록을 근거로 첨성대가 천문대로 기능했음을 인정하고 있다.

경주 첨성대는 고대부터 국가의 길흉화복을 점치는 점성술과 깊은 관련이 깊은 점성대의 용도로 보인다. 특히 청동기시대부터 농경과 연관되어 하늘의 움직임에 따라 농사의 시기를 결정하는 중요한 역할을 했다. 이런 맥락에서 경주첨성대의 건립 배경을 이해할 수 있다.[9]

경주첨성대의 천문학적 특징 중 하나는, 춘분과 추분에 햇살이 첨성대 창문을 통과해 바닥까지 비추고, 하지와 동지 때는 햇살이 완전히 사라진다는 점이다. 또한, 경주첨성대와 선덕여왕릉이 동지 일출 방향에 맞춰져 있다는 설도 있다. 경주첨성대와 선덕여왕릉 사이의 각도는 동남동 약 29.5°로 정확히 맞아떨어지며[10], 그 직선거리는 약 2.45㎞이다. 동지 새벽에 해가 떠오르면, 선덕여왕릉을 지나 아침 햇살이 한 치의 오차도 없이 첨성대 위로 쏟아진다.[11] 이와 같은 정교한 배치는 첨성대가 단순한 건축물이 아닌, 천문학과 점성술을 통한 깊은 상징성을 지닌 공간임을 보여준다.

이처럼 이지이분과 별들의 움직임을 관측하기 위한 특정 지표들을 연결해 천문지리로 배치한 원리는 선사시대 고인돌에서 나타나는 기본적인 패턴을 따른다. 선사시대 고인돌의 천문배치 원리는 태양의 움직임인 2지2분과 북극성과 관련된 남북축, 별들의 움직임을 측정하는 표준 기점인 160° 전후의 지형을 찾아 분석하는 것이다. 이를 경주첨성대를 중심으로 카카오맵 항공사진과 일출 일몰 지도를 활용해 분석하였다.

먼저, 경주첨성대에서 남북축은 자북으로 약 1° 정도 틀어져 있으며, 북쪽으로 약 9.14㎞ 떨어진 도통산(198.4m)과 일치한다. 그러나 첨성대에서 남쪽으로 내려가면 경주 남산 최고봉인 금오봉(468m)과는 약 5° 정도 차이가 나며, 금오봉 북동쪽에 위치한 남산성의 봉우리들은 160~170° 방향에 있다. 이를 통해 첨성대는 도통산을 북쪽으로 잡고 있다는 점을 확인할 수 있다. 또한, 경주첨성대와 선사시대 고인 돌은 북쪽의 개념이 달라졌다는 것을 알 수 있는데, 첨성대는 자북을 기준으로 삼은 반면, 고인돌은 북극점인 진북을 기준으로 했다. 이는 삼국시대에 나침반이 이미 완성되어 적극적으로 활용되었음을 보여준다.

두 번째로, 경주첨성대에서 춘분과 추분의 일출 일몰 방향을 확인했다. 춘분과 추분의 일출 일몰은 일반적으로 수평선이나 지평선에서 정동과 정서 방향으로 나타난다. 다만, 주변 산세에 따라 일출 일몰의 정확한 지점이 달라진다. 산이 높을

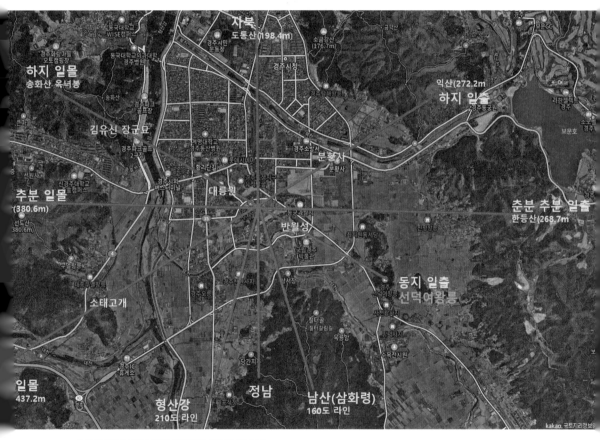

경주첨성대 천문 지리 배치도(카카오맵 편집)

선덕여왕릉(경주시 제공)

수록 일출은 약간 늦어지고, 일출 방향은 대체로 동쪽 95~100°로, 일몰은 270° 후로 나타난다. 경주첨성대에서 이를 확인해 보면, 동쪽 약 4.28㎞ 거리에 한등산(268.7m)이 춘분과 추분의 일출 지점이며, 서쪽 약 3.99㎞ 거리에 선도산(380.6m)이 일몰 지점으로 확인된다. 경주에서 동서로 가장 높은 봉우리가 춘분과 추분의 일출 일몰 선을 결정짓는 중요한 역할을 했음을 알 수 있다.

세 번째로, 경주첨성대에서 하지의 일출 일몰을 확인했다. 하지 일출은 북동쪽 방향으로 약 3.43㎞ 떨어진 익산(272m)에서 일어나며, 그 사이에는 분황사가 있다. 하지 일몰은 대릉원과 미추왕릉 인근에 위치해 있으며, 일몰의 끝은 북서쪽 방향

반월성 항공사진(경주시 관광자원 영상이미지)

으로 약 3.95㎞ 거리에 있는 송화산(275.6m)에서 발생한다.

　네 번째로, 밤이 가장 길고 낮이 가장 짧은 동지의 일출 일몰 선을 확인했다. 경주첨성대를 기준으로 동지의 일출 방향은 동남쪽 약 129.5°이며, 경주첨성대와 선덕여왕릉이 이루는 방위각도 정확히 일치한다. 왕성인 반월성을 지나 약 2.48㎞ 거리에 선덕여왕릉이 위치한 낭산(99.5m)과 6.18㎞ 거리에 있는 형제봉(290.3m)도 이 일출 방향과 일치한다. 물론, 이 동지선상에는 옥녀봉을 비롯하여 김유신 장군묘, 대릉원, 경주 첨성대, 반월성, 그리고 선덕여왕릉이 일직선으로 배열되어 있다. 한편, 동지의 일몰 방향은 남서쪽으로 약 3.5㎞ 거리에 있는 장산(114.5m)과 갯보산

(216.6m) 사이의 소태고개를 지나, 약 6.17㎞ 떨어진 벽도산을 향하고 있다. 소태고
개와 첨성대 사이에는 황남동 고분군이 위치하고 있으며, 일부 학자들은 동해의
문무왕릉이 동지 일출 선에 맞춰져 있다고 주장하지만, 측정해 본 결과 약 4~5° 정
도 벗어난 것으로 확인되었다.

마지막으로 고인돌의 천문 지리 배치에서 나타나는 주요 패턴 중 하나는 남남
동과 남남서 방향으로 떠오르는 별자리와 관련된 160° 전후와 210° 전후의 방위
각 관측 패턴이다. 특히, 경주첨성대의 창문은 정남으로부터 시계 반대 방향으로
약 16° 틀어진 164° 방향에 위치하며, 기단은 동서로부터 시계 반대 방향으로 약
19.1° 틀어진 약 70.9° 방향으로 배치되어 있다.[12] 이러한 배치는 경주첨성대의 천
문학적 의미를 해석하는 중요한 단서가 된다.

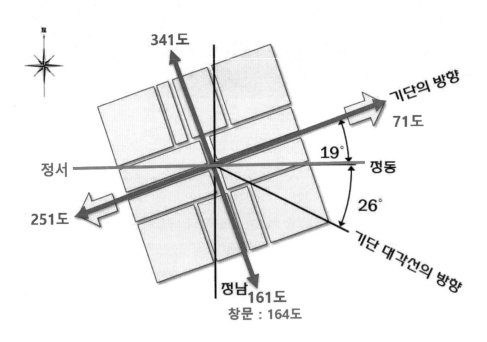

경주첨성대 기단의 방향성(2013, 장활식의 그림 재편집)

경주첨성대 주변 건물지들의 기단석 방향도 주목할 만하다. 남쪽 건물지의 기단은 163~165° 방향에 위치하고, 계림 북편 건물지의 기단은 166~169° 방향으로 확인된다. 이들 기단석의 배치는 71° 방향으로 경주 황룡사지가 위치하고, 반대 방향인 서쪽 251° 방향에는 태종 무열왕릉이 있어, 첨성대 기단이 19° 틀어진 방향성을 확인할 수 있다. 경주첨성대 주변 건물지의 기단석 방향이 다르게 나타나는데, 이는 첨성대가 단순히 동서축을 기준으로 배치된 것이 아니라, 동남쪽 방향, 즉 163~169° 방향에 중요한 천문학적 기준을 두고 있음을 시사한다.

특히, 이 방향에 위치한 삼화령(삼화수리)은 경주 남산의 비경을 볼 수 있는 곳으로, 고인돌과 석조삼존불상이 출토된 유서 깊은 장소이다. 삼화령은 고대 천문 관측에 중요한 위치에 있었으며, 고인돌의 천문 지리적 배치에서 2지2분과 같은 패

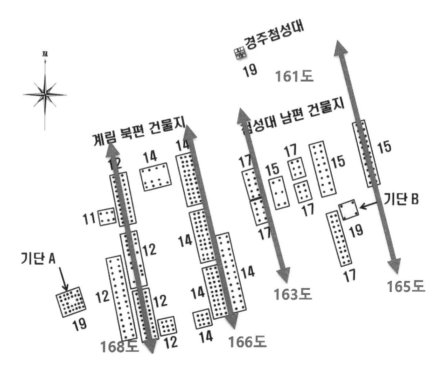

경주첨성대 인접 건물지의 방향(2013, 장활식의 그림 재편집)

턴이 자주 나타나는 점을 고려할 때, 이 방향이 별을 관측하는 데 매우 중요한 지리적 기준점이었다.

또한, 210° 방향인 남남서 방향으로는 형산강을 따라 남두육성 같은 별자리를 관측하기에 유리한 지형이 형성되어 있다. 이 지역은 별들의 움직임을 관측하는 데 매우 중요한 역할을 했을 것으로 추정된다. 신라시대의 농경사회에서는 천문과 지리가 중요한 통치 원리로 작용했으며, 경주첨성대는 길흉화복을 판단하고 풍흉을 예측하는 점성대로서 그 역할을 했을 것으로 보인다.

경주첨성대를 중심으로 한 선사시대 고인돌의 천문 지리 배치 원리로 분석한 결과, 첨성대와 고인돌의 천문학적 패턴은 백제의 사비도성과 유사한 방향성과 구성을 보인다는 점에서 흥미로운 점이 발견된다. 기존의 학계에서는 주로 첨성대만을 중심으로 한 미시적인 접근이 주를 이뤘지만, 이번 분석에서는 거시적 관점에서 경주지역의 천문학적 배치와 이를 연결한 새로운 해석이었다.

경주첨성대 자체가 4계절과 24절기를 측정하거나 자오선의 표준을 삼았다는 주장은 과학적 근거가 부족하다는 점에서 그 주장에 동의하지 못하고, 대신 경주첨성대와 주변 지형, 별자리 관측 패턴을 종합적으로 고려하여 분석해야 한다. 특히, 경주첨성대는 그 위치나 높이가 천문 관측에서 중요한 요소가 아니며, 왕궁 근처에 위치한 이유는 주로 국가의 길흉을 점치고 권력의 상징적인 기능을 했기 때문이라고 볼 수 있다.

이러한 천문 관측 시설이 왕궁 인근에 위치한 이유는, 왕권의 상징이자 정치적 권력이 천문학적 관측을 통해 길흉을 예측하고 이를 통치에 활용했기 때문이다. 실제로, 천문학은 농업과 밀접하게 연관되어 있었으며, 농사의 시기나 기상 등을 예측하는 데 중요한 역할을 했다. 또한, 별자리와 기상 변화를 통해 국가나 부족의 운명을 점치는 점성술은 정치적 결정과 밀접하게 연결되어 있었으므로, 경주첨성대가 단순한 천문대 이상의 상징적 의미를 지닌 시설이었음을 알 수 있다.

결론적으로, 경주첨성대는 단순히 천문학적 관측 도구가 아니라, 신라 왕권의 상징물로서, 그 위치와 배치가 고인돌의 영향을 받아 국가와 정치적 상징성을 표현한 중요한 문화유산이라는 시각이 타당하다. 이를 통해 경주첨성대는 신라시대의 정치적, 사회적 구조를 이해하는 중요한 단서로서, 그 기능과 의의가 단순히 과학적인 측정 기구에 국한되지 않음을 알 수 있다.

3.
익산 고도리 석상과 왕릉원의
천문 지리 배치 원리와 특성

"

    익산 금마면 고도리에는 고려 후기에 제작된 것으로 알려진 석조여래입상 2기가 있다. 이 입상은 조선 철종 때 군수 황종석에 의해 세운 것으로, 그는「군남쌍석불중건기비」에 입상을 세운 연유를 기록하고 동고도리 석상 옆에 이를 남겼다. 비문에는 "금마는 동, 서, 북쪽이 모두 산으로 가로막혀 있는데 유독 남쪽만 터져 있어 물이 흘러나가 허허하게 생겼기에 이를 막기 위해 석불을 세웠다. 금마의 주산인 금마산의 형상이 말 모양과 같다고 하여, 말에는 마부가 필요하므로 이를 상징하는 인석을 세웠다."라는 내용이 기록되어 있다. 이 비문은 불교와 토착 신앙이 결합되어 공존하는 석상의 특성을 잘 설명해주며, 이 지역 남쪽의 허한 기운을 막기 위한 수호신이자 비보 경관으로서의 무속적 성격을 강조한다.[13]

    동서 고도리 각각에 있는 석상의 남쪽으로 두 개의 하천이 합류하는 모습을 볼 수 있다. 첫째는 옥룡천(익산천)과 부상천, 그 아래로는 옥룡천과 왕궁천이 합류한다. 고도리의 두 입상은 이처럼 익산천 남쪽을 비보하기 위한 경관적 의미를 지닌다.

    고도리 석상의 문화재 명칭은 석조여래입상이다. '석조'는 돌로 만든 것, '여래'는 '진여에서 오는 자'라는 의미의 부처, '입상'은 서 있는 형상을 뜻한다. 고도리 석상은 동쪽이 여성, 서쪽이 남성 형상으로 구분되어 있다. 부처는 전통적으로 남성만

**동고도리 석상의
추분 일출 경**
(익산 금마)
춘분과 추분의 일
출·일몰 방향을 따
라 동서로 고도리
의 석상이 배치되
어 있으며, 이 사진
은 추분날 일출에
맞춰 약간 각도를
틀어 촬영한 것이
다.(사진 황성근)

있지만, 이 석상은 성별 구분이 명확하다. 서쪽 석상의 입 주위에는 수염이 새겨져 있고 입술이 두툼하며 코가 넓은 반면, 동쪽 석상은 수염이 없고 입을 가볍게 모은 모습이다.

이 석상에 관한 전설에는 "음력 12월 해일에 두 상이 만나 일 년 동안의 회포를 풀고 새벽닭 우는 소리를 듣고 제자리로 돌아간다"는 이야기가 전해진다. 이는 칠월칠석의 견우와 직녀가 만나는 이야기와 유사하다. 고대 한국 신화에서는 남신과 여신의 만남이 중요한 주제였으며, 불교의 유입으로 이러한 신화 체계가 변형되었다.[14]

민속학자인 장무기 선생은 이 두 석상을 견우와 직녀로 해석한 의견을 제시했으며, 이는 매우 타당한 견해로 평가된다.[15] 두 입석은 금마저 토성 남쪽의 옥룡천을 두고 마주하고 있으며, 이는 칠월칠석 은하수에서 견우와 직녀가 애타게 기다리는 장면과 유사하다. 서쪽의 견우성과 동쪽의 직녀성은 여름철 은하수 근처에서 가장 밝게 빛난다.

고도리(古都里)는 옛 수도를 의미하며, 이곳이 고대 국가의 수도였음을 암시한다. 고도리 근처에는 익산의 대표적인 설화인 서동과 선화공주의 사랑 이야기가 전해진다. 이 설화의 중심에는 '못', '마', '금'이 있으며, 이를 합치면 '금마저'라는 이름이 된다.[16] 고도리가 마한 또는 백제의 옛 수도였음을 이 설화가 증명해주고 있는 것은 아닐까? 그러나 고조선부터 마한, 백제, 고구려, 후백제까지 얽힌 익산의 역사와 설화의 실타래를 풀기는 쉽지 않다.

이제 고도리를 중심으로 고인돌시대의 천문 지리 원리로 해석해 보려고 한다. 그러나 아직 마한이나 백제의 왕궁 위치는 정확하게 입증되지 않았다. 왕궁리 유적이 왕궁이었을 가능성은 있지만, 그곳에는 절터와 왕궁리 5층 석탑만 남아 있을 뿐이다. 또한 왕궁리 유적은 백제의 사비도성처럼 도시 구조나 방어 체계에서 그와 유사한 점이 없으며, 사비도성과는 거리가 멀다. 익산도 마한과 백제의 영향을 받았을 것으로 보이며, 그 영향은 천문 지리적 요소일 가능성이 크다. 사비도성과 같은 남북축의 주작대로도 발굴되지 않았다. 금마면 일대에서 고대의 사비도성이나 당나라 장안, 발해 상경 용천부와 같은 도시에서 보이는 남북축 주작대로는 확인되지 않는다. 그러나 서고도리의 입석에서 북쪽으로 금마저 토성이 있고, 남쪽으로 옥룡천이 흐르고 있어 이러한 요소를 통해 유추할 수는 있다.

먼저, 두 석상은 동서축을 기준으로 연결된 방위각을 가지며, 정동과 정서 방향에서 약 5~8° 벗어난 방향에 위치해 있다. 이 방위각은 춘분과 추분의 일출 일몰과 깊은 관련이 있다. 이 지역에서는 완전한 지평선을 볼 수 없기 때문에 춘분과 추분 시 태양은 정동에서 조금 벗어난 방향으로 떠오르며, 일몰 시에도 약간 벗어난 방향으로 지게 된다. 고인돌에서는 일반적으로 95~100° 방향에서 일출을 확인할 수 있었고, 두 석상이 90°인 정동과 270°인 정서의 축에서 약 5~8° 벗어난 95~98°인 것은 한반도의 지형적 특성 때문으로 해석된다. 춘분과 추분 전후 3일 이내에 일출 전후로 이 석상을 이용해 태양의 움직임을 관측할 수 있다. 일출을 보려면 서고도리 입석으로 이동하고, 일몰을 보고 싶다면 동고도리 입석에서 서고도리 입석을 바라보면 된다.

두 석상과 서쪽의 익산 왕릉원은 동일한 방향성으로 이어져 있다. 세 지점이 일직선으로 일치하며, 약간의 오차를 제외하고는 왕릉원과 동쪽의 도리산을 연결해도 춘분과 추분의 일출 일몰 방향이 거의 일치한다. 춘분과 추분의 일출은 도리산 정상에서 일어나며, 일몰은 왕릉원에서 발생한다. 도리산은 익산시 왕궁면 광암리에 위치하며, 해발고도는 64.9m이다. 도리산은 사방을 조망할 수 있는 구릉지로, 천문 지리적 관점에서 중요한 위치에 있다. 이러한 지형적 특성은 고인돌시대에도 중요했던 천문 관측의 표준 기점으로서 의미가 있다. 왕궁의 도리산은 인근의 두루봉, 시대산, 도순산과 같은 특이한 지명과 관련이 있을 수 있으며, 이들 지명은 수도와 관련된 지명이 와전된 것으로 보인다. 예를 들어, 두루봉은 斗牛峰, 도리산은 都利山 또는 道理山이었을 가능성이 있다.

이제 서고도리 입석을 중심으로 2지2분과 남동쪽의 지형들을 카카오맵의 항공

동고도리 석상에 비친 추분의 사람 그림자(익산 금마, 사진 황성근)

사진[17]과 일출 일몰 지도[18]를 활용하여 선사시대 고인돌의 천문 지리 원리를 분석하고자 한다. 이러한 분석에서 가장 중요한 첫 번째 작업은 남북축과 동서축의 방향 및 표준 기점을 파악하는 것이다. 이미 위에서 남북축과 동서축은 언급되었으므로 이를 바탕으로 추가적인 분석을 진행한다.

첫 번째, 낮이 가장 길고 밤이 가장 짧은 하지의 일출 일몰 지형을 확인해 보자. 서고도리에서 하지 일출은 북동 방향의 약 4.21㎞ 거리에 있는 시대산(229.1m)에서 이루어지며, 하지 일몰은 북서 방향의 약 2.03㎞ 거리에 있는 익산토성의 남쪽 구릉에서 일어난다.

두 번째, 밤이 가장 길고 낮이 가장 짧은 동지의 일출 일몰 지형을 확인한다. 동지 일출 방향은 동남쪽 약 130°로, 약 2.40㎞ 거리에 있는 왕궁면 평장리 산 14-3의 구릉과 일치한다. 동지 일몰은 남서쪽으로 약 2.90㎞ 거리에 위치한 익산 CC의 구릉에서 이루어진다. 이 구릉은 높이가 낮지만, 주변이 평탄한 충적지로 이루어져 있어 사방을 조망할 수 있는 위치에 있다.

세 번째, 남남동으로 떠오르는 별자리 관측 패턴인 160° 전후 방향을 확인해야 한다. 기존 학계의 연구에서는 고인돌의 장축 등 일부를 통해 이 방향을 확인했지만, 동남쪽의 방향성이 가지는 특성을 간과한 경우가 많았다.[19] 농경 사회였던 고대 국가는 천문 지리를 통치의 기본 원리로 삼았으며, 남동쪽에서 떠오르는 별들은 길흉화복과 풍흉을 예측하는 중요한 점성대 역할을 했다. 이를 관측하기 위해선 동일한 위치에서 표준 기점으로서의 역할을 하는 지형이 필요했다.

서고도리 석상 중심에서 남동쪽(160°)과 그 반대인 북서쪽(340°)으로 선을 그려 보면, 남동쪽 약 2.59㎞ 거리에 왕궁면 평장마을의 주산인 구릉이 있다. 이 구릉은 주변이 평탄한 충적지로 이루어져 있어 매우 눈에 띄는 지형이다. 반대 방향인 북서쪽 340°로 약 2.0㎞ 거리에 오금산이 있으며, 그 너머로 익산 미륵사지와 일치한다.

이상으로 고도리 석상을 중심으로 고인돌 배치의 천문 지리 원리를 분석해 보았

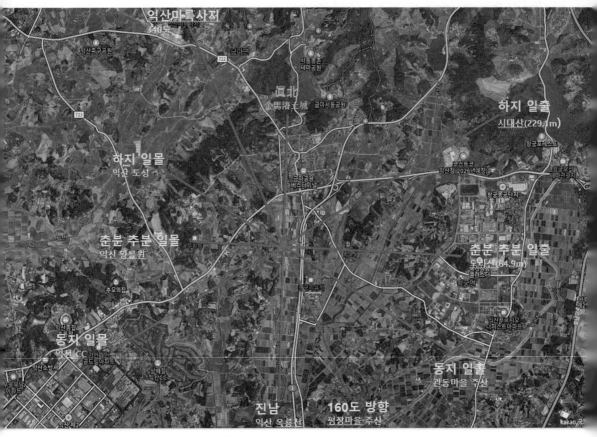

익산 고도리 입석과 천문 지리 배치[20]

다. 이곳은 명확하게 왕도로 확정된 곳도, 천문대가 있는 곳도 아니지만, 선사시대 고인돌 위나 굄돌 사이에서 떠오르는 일출의 신비함과 황홀경이 이 지역에 반영되어 있음을 알 수 있다. 춘분과 추분의 일출 일몰이 도리산에서 고도리 석상, 익산 왕릉원까지 이어진다는 점은 이를 뒷받침한다. 또한 주변의 봉우리와 구릉들이 이지이분과 별자리 관측 패턴과 일치하는 것으로 보인다. 특히 농업경제가 고도로 발달한 익산 지역에서는 이러한 고인돌 시대의 천문 지리적 배치가 중요한 역할을 했을 것이다. 이지이분이나 별자리 관측은 고대 농경 사회에서 시간의 기준을 제공하는 중요한 요소였기 때문이다.

지금은 기상청을 비롯한 정확한 정보가 넘쳐나지만, 한때 사람들은 동쪽이나 동남쪽에서 떠오르는 태양이나 별을 관찰하며 기후와 풍흉을 예측하는 방식이 일반적이었다. 이러한 관측 방법은 이제 거의 사라졌지만, 고대 사람들의 삶에서 중요한 역할을 했음을 상기시켜 준다.

〈표〉 고대 도시에 적용된 고인돌 천문 지리 배치 원리

구분 도시	동지 일출 일몰	춘·추분 일출일몰	하지 일출일몰	북쪽	±160°
사비도성	금성산 자온대	능산리 부산	부소산 태봉	부소산성	화지산
경주첨성대	선덕여왕릉 벽도산	한등산 선도산	익산 옥녀봉	도통산	남산
익산고도리	관동 주산 익산CC	도리산 왕릉원	시대산 익산토성	금마저토성	평장 주산

4.
모로비리의 고인돌과
마니산 참성단의 120° 방향성

"

'모로비리'는 마한의 소국으로, 고창의 옛 지명이다. 강화도의 '마니산'은 '머리산'으로 불리기도 했는데, 고창의 '모로'는 '말이', '말라', '마립', '모라' 등과 함께 '머리'를 의미하고 후에 높을 '고(高)' 자로 바뀐 것처럼, 강화도의 '마니산'도 '머리산'에서 유래한 이름으로 보인다. 이는 동일한 어원에 기반한 지명으로 볼 수 있다. 특히 고창과 강화 지역은 고인돌이 유난히 많고, 우리나라에서 대표적인 탁자식 고인돌이 있는 곳으로 유명하다.

단군이 하늘에 제사를 올렸다는 참성단은 인천광역시 강화군 화도면 문산리 산 55의 해발 468m에 위치한 마니산 정상에 있다. 이곳이 참성단으로 불리며, 제사만 올리던 노천의 제단시설인 단(壇)만 처음부터 존재했음을 알 수 있다. 참성단은 여러 문헌과 자료에서 '塹星壇', '塹城壇', '參星壇' 등으로 혼용되어 기록되었고, 공식적인 문화재청의 기록에서는 '塹星壇'으로 관리되고 있다. 일부 학자는 이를 '참호의 성벽 안에 있는 제단'으로 해석하여 '塹城壇'으로 표기하는 것이 적합하다고 주장하지만, '星'은 별, 해, 세월 등을 의미하기 때문에 성(城)보다는 성수 신앙과 관련된 해석이 더 적합하다고 볼 수 있다.

제단의 성격을 가진 고인돌과 참성단은 어떤 공통성과 규칙성을 내포하고 있으며, 고인돌시대는 약 4,000~3,000년 전으로 추정되지만, 참성단의 축조 시기는 정확히 밝혀져 있지 않다. 그러나『규원사화』의 단군기에 따르면 단군왕검이 재위한 기원전 2283년, 즉 재위 51년에 참성단이 축조되었다고 전해진다. 참성단이 고조선의 천제단인지 여부는 확실치 않지만, 고인돌이 많이 분포하고 있고, 단군과 관련된 전설이 전해지므로 이를 무시하기 어렵다.

고창의 고인돌이나 참성단의 축조 연대는 불확실하지만, 고조선의 고인돌 문화권과 천제단의 관점에서 해결의 실마리를 찾을 수 있다. 일제강점기의 참성대 실측도를 바탕으로 고창의 고인돌과 참성단 배치의 방향성을 비교 분석한 결과, 강화 참성단은 동남향 120° 전후로 향하고, 그 반대 방향은 북서향 300°로 측정되었다. 이는 고인돌의 동지 방향성과 참성단이 일종의 천문적 배치 원리를 따른 것임

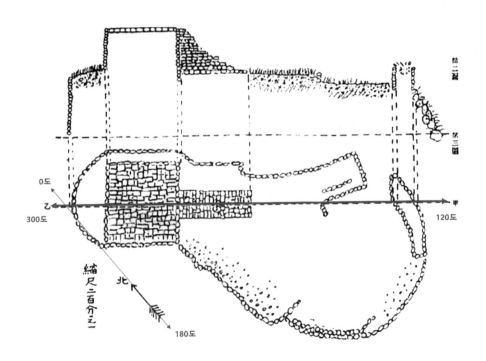

마니산 참성단 실측도과 방향성(1911년)

마니산 참성단(강화군 제공)

을 추정할 수 있다.

　왜 참성단의 계단과 제단을 동남향 120°와 북서향 300°로 배치했을까? 지리학, 건축학, 천문학 등 자연과학에서는 사물의 방향이 매우 중요한 의미를 가진다. 특히 일조 시간과 북서계절풍과의 관계에서 그 배치는 민감한 문제이다. 마니산의

470m에 이르는 높은 산 정상에 참성단과 같은 대규모 제단을 건축할 때, 방향을 무시하고 제단을 배치했을 리는 없을 것이다.

참성단의 사각형 제단의 동남향 120°는 수원 광교산을 향하고 있다. 이 방향은 12월 22일 전후 동짓날에 광교산에서 태양이 떠오르는 방향이다. 참성단의 이 방위각은 신림 벽송리고인돌이나 무장 원촌리고인돌의 굄돌 중앙 통로각과 약간의 차이가 일 뿐이다. 태양의 일출 방위각이 조금씩 서로 다른 것은, 같은 동짓날이라도 주변 지형에 따라 달라지기 때문이다. 예를 들어, 고인돌이 지평선에서 태양을 관찰할 경우 오전 8시에 정확히 120°에서 태양이 떠오르지만, 주변에 높은 산이 있으면 일출 시간이 늦어지고 방위각은 더 높아진다. 120°에서 130° 방위각으로 배치된 선사시대 고인돌 굄돌의 통로 중앙에서 바라본 동짓날 일출 지점은 오차 없이 정확하다. 이는 참성단의 제단과 계단의 방향인 120°가 동짓날의 일출과 관련이 있음을 시사한다. 즉, 동남향 120°는 동지의 일출 지점을 나타내고, 북서향의 300°는 하지의 일몰 지점이다. 강화도의 참성단은 주위가 모두 바다로 수평선이고 해발 고도가 470m에 위치해 있다. 수평선이고 해발 고도가 높으니 동지 일출이 동남쪽인 120°에 일출하는 것이다. 그러나 위의 벽송리나 원촌리 고인돌이 동남쪽인 130° 전후에 일출하는 것은 동남쪽으로 높은 봉우리가 있어서이다.

정월과 동지는 모두 시작을 의미하지만, 역대 왕조들은 동지를 더 중요하게 여겼다. 동지는 태양이 부활하는 시점으로 하늘에 제사를 드리는 중요한 날이었고, 제천 의례에서도 동지를 중심으로 제사를 지내는 경향이 있었다. 예를 들어, 고려시대에는 동짓날을 새해로 간주하고, 이 날 하늘과 땅의 신에게 제사를 올렸다. 동짓날 이후, 밤이 가장 길었던 시점을 지나, 밝은 기운이 세상으로 퍼지며, 추위에서 해방되어 백성들에게 희망을 주는 시기였기 때문이다.

따라서 강화 마니산 참성단은 동남향에서 동짓날의 일출을 맞이하며, 천신과 지신에게 제를 올리는 태양 숭배의 장소로 기능했을 것으로 보인다. 동아시아의 전통 우주론인 '천원지방'(天圓地方, 하늘은 둥글고 땅은 네모나다)과 대비하여, 참성단은 상방하원(上方下圓) 형태로, 하늘은 둥글고 땅은 네모진 상징적인 구조를 가진다. 이를 개천절과 연관지어 해석하면, 천자가 하늘에서 내려와 땅에 나라를 세우고 천제를 드리는 상징적인 표현으로 볼 수 있다. 즉, 동짓날의 새해를 기점으로 태양이 부활하고, 하늘에서 내려온 천손이 지상에서 새롭게 부활하는 의식을 나타내는 것으로 해석될 수 있다.

5.
마야문명의 정수 티칼 천문대의
원형은 한반도 고인돌

"

　한 지인이 마야 문명의 티칼 피라미드 그래픽 사진을 SNS에 올렸다. 그 사진은 EBS 다큐멘터리의 한 장면을 캡처한 것으로, 네 개의 피라미드가 고대의 시간 기준인 동지, 춘분·추분, 하지인 2지2분에 맞춰 배치된 구조를 보여주고 있었다. 왜 마야의 티칼 피라미드를 공유했는지 물으니, 고창 송암고인돌 군의 배치가 마야의 티칼 피라미드와 동일한 2지2분 기준을 따른다는 이유였다. 그 송암고인돌 군의 천문대 배치 그림은 3년 전에 본 연구자가 밝혀낸 것이다.

　EBS 다큐의 '고조선이 탄생할 무렵 이미 달력을 만든 마야 문명' 편에서 등장한 티칼 피라미드 역시 송암고인돌 군과 같은 2지2분 방식으로 배치된 건축물이다. 가칭 '송암고인돌형 천문대'는 고인돌 몇 개를 동서남북 방향으로 부채꼴 모양으로 배치하여, 각 고인돌을 연결하면 2지2분에 맞는 시간 개념을 담고 있다. 이러한 형태는 고창의 심원 주산과 용기, 해리 나성, 고창 취석정과 월암, 부안 구암 등에서도 발견되었다.

　고인돌을 천문학적 관점 없이 보면, 그 배치는 무질서하게 보일 수 있다. 그러나 송암고인돌 군에서 가장 서쪽에 위치한 고인돌을 기준으로 지표면의 동북쪽(60°), 동쪽(95°), 동남쪽(125°)에 위치한 고인돌들을 연결하면, 그 배치가 동지, 춘·추분, 하지의 일출 지점과 일치함을 확인할 수 있다. 이 고인돌들은 주변의 산이나 봉우리, 고개, 능선 등과도 일치한다. 고인돌의 통로나 장축, 고인돌 간의 연결, 나아가 고인돌과 주변 지형, 천문학적 요소들이 결합된 구조이다. 물론 선사인들이 고인돌군에 담은 천문학적 내용은 무궁무진한 해석을 필요로 한다.

마야 문명의 티칼 피라미드 배치 방식도 오래 전에 밝혀졌으며, 대표적인 천문대 유적지로는 티칼 피라미드가 있다. 티칼은 과테말라 북부 페텐 분지에 위치한 마야 문명의 가장 거대한 도시로, BC 4세기부터 건설이 시작되었고, 고전기인 AD

티칼 피라미드의 천문 배치
EBS다큐, 고조선이 탄생할 무렵 이미 달력을 만든 마야 문명

250년에서 900년까지 전성기를 누렸다. 그러나 10세기 말, 인구 감소와 전염병 및 흉년으로 도시 문명이 쇠퇴했다. 티칼은 한때 마야 전체를 통치한 거대한 왕국으로, 수천 개의 유적이 남아있다.

직접 티칼 유적지를 방문할 수는 없었지만, 이 지역의 항공사진과 유적 분포도를 여러 차례 확인했다. 다만 밀림에 가려진 동쪽의 잃어버린 사원 구역에 위치한 건물들을 확인하기 어려웠다. EBS 다큐에서는 '잃어버린 세계의 광장'에 있는 '잃어버린 세계의 피라미드' 중심으로 동쪽에 무너지고 숲에 가려진 세 개의 건축물이 있음을 언급했다. 이들 건축물은 '잃어버린 세계의 피라미드'를 중심으로 각각 2지2분에 맞춰 일출 방향을 설정했다고 한다. 즉, 서쪽에 위치한 '잃어버린 세계의 피라미드' 정상에서 동쪽의 첫 번째 피라미드로 이어지면 하지의 일출 지점이 되고, 두 번째 피라미드로 이어지면 춘분과 추분의 일출 지점, 세 번째 피라미드로 이어지면 동지의 일출 지점이 된다.

한반도의 고인돌과 마야 피라미드의 배치가 동일한 천문대 특성을 가지고 있다는 사실은 정말 놀라운 일이다. 하지만 더욱 놀라운 점은, 마야 문명보다 약 이천 년이나 앞서 한반도에 살았던 고대 한국인들이 이미 우주의 다양한 현상을 관찰하고 그 천문 원리를 고인돌을 통해 담아냈다는 사실이다. 고인돌은 무수히 많은 별들과 천체들의 움직임을 담은 하나의 천문학적 미스터리로, 그 비밀이 조금씩 풀려가고 있다. 마야인들이 남긴 고대 유적이, 그들의 뛰어난 천문학적 지식과 우주에 대한 경외감을 담고 있어 많은 이들이 그 신비로움에 감탄하고 있지만, 한반도의 고인돌에 담긴 선사인들의 천문학적 지식과 그 깊이에 대해서는 상대적으로 적은 관심을 받고 있다. 마야의 왕들이 잃어버린 사원의 정상에 올라 신성한 존재로서 백성들에게 천문 현상에 대한 신비로운 지식을 전달했다고 전해지지만, 사실 모든 문명의 시작은 하늘의 변화와 그 규칙성을 이해한 자들이 권력의 정당성을 확보하고 통치력을 발휘했던 것과 관련이 있다. 한반도 서남부에 위치한 고인돌 역시, 고대 부족장의 권위와 권능이 천문학적 정보를 통해 강화되었음을 시사

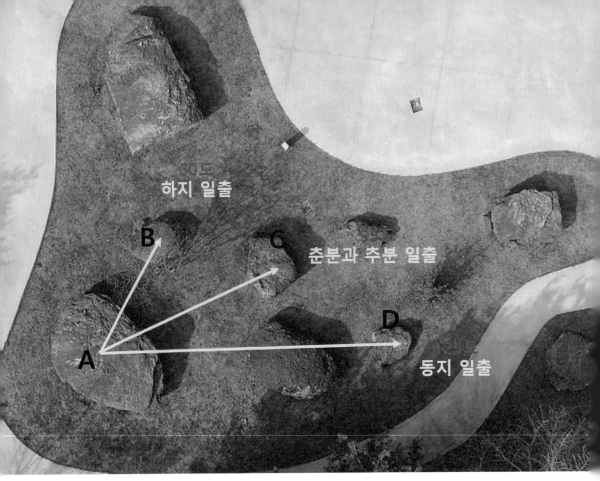

부안 구암리 천문대 고인돌의 2지2분 천문 배치(부안군 제공)

하며, 이를 통해 그는 지도자로서의 인정을 받았을 것이다. 수천 킬로미터의 거리와 수천 년의 시간차를 두고, 두 문명이 같은 방식으로 우주의 천문현상을 이해하고 그것을 자신의 문명 속에 담아냈다는 사실은 그 자체로 경이롭다. 특히, 태양의 절기인 2지2분은 시간과 공간을 초월하여 인류가 공통적으로 관심을 가져온 천문현상이었으며, 한반도의 고인돌은 마야 문명의 피라미드보다 수천 년 앞서 고대 천문학적 원리를 담고 있던 중요한 천문대의 원형이었다는 점에서 매우 중요한 의미를 가진다.

6.
잉카 마추픽추의 인티우아타나와
고인돌의 천문 지리 배치

66

'무려 600년 전 제국이라고는 믿을 수 없는 기술력을 지닌 잉카 문명 이야기'라는 제목의 EBS 다큐멘터리는 고대인들이 남긴 놀라운 과학적 성취를 자극적이면서도 흥미롭게 풀어낸 방송이었다. 그 중에서도, 다큐 중간에 등장한 잉카 유적의 신전 지역에서 보인 의자 모양의 돌과 그 주위로 그려진 동서남북의 선들은, 한 가지 중요한 깨달음을 주었다. 그것은 바로 고인돌에서 나타나는 동일한 천문학적 패턴의 발견이다. 동서남북이라는 개념은 단순히 방향을 나타내는 것만이 아니라, 그들만의 특별한 의미를 내포하고 있다.

선사시대 사람들은 고인돌을 중심으로 동서남북 각 방향의 산봉우리나 고개 등과 연결하여 특정 위치를 설정했다. 북쪽으로는 산봉우리나 고개를 북극성과 연결하거나 겨냥했으며, 부곡리 고인돌처럼 북두칠성과 같은 별자리를 지상에 형상화하기도 했다. 고인돌을 축조한 이들은, 현대인이 "미스터리한 고대 문명"이라고 부르는 것에 앞서 고인돌을 통해 독특한 천문 지리 행위를 남긴 것이다. 지금까지 사람들은 고인돌을 개별적으로 바라보았기 때문에, 대부분의 고인돌이 하늘의 별이나 태양과 같은 천문 현상을 반영한 결과임을 인식하지 못했다.

잉카인들은 별자리와 천문 현상을 바탕으로 도시를 설계하고 건축물을 배치해 종교적, 농업적, 정치적 목적을 이루고자 했다. 밤하늘의 은하수에서 별자리를 만들어 동물의 이름을 붙였으며, 이를 신성한 존재로 숭배했다. 이러한 별자리는 도시 설계에 그대로 반영되어, 하늘의 질서를 지상에 구현하고자 했다.

잉카 제국의 수도 쿠스코(Cusco)는 남십자성을 비롯한 주요 별자리를 반영해 설계되었다. 도시 구조와 길은 별의 위치와 이동 경로에 맞춰 정렬되었으며, 근처의 사크사이우아만 요새는 별자리와 관련된 신성한 동물 퓨마를 형상화한 모습으로 지어졌다.

별자리와 동물을 연결해 신성함을 부여한 잉카인들은 라마(Llama)를 별자리와 도시 설계에 반영했다. 쿠스코의 태양 신전 코리칸차(Qorikancha)는 별과 태양빛을 활용한 정교한 천문 관측 도구 역할을 했다.

잉카인들은 천문학을 도시 설계뿐만 아니라 농업 활동에도 활용했다. 별의 출현과 소멸은 씨뿌리기와 수확 시기를 결정하는 신호였으며, 관개 시스템과 테라스식 농업도 하늘의 별자리와 태양의 움직임을 반영한 결과였다. 이처럼 잉카인들은 하늘과 땅이 연결되어 있다고 믿으며, 별자리와 도시 설계를 통해 우주의 신성한 질서를 재현하려 했다. 이는 신앙과 실용적 필요를 모두 충족한 독창적인 건축 양식이었다.

특히, 마추픽추(Machu Picchu)는 태양의 움직임과 별의 위치를 관찰할 수 있는 독특한 천문학적 구조를 가진 도시였다. 1400년대 후반 건설되어 1530년대 스페인 정복으로 버려지기 전까지 잉카 제국의 마지막 중심지로 기능한 마추픽추는 콘도르 형상을 닮은 도시로 설계되었다. 콘도르는 남미 안데스 산맥에 서식하는 새로, 남미 문화에서 신성한 상징으로 여겨지며, 특히 안데스 원주민 문화에서 하늘과 영적 세계를 연결하는 상징으로 간주되었다. 지금도 페루와 볼리비아 등에서는 국가적 상징으로 사용되며, 하늘과 땅을 연결하는 영원의 상징으로 여겨졌다.

마추픽추와 같은 도시들이 건설될 때, 잉카인들은 큰 광장을 중심으로 신전과 종교 건축물을 배치했다. 가장 성스러운 태양신을 숭배하는 신전의 정상에는 '인

밤하늘의 별자리를 지상 도시로 설계한 잉카인들(골라듄다큐)

티우아타나(Intihuatana)'라는 입석이 세워졌다. 이 입석은 화강암으로 만들어졌으며, 높이는 약 1.8m, 너비는 36㎝ 정도이다. '인티'는 태양을 의미하는 케추아어 단어이고, '우아타나'는 연결을 뜻한다. 따라서 '인티우아타나'는 '태양을 끌어들이는 자리' 혹은 '태양을 잇는 기둥'이라는 의미를 지닌다.

인티우아타나는 단순한 건축물이 아니라, 잉카인들이 동짓날 태양의 위치를 측정하고 동지를 기록하는 중요한 천문학적 기구였다. 이곳에서 제사장은 태양을 '붙잡아 두려는' 의식을 행했으며, 이는 단순한 제사가 아니라 천체의 움직임을 관측하고 이에 맞춰 중요한 의식을 진행한 것이었다. 신전의 중심에 있는 돌 의자 입석은 동서남북 방향을 기준으로, 각각 살칸타이(남쪽), 산미구엘(서쪽), 와이나픽추(북쪽), 와카이위카(동쪽)와 일치하도록 배치되었다. 이는 EBS 다큐에서도 다뤄졌듯이, 네모난 입석이 동서남북을 기준으로 산봉우리들과 정확히 연결되어 있다는 점을 보여준다.

잉카 제국의 산악 도시는 종교적 목적을 넘어서, 천문학적 관점에서 지형과 결합하여 위치를 정했다. 이는 인간과 우주가 만나는 지점으로서, 천문학과 지리, 그리고 인사인의 삼재(天地人) 배치의 고인돌의 설계 원리에 따른 결과였다.

인티우아타나가 놓인 마추픽추 지역은 해발 고도가 높고, 위도가 적도에 가까워 춘분과 추분 시점에 해가 동쪽과 서쪽에서 거의 정확히 일출 일몰을 한다. 이는 잉카인들이 이미 고도로 발달한 천문학 지식을 보유하고 있었다는 증거이다. 특히 네모난 입석은 단순히 태양신을 맞이하는 자리가 아니라, 이 자리에 앉을 수 있는 자격을 가진 사람은 제국의 임금뿐이었다. 임금은 태양을 숭배하며, 매년 동짓날에는 와이나픽추에서 태양신에게 제물을 바치고 제사를 지냈다. 잉카인들은 태양이 두 개의 의자에 자리를 잡는다고 믿었는데, 북쪽 의자가 주요한 자리이며, 남쪽 의자는 보조적인 자리로 여겨졌다. 해가 남쪽 의자에 자리를 잡을 때인 하지가 한 해의 시작을 알렸고, 북쪽 의자에 자리를 잡을 때인 동지가 한 해의 끝을 의미했다. 하지와 동지는 각각 해가 가장 길고 짧은 시점으로, 이는 태양신에 대한 숭배와 천문학적 주기를 기념하는 중요한 의식이었다. 한편, 북반구인 한반도의 고인돌에서는 동지가 한 해의 시작을 알리는 시점이었다.

신전의 가장 높은 곳에 있는 인티우아타나는 하늘과 가장 가까운 신성한 장소로, 하늘과 땅을 잇는 통로로 여겨졌다. 잉카인들은 인티우아타나에 이마를 대면 영혼의 세계로 들어가는 문이 열린다고 믿었으며, 그 시간은 정확히 천문학적으로 계산된 시간에 맞춰 이루어졌다. 이러한 천문학적 지식은 오직 몇몇 지도자들만이 알고 있던 고도의 지식으로, 특정 절기에만 열린다고 상상할 수 있다. 예를 들어, 태양이 떠오르며 황제의 얼굴을 비출 때의 황홀경을 떠올려 보라. 이는 선사시대부터 이어진 지도자들이 천문학과 지리의 풍경을 권력의 상징으로 사용하며, 그들만의 독특한 장소성을 부여받았음을 보여준다.

마추픽추는 케추아어로 '늙은 봉우리'라는 뜻을 가지며, 인티우아타나의 북쪽에 위치한 와이나픽추는 '젊은 봉우리'라는 의미를 지닌다. 와이나픽추는 마추픽추의 천문학적 기점이 되는 봉우리로, 마추픽추와의 관계에서 중요한 역할을 한다. 마추픽추가 있는 남반구에는 북극성이 없지만, 남극을 가리키는 남십자성이 중요한 별자리로 숭배되었다. 남반구에서 길잡이 역할을 했던 남십자성은 특히 호주와 뉴질랜드의 국기에도 나타날 정도로 중요한 별자리였으며, 마추픽추 근처에서는 북쪽의 와이나픽추가 더 높고 뾰족하여 그 위치 기점으로 사용되었을 가능성이 있다.

　고인돌에 대한 연구는 점차적으로 천문학과 지리가 밀접하게 연관되어 있음을 보여준다. 고인돌을 만든 선사인들은 잉카인들보다 수천 년 앞서 천문학과 지리를 융합하여 고인돌을 설계하였다. 이러한 천문학적 원리는 선사시대 사람들에게는 일반적인 상식이었으며, 고인돌은 잉카제국이 마추픽추를 건설할 때보다 800년이나 앞선 시기에 건설되었다. 백제는 고마나루에서 소부리로 수도를 옮길 때, 마찬가지로 천문학과 지리 원리를 바탕으로 도시를 계획하고 건설하였다. 이처럼 잉카인들과 한반도의 고대 사람들은 철저한 천문학적 지식과 지리적 원리를 바탕으로 권력과 문화의 중심지로서 도시를 건설했으며, 이러한 지식은 우연히 발생한 것이 아니라 선사시대부터 축적된 결과임을 알 수 있다.

인티우아타나의 사방위와 지형지물(EBS 골라듄 다큐)

7.

방장산 아래 북두칠성과
삼태성의 지명을 담은 달고리 마을들

66

국사 『옥룡자유산록』의 고창현 기사에는 "반월형(半月形)과 복호형(伏虎形)은 장성 지경(地境) 불원(不遠)하다. 고을도 작거니와 산수도 적어 세라."라는 중요한 기록이 있다. 이 기록은 당시 고창 지역의 지형적 특성을 간략히 설명하면서, 그 지역이 천문학적 의미와도 밀접하게 연관되어 있음을 시사한다. 북두칠성을 비롯한 밤하늘을 관측하는 천문학은 단순히 과학적 탐구의 대상이 아닌, 자연의 신비로움과 그 법칙성에 대한 깊은 경외심과 호기심이 만들어낸 산물이었으며, 하늘의 일월성신(日月星辰)은 그 자체로 일종의 신앙적 존재로 여겨졌다. 이처럼 밤하늘에서 별들이 움직이며 펼치는 잔치는 단순한 천문 현상이 아닌, 인간의 수명과 운명을 지배한다고 여겨졌던 점성학(占星學)의 기초가 되었으며, 그 신앙적 성격은 대단히 강했다. 이러한 점성학적 사고방식은 고대 선인들의 성수신앙에서 유래하며, 청동기시대의 고인돌에 별자리를 새긴 성혈과 별자리를 관찰하던 점성대(占星臺) 고인돌의 축조시기를 거쳐, 선사시대부터 현재에 이르기까지 지속적으로 전해져 내려왔다.

오랜 세월 동안 일월성신의 변화를 주의 깊게 관찰했던 옛 사람들은, 자연 현상에서 나타나는 음양의 태극과 오행의 상호작용을 하나의 운행 이치로 정립하게 되었으며, 이는 결국 음양오행사상으로 발전하였다. 이 음양오행의 개념은 천문학과 지리를 바탕으로 한 자연현상과 사물, 그리고 인간에 대한 이해와 대응을 위한 사유체계로 진화하게 되었다. 이러한 천문학과 지리학의 원리가 자연스럽게 땅에 적용되어, 풍수지리라는 독특한 사상 체계를 형성하게 되었다.

고창의 방장산 서쪽 골짜기에서는 반달 모양의 지형을 운중반월형(雲中半月型)이라 칭하고 있다. 『옥룡자유산록』의 기록에 따르면, 반월형(半月形) 명당은 영산기맥의 솔재 아래 석정 주변에 위치하고 있다고 한다. 이 지역은 고창읍 월암리, 월산리, 월곡리 일대를 포함하며, 이러한 마을들은 '달 월(月)' 자를 사용하여 음양조화의 원리를 반영하는 지명을 형성하고 있다. 특히 음의 '월(月)' 자가 포함된 마을들과 양의 '정(丁)' 자가 포함된 마을들, 예를 들어 외정, 내정, 산정 등의 마을 이름은 음양의 조화를 이루는 태극을 상징한다.

고창의 옛사람들은 방장산 서쪽 골짜기에서 7개의 마을에 '월(月)' 자를 붙여 북두칠성을 지상에 형상화한 것으로, 이를 통해 북두칠성의 신성한 존재감을 강조했다. 우리 문화 속에서 달은 원만함과 풍성함을 상징하는 긍정적인 이미지로 널리 알려져 있으며, 북두칠성은 인간의 길흉화복을 관장하고 농사와 관련하여 비를 내리게 하는 신으로서 신앙의 대상이 되었다. 북두칠성은 동양에서 '국자 머리'를 의미하는 천추(天樞), 천선(天璇), 천기(天璣), 천권(天權), 옥형(玉衡), 개양(開陽), 요광(搖光) 등의 별들로 이루어져 있다. 이들 중 앞의 네 개를 묶어 괴(魁), 뒤의 세 개를 묶어 표(杓)라고 하며, 전체를 두(斗)라고 일컫는다. 이러한 천문학적 상징은 고창 지역의 지리적 특성과 결합하여, 자연과 인간의 상호작용을 깊이 이해하고자 했던 고인돌 시대 선사인들의 사고방식을 잘 보여준다.

달고리 마을의 북두칠성 괴는 월암·월산·운월·수월이고, 표는 월곡·신월·세월이다. 북두칠성의 달(月) 마을들 아래는 '닭우리'라 불리는 '계명(鷄鳴)'이 있다. 이는 '달의 고리'를 소리의 유사성만 가지고 한자화한 오류로 '닭우리'가 아닌 '달고리'인 '월환(月環)'으로 불러야 함이 옳다. '계명' 주위로 달의 이름을 가지고 있는 마을들이 둘러싸고 있기 때문이다.

정(丁)은 본디 단단한 돌덩이 꼴로 어떤 대상을 지붕(一)과 기둥(丨)으로 받치는 모양으로 그려 고무래, 단단하다, 세다 등을 나타내는 지사자이다. 설문(說文)에서 丁은 "여름철에 만물이 왕성하고 열매를 맺는다"는 뜻의 태일신을 의미하고 사람의 심장을 상징한다. 丁자를 쓴 마을은 석정리의 외정(外丁)과 내정(內丁), 그리고 월산리 산정(山丁)으로 모두 丁자를 넣었다. 丁자는 신선이 된 사람인 태일신이 이상세계에 오르내리는 계단인 삼태성의 의미다.

삼태성(三台星)은 국자 모양의 북두칠성의 물을 담는 쪽에 길게 비스듬히 늘어선 세 쌍의 별로 서양의 큰곰자리의 발바닥 부근에 해당되는 태미원의 별자리다. 자미원이 임금이 계신 곳이고, 천시원이 백성들이 있는 곳이라고 하면 태미원은 그 두 곳을 연결하는 징검다리이자 조정(朝廷)이다. 이순지의 『천문유초』에 따르면 삼태는 상태(上台), 중태(中台), 하태(下台)라는 이름으로 불렀다. 삼태는 하늘의 계단(天階)으로 태일신이 하늘(天界)과 땅(下界)을 오가는 계단인 태계(泰階)라고도 한다. 우리 민족의 고유의 삼신(三神)사상은 천지인(天地人)을 주재하는 천일신(天一神), 지일신(地一神), 태일신(太一神)으로 구성된다. 천일신은 만물을 창조하는 조화신(造化神)이고, 지일신은 만물을 기르는 교화신(敎化神)이며, 태일신은 만물을 완성하여 다스리는 치화신(治化神)이다.

이와 같이 고대 선인들은 천문학적 관측과 상징을 통해 인간과 자연, 그리고 신성한 세계를 하나로 묶는 독특한 세계관을 형성하였다.

삼신에서 인간을 태일(太一)이라 부른 이유는 인간이 천자의 손발이 되어 천자의 뜻과 소망을 이루는 존재로, 하늘과 땅보다 더 큰 존재로 여겨졌기 때문이다. 이는 또한 인간의 궁극적인 목표인 인격완성의 개념을 내포하고 있다. 태일신의 범주로는 북극성의 주신인 태일성(太一星), 사람이 신선이 되면 하늘나라의 중주(中洲)로 불려간다는 태을원군(太乙元君), 인체 내에서 사람의 생명을 주재하는 가장 존귀한 존재인 태을신(太乙神) 등이 있다. 이러한 신성한 존재들은 하늘의 삼태성 별들

북두칠성과 삼태성으로 배치된 고창읍 지명(1918년 지형도 편집, 국토지리정보원)

과 연결되며, 이들 별들은 하늘 기운인 양으로 작용하여 혼을 생성하고, 칠성의 별들은 땅 기운인 음으로 작용하여 넋을 생성한다고 믿었다. 이로 인해 사람이 죽으면 혼은 하늘로 올라가고, 넋은 땅으로 돌아간다고 여겼다. 삼신과 칠성은 인간 생명을 열어주는 신비로운 창조의 손길로 여겨졌으며, 이들의 역할은 인간의 존재와 운명을 이해하는 중요한 열쇠였다.

　삼태성은 하늘의 이상세계인 중주로 가는 계단으로 해석된다. 상태(上台)인 외정(外丁), 중태(中台)인 내정(內丁), 하태(下台)인 산정(山丁)으로 나뉘며, 이들은 하늘과 땅을 이어주는 중요한 상징적 의미를 지닌다. 중리(中里)라고 칭해지는 석정(石汀)은 인간의 궁극적인 목표인 신선이 되어 이상세계인 중주에 오르는 것을 의미한다. 석정의 '중(中)'자와 물가나 모래섬을 의미하는 '정(汀)'자, 그리고 중주의 '주(洲)'자가 함께 쓰인 것은 우연이 아니다. 석정에 위치한 웰파크시티는 '완벽한 아름다운 풍

신선의 이상세계를 그린 석정웰파크시티(고창 석정, 드론 이승기)

광의 고을'로서 최고의 휴양도시이자 실버타운으로, 이러한 상징적 의미와 깊은 연관이 있는 듯하다.

우리 고대문화에서 천문 지리인 일월성신(日月星辰)과 풍수지리는 깊은 관계를 맺고 있다. 달 월(月)의 한자를 포함한 지명들이 밤하늘의 북두칠성을 형성하며, 오행에서 불에 해당하는 정(丁) 자를 마을 세 곳에 포함시켜 음양의 조화와 상호보완적인 관계를 나타낸다. 丁은 24절기의 11번째 절기인 소서와 연관이 있으며, 이 절기는 여름의 더위가 본격적으로 시작되는 양의 시기를 의미한다. 또한 丁은 하늘에서는 별로, 땅에서는 침소에 켜 놓는 등촉불로 비유되며, 이 불은 너무 밝지도 어둡지도 않은 은은한 빛을 발산한다. 달은 음을 상징하는 밤하늘의 별이고, 丁은 불을 의미하는 양의 원리로, 고창 선인들의 정신세계에서 그들은 맑은 밤하늘에 환하게 뜬 달과 은은한 빛을 발하는 등촉불을 결합한 균형의 아름다움을 추구했다.

마을들의 동쪽에는 양인(陽人)인 丁자의 마을들을 배치하고, 서쪽에는 음을 상징하는 월 자를 배치하여, 음양의 조화인 태극을 이룬 구조를 형성했다. 방장산 서쪽의 골짜기 주변에 발달한 달과 별들의 지명들은 선조들의 뛰어난 자연 현상에 대한 관찰력과 인문학적 사고를 엿볼 수 있게 한다. 이러한 사고의 출발점은 고인돌에서 비롯된 천문 지리의 원리에 뿌리를 두고 있으며, 이는 선조들이 자연과 우주를 이해하고 그 속에 숨어 있는 법칙들을 탐구하고자 했던 깊은 지혜를 나타낸다. 고인돌과 그에 관련된 천문 지리의 원리들은 오늘날까지도 우리 고대 문화를 이해하는 중요한 열쇠로 작용하고 있다.

제5장

요약 및 결론

1.
'이병렬의 고인돌론'
개념

❝

   고인돌은 오랫동안 학계에서 주로 무덤, 즉 지석묘로 해석되었으나, 최근 연구들은 이를 단순한 매장 시설 이상의 의미를 지닌 구조물로 재조명하고 있다. 특히, 5기 이하의 고인돌에서 발견된 천문 지리 배치 원리는 고인돌이 하늘과 땅을 연결하는 신성한 제단의 역할을 수행했음을 보여준다. 이러한 배치 방식은 태양의 2지 2분 절기를 기준으로 하며, 고대인이 공통적으로 활용했던 천문·지리적 지식과 깊은 연관이 있다.

   고인돌의 방향성은 태양뿐만 아니라 별자리와도 밀접하게 연결되어 있다. $160_{(340)}°$, $220_{(40)}°$, 진북 방향 등은 특정 별자리와의 관계를 나타낸다. 또한, 덮개돌에 새겨진 성혈 문양은 북극성, 북두칠성, 남두육성, 은하수, 동방청룡, 묘수 등 시기별 별자리를 반영한다. 고인돌 군의 배치는 북두칠성과 유사한 형태를 보이며, 이는 천체의 움직임을 반영한 것으로 분석된다. 이러한 배치 방식은 단순한 인위적 설계가 아니라, 천문학적 요소와 주변 지형이 결합된 결과임을 보여준다.

   고인돌의 천문·지리 배치 원리는 후대의 풍수지리와 건축 설계에서도 유사하게 나타났다. 예를 들어, 경주의 첨성대나 백제 사비도성의 설계에서는 이러한 원리가 반영되었으며, 이는 당시 인간의 공간 구성 방식에 지대한 영향을 미쳤다. 이러한 관점은 현상학에서 논의되는 '풍경' 개념과도 연결된다. 이종관 교수는 "인간의 정착과 공간 구성은 단순한 선택이 아니라 자연 풍경에 대한 이해와 실존적 상황의 표현"이라고 주장했으며, 고인돌은 자연과 인간의 관계를 담아낸 대표적 사례로 볼 수 있다.

선사시대 사람들에게 고인돌은 단순한 무덤이 아니라, 하늘과 땅, 그리고 인간을 연결하는 신성한 장소이자 길이었다. 이곳에서의 활동은 선사인의 시간과 공간에 대한 질서를 확인하고, 우주적 원리를 표현하는 행위였다. 고인돌이 위치한 공간은 그 자체로 고유한 정체성과 상징성을 지닌 경관으로 자리 잡았으며, 이는 이후 한반도의 풍수지리와 건축 문화에 큰 영향을 미쳤다.

특히 '이병렬의 고인돌론'은 고인돌의 기능과 배치를 체계적으로 설명하는 이론이다. 이 이론에서는 고인돌의 방향성, 고인돌 군 내부의 상호 배치와 관계, 그리고 각 고인돌 군 간의 배치 패턴이 천문·지리적 관점에서 중요한 의미를 지닌다고 본다. 고인돌의 방향성은 태양의 춘분과 추분, 하지와 동지 등의 움직임과 일치하며, 별자리 관측의 기준이 되었다. 또한, 지리적으로는 주변 산봉우리나 고개를 기준점으로 삼아 고인돌이 배치되었음을 보여준다.

이러한 고인돌들은 고대인들이 천문·지리를 결합하여 자연과의 조화를 이루려 했던 방식을 보여주는 중요한 사례다. 단순한 천제단의 구조물이 아니라, 그 안에 담긴 심오한 지식과 상징성을 이해하는 것이 필요하다. 이를 위해서는 고고학적 연구를 넘어 천문학, 지리학, 인문학 등 다양한 학문을 융합하는 학제적 접근이 필수적이다. 특히, 현상학적 관점에서 고인돌의 장소성과 천문·지리 배치 원리를 깊이 이해하는 것이 중요하다.

이는 남미의 마야와 잉카 문명에서 발견되는 천문·지리적 유산과도 유사하며, 고인돌 연구는 인류 보편적인 지혜를 탐구하는 중요한 기초가 될 것이다.

<표> '이병렬의 고인돌론'의 연구 방향과 흐름

분류	기준	연구 방향	
고인돌	굄돌 통로의 방향, 덮개돌 장축(중심축)과 단축의 방향, 지리 등	해의 방향성	2지2분, 입춘
		별의 방향성	성혈(은하수, 북극성, 별자리 등)
		위치 기점	봉우리와 고개 등
		인간 행위	천문 지리 관측과 건축, 제례행위
고인돌 간의 관계	고인돌 간의 연결 방향, 지리 등	해의 방향성	2지2분
		별의 방향성	은하수, 북극성, 북두칠성, 남두육성 등과 같은 별자리
		위치 기점	봉우리와 고개 등
		인간 행위	천문 지리 관측과 건축, 제례행위
고인돌 군 간의 관계	고인돌 군 간의 연결 방향, 지리 등	해의 방향성	2지2분, 입춘
		별의 방향성	은하수, 북극성, 북두칠성, 남두육성, 삼원 등과 같은 별자리
		인간 행위	천문 지리 관측과 도시, 제례행위

한국의 종래 고인돌 연구는 일제강점기의 '지석묘'라는 규정에 매몰되어, 묘라는 선입견에서 구조와 발굴 조사에 매달려 있다.

그러나 '이병렬의 고인돌론'에서는 고인돌의 방향성이 천문·지리적 기준에 따라 전략적으로 배치되었음을 밝히는 새로운 연구 방법론이다. 기존의 고인돌을 단순한 무덤으로 바라보는 시각에서 벗어나, 천문대이자 천제단으로서의 역할을 했다는 점을 밝히는 것이 연구의 핵심이다. 고인돌의 배치와 방향성에서 나타나는 중요한 패턴을 분석함으로써, 고대인들의 천문·지리적 사고와 농경의 관계를 규명하고자 했다.

첫째, 고인돌의 방향성에서 가장 중요한 요소는 태양의 움직임이다. 연구 과정에서 고인돌의 배치가 태양의 경로와 밀접한 관련이 있음을 확인할 수 있었으며, 특히 동지, 춘분, 추분, 하지와 같은 절기와 기후 변화의 분기점이 중요한 기준이 되었음이 드러났다. 이러한 천문 현상은 '2지2분(二至二分)'으로 불리며, 태양의 적경

(赤經)을 기준으로 한다. 고인돌 배치에서 나타나는 2지2분 패턴을 통해, 고대인들이 절기와 일정을 정확히 파악하고 이를 제사 의식과 농경 활동에 활용했음을 추론할 수 있었다.

둘째, 별의 움직임 또한 고인돌의 방향성에 중요한 영향을 미쳤음을 확인했다. 선사인들은 별과 별자리의 위치를 천문 기준으로 삼았으며, 고인돌은 별이 솟아오르는 동남쪽 지점과 정렬되었을 가능성이 크다. 특히, 고인돌의 장축이나 통로가 동남쪽의 특정 산봉우리나 고개 방향과 일치하도록 배치된 점에 주목할 필요가 있다. 이를 통해 계절과 관계없이 동일한 지점에서 떠오르는 별을 관측하고자 했다는 사실을 유추할 수 있었다. 또한, 고인돌에 새겨진 성혈(星穴)이 특정 별자리나 별의 위치와 일치한다는 점에서, 고인돌이 천문 관측 도구인 동시에 농사력과 종교적 제사를 위한 제단 역할을 했다고 판단할 수 있다. 북극성을 향한 진북 방향의 배치나 남남서 방향으로 정렬된 고인돌 역시 별의 움직임과 관련된 중요한 관측 패턴이었다.

셋째, 고인돌의 배치와 방향성이 지리적 요소와도 깊은 관련이 있음을 확인할 수 있었다. 고인돌이 산봉우리나 고개와 같은 자연적 지형지물을 기준으로 배치된 이유는, 고대인들이 이러한 지형이 천문 현상을 관측하기에 유리하다고 판단했기 때문이다. 특히, 산봉우리나 고개는 태양이 떠오르는 지점이나 별들의 위치를 정하는 데 중요한 기준이 되었을 가능성이 크다.

넷째, 고인돌 간의 관계성과 고인돌 군의 배치 패턴도 중요한 연구 대상이다. 여러 고인돌이 일정한 패턴을 이루며 배치된 경우, 그것이 특정 천문 현상이나 기하학적 원리에 따라 정렬되었을 가능성이 크다. 이러한 관계는 고인돌이 특정 절기나 천문 현상과 연계된 공동의 목적을 가지고 배치되었으며, 이는 고대 공동체의 의식이나 종교적 의미를 반영한다는 점을 보여준다. 또한, 고인돌 군의 배치는 이웃 부족 간의 권력 관계를 드러내는 요소로도 해석할 수 있다.

본 연구에서 제시한 고인돌의 방향성은 단순히 고인돌이 묘지로서의 기능에 국한되지 않고, 천문학적, 지리적, 종교적 목적을 가진 중요한 문화적 구조물로서의 의미를 부여했다.

한편, 고인돌 연구에서는 금성, 목성, 달 등과의 관계도 중요한 논의 대상이 되어야 한다. 금성은 특정 날짜나 계절에 중요한 천체로 인식되었으며, 고대 문화에서 신성한 존재로 여겨졌다. 일부 문화권에서는 금성의 동서 상승과 하강을 기준으로 중요한 의례나 행사 날짜를 정하기도 했다.

분류		'이병렬의 고인돌론'의 천지인 관계성	
천문	해의 방향성	동지	130°(일부 바위구멍)
		춘분	95~100°(금성)
		하지	55~60°(은하수와 바위구멍)
		추분	95~100°(금성)
		입춘	80°
	별의 방향성	북극성	0~10°(바위구멍, 고인돌의 장축과 통로, 고인돌 간 배치)
		별자리	150~170°(바위구멍, 동방청룡, 은하수, 북극성, 북두칠성, 기타, 고인돌의 장축과 통로, 고인돌 간 배치)
		남두육성과 봄여름 별자리	200~220°(바위구멍, 별자리, 기타, 고인돌의 장축과 통로, 고인돌 간 배치)
지리	위치 기점	산봉우리	2지2분, 남북 방향, 별자리 관측 등
		고개	별자리 관측
인사	의례 행위	천제, 농경행사, 도시 계획과 풍수지리 등	

또한, 고인돌의 배치와 구조가 달의 주기와 연관되었을 가능성도 고려해야 한다. 달은 농업 사회에서 중요한 역할을 했으며, 고대인들은 달의 변화를 기준으로 농업 활동을 조정했을 것이다. 그러나 금성과 달이 고인돌과 어떤 관계가 있는지에 대한 구체적인 증거나 해석은 아직 명확하지 않다. 이를 과학적으로 접근하기 위한 추가 연구가 필요하며, 금성과 달이 고인돌과 어떻게 연관되는지를 규명하는 것은 향후 연구 과제가 될 것이다.

2.
기존 '지석묘설'과
'이병렬의 고인돌론'

"

    기존의 '지석묘설'과 '이병렬의 고인돌론'은 고인돌의 기능과 목적을 해석하는 데 있어 본질적인 차이가 존재한다. 두 학설은 고인돌의 의미와 역할에 대한 서로 다른 관점을 가지고 있으며, 이러한 차이는 고인돌을 이해하는 근본적인 시각에 서부터 명확하게 드러난다.

    기존 '지석묘설'은 고인돌을 주로 무덤으로 해석하는 관점을 견지한다. 이 관점에 따르면, 고인돌은 청동기 시대에 조성된 대표적인 무덤 구조물로서, 당시 사회에서 죽은 자를 매장하는 중요한 기능을 수행했다. 일반적으로 고인돌은 시신을 묻은 후 그 위에 거대한 돌을 덮는 방식으로 제작되었으며, 이러한 구조물은 매장지 또는 묘지의 일부로 알려져 있다. 고인돌의 형태와 배치는 해당 공동체의 사회적 계층 구조 및 공동체의 규모와 깊은 연관이 있으며, 특정 지역이나 사회에서 중요한 의례적 장소로 해석된다. 이에 따라, 기존 학설에서는 고인돌을 사망한 자를 기리는 의례적 장소로 규정하며, 고인돌의 주요 기능을 매장지로서의 상징적 의미에 두고 있다. 또한, 고인돌의 형태와 배치 방식이 사회적 계층에 따라 달라진다는 점을 주요 논거로 삼는다.

    반면, '이병렬의 고인돌론'은 고인돌을 단순한 무덤으로 한정하지 않고, 천문대이자 제단으로 해석하는 보다 확장된 관점을 제시한다. 이 관점에서는 고인돌이 농경 사회에서 하늘의 태양신이나 태음신에게 제사를 올리는 종교적 공간으로 기능했다고 보며, 고대 사회에서 천문 관측이 중요한 역할을 했음을 강조한다. 고인돌의 배치와 위치는 천문·지리적 기준에 따라 정교하게 결정되었으며, 하늘의 움직임을 관찰하고 절기에 맞춰 천제를 드리는 천문학적 관측 공간으로 활용되었다. 이는 고인돌이 농업 사회에서 자연의 순환과 밀접하게 연관되어 있었으며, 공동체의 풍요와 안녕을 기원하는 상징적 공간으로 기능했음을 보여준다.

고인돌의 배치와 방향성에 대한 해석에서도 두 학설은 뚜렷한 차이를 보인다. 기존 학설에서는 고인돌의 배치가 사회적 구조 및 문화적 의미와 연관되어 있다고 본다. 예를 들어, 특정 지역에 밀집된 고인돌은 특정 계층의 묘지로 해석된다. 반면, '이병렬의 고인돌론'에서는 고인돌의 방향성과 위치는 태양 및 별의 움직임을 관찰하는 데 중요한 역할을 하며, 이러한 천문학적 해석을 통해 고인돌이 특정 절기와 별자리와 관련된 의식을 수행하는 천문대이자 점성대로 기능했음을 주장한다.

문화적·종교적 의미에서도 두 학설은 상이한 해석을 내놓는다. 기존 학설에서는 고인돌을 사회적·계층적 의미에서 해석하며, 이를 죽은 자에 대한 존경과 기념의 상징으로 본다. 이러한 해석은 고인돌이 공동체 내에서 특정 계층이나 개인의 권위를 드러내는 수단으로 사용되었음을 강조한다. 반면, '이병렬의 고인돌론'에서는 고인돌을 하늘의 신에게 제사를 올리는 제단으로 보고, 고인돌이 고대인들에게 신성한 장소로 인식되었으며, 자연의 변화에 대응하는 의례적 공간으로 기능했다고 해석한다.

한편, 고인돌이 후대에 미친 영향에 대한 해석에서도 많은 차이가 나타난다. 기존 학설은 고인돌을 단순한 묘제로 규정하는 데 그치지만, 본 연구에서는 고인돌이 고대 국가에서 현대에 이르기까지 도시 계획, 풍수지리, 건축, 천문학, 역법 등 다양한 분야에 걸쳐 계승·발전되었다고 본다.

결론적으로, 기존 '지석묘설'이 고인돌을 주로 무덤으로 해석하는 반면, 본 연구에서는 고인돌이 천문 지리를 근본 배치 원리로 삼아 종교적 목적을 지닌 천문대이자 제단으로 사용되었음을 주장한다. 고인돌은 단순한 묘지를 넘어 천문 관측과 제사 의식을 수행하는 공간이었다는 점에서 기존 학설과 본질적으로 차별화된다. 이러한 관점은 고인돌이 고대 사회에서 다층적인 기능을 수행했으며, 천문 지리를 중심으로 축조되어 종교적·사회적 의미가 부여되었음을 보여준다. 이 두 학설의 차이점은 다음과 같이 정리될 수 있다.

구분	기존 '지석묘설'	이병렬의 고인돌론
정의	청동기시대의 무덤	청동기시대 이전부터 축조된 천제단
용어	지석묘	고인돌, 돌멘, 세계 보편적 용어
용도와 기능	부족장이나 권력자의 무덤	천문대, 천제단, 점성대, 점후대, 무덤 등 다양
방법론	발굴 조사	천문과 지리의 방향성과 입지론
연구 대상	부장품, 형식, 죽음	천문, 지리, 인사
한계	부장품 중심의 해석	천체와 용도 해석의 다양성
후대 영향	묘제	도시계획, 풍수지리, 천문학, 건설과 건축, 역법 등 광범위하게 계승 발전
보편성	청동기시대의 특정 묘제	인류 공통의 지식과 지혜
주체 문화	장례문화	농경문화
향후 과제	인식의 전환 필요	통섭적 연구

참고문헌

제1장

1 유태용, 2016, 「문헌자료에 나타난 고대인의 고인돌 인식」, 『고조선단국학 제29호』, 고조선단군학회, 314~315쪽.

2 유태용, 2016, 「앞의 논문」, 318쪽.

3 유태용, 2016, 「앞의 논문」, 324쪽.

4 유중현, 2015, 『후지타 료사쿠(藤田亮策)의 조선 선사고고학 연구와 그 영향』, 아주대학교 대학원, 문학석사논문, 17쪽.

5 유중현, 2015, 『앞의 책』, 26~27쪽.

6 유중현, 2015, 『앞의 책』, 28~29쪽.

7 최우석, 2016, 「도리이 류조(鳥居龍藏)의 식민지 조선 조사와 일선동조론」, 『동북아역사논총』, 동북아역사재단, 404~406, 420~426쪽.

8 주오스트리아 한국문화원 문화원 소개(https://vienna.korean-culture.org/ko/167/korea/61)

9 위키피다이 고인돌(https://ko.wikipedia.org/wiki/고인돌)

10 박성훈, 2016, 「남강유역 청동기시대 무덤의 장축 방향 검토」, 『야외고고학』 제27호, 한국문화유산협회, 6쪽.

11 김범철, 2011, 『쌀의 고고학 : 한국 청동기시대 수답작과 정치경제』, 민속원, 219쪽.

12 최경춘, 2018.10.03., "기장 서黍 기장 직稷", 서라벌뉴스, (http://m.srbsm.co.kr/view.php?idx=30417)

13 앤서니 애브니, 이초희 역, 2022, 『천개의 우주』, 추수밭, 272쪽.

14 앤서니 애브니, 이초희 역, 『앞의 책』, 120쪽.

15 고인돌의 성혈과 천문학 관련 저서와 논문은 다음과 같다.
이용조, 1980, 『한국 선사문화 연구』, 평민사.
이필영·한창균, 1987, 「바위구멍 해석에 관한 시론: 고고·민속자료를 중심으로」, 『사학지』 21집, 단국대.
이하우·한형철, 1994, 「칠포마을 바위그림」, 『포철고문화연구회』.

김동일, 1996, 「별자리가 새겨진 고인돌 무덤에 대하여」, 『조선고고연구』

리준걸, 1996, 「단군조선의 천문지식은 고구려 천문학의 기초」, 『조선고고연구』

김일권, 1998, 「별자리형 바위구멍에 대한 고찰」, 『고문화』 제51권, 한국대학박물관협회.

박창범·이용복·이용조, 2001, 「청원 아득이 고인돌 유적에서 발굴된 별자리판 연구」, 『한국과학사학회지』 제23권 제1호, 한국과학사학회.

박창범 외, 2003, 「남한 지역의 바위구멍 조사 연구」, 『한국암각화연구』 제4집, 한국암각학회.

김일권, 2004, 「한국인의 윷놀이판 바위그림에 투영된 천체 우주론적 관점 고찰」, 『한국암각화연구』 제5집, 한국암각학회.

송화섭, 2004, 「한국의 윷판 암각화와 불교신앙」, 『한국암각화연구』 제5집, 한국암각학회.

이하우, 2004, 「한국의 윷판형 바위그림 연구」, 『한국암각화연구』 제5집, 한국암각학회.

김일권, 2006, 「영일 칠포지역의 별자리 암각화 연구」, 『한국암각화연구』 제7·8집, 한국암각학회.

양홍진·박창범·박영구, 2010, 「홈이 새겨진 고인돌과 홈의 특징」, 『한국암각화연구』 제14집, 한국암각학회.

유태용, 2016, 「고인돌 암각화의 사회정치적 성격 검토」, 『한국암각화연구』 20집, 한국암각학회.

윤병렬, 2016, 「말하는 돌과 돌의 세계 및 고인돌에 새겨진 성좌」, 『정신문화연구』 제39권 제2호, 한국학중앙연구원.

김광태, 2018, 「고인돌과 북두칠성」, 『충남과학연구지』 35권 1호, 충남대학교 기초과학연구원.

허흥식, 2022, 「상주 신흥리 별자리군락과 고령 가야의 기원과 이동」, 『한국암각화연구』 제27집, 한국암각학회.

16 상고시대 우리 조상이 사용한 고유력인 마고력은 1년을 12달이 아니라 13달로 나누고, 매달은 28일로 계산했다. 1년의 정중앙은 하지가 되고, 1월1일이 동지다. 한 달이 28일이고 13개월이면, 28에 13을 곱해 364일, 52주가 돼 365일에서 하루가 모자란다. 1년의 마지막 달은 하루를 더해 29일로 하면 365일이 된다. (이정희, 2023, 마고력, 단국문화원)

17 이종관, 2012, 『공간의 현상학, 풍경 그리고 건축』, 성균관대학교출판부, 166-167쪽.

18 이종관, 2012, 『앞의 책』, 167쪽.

19 국가유산청, 고인돌과 마귀할멈", https://www.cha.go.kr/newsBbz/selectNewsBbzView.do;jsessionid

제2장

1   박창범, 2007, 『한국의 전통 천문학』, 이화여자대학교 출판문화원, 25쪽.

2   김홍순, 2020. 03. 21., 춘분과 부활절 그리고 계란, 청주일보, https://www.cj-ilbo.com/news/articleView.html?idxno=1019253

3   박용숙, 2015, 『샤먼문명』, 소동, 191, 211쪽.

4   박용숙, 2015, 『앞의 책』, 68~70쪽.

5   박용숙, 2015, 『앞의 책』, 40쪽.

6.   中村恵実子, 2024年 5月., 「韓国の古代遺跡コインドルと推しの夫」, 余白手帖, あおい文化研究所, 6~7쪽.

7   박창범, 2007, 『한국의 전통 천문학』, 이화여자대학교 출판문화원.

8   유기상, 2023. 10. 01., 구름밭 일구며 달을 낚시하는 즐거움…운중반월 '경운장', 전북의소리, https://www.jbsori.com/news/articleView.html?idxno=12344

9   궁동 주민인 노순례 님(40년생)이 2022년 3월 20일 증언해주셨고, 그 토지의 소유주이다.

제3장

1   박창범, 2007, 『한국의 전통 천문학』, 이화여자대학교 출판문화원, 24~25쪽.

2   박용숙, 2015, 『앞의 책』, 소동, 42쪽.

3   김선기, 고창상금리지석묘군, 디지털고창문화대전, https://gochang.grandculture.net/gochang/index/GC02800532

4   이정헌, 2019.05, "무덤 속에 새겨진 별자리로 보아 왕릉 분명", 월간조선, https://monthly.chosun.com/client/news/viw.asp?nNewsNumb=201905100051

5   양홍진·이용복·조신규, 2019, 「함안 가야 무덤 별자리와 한국의 전통 별그림」, 함안군, 47쪽.

6   양홍진·이용복·조신규, 2019, 「앞의 논문」, 함안군, 47쪽.

7   이병렬, 2012, 「앞의 논문」, 『호남학』 제70호, 전남대학교 호남학연구원.

8   2024년 7월말 현재 건국대 지식컨텐츠연구소 지역문화연구원과 함께 지역문화예술 자원총서인 『고창군의 고인돌』 10권을 출간하였다. 이 조사를 통해 고인돌이 가지는 하나하나의 천문학적 특징을 해설하였는데 대부분의 고인돌에서 다양한 천문학과 지리학의 배경 하에 고인돌이 조영된 사실을 확인했다.

9   2023년 6월 21일 연구자는 유기상박사와 함께 1박2일로 강화도 고인돌의 현장답사를 통해 전라도 서남부와 동일한 천문현상을 담고 있다는 사실을 확인했다. 강화신문에도 세계문화유산 부근리고인돌과 마니산 참성단의 천문학적 배경의 글을 실었다.
     이병렬, 2022.03.14., "강화 부근리고인돌과 하짓날 기우제", 강화신문, https://www.ghnp.kr/news/articleView.html?idxno=10999
     이병렬, 2022.01.26., "강화도 마니산 참성단의 120도 방향성", 강화신문, https://www.ghnp.kr/news/articleView.html?idxno=10753

10 김일권, 1998, 「별자리형 바위구멍에 대한 고찰」, 『고문화』 51, 한국대학박물관협회, 126쪽

11 30여 개의 성혈 중 유난히 크고 깊게 새긴 것으로 보아 별의 밝기를 표현한 것으로 보인다.

12 김현자, 2003, 「물의 별자리 龍星, 그 신화와 우주의 춤」, 『종교와 문화』 9권, 서울대학교 종교문제연구소, 56쪽.

13 『삼국유사』 5가야 조에는 아라가야 또는 아야가라(阿耶加羅), 『삼국사기』 지리지에는 아시라국(阿尸良國) 또는 아나가야(阿那加耶), 고구려 광개토왕릉비와 『일본서기』에는 안라(安羅)라고 해 그 명칭이 출전마다 다르게 나타난다. 아라·아시라·아야·아나·안라 등은 모두 우리말의 음운(音韻)의 변화에 따른 것으로 볼 수 있다. (민족문화대백과사전)

14 나무위키 함안 말이산 고분군, https://namu.wiki/w/말이산 고분군

15 국가유산포털, "아라가야의 아름다움을 말하다", 우리역사넷, http://contents.history.go.kr/mobile/kc/view.do?levelId=kc_r101900&code=kc_age_10

16 배병일, 2022.12.29., "가야문화의 뿌리를 찾아서(⑤함안 말이산 고분군)" 경남도민신문, https://www.haman.go.kr/04198/05820/04233

17 이정헌, 2019.05, "위의 기사", 월간조선.

18 여선동, 2019.12.22., "가야시대 '함안 말이산 13호분' 공개", 경남일보, https://www.gnnews.co.kr/news/articleView.html?idxno=431356

19 양홍진·이용복·조신규, 2019, 「앞의 논문」, 함안군, 46~47쪽.

20 양홍진·이용복·조신규, 2019, 「앞의 논문」, 함안군, 49쪽.

21 2019년 함안군청에서 함안군과 한국천문연구원, 소남천문사연구소, 경남연구원 등이 공동으로 주최한 함안 말이산고분군 13호분 별자리 발굴기념 고대 별자리 국제학술대회가 열렸다. 이 학술대회를 통해 이 봉분의 덮개돌에 새겨진 별들의 일부가 동방청룡과 남두육성의 별자리임을 밝혀 알려지게 되었다.

22 양홍진·이용복·조신규, 2019, 「앞의 논문」, 함안군, 47쪽.

23 양홍진·이용복·조신규, 2019, 「앞의 논문」, 함안군, 47쪽.

24 노영희·이병렬, 2024, 『고창군의 고인돌 고수면편』, 지식콘텐츠연구소 지역문화연구원, 26쪽.

25 노영희·이병렬, 2024, 『고창군의 고인돌 무장면편』, 지식콘텐츠연구소 지역문화연구원, 19쪽.

26 한국천문연구원, 2005.10.10., "전갈자리 안타레스", https://www.kasi.re.kr/kor/publication/post/photoGallery/4364?cPage=23&clsf_cd=photo005

27 교무부, 2010.07월, "6.미수(尾宿)", 대순회보 109호, https://webzine.daesoon.org/m/view.asp?webzine=140&menu_no=2261&bno=4066&page=1

28 교무부, 2010.08월, "7.기수(箕宿)", 대순회보 110호, https://webzine.daesoon.org/board/view_win.asp?webzine=&menu_no=&bno=4100&page=1

29 교무부, 2010.08월, "위 기사", 대순회보 110호.

30 교무부, 2010.09월, "8. 두수(斗宿)", 대순회보 111호, http://webzine.idaesoon.or.kr/board/index.asp?webzine=142&menu_no=2300&bno=4135&page=1

31 교무부, 2010.09월, "위 기사", 대순회보 111호.

32 한국민족문화대백과사전, "경주 문무대왕릉", https://encykorea.aks.ac.kr/Article/E0019470

33   고창고인돌박물관, "고인돌 수수께끼". https://www.gochang.go.kr/gcdolmen/index.gochang?menuCd=DOM_000001206003000000

34   이병렬, 2012.06.13.,"도산리 고인돌은 제천의식을 하던 제단'", 주간 해피데이신문,
      이병렬, '고창 향산리 탁자식고인돌은 청동기시대 점성대', 주간 해피데이신문, 2014년 1월 16일.

35   변광현, 2001,『고인돌과 거석문화』, 미리내, 352쪽.

36   김일권, 2006,「고구려의 천문 문화의 그 역사적 계승」,『고구려연구』제23집, 고구려발해학회,
      62쪽.

37   박창범, 이용복, 이융조, 2001,「청원 아득이 고인돌 유적에서 발굴된 별자리판 연구」,『한국고학
      사학회지』제23권 제1호, 16쪽.

38   전관수, 2009,「견우직녀설화에 대한 고대천문학적 시론」,『정신문화연구』제32권 제3호, 한국
      학, 256쪽.

39   전관수, 2009, 앞의 논문, 256쪽.

40   이병렬, 2021.06.29., '하늘의 이치 땅에 펼친 옛 고창인의 문화코드 읽기', 새전북신문,

41   정창현, 2012,「1990년대는 북 고대사연구의 전환기 단군릉과 고대 성터 등 발군」,『민족21』,
      147쪽.

42   김일권, 1998,「별자리형 바위구멍에 대한 고찰」,『고문화』제51집, 124쪽.

43   윤병렬, 2016,「'말하는 돌'과 '돌의 세계' 및 고인돌에 새겨진 성좌」,『한국학』제39권 제2호, 한국
      학중앙연구원, 27쪽.

44   박창범, 2003,『하늘에 새긴 우리역사』, 김영사, 100쪽.
      김일권, 2014,「화순 운주사 북두칠성 원반석과 산정와불의 고려천문학」,『한국학』제37권 제2
      호, 한국학중앙연구원.

45   이러한 연구의 한계는 고인돌이나 거석들이 성곽이나 무덤 및 건축물 부자재 등에 사용되었고,
      토지를 개간하면서 묻히거나 파괴되어 그 원형을 파악하기 힘들어졌다는 점이다.

46   만주 집안에 있는 고구려 무덤군의 배치도 별자리로 배치되었을 가능성이 있다.

47   증산고인돌들은 진북 또는 남북 및 동서로, 일렬로 격자 모양으로 놓여 있다. 고인돌의 방위는
      고인돌 덮개돌의 장축이나 굄돌의 통로를 중심으로 결정하였는데 조사하는 과정에서 이들 고
      인돌이 장축의 방위와 통로와는 관련 없이 진북을 중심으로 한 동서로 놓여 있었다.

48   이하는 태양수일성도라 하였다.

49   김소연, 2020,「별의 시각화: 한반도 천문 전통으로서의 여말선초 별자리도 고찰」,『미술사와 시

각문화』제25호, 미술사와 시각문학회, 35쪽.

50 집쟁이, 네이버블로그, 2020.11.07., "증산", https://blog.naver.com/silvino111/222139098413.

51 고창군·군산대학교박물관, 앞의 책, 49쪽.

52 고창군·마한백제문화연구소, 2005, 『문화유적분포지도 고창군』, 181쪽.

53 고창군·군산대학교박물관, 앞의 책, 47쪽.

54 고창군·마한백제문화연구소, 앞의 책, 180쪽.

55 호남문화재연구원, 2006, 『고창 부곡리유적』, 203쪽.

56 고창군·군산대학교박물관, 앞의 책, 44쪽

57 고창군·마한백제문화연구소, 앞의 책, 187쪽.

58 고창군·군산대학교박물관, 앞의 책, 46쪽.

59 노영희·이병렬, 2024, 『고창군의 고인돌 고수면편』, 지식콘텐츠연구소 지역문화연구원, 107쪽.
140~146쪽.

60 무실마을 주민들은 평지리 고인돌의 북쪽으로 고인돌들이 일렬로 있었는데 논을 경지정리하면
서 모두 논에 묻어버렸다고 한다. (2021년 6월 27일, 무실마을 문모님 증언) 이는 연동마을의 I
고인돌과 평지리 고인돌과 진북방향 중심으로 일렬로 배열되었을 가능성이 있다.

61 고창군·군산대학교박물관, 앞의 책, 45쪽.

62 고창군은 선사유적을 파괴한 토지주를 고발하였다고 한다. (2021년 6월 13일) .

63 이에 대한 연구는 추후 진행할 예정이다.

64 김만태, 20912, 「성수신앙의 일환으로서 북두칠성의 신앙적 화현 양상」, 『동방학지』 제159권,
134쪽.

65 김광태, 2018, 「고인돌과 북두칠성」, 『충남과학연구지』 제35권 1호, 충남대학교 기초과학연구
원, 26-27쪽.

66 표인주, 2013, 「지석묘 덮개돌의 언어민속학적인 의미」, 『호남문화연구』 제53권, 호남학연구원,
205쪽.

67 이용복, 미상, 「우리나라 별자리로서의 천상열차분야지도」, 『워크숍 논문집』, 고천문연구센터,
10쪽.

68 시루봉 고인돌군 배치도의 E고인돌군과 인근의 초내리 칠암마을 뒷산의 고인돌군은 진북을 중
심으로 고인돌과 선돌을 일렬로 배치하고, 그 배치된 고인돌과 선돌로 북두칠성의 기본 뼈대를
만들고 그 주변에 고인돌과 선돌을 세워 국자모양의 북두칠성과 그 주변의 별들을 대지에 새겨

놓았다. 많은 고인돌들이 북극성을 중심으로 고인돌을 배치하였다는 점에서 선사인들의 북극성과 북두칠성에 대한 사고를 엿볼 수 있다.

69 한국민족문화대백과사전, "함주 지석리고인돌", https://encykorea.aks.ac.kr/Article/E0062238

70 충북대학교박물관, 2009.12.28., "청원 아득이 유적", https://museum.chungbuk.ac.kr/post/828

71 우종윤, 2018.07.29., "청동기인의 천문지식-청주 아득이 별자리 돌판", 충청타임즈, https://www.cctimes.kr/news/articleView.html?idxno=539062

72 이용복, 미상, 앞의 논문, 9쪽.

73 이용복, 미상, 앞의 논문, 9쪽.

74 박창범, 2003, 『앞의 책』, 113쪽.

75 박창범, 1998, 「천상열차분야지도의 별그림 분석」, 『한국과학사학회지』 20권 2호, 한국과학사학회, 131쪽.

76 두괴대광육성 태양수일성도(斗魁戴匡六星 太陽守一星圖)는 중국의 『古今圖書集成』에 있는 그림이다. 이 책은 청나라 1700년에 집필을 시작하여 1726년 완료하였다.

77 고인돌은 황산리 고인돌 가-1, 가-2로 명명되어 관리되고 있다. 가-1 고인돌은 바둑판식이고, 굄돌 1개가 확인되었다. 고인돌의 장축 방향은 하지 일출과 동지 일몰 방향이다. 고인돌의 덮개돌 위에는 1개의 성혈이 있으며, 220° 방향으로 예지터의 오괴정의 성혈과 가-1 및 가-2가 일렬로 배치되어 있다. 가-2 고인돌도 바둑판식이고, 장축 방향은 하지 전후 남두육성을 포함한 별자리 관측 패턴인 40-220° 방향이다. 가-2 고인돌은 가-1 고인돌과 220° 방향에 놓여 있다. 고인돌 덮개돌 측면에는 후대 사람들이 새긴 '취석(醉石)'이라는 한자가 새겨져 있다. 40-220° 방향으로 예지터의 오괴정의 성혈과 가-1 및 가-2가 일렬로 배치되어 있다.

78 나무백과, "삼태성", https://namu.wiki/w/삼태성

79 한국민속대백과사전, "삼태성", https://terms.naver.com/entry.naver?docId=2120741&cid=50223&categoryId=51051

80 현재 연구 조사 중인 고창의 한 고인돌 군에서 선돌과 와석으로 삼태성의 별자리를 나타내기도 하고, 파주 서곡리 벽화묘는 북두칠성과 삼태성을 표기했다.

81 격물치지, 네이버블로그, "천문역3 북극성과 28수1", https://m.blog.naver.com/seokyonghs/221848103649

82 산들연수, 네이버블로그, "천봉성", https://blog.naver.com/tyslya/221604560113

83 위키실록사전, "천봉성", http://dh.aks.ac.kr/sillokwiki/index.php/천봉성

84 문화컨텐츠닷컴, "천봉성", https://www.culturecontent.com/content

85 위키피디아. "용자리", https://ko.wikipedia.org/wiki/용자리

86 지금은 파괴되어 연동마을 회관 앞 화단에 옮겨 놓았다.

87 이 마을에는 석공이 있어 고인돌을 쪼개 비석으로 만들기도 하였다고 하며, 지금도 온전히 남아 있는 고인돌 덮개돌 위에 석공이 쪼개려고 일렬로 구멍을 낸 흔적이 남아 있다. 본래 이곳에는 몇 기의 고인돌이 더 있었을 것으로 추정된다.

88 재야사학자이자 민속학자인 장무기 선생은 고창의 고인돌을 답사하면서 본 연구자에게 천상열 차분야지도의 천리사로 보는 것보다는 북극성으로 해석하는 것이 더 타당하다는 해석을 했다.

89 문화컨텐츠닷컴, "태양수", https://www.culturecontent.com/content

90 한국천문연구원, "동양의 별자리", https://astro.kasi.re.kr/learning/pageView/5378

91 송준희 교수의 천문류초 수요특강(제1강)

92 김일권, 2014, 「화순 운주사 북두칠성 원반석과 산정와불의 고려천문학」, 『한국학』 정신문화연구 제37권 제2호, 188쪽. 겉보기등급 또는 실시등급은 별의 밝기를 측정하는 단위이다. (위키백과) 고창군·군산대학교박물관, 앞의 책, 43-51쪽, 61쪽.

93 조기호, 이병렬, 2003, 「고창 고인돌 입지특성 분석」, 『한국정신과학학회지』 7권 1호, 한국정신 과학학회, 64쪽.
    조기호, 이병렬, 2003, 「고인돌시대 한반도 자생 풍수입지」, 『한국정신과학회 학술대회 논문집』, 한국정신과학회 제18회 2003년도 춘계학술대회, 한국정신과학회.
    조기호, 2006, 「한국 풍수지리학의 기원에 관한 고찰」, 『대한지리학회 학술대회논문집』 대한지 리학회 2006년 연례학술대회, 대한지리학회, 86쪽.
    민병삼, 박경숙, 2019, 「삼국시대 이전 고창과 화순의 고인돌 입지를 통한 한국 풍수사상 연구」, 『한국사진지리학회지』 29권 1호, 한국사진지리학회, 110쪽.

제4장

1 김두규, 2012,『고조선단군학』제31호, 고조선단군학회, 8쪽.

2 김두규, 2012,『앞의 논문』, 23~25쪽

3 디지털부여문화대전, "소부리군", https://www.grandculture.net/buyeo/toc/GC09000398? search=B1/1

4 한국민족문화대백과사전, "관륵", https://encykorea.aks.ac.kr/Article/E0004823

5 일출일몰지도, https://hinode.pics/lang/ko-kr/maps/sun

6 카카오맵, https://map.kakao.com/#

7 김정민, 2023,『샤먼바이블』, 글로벌콘텐츠, 98-100쪽.

8 국가유산청 국가유산포털 경주첨성대

9 국가유산청, "경주첨성대", https://www.heritage.go.kr/heri/cul

10 정기호, 1991,「경관에 개재된 내용과 형식의 해석 - 석굴암 조영을 통하여 본 석굴형식과 신라의 동향문화성을 중심으로」,『한국조경학회지』19~20쪽, 23~31쪽.l

11 장활식, 2013, 경주첨성대의 방향과 상징성,『신라문화』42, 130쪽.

12 노영희·이병렬, 2024,『고창군의 고인돌』7, 지식콘텐츠연구소 지역문화연구원, 13~18쪽.

13 디지털익산문화대전, "익산 고도리 석조여래입상", https://www.grandculture.net/iksan/toc/GC07500417

14 나경수, 2009,『남도문화의 서막 마한신화』, 민속원, 112쪽.

15 장무기, 미발간『우리 역사의 재발견, 익산의 재발견』, 90-95쪽.

16 나경수, 2009,『앞의 책』, 민속원, 117쪽.

17 https://map.kakao.com/#

18 일출일몰지도, https://hinode.pics/lang/ko-kr/maps/sun

19 노영희·이병렬, 2024,『고창군의 고인돌』7, 지식콘텐츠연구소 지역문화연구원, 13~18쪽.

20 카카오맵 편집